予知夢大全

不二龍彦

はじめに

私が夢に関する本を書いたのは、昭和六十三年の『夢開運』が最初です。以来、平成年間を通じて『詳説夢解き事典』、『夢にまつわる不思議な話』、『決定版夢占い大事典』および同書増補改訂版の五冊に及ぶ夢解き関連本を書き、約三十年の歳月が流れました。

その間、私の中で、夢に対する見方・考え方が次第に変わってきました。当初は、精神分析学を生み出したフロイト、分析心理学を興したユング、個人心理学を創始したアドラーなどにさまざまな影響を受けていたのですが、次第に彼らの根本的な立ち位置である科学ではアプローチすることが困難な分野――心霊現象としての夢という分野への傾斜が深まり、彼ら夢解釈の巨人たちの見方も、つまるところ広義の心霊現象に包含されるのではないかと考えるようになりました。その立場からまとめあげたのが、令和元年発行となった本書『予知夢大全』です。

この本は、夢と心霊現象の連関を肯定する立場で一貫しています。それゆえ、必然的に心霊が深く関係している予知夢が中心テーマになっています。

理論書ではなく、あくまで実践的な夢解釈書として利用していただくことに主眼を置いていますが、そのためには夢を具体的にどのように解いていけばよいのか、夢解きのためのノウハウを伝えることが不可欠です。この課題を実現するために、本書では全体を二部構成とし、第一部では約四百ページに及ぶ予知夢の実例と、その解釈および関連予知夢を記すという特殊な形式をとりました。第一部の実例篇には夢解きのノウハウが凝縮されていると自信をもって断言できます。

本書は不二龍彦の夢解釈の集大成です。三十年の歳月の末に、私が書きたかったのはこれだという確信を得ることができた、自分自身では総決算の書だと思っています。前著を超えて読者の皆様に愛され、夢解きに活用していただけるなら、これ以上の喜びはありません。

令和元年八月

不二龍彦

目次

はじめに　3
序章　予知夢とは何か　15
本書を読んでいただくにあたって　16
霊夢と霊視現象　16
霊夢と幽体離脱　20
神仏のお告げの実例　24
霊夢と雑夢の違い　28
霊夢を見る方法　30
本書の構成　32
第一部　予知夢190話　37
第一章　死と夢　38
死を告げる声・言葉　38
1　「楽になれたよ」　38
2　「ようやく楽になって良い気持ちだ」　40
3　「永らくお世話になりました」　41
4　「母は十一時に死ぬ」　42
5　「助けて！」　43
6　「お水をちょうだい」　45
7　「おがんでくれろ」　46
8　「寂しいからそろそろ来いよ」　48
9　黒い十字架と死を告げるイニシャル　49
10　「俺は善光寺詣りをせなんだのが心残りや」　50
11　「房は馬鹿な奴でのう」　53
12　手紙による死の報せ　55
13　生き別れの母を夢で探り当てる　56
死を告げる異様な光景　61
14　道の陥没と祖母の焼死　61
15　穴の中で寝る　63
16　穴とあの世につながっているらせん階段　65
17　亡き父が実兄を連れてあの世に行く　68

18　家が潰れる　71
19　竜巻と自殺　73
20　赤い火柱と爆死　74
21　寝台の脚が折れる　75
22　異様に鮮やかな花を仏壇に供える　76

死を告げる衣装　77

23　白い服と消えた足　77
24　白い着物を着ることを拒む　78
25　白い着物を着て堀の内側に消える　79
26　白い着物姿で読経する　80
27　白いベール姿で沼に消える　82
28　白い着物姿で消える　85

葬具・葬式・喪服　86

29　押入れの早桶　86
30　死期を予告した早桶の夢　88
31　モッコをかついだ叔母が弟の嫁の死を知らせる　89
32　作家・長田幹彦氏が見た棺桶のおみこし　92
33　石の棺に入り、縮んでいく　93
34　霊柩台に載った自らの遺体を見る　95
35　遺体安置台と血の気のない四肢　96
36　架台に載った遺体とロウソク　98
37　遺影で死を知らせる　99
38　死体写真で死を知らせる　100
39　喪服を着た姉が親族の死を知らせる　101
40　焼香台の前で泣く　102

死を象徴する肉体の異変・行動　105

41　指からの流血　105
42　血に汚れた布の上の生首　106
43　背部から血にまみれる　108
44　空中に顔が浮かび出る　109
45　雲の中を歩く　110
46　川を渡る　112
47　臨死体験者が見た三途の川に架かる橋　114
48　死者の船に乗る　116

49　家族がそろって手招きの夢を見る　118
50　祖霊と同座して手招きする　119
51　入院中の母が娘の名を呼びながら玄関を叩く　120
52　うたた寝中に自分の名を呼ばれる　121
53　入院中の祖母が退院してくる　122
54　着衣で入浴する　123
死にまつわる特殊な人物象徴・死神　125
55　燃える赤ん坊　125
56　死神に捕まる　128
57　死神の老婆　129
58　青白い女の死神に手を引かれる　132
59　夢に現れた法然上人　134
60　死神との戦い　135
結婚の夢に現れる死　141
61　三三九度の盃事で歯が抜ける　141
62　死亡日を数字の映像で示す　142
63　結婚式に連れていかれる　143
死を象徴する動植物　146
64　鶴が飛び去る　146
65　大鴉と鴉鳴き　147
66　樹木が宙に浮く　149
67　木が枯れる　150
死にまつわるその他の夢　153
68　黒い傘が宙に浮く　153
69　青ざめた顔でうずくまる霊　154
70　門前に佇む　155
71　足止めされて動けない　157
72　戦死した将校を幻視　159
第二章　さまざまな霊にまつわる夢　162
霊的な守護と救済の夢　162
73　日清戦争の黄海海戦の展開を告げた霊夢　162
74　日露戦争の日本海海戦の展開を告げた霊夢　165

75　亡き坂本龍馬が皇后の夢に現れて日露戦争の勝利を告げる　167
76　自分を縛っていた包帯が解ける　169
77　生死を分けた黒飯と赤飯　170
78　亡き父が息子を死から救う　172
79　亡母が息子を夢で救う　173
80　故人から玄関払いをされる　175
81　亡き弟が姉の肋膜炎を癒やす　177
82　白髪の老人にさすられて重態から脱する　179
83　亡き妹が妊娠と流産を知らせる　180
84　亡き叔父が肝硬変を癒やす　181
85　無残な火傷を亡父が夢で癒やす　183
86　愛児が行脚僧姿で父を救いに現れる　186
87　日蓮の霊によって病気から救われる　187
88　医者から見放された患者が助かる　188
89　夢でお祓を受ける　190
90　亡き父が夢で教えたマラリア治療法　191
91　夢で乳が出るようになる　193
92　UFOとの遭遇で予知夢を見るようになった母子　195
神仏や祖霊・亡霊からの頼み事　198
93　古井戸から出た如来像　198
94　守護霊からの祭祀の要求　201
95　亡き娘の願い　204
96　亡母が救済を求める　206
97　雨漏りを訴えた姑の霊　208
98　墓の修築を訴えてきた霊　210
99　片目が抜けた亡霊からの頼み　211
未成仏霊・怨霊などにまつわる夢　215
100　亡霊が貸し金返済を迫る　215
101　自殺者の地縛霊による金縛り　216
102　首吊りの亡霊が出る寝台　218
103　かつての死体安置室で金縛りに遭う　221
104　自殺霊の出る貸家　223
105　作家の遠藤周作氏と三浦朱門氏が揃って同じ

亡霊の金縛りに遭う 224
106 つきまとう恋人の亡霊 229
107 夢で後ろ髪を掴んだ心中者の亡霊 233
108 怨霊の白刃に襲われる 234
109 亡妻の怨念が後妻に取り憑く 236
110 青桐の神木の祟り 238

自分の死を知らせにくる夢 242

111 亡き霊のお礼参り 242
112 水死した亡母からの知らせ 246
113 軍医の帰還 248
114 三人が同時刻に見た学徒出陣兵の亡霊 250
115 シベリア出征中の中佐が日本の妻に戦死を知らせる 252

殺人事件にまつわる霊夢 255

116 亡き娘が遺体の在処を教える 255
117 バー・メッカ殺人事件の亡霊 256
118 大久保清に憑いた怨霊 258
119 牟礼事件と新しい仏壇 260
120 朝鮮の亡霊が惨殺現場を示す 263
121 亡父が夢で惨殺犯の名を告げる 266
122 殺人事件被害者の霊が刑事の夢枕に立つ 270
123 連続殺人の現場を再現した霊夢 271

第三章　災害・事故・病気の知らせと夢 280

災害や事故事件などを予告した夢 280

124 チリ地震津波を夢で予知 280
125 タイタニック号の遭難を夢見る 284
126 飛行機事故を報じた新聞を夢見る 287
127 ガス爆発による死亡事故を棺の夢で予見 290
128 火事の予告と火災と死 291
129 火災を予告した火のようなトサカ 293
130 交通事故を未然に察知 295
131 夢のとおりの落石事故 297
132 時空を超えて伝えられた自動車事故 298

133 霊界の親族会議 302
134 沼にはまる 304
135 血まみれで玄関に立つ 305
136 出張旅行中の夫が海で溺れる 306
137 生死を分けた水難事故の夢 308
138 凶事を告げるイモムシ・毛虫 309
139 観音菩薩からの戒め 310

病気を予告する夢 312

140 転落事故を暗示した頭のない鯛 312
141 部屋の中に松が生える 314
142 切られた桜の枝 316
143 二体の地蔵尊が現れる 317
144 癌を知らせた僧侶と亡き兄 319
145 父の死を告げる看護婦 322
146 警官が捕まえにくる 323
147 陸地で鯨に追われる 326
148 庭が陥没する 328
149 脳の障礙を知らせた火災の夢 329
150 水を欲しがる霊 331
151 猫がまとわりつく 334
152 猫が海を渡ってやってくる 335
153 生死のはざまで猫が主人を救出 336

第四章　幸運と財産と夢 340

金銭財物を得る夢 340

154 夢の米俵と慰謝料 340
155 天女のお告げで損失を免れる 341
156 水桶と漬け物桶 343
157 自動車事故で慰謝料が入るという夢の知らせ 344
158 夢で当り馬券の馬名を見る 346
159 夢で当り馬券の数字を見る 348
160 福引で大金を得る 350
161 値上がり株の銘柄と上がり幅を夢に見る 351

162 亡夫が埋蔵金の場所を教える 353
163 夢で遺言を訂正 355
164 枕元に立った亡霊が遺言を伝達 358
165 「その夢は買うた」 364
166 難破船の夢で損失を免れる 366
167 夢で金策ができたことを知る 367
168 亡父が夢で金策の依頼 369
169 父が息子に代わって金策の依頼 371
170 水が出ない水道 373
幸運・慶事を告げる夢 376
171 息子の結婚を予告した金のアクセサリーと茄子 376
172 大雪の夢で縁談がまとまる 379
173 運命の人と夢で出会う 380
174 熊の夢を見て妊娠 381
175 死んだ娘が夢で再生を予告する 383
176 籠いっぱいの鰹と合格の知らせ 386
177 夢中の文字によって知らされた金運 388
178 入り船で合格を知らせる 389
179 白蛇で合格を知らせる 390
第五章 発明・発見・啓示にまつわる夢 392
武芸にまつわる霊夢 392
180 夢で授かった秘太刀 392
181 夢で槍術の允可を授かった高橋泥舟 395
学問・芸術にまつわる霊夢 397
182 夢で文学作品を創作 397
183 夢で医学の深奥を教わる 400
184 霊界の樋口一葉に聞く 402
185 夢で作曲された名曲 404
発明・発見にまつわる霊夢 407
186 夢で周期律を発見 407
187 近代原子物理学の基礎を生みだした夢 409
188 人間世界にミシンをもたらした夢 410

189　南方熊楠の発見を霊界から助けた亡父　412
190　夢の騎士が古代ローマ植民都市の発見に導く　413

附章　宮地水位の『夢記』と脱魂による正夢　418
『夢記』（宮地水位）現代語訳　418
『夢記』と脱魂による正夢　427

第二部　夢シンボル事典　435
吉夢　436
金銭財物に関わる夢　523
結婚・男女関係・妊娠に関わる夢　551
凶夢　571
健康と病気に関わる夢　637
死に関わる夢　654

第一部の出典一覧　675
おわりに　683

索引
1　詳細索引　811
2　項目索引（1）　789
3　項目索引（2）　733

著者紹介　812

序章

予知夢とは何か

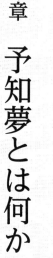

本書を読んでいただくにあたって

霊夢と霊視現象

本書が対象としているのは、「霊夢」や「予知夢（正夢）」と呼ばれる夢です。さまざまな欲求や不満、不安、喜怒哀楽の感情などに由来する心的な夢、外部からの物理的な刺激によって生じる夢（たとえば体が冷えたときに現れる水風呂や寒冷地などの夢）、生理的・病理的な刺激に由来する夢（たとえばどこかに炎症などの問題があるときに見られる体や衣服の異変の夢、朝方膀胱がいっぱいになったときに見られる排尿夢やトイレを探す夢）など、心霊の活動とは直接的な関わりの薄い夢は、原則として除外しています。

霊夢とは何かということに関しては、心霊科学の分野でも諸説があって、まだ明確な定義付けはなされていません。本書はこの厄介な問題を論じるための本ではないので、霊夢の辞書的・古典的な定義である「神仏のお告げのある不可思議な夢」（『日本国語大辞典』）という定義を軸に、以下、霊夢を概説していくことにします。

心霊科学協会理事長だった吉田正一氏は、霊夢（夢知らせ）は「霊視現象」だとしたうえで、①「客観的霊視」と②「観念的霊視」に大別しています。

前者の客観的霊視は、実際に近未来に起こる現象を、ありのままの姿でリアルに見るタイプの夢（霊視）です。この種の夢は、解釈の必要がありません。夢で見ている状景、伝えられるメッセージが、そのまま近未来の状景になっているからです。

ただし、客観的霊視に属する夢は稀で、本書でも挙げている例はさほど多くはありません。霊夢の大半は、②の観念的霊視に属しているのです。そのメカニズムを、吉田氏はこう説明しています。

「背後霊がその視覚観念を霊視能力者（霊夢を見ている者）に印象することによって、その霊視能力者の心の裡だけで視覚観念が展開する場合をいうので、これを印象的霊視または主観的霊視ともいう」

表現が硬くてわかりづらいのですが、要するにその人と関係している背後の霊、もしくは自分自身の霊が、何らかのイメージや、声・文字・数字などによるメッセージを、眠っている者の表層的な意識に印象づけるということです。イメージ化した思念を送ってくると考えてもよいでしょう。その念を受け取る者のことを、吉田氏は「霊視能力者」と書いていますが、たいがいの人は眠っているとき霊視能力者になっています。ですから、この霊視能力者は、眠っている人のことと考えていただいてけっこうです。

背後霊についても註釈が必要です。背後霊は、神や仏の姿をとるときもあれば、老人、仙人、童子、天女、祖先霊、師、龍などの霊物の姿をとることもあります。実体が何であるかはまったくケースバイケースで、これこれと明示することは不可能ですが、最も広い意味での守護霊・背後霊としておけば、まず大過はないでしょう。ただし、マイナスの思いを抱いてまとわりつく死霊や障害霊のケースもあるので注意が必要です。

そうした霊的な存在が、何かを伝えるために、睡眠中の人にメッセージ性を帯びたイメージを強烈な印象とともに伝えてくることを「夢知らせ」といい、古人はこれを「神仏のお告げのある不可思議な夢」と解釈してきたのです。

いま筆者は「霊的な存在」がメッセージを伝えると書きましたが、生きている人間がこれを行うケースもたまにあります。とくにそのケースが多く見られるのは死や危機的状況に関わる夢で、俗に言う虫の知らせがこれにあたります。また、生きている者が怨念のかたまりとなって暗い想念を送りつけ、それに感応して見せられる夢もあります。生霊に関わる夢がその典型で、悪夢として印象づけられます。

客観的霊視の夢も、主観的霊視の夢も、広義の霊夢に属しますが、夢解きという観点からみると、両者には非常に大きな違いがあります。解釈が要るか要らないかという点が、根本的に違うのです。

先に書いたとおり、①は近未来に起こるだろう状景をそのままリアルに見るので、解釈という作業そのものを必要としません。見たままがすべてです。

けれども②は、そうではありません。こちらは近未来の状景そのものではなく、近未来を何らかのシンボリックなモノや人や動植物、あるいは色彩や数や文字など他の何か（この「何か」の素材は、主に夢を見ている人の無意識の中にある記憶や感情からとりだされます）によって描き出しているので、それが意味するものが何なのかを解いていかないかぎり、夢のメッセージを掴むことは困難なのです。

たとえば、誰かが事故に遭うという夢を見たとしましょう。それが①の客観的霊視による夢だとしたなら、見た通りの人物が、見たとおりの事故に遭うことになり、解釈をさしはさむ余地はありません。いわゆる「正夢」というのが、これにあたります。

けれども同じ夢が②の主観的霊視に属する夢なら、夢に出てきた誰かは、その人以外の誰かを表している可能性もあれば、自分自身を指している可能性もあります。また、事故も、見たとおりの事故を意味するのではなく、予想外の何らかのアクシデント、突発的な病気、妨害、挫折など、他の何かをシンボリックに表したものとして解釈を進めなければなりません。つまり②は、必ず解釈を必要とするのです。

これらは一般にテレパシー（精神感応）による夢と呼ばれます。テレパシーによってさまざまな画像イメージを送る現象が生じることは、心霊科学における物理霊媒の実験の数々で実証されています。もちろん言葉も送られます。典型的なのは「助けて」というＳＯＳの送念です。

霊夢と幽体離脱

また、別の説もあります。夢は幽体離脱によって起こるとする考え方です。

幽体とは、肉体と重なって存在していると考えられている物質性を帯びた霊体（ダブル）のことですが、ここでは広義の霊体と思っていただけばよいでしょう。霊体（幽体）は肉体を殻のように覆って存在しており、ふだんは肉体から離れることはないのですが、睡眠時には肉体から遊離して次元の異なる世界を動き回ると考えられています。

たとえば、霊能者のルース・ウェルチはこう書いています。

「幽体が肉体から遊離すると、睡眠、放心状態、気絶、感覚脱失症等が起るが、こうした状態にあって地上または幽界を意識的に見物できる人が霊能者と呼ばれるのであって、無意識的には実は誰もが毎晩のように睡眠中にやっている」

このとき肉体と霊体（幽体）は「玉の緒」と呼ばれる紐状の霊質（スピリチュアリズムでいう

シルバーコード）でつながっています。これが切れると肉体的な意味での死が訪れると考えられているわけですが、幽体離脱中にはどこをどのように動いても切れることはなく、遊離した霊体は地上のどこか、もしくは幽界を自由に動き回ります。

　幽体離脱の報告は、古来枚挙にいとまがありません。ここでは、アイヌへの伝道と教育福祉に生涯を捧げ、「アイヌの父」と讃えられたイギリスの宣教師ジョン・バチェラーの事例を紹介します。バチェラーの自叙伝に、明治四十四年の出来事として、こんなことが書かれています。

「晩九時頃になるとまだ（教会関係の）会議は終わりませんでしたが、私は眠くて眠くてどうにもたえられなくなりましたので、会長の許しを得て自分の部屋へ帰り、着物も何もそのまま転ぶ様に寝台に入りました。頭が枕に付くや否や全く眠って、自分の霊は体より出て、遙か遠い東京の友人の家の寄宿舎へ行きました。見ると其処にはクリスチャンの支那婦人二人と一人の西洋婦人の立っている着物のすそだけ見えました。一人の支那婦人は畳にひれ伏して頭を手の上にのせて泣いて苦しんでおります。もう一人の婦人はその傍にひざまずいて、これも泣きながら、一人の人の肩を撫でておりました。……一度このような幻を見て目が覚めて後、またじき眠り、このように三度ばかり同じ幻を見ました」

　このときバチェラーは兵庫県の有馬に滞在していました。そこから幽体離脱して、夢の中で東京に飛んだのです。目覚め後、夢に見た女性の様子や、彼女たちが着ていた着物の柄のことまで、バチェラーは同じ会議に出席していた友人夫婦にくわしく話しました。すると夫妻は非常に驚き、その女性や着物には見覚えがあるといい、何か異変があったに違いないからと、急いで荷物をまとめて東京に戻っていきました。

それから二、三日後、バチェラーも帰京し、先の友人夫婦に会って話を聞きました。以下はまた自叙伝から引用します。

「御夫婦が東京の新橋駅に着いて停車場の待合室へ入ると、（バチェラーの）幻の中にいた二人の支那婦人がそこの腰掛けにちゃんと掛けていて、横浜に行く汽車を待っておりました。訳を聞くと、『昨晩九時頃、支那国から「父死んだ直ぐ帰れ」という電報が来ましたから、今発つ所です』と申したそうです。そして私が幻を見た時、ちょうどその電報を見て泣いていた時の事であったそうです。また、傍に立っていた西洋婦人は英吉利のお方で、その時、二人に英語を教えていたのだそうです。少し後にその英吉利婦人にもお目にかかりまして、その時の事を聞きますと、全部私の見た通りでございました」

同様の幽体離脱の体験例を、バチェラーはほかにも記しているので、彼がいわゆる霊感体質の人だということはまちがいないでしょう。この夢で注意していただきたいのは、バチェラー自身は夢に出てきた中国の婦人たちとは何ら面識もなければ関係もなく、バチェラーの友人夫婦とつながりがあったという以外の関係性をもっていないという点です。

バチェラー自身には、中国婦人の身に生じた異変を知らなければならない理由は、何一つありません。にもかかわらずこうした夢を見たのは、友人夫婦のためにそれを見るように仕向けられたということを意味します。つまりこれは、友人夫婦の背後霊が、霊的に敏感な能力を持っていたバチェラーを使って幽体離脱を起こさせ、メッセージを持ち帰らせた事例なのです（この夢自体は客観的霊視に属します）。

普通、幽体離脱中に自らの霊体（幽体）が見聞したことは、自分自身の意志にもとづく体験のように思われるでしょう。けれどもよく考えてみると、なぜそこに行き、なぜそれを見たのかの理由は、実はほとんどの場合、自分自身の中には見出せません。その典型が、右に紹介したバチェラーのケースです。つまり幽体離脱の場合も、ある特定の場面に夢見者の遊離霊体を導き、伝えるべき何かを見るように仕向けている〝他の存在者〟がいる可能性があり、やはり守護霊や背後霊、古人のいう神仏の導きがあると考えたほうが合理的なのです。

したがって、霊夢は霊視によるという考え方も、幽体離脱によるという考え方も、実はそう隔たった考え方ではなく、異なった心霊現象というわけでもありません。いずれの場合も、夢の背景には次元を異にする他者霊とのかかわりがあり、自覚の有無にかかわらずそうした他者霊の働きによって見せられたビジョンと考えるのが、最も理にかなっているのです。

この夜ごとの散歩中に体験した内容は、通常は目覚めとともにほとんど忘れ去られます。けれども、稀にどうしても肉体意識に持ち帰らなければならない強烈なビジョン、緊急のメッセージなどと出会うことがあり、そうした夢が、目覚め後、霊夢として感覚されるのです。

神仏のお告げの実例

何を見せられるか、何を伝えられるかは、夜ごとに異なります。本人の体調、心理状態、仕事状況、食事など、さまざまな要素によって夢の内容も変化するので、一般化することは無理なのですが、霊夢の場合には、はっきりした傾向があります。何か緊急を要すること、気づいてもらわなければならないこと、その時点で注意や警告しておかねばならないことが、最も多く霊夢となっています。

そうした例を、本書は以下の実例集に多数収録し、必要な註釈を加えて紹介していますから、詳しくは一章以下の本文を読んでいただきたいのですが、神仏のお告げの実例を、一つ挙げておきます。実例集で扱っているのはほぼすべてが近現代の事例ですが、これから紹介するのは鎌倉時代の歴史書『吾妻鏡《あづまかがみ》』に記された興味深い事例です。

鎌倉幕府は源頼朝が開いた初の本格的な武家政権ですが、開幕者である源氏の血統は三代将軍・

出身です。

実朝《さねとも》で途絶えます。この源氏に仕えたのが北条氏で、初代将軍・頼朝の妻の政子も、北条一族の出身です。

建保六年（一二一八）七月九日夜、幕府筆頭の重臣で北条一族の当主である義時《よしとき》（政子の弟）が、夢を見ました。彼は日ごろから薬師如来を厚く信仰していたのですが、その薬師如来の眷属である薬師十二神将のうちの戌《いぬ》神将が夢に現れ、「今年の神拝は無事。明年の拝賀の日、供奉《ぐぶ》せしめたもうなかれ」と告げたというのです。

戌神将のいう供奉とは、将軍実朝による鶴岡八幡宮の参拝をさしています。鶴岡八幡宮は源氏の氏神ですから、将軍の参拝は必須の行事です。義時は家臣の務めとして実朝に供奉していたのですが、戌神将は、「来年は実朝に供奉してはいけない」と告げたのです。信仰する神将のお告げだけに、義時は大いに気になったに違いありませんが、『吾妻鏡』は小説ではなく史書なので、義時の心理描写等はありません。

さて、年が明けて建保七年になりました。『吾妻鏡』の正月二十五日の条に、ふたたび気になる夢の話が出てきます。

正月二十五日、源頼茂という家臣が、鶴岡八幡宮に参籠して拝殿で神事作法をおこなっていたのですが、その最中にふと眠りに落ち、夢を見ました。

目の前に一羽の鳩がおり、そのわきに一人の小童がいます。小童は杖を取り出して鳩を打ち殺すと、こんどは頼茂に打ちかかってきて、狩衣《かりぎぬ》の袖を打った——という夢でした。しかもこの夢を見た翌朝、境内の庭に鳩の死骸が転がっていたというのです。

鳩は八幡宮の神使で、源氏の守り神の一種です。その鳩が殺される夢を見、翌朝、その死骸まで出たのですから、これは不吉な夢に違いありません。幕府お抱えの陰陽師の安倍泰貞《やすさだ》や宣賢《のぶかた》が、不吉な夢だと占ったことが『吾妻鏡』に出ています。

それから二日後の一月二十七日、実朝による八幡宮参拝の日がやってきました。前年、夢の戌神将が義時に「供奉してはならない」と警告を発した参拝です。とはいえ、特段の理由もないのに供奉しないなどということができるわけはありません。当然、義時も将軍に付き従って八幡宮に向かったのですが、お宮の楼門に入るところで、不思議な行動に出ました。原文はこうです。

「俄《にわか》に心神に御違例《ごいれい》の事有り。御剣を仲章朝臣《なかあきらあそん》に譲り、退去し給う」

急に具合が悪くなったので、自分が捧げ持っていた将軍実朝の御剣を源仲章に託し、義時がその場から退去したというのです。その後、史上有名な実朝暗殺が、実朝の甥で鶴岡八幡宮の別当だった公暁《くぎょう》によって行われ、実朝の首が持ち去られます。しかもこのとき、義時から御剣を託された仲章も、公暁によって斬り殺されるのです。

義時の具合が急に悪くなったというのが本当かどうかは不明です。そのあたりのことは、何も記されていません。あるいは前年の戌神将の警告が頭にあって、このような行動に出た可能性もあります。自分が捧持していた御剣を渡した源仲章が、公暁に殺されているのですから、もし義時がそのまま実朝に付き従っていたなら、仲章の運命は義時がこうむる運命となっていたかも知れません。『吾妻鏡』の記事が事実なら、義時はまぎれもない予知夢を見、その警告に従うことで難をまぬがれたのです。

この夢に現れた戌神将が、薬師十二神将中の戌神将そのものだったかどうかは、わかりません。夢に現れて警告を発する者の姿は、その人の信仰などに応じてつくられるので、神と見え、仏と見え、あるいは仙人、天女、女神と見えても、実体はまったく別の霊的存在の可能性が高いからです。

古代においては神仏の姿で現れることが多いのですが、現代のケースを調べると、先祖の誰かの姿をとることが多いようです。もちろん、神仏の姿で出ることもあります。

守護霊や背後霊などの霊的存在がいかなる姿をとるかは、夢見者がしっかり警告と受け取ってくれる可能性の高い姿（目覚めたあとも鮮烈な印象となって記憶に刻印される姿）を選ぶことが多いようです。ただし、メッセージの内容によって選ばれる姿もあります。たとえば火事の危険を知らせるために消防士の姿でビジョンを見せたり、病気を知らせるために医師の姿で見せるなどのケースは、よくみかけられます。

霊夢と雑夢の違い

雑夢と呼ばれる一般的な夢と霊夢には、どのような違いがあるかは重要な問題です。最も重要な指標は、夢の鮮烈さ、リアルさです。雑夢の場合は起きてほんの数分、長くとも数十分のうちにほぼ忘れてしまいますが、霊夢は強烈な印象を夢見者に刻印するため、目覚め後も頭にこびりついて、雑夢ほど簡単には忘れられません。

また、しばしば強烈な胸騒ぎをともないます。大量の発汗や動悸など、いつもの目覚めのときとは明らかに異なる肉体的な変調を訴える報告者も少なくありません。

霊夢の筋は、おおむねシンプルです。中には非常に複雑な筋をたどるものもあるので断言はできませんが、霊夢の多くはシンプルな筋で、夢のメッセージがストレートに描かれる傾向があります。

霊夢を見やすい時間帯といったものはありません。いつでも見る可能性があります。ただ、疲労困憊《こんぱい》して泥のように眠っているとき、突然激しいショックを受けて目覚めさせられるような夢の中に、比較的多く霊夢が含まれています。多くの霊夢は何らかの緊急メッセージを伝えるためのものなので、肉体がいかに疲れきっていても、それとは無関係に、いわば力づくでメッセージを送りつけてくるのです。

霊夢を見せるために、背後霊が強引に眠らせるケースもよくあります。先に見たバチェラーの幽体離脱では、まだ会議の最中であるにもかかわらず、「眠くて眠くてどうにもたえられなくなり」、会議を抜けて着衣のまま眠りに落ち、幽体離脱して友人夫婦の知人のもとに飛んでいます。また、その次に紹介した源頼茂の夢も、まさにこのケースです。鶴岡八幡宮に参籠した頼茂は、勤行の最中、ふいに眠りに落ちました。神仏と向き合っている勤行中に寝るなどということは、通常は絶対にありえません。にも関わらず、頼重は瞬時の睡魔に襲われて意識が飛びました。『吾妻鏡』は「一瞬の眠りの中に」と明記しています。メッセージを伝えるために、背後霊が強引に眠りに導いているのです。

気づいたらうたたねをしていて、霊夢を見ていたというケースは、実例のところでいくつも紹介しています。また、急に頭痛がして起きていられず横になったところ、霊夢を見たというケースや、いつもなら眠くなるはずのない時刻なのに、なぜかひどい睡魔に襲われて寝るといったケースもあります。

こうした状況で先に記したような強烈な印象の夢を見たら、その夢は霊夢である可能性があるので、とくに注意を払う必要があります。

霊夢を見ている時間はごく短時間です。起きているときの時間感覚ではわずか数秒、ないし数十秒という短時間でも、しっかりとした筋立ての霊夢を見ます。夢における時間の流れは、目覚めているときのそれとは根本的に異なっており、ほんの瞬時のうたたねでも、かなり複雑な霊夢を見ることがいくらでも可能なのです。

霊夢を見る方法

霊夢は必要に応じて見るものなので、見たいからといって見ることのできるものではありません。ただ、どうしても心にひっかかることがあり、これからどうなるのか、どう行動すればいいのかなどを背後霊に尋ねたいときは、眠る前に、祖霊や神仏などに、願いの筋をしっかり祈って就寝するのがよい方法です。

筆者も、どうしても夢に尋ねたいときは、眠る前に「しかじかのことを、どうか夢でお示しください」と守護霊に祈り、自分自身に対しても、今晩必ずしかじかの夢を見ると強く言い聞かせます。

いつも答えが得られるというわけにはいきませんが、この方法でアドバイスを得た経験は、私自身、何度もあります。眠っている間、人は霊界や幽界に出入りするので、これは非常に有効な方法なのです。

先に引用したルース・ウェルチは、意識的に幽体離脱を行う方法の一つとして、「睡眠直前に潜在意識に命令する」という方法を述べていますが、この方法も、夢でアドバイスを得るテクニックの一つです。彼はこう書いています。

「起床時刻を命令するのと同じようにやればよい。すなわち、床に入ってから睡眠中に訪ねたい場所を定めて、そこへ行ってこれこれのことを調べるように、と声に出して自分に言いつける。さらに付け加えて、そのことを朝起きたらすぐに知らせるように、と言いつける。バカげているようで、実はこのやり方で成功した人は意外に多い」

これは霊夢を見るために、意外と多くの人が実践している方法です。覚醒夢といって、睡眠中も意識がしっかりと保持されている特殊な夢が存在しますが、ウェルチの方法は覚醒夢を見る訓練としても有効です。

なお、先に眠る前に祖霊や神仏に祈るということを書きましたが、祈る対象は、自分と深くつながっている霊や神仏である必要があります。詳しくは実例集のところで書きますが、夢でメッセージを伝える先祖霊などには、何らかの役割があります。喜ばしいメッセージを伝えるときに出てくる霊もあれば、病気の知らせになると必ず出てくる霊もあるといった具合で、この霊が出てきたら何に関するお告げか、おおまかな見当がつくということを、霊夢をよく見る人は経験で知っているのです。特殊な例として、死んだペットがメッセンジャーになるケースもあります。実例では猫のケースを紹介しています。

もしそうした経験がまったくないなら、自分の守護霊に祈るか、日ごろから信仰している神仏に祈ってください。

本書の構成

本書は実例集とシンボル事典の二部構成になっています。第一部では、現実に見られた予知夢・霊夢の実例をテーマ別に紹介しています。

まず一章は、死にまつわる霊夢です。霊夢の中心はこれといってよいくらいで、予知夢体験で最も多いものはこれだと断言できます。死を告げる夢には、典型的な象徴、シーン、言葉、アクション、衣装、物品などがあります。時代や東西の文化圏による若干の違いはありますが、多くの象徴は時代や地域を超えて共通しています。死のイメージには一種の普遍性があり、それは広義の霊界の様相と連関しています（いうまでもないことですが、霊界には国境はありません）。

本書では、それら多様な死の予知夢を項目別にまとめています。霊夢の何たるかを知るには、まずこの章を読んでいただくのが最も手っ取り早いと思います。

二章では、故人の霊にまつわる夢をまとめています。霊には、①守護の働きをするもの、②救いを求めてすがりついてくるもの、③恨みの念などからまとわりついてくるものなどがあり、①は吉夢に分類されますが、③は凶夢で、しばしば悪夢になります。

①の守護霊による夢は、多くの場合、子孫に心配事があるときに見られるもので、警告や忠告を含むものが多々あります。また、救済を象徴的に描くことで、危地を脱することができることを知らせている夢も多くあります。これらの霊による夢の中での治療は、しばしば素晴らしい現実的な結果となって実を結びます。

③の中でもとくに興味深いのは、殺人事件で殺された被害者が、夢で犯人を伝えてくる霊夢です。そんなことがありうるのかと思われる方も多いでしょうが、これにはいくつもの実例があり、霊の声を捜査に活用した刑事も、現実に存在します。

三章は、夢見者の身辺、あるいは本人・家族の身にふりかかる災厄を知らせる霊夢です。日常的に見られる霊夢としては、これが最も多いと思われますが、報告例は強烈な印象を刻印する死の予知夢ほど多くはありません。災厄は、まぬがれたのちには忘れ去られることが多いのに対し、死を告げる夢は、いつまでも深く記憶に保存されるためでしょう。

災厄に関する夢のうち、頻繁に見られているのは病気関連の夢です。描かれ方は千差万別で、これといったパターンはありません。また、警告を発する背後霊が姿を表すことも多くはありませんが、さまざまな姿に変装して出てくることはよくあるので、夢に出てきた人物の意味を慎重に読み解いていく必要があります。そのノウハウは、実例から類推してください。

一章から三章までの霊夢の多くは、いわゆる凶夢です。よい出来事、喜ばしい出来事を告げる吉夢は、特段の事情がないかぎり緊急性は乏しく、わざわざ夢で知らせる必要もないためか、三章までの夢と比べると出現頻度は少なめです。とはいえ、喜ばしい知らせの霊夢も、もちろんあります。それらをまとめたのが四章です。

吉夢の中でも、金銭財物に関するものは、意外と多く見られています。金銭問題が実生活における非常に大きな関心事であるためでしょう。また、人生の行方を左右する結婚に関する夢も、霊夢として現れやすいものの一つです。

五章は発明・発見・啓示にまつわる霊夢です。これはやや毛色の異なる夢で、創造や悟りに関連しています。この種の霊夢は、夢見者が現実世界で取り組んでいる課題があり、あと一歩で次のステージに行けるというぎりぎりのところまで自分を追い込んでいる状態で、あたかも天の啓示のように訪れます。現実生活で特別な努力も鍛練もしていない人が、この種の夢を見るということは、まずありません。この章で紹介している夢は、夢が現実世界における努力としっかり連携していることを示す、端的な例といえるでしょう。

第一部の最後の附章では、幽体離脱にかかわる夢を論じています。幕末から明治にかけての神仙道家として知られた宮地水位《みやじすいい》の『夢記』を現代語訳して全文を掲げ、解説をほどこしたもので、水位自身の幽体離脱（脱魂）体験がまとめられています。この種の夢はあまり一般的ではないので附章としましたが、冒頭で書いた客観的霊視と深く関連しており、予知夢を考える上で欠かせないテーマです。

以上が第一部の実例集の構成で、第二部は夢シンボル事典です。シンボルの解釈は無限であり、そのときその状況によって、また個人差によって解釈が違ってきます。本書では、霊夢（予知夢）と思われる夢に出てきた場合という想定のもとで、シンボルの解釈を行っています。本書に記した以外の解釈も当然ありうるので、第二部はあくまで参考として読んでください。

最後に、どうしても注意していただきたいことを一つ書いておきます。それは「夢に淫してはならない」ということです。

夢にのめりこんで思い悩んだり、日常生活のあれこれをつい夢に結びつけてしまい、結果として夢に縛られるような生活をしてしまう人がたまにいます。これは非常によくありません。背後の指導霊も、そんなことはまったく望んでいません。

夢に淫するとは、夢の奴隷になることです。それは、何らかの新興宗教にのめりこんで自分の頭で考える作業をやめてしまい、教祖なり指導者の言うことがすべてだと信じて動く、哀れな被洗脳者の姿に似ています。そんな姿になるくらいなら、夢などすべて妄想だと切り捨て、忘れたほうがよほど人生にプラスです。仏教では、こうした考え方に立脚した夢論が、多数の経典に説かれています。

夢は、顕在意識と潜在意識、自分と背後の諸霊との交流のフィールド以上のものではありません。潜在意識や背後霊が期待していることは、夢見者が自分で考え、その時点で気づいていない何かに気づいてもらうことです。そのために、われわれには夢を見るという能力が授けられているのです。

この点だけは、どうかしっかり頭に刻みこんでおいてください。

第一部

予知夢190話

第一章　死と夢

死を告げる声・言葉

1　「楽になれたよ」

昭和三十八年に女優の岩下志麻が見た夢。

二階の自室で寝ていると、小津安二郎監督が出てきて、「志麻ちゃん、やっと僕は**楽になれた**よ」と言った。驚いて跳び起き、階下の母にその話をした。

間もなく小津監督の訃報が届いた。

＊注＝黒澤明と並ぶ日本映画界の巨匠・小津安二郎は、頸部にできたガンのため、六十歳の若さ

で亡くなった。

注射でさえ子どものように恐れて嫌ったという小津にとって、手術に続くコバルトとラジウムの針を何十本も患部に刺す放射線治療は耐え難い苦痛だった。

その苦しさを、ずっと献身的な看護を続けていた俳優・佐田啓二に、こう訴えたという。

「そのへんにオノか何かあったら自殺したかったよ。この病院は設備が悪いから、そういう便利なものがないんだ。お医者というのは〝痛み〟を治療することはしないんだね。〝痛いですか〟〝痛いですよ〟〝そうですか〟ってんだからね。病気をなおすことはしても〝痛み〟はダメなんだね」

一度は退院したが、ガンは頸部の軟骨まで冒しており、再入院を余儀なくされた。

「右足がどこにいっちゃったのかね、ベッドの下におっこちてるんじゃないかな。つらいもんだよ。痛いよ。ユメを見るんだ、このごろ。痛いユメばかりだよ」

この苦しみの末に、小津は亡くなった。岩下志麻に夢で語ったという「やっと僕は楽になれたよ」の一言は、偽らざる本音であったろう。彼にとって、死はまちがいなく苦痛からの解放だったのである。

2 「ようやく楽になって良い気持ちだ」

女医の福島裕子さんも、前項と同じ言葉を聞いたあとに父を亡くしている。以下は父の死の二日前に見た夢だ。

「父が**丸太のような感じ**で寝ている夢を見ました。その中で、当日、父をトイレに連れていきました。父は出て来て、『**ああようやく楽になって良い気持ちだ**』と、ニコニコ笑うのです。はっと思い、父が亡くなったという気持ちで目を覚ましました」

＊注＝福島さんによると、父親は「尿毒症から心不全を起こし、浮腫のため足が丸太ん棒のようになって亡くなっていた」という。夢の丸太はこの最期の姿からきているのだろうが、丸太そのものにも不吉な意味がある。陸軍の七三一部隊が、病原菌などの生体実験に使った捕虜たちを「丸太」と呼んでおり、丸太そのものが死を意味した。福島さんの無意識の中に、この観念があった可能性もある。

前項の例と同様、死が旦夕に迫っている人が夢に現れ、「楽になった」などと言うのは、病気その他、心身の苦しみから離脱することを表している。良くなるという意味ではない。

3　「永らくお世話になりました」

多発硬化症で亡くなった十四歳の少女、M子さんの姉と伯母が、同時に見た夢。

白い上着に赤い袴をはいたM子さんが、枕元に三つ指をついて座っている。

「これまで大変**永らくお世話になりました**。お母さん、お父さんを大切にしてあげてくださいね。それでは……」といって、彼女はスッと**宙に浮き**、だんだん体が小さくなって、**神棚の戸を開けてその中に入っていった**。

同じ夢を同時に見た姉と伯母は、それぞれすぐにM子さんの母に電話を入れた。それで彼女の死を確認したが、夢を見たのは、まさにM子さんが息を引き取ったその時刻であったという。

＊注＝白い上着、別れの挨拶と最後の願い事は、死の予知夢の典型的なパターンである。宙に浮くという情景も同様で、この章でも他の例を挙げている。

この夢で興味深いのは、別れの挨拶後、M子さんが神棚に入っていったという描写だ。神棚や仏壇に入るというのも死を告げるメッセージで、ほかにも**蝶が神棚や仏壇に入る**、**仏壇に供えた煙草の煙が中に吸いこまれる**、きれいな**小鳥が神棚や仏壇に入る**などという描かれ方もある。

筆者は、わが家に仏壇を迎えたまさにその日、美しい小鳥が実際に三階の私の部屋に飛びこんできて、しばし部屋の中を飛翔し、また窓から飛び去るという霊の知らせを現実に体験したことがある。この鳥は、仏壇に祀られることになっていた亡き妻の霊の化身であり、仏壇は妻のために買ったものであった。

妻は四十九日にも夢で別れを告げるために出てきてくれている。夢の中で、私が鏡に向かっていると、鏡に妻の姿が映り、正面を向いて「**さようなら**」と、数回明瞭に告げたのだ。私は泣いて妻を呼び、あまりの悲しさとショックで目が覚めた。

4 「母は十一時に死ぬ」

匿名の男性が、フランスの天文学者フラマリオンに報告した、妻の見た死の予知夢だ。

若いころ、妻は病気の母につきっきりで看病をしていた。ほとんど寝ずの看病が続いたが、ある夜、短いうたたねの間に、夢で「**母は十一時に死ぬ**」という声を聞いた。

夢は的中した。母は、まさに十一時ちょうどに亡くなった。

＊注＝死去の時間を夢中の声で知らされたという例だが、時間まで告げる夢は珍しい。死の予知夢の多くは、夢を見た時刻と亡くなった時刻がほとんど同時か、死の直後と報告されており、テレパシーが介在している可能性が高い。ただし数年越しの例もあるので、解釈は慎重に行うべきである。

夢の声の主が誰かという問題は、この情報だけでは判断ができない。可能性としては、すでに亡くなっている母の親族や守護霊などの霊的存在、もしくは看病をしていた妻自身の無意識が考えられる。

5「助けて！」

昭和五十年、東京都の女性が見た夢だ。

「私が親しくしていた児童文学作家のMさんが亡くなりました。そのとき高校生だった次女が、朝起きるなり、『ママ、Mさんが大変よ、今日行ってあげてよ』というのです。Mさんに一度も会ったことのない娘が、人相、姿形をそっくりいい当て、今朝夢に出てきて、『**古いお宮**から**白い着物**を着て、**髪を振り乱して、助けて！**』といわれたというのです。私はなんだか気味悪いような気もしましたが、『今度の日曜にでも行くわ』と答えました。しかし、Mさんが自殺されたという電話をいただいたのは翌日でした。ちょうど娘が夢をみた時刻に事切れたのでは、と思うと今でも不思議でなりません」

＊注＝この夢では、「助けて！」という叫びが最大の気がかりになる。夢に現れた人物が救いの叫びをあげている場合、その人の身に深刻な事態が迫っている。「助けて」という呼びかけそのものは、死の予知夢にかぎるものではない。たとえば金銭的にどうにもならないほど逼迫しているとか、重い病気にかかる、ストーカー被害に遭って精神的に追い詰められるなど、さまざまな事態でSOSが発せられる。

白い着物や、古いお宮から出てきたというのも、死の象徴である。白い着物については後ろの項でまとめて紹介するので、ここではお宮について書いておく。

お宮は神霊の住まいの象徴だが、この夢ではおそらくMさんの肉体（＝Mさんの魂を容れておくお宮）を象徴している。お宮が古くなったと感じられているのは、Mさんの肉体が古びて、耐用年数が迫っていることを示している。しかも彼女は、その古びたお宮から、死を象徴する白い着物姿で現れ、「助けて」と叫んでいた。事態はまちがいなく逼迫しているのだ。

この夢のように、死を暗示するものがいくつも重なって出てきた場合、危険性はきわめて高くなる。間に合う間に合わないはさておき、ただちにその人に連絡をとってみなければならない。次女の「今日行ってあげて」というアドバイスは的確なものだった。

なお、Mさんは髪を振り乱して夢に現れたという。すべてというわけではないが、自殺者や事故死者の予知夢には、このケースのように不気味な姿をとるものが多い。

6 「お水をちょうだい」

東京都三鷹市在住の女性が見た夢。

「近所に住んでいた一つ違いの姉の同級生が夢に出てきた。**白い着物**で、**頭に白い三角の布**をつけていた。台所にいる私に、『**お水をちょうだい**』という。コップに汲んで持っていくともういない。おかしいなと思って戻ってくると、また『お水ちょうだい』という。同じように持っていくともういない。すると、またというくり返し。結局、お水は渡せないまま。数日経ってその人が自殺したときいた」

＊注＝死のイメージが鏤められている。死者の頭につける白い三角の布は**天冠**《てんかん》という。中国の俗信から取りこまれたもので、閻魔庁《えんまちょう》に行った際、死者が正装していないと死後の審判で不利になるというので、冠を被らせて死体に正装をほどこしたものだ。

この夢で最も注目すべきは「お水をちょうだい」という訴えだ。自殺や横死など、まっとうではない死に方をした霊が、**喉の渇き**を訴えるケースは少なくない。筆者の母も、火事で亡くなった親族が夢に現れて「水をくれ、水をくれ」と叫ぶ夢を見ている。母は、火事で亡くなったためだろうと考えていたが、水を求めるのは火事にかぎった話ではない。

7　「おがんでくれろ」

民俗学者・今野円輔氏が聞書した青森県下北郡大畑町の女性が見た夢。

「昭和三十六年の雪がまだ消えない頃、営林署の畠山という人が自殺した事件があった。その夜明け前に、しょっちゅう行き来していた上司の妻が、その人の夢を見たのを『タマシ（魂）が夢に現れて暇乞いに来た』と次のような夢物語をしている。『ごめんなさい』という声で、すぐ畠山さんだなとわかった。戸をあけてみると土間に立った人は、モヤモヤした内に風船みたいな**青**

いモノで、胸から上だけきり見えなかったが、よく見ると、他の人のようにも見えた。私の左の肩をつかんで、『うちの仏さまさ来て**おがんでくれろ**』といっているが、恐ろしくて恐ろしくて、頑張っているうち、目がさめた」

＊注＝どの宗教も自殺は行うべきではないと強く戒めているが、霊界通信をみても、自殺者霊は死後に苦しみの世界が待っていると報告されている。前に挙げた二例の自殺者霊と同様、畠山さんも、別れの挨拶というよりは、救いを求めて出てきていることが伝わってくる。「うちの仏さまさ来ておがんでくれろ」というのは、わが家の仏壇で拝んでくれという意味だろう。供養を懇願しているのである。

なお、この女性は人魂を「青いモノ」と表現しているが、大本教の聖師として知られた出口王仁三郎《おにさぶろう》は、「人魂のうち、色の赤いのは生霊《いきりょう》であり、色の青いのは死霊《しりょう》である」「人の死ぬときは青い火の玉が出る。……生まれるときには、赤い火の玉が入ってくる」と述べている。この説が正しいかどうか筆者には判断できないが、確かに「人魂は青かった」「青白い人魂を見た」などの死者にまつわる報告例が多数ある。この女性が夢で見た人魂もその一つで、それは自殺した畠山さんの「タマシ」だったのである。

8 「寂しいからそろそろ来いよ」

昭和三十六年に亡くなった東京の女性が、亡くなる前にしばしば見ていたという夢。

娘の言葉をそのまま引く。

「母が亡くなったのは昭和三十六年三月十五日だが、この月は昭和十二年三月十三日に会社で倒れて亡くなった父の命日月であった。その頃、母は誰が見てもすこぶる元気で、大好きな浅草に行ったり、暖かくなったら歌舞伎を観に行くと張切っていた。ところが、逢うたびに『この頃死んだお父さんが夢枕に立ってね、こっちも**寂しいからそろそろ来いよ**って、うるさいのサ。だから、まだ歌舞伎座に行つてないから、その後でって、言ってやったのハハ……』と笑っていた。母が亡くなる一週間程前、又、母に逢うと『お父さんが来い来いって、うるさいの。あの人若い時のまま（父は亡年四十九歳）でネ。いやあネ』とケラケラと笑っていたが、父の命日の十三日も過ぎて、元気に法要をした母が、十五日の朝、誰も気がつかぬままに亡くなっていた。医師の診断は『老衰死』だった。われわれ家族は、いまでも父のお迎えだったと話をしている」

＊注＝よく言われる「お迎え」という現象は、確かにある。この夢では、亡き父の「こっちも寂しいからそろそろ来いよ」という誘いの言葉がそれにあたる。あの世への移行のときを迎

えた者の無意識が見せている幻覚と考える人もいるだろうし、実際に何らかの霊が迎えに来ると考える人もいるだろう。筆者はその両方のケースがあると考えている。

9　黒い十字架と死を告げるイニシャル

Ｌ・マルコンネという男性がフランスの天文学者で心霊研究家でもあったフラマリオンに報告した夢。

「私は元来迷信家ではないが、六年前に見た夢だけは未だに深い印象が残っている。

その頃私はアーンの某塾の教師をして居った。ある夜、私は奇態な夢を見た。

……町の大通りを散歩していると、晴れ渡った空の北方に、大きな**黒い十字架**が描かれてあって、その上にＭＭという文字が明らかに現れていた。

翌日私はその夢のことを人にも話し、誰か自分の家族の内にＭＭの字の頭につく名前の者がないかと探してみたが心あたりがなかった。事はそれだけで、別段気にも留めずにいたのである。しかるに数日の後、日付は確かに記憶していないが、私の許に死亡の報せがきた。それは町の北方に住んでいる叔母のマルゲリット・マルコンネが亡くなったのであった。私は叔母のことは平素あまり考えてもいなかったし、また彼女と会う機会も少なかったのだ」

＊注＝この夢では空に浮かんだ黒い十字架が死の象徴になっている。キリスト教文化圏では、死者は天に召される（召天）と考えるので、黒い十字架は死の予告となる。また、**本来浮かぶはずのないものが空中に浮かぶ**のも死の予告になる。この章でも、同様の例を複数紹介しているので参照してほしい。

注目されるのは、**死者のイニシャル**が同時に空中に現れている点だ。稀な例だが、亡くなる人の名前や生年月日が夢に示されるケースもある。

10 「俺は善光寺詣りをせなんだのが心残りや」

心霊現象を伴った不思議な死の知らせの夢である。

滋賀県伊香保郡のＦさんが、太平洋戦争の最中、弟の夢を見た。

「**俺は善光寺詣りをせなんだのが心残りや**。ぜひ詣りたいから兄貴の**白い数珠**を貸してくれ」と弟が言うので、「いいとも。持って行け」と言ったところで目が覚めた。

目覚め後、気になって仏壇に入れていた数珠の箱を調べると、中に入れていたはずの白珊瑚の数珠がなかった。妻に尋ねたが、「触ったこともない」という。

それから七日ほどして、また弟が夢に現れ、「おかげで念願の善光寺に詣ってきた。数珠は返すよ」と言った。目覚め後、仏壇の中の箱を見ると、数珠はちゃんと入っていた。

さらに話は続く。Fさんは、この不思議な体験を従兄に話した。すると驚いたことに、従兄も弟の夢を見たと言う。

「(夢の中で)善光寺におまいりして、大勢の人とともに本堂に坐つているると、前の方にFさんの弟がいた。『お前も来たのか』と声をかけると『思いに思うて善光寺に来たが、俺はこの数珠が気に入らん。兄貴の持っている白い数珠を貸してほしいのや』と言いながら、手に数珠をまさぐっていた。それは**糸がゆるみ、珠も組末な黒い数珠**だった」

その後、Fさんのもとに弟の戦死の知らせが届いた――。

＊注＝非常に凝った死の知らせの夢で、弟が手にしていた糸がゆるんだ黒い数珠や、善光寺に詣でるという部分に死が暗示されている。とくに糸がゆるんでいるという描写は象徴的だ。魂は、玉の緒と呼ばれる糸状のモノで肉体とつながれており、この糸が切れると人は死ぬと考えられてきた。そこで、新生児の魂を守るために、糸を結ぶ呪術が宮中から民間まで、

広く行われてきた歴史がある。夢で**糸が結ばれる**のは結婚や健康など幸運のしるしであり、**糸がほどける**のは生死別や病気など、凶事の前触れとなる。

善光寺は、この寺に詣でて額に「お血脈《けちみゃく》」の判を押してもらうと、どんな悪人でも極楽往生すると信じられてきた寺で、一生に一度はお参りすべき霊験寺として大人気を得ていた。「お血脈」は落語にもなっている。Fさんの弟が、夢で善光寺詣りをしなかったのが心残りだと言っているのは、こうした信仰が背景になっている。

さらに付け加えれば、先が長くない人が日ごろから行きたい行きたいといっていた場所に行ってきたという夢そのものも、死期の接近を意味している可能性がある。その人は魂が半ば抜けかけている状態にあり、抜けかけた魂がフラフラと出歩いて名残りの旅や別れの挨拶をして回り、旅立ちの準備をするのである。

数珠の怪異は、事実ある期間消えていたのなら心霊現象と考えなければならないが、これについての判断は読者にお任せする。いずれにせよ、Fさんの目には数珠がなくなっているように見えたのであり、その行方は弟の霊の働きにより従兄からFさんに伝えられたのである。死に関する夢には、こうした心霊現象がからんでくるケースが間々ある。

11 「房は馬鹿な奴でのう」

夢日記をつける習慣があった日本心霊科学協会々員の深尾耕平さんが、夢日記に以下の予知夢を記録している。

「枕元に置いてある私の夢日記を、誰かみている様な気配を感じたので、首を上げて視ると、日記を手にして祖父が座って居られる(祖父は大正十三年に死去している)。私は死別した感もなく、祖父の前に座り直すと、祖父はまるで私が居るのを意識せぬかの如く、『房は馬鹿な奴でのう』と、独語した。はっきり聴いたのである。間もなく、大兵の体をあげる時の昔の癖その儘《まま》に『ドーレ』と聴いたと思ふと、もう姿が見えない。私は玄関の辺りで祖父の姿を一生懸命になって探し求めて居た所で目醒めた。

昭和二十三年二月二十一日、五時六分」

この不思議な夢の意味は、深尾さんが京都府下亀岡町の祖先の墓参に行った際、立ち寄った叔父・竹次郎さんの話で明らかになった。叔父には弟がおり、名を房次郎といった。その房次郎さんについて、竹次郎さんが複雑な表情でこう語った。

「房の奴は馬鹿な奴でのう」「トウトウあれも死んで仕舞ふた」

聞いて瞬時に夢のことを思い出した深尾さんは、「電光の様に冷たい線が駆け巡るのを全身に感じた」。叔父の話によると、房次郎さんは前年十二月中旬頃から顔面に腫れ物が出来た。治療してもなかなかよくならず、激痛まで走るようになったが、そんな中の今年二月二十一日午前五時過ぎ、自殺してしまったというのだ。

この日付は、夢日記にあるとおり、深尾さんが祖父の夢を見たまさに当日で、死亡時刻と夢日記記載の時刻もほぼ一致している。

不思議なことはほかにもあった。

「自殺五、六日前に、房次郎氏は兄竹次郎氏を枕元に呼び、私に一度逢いたいから、ハガキを出す様依頼されたそうであるが、遠方に居る事でもあり、又病の方も命にかかはる訳でもないから、暖かくなってからにする様にと制した所、何を思ったか涙を二、三滴流して居られた由。然も(墓参に)訪れた二十八日は初七日に当り、一層深き感銘を与へられた。私は当夜は霊前に一夜を明かし、翌二十九日は祖父の墓に詣でたのであった」

＊注＝祖父の「房は馬鹿な奴でのう」というつぶやきは、房次郎さんの自殺を暗示している。深尾さんが祖先の墓参後、たまたま立ち寄った叔父の家で房次郎さんの死や最後の様子を聞かされたというのは偶然ではない。深尾さんに一度会いたいといって亡くなった房次郎さんの霊が、深尾さんを呼び寄せたのである。

12　手紙による死の報せ

フランスの天文学者フラマリオンの母親が見た夢。

当時、夫（フラマリオンの父）は妹夫婦と一緒にノジャンという地方都市に行っており、彼女はパリに残っていた。そのノジャンの夫から**手紙がくる**という夢を、彼女は見た。

手紙には、それまで少しも病気の兆しがなかった妹夫妻の娘の幼いアンリが、突然ひきつけを起こして**死んだ**と書かれていた。

目覚め後、彼女は、たわいもない夢としてうち捨てていた。ところが一週間後、夫から手紙が届き、夢で見たとおりの文句が認めてあった。

＊注＝手紙や電報による報せという予知夢も、今日のように電話が異常な発達をする以前は数多くあった。どうしても知らせなければならないことがある場合、会話ではなく、このケースのように**文字によって知らせる**現象も、間々起こっている。手紙に書かれているのは、伝えなければならないメッセージそのものなので、その意味をよく考えなければならない。

通信手段は時代とともに変わっていくので、予知夢に用いられる象徴も、時代とともに変化していく。今日なら**メールやラインでメッセージが伝えられる**ことも、十分にあり得る。

夢解釈の際は、その点を考慮に入れなければならない。

13 生き別れの母を夢で探り当てる

江戸時代の医者で、吉田松陰《しょういん》にも影響を与えた人物として知られる木原松桂《しょうけい》（一七七六年生まれ）は、四歳のときに生き別れた母オナサへの追慕の念がやみがたく、約三十年にわたって母を探し続け、ついにその遺骨と対面した希代の孝子として歴史に名を残している。

彼の母親探索は、もっぱら夢に導かれている。夢でヒントを得ては諸国を巡りつづけ、ようやくその地を発見するのだが、そこに至るまでに膨大な夢を記録している。主なものを抄出して列挙しよう。

①一八〇二年十月十六日、母探しの旅の途次、**頭を剃った黒衣姿**の母が夢に現れた。

②一八〇四年三月、長い松原がつづく海辺の波打ち際あたりの砂浜を、黒衣を着た尼僧が五、六人連れで歩いている。松原の砂道の先に禅院があるようで、そちらに向かって急いでいる様子だが、その中に夢で見た母の顔があったので、あわてて近寄って声をかけようとしたが、一行を見失って目覚めた。

③一八〇六年四月二十七日、どこかの禅院から母の**遺骨を家に持ち帰った**。

④一八一〇年三月、長い松原がつづく海辺の砂浜でさざ波が打ち寄せるのを眺めていると、墨衣の尼僧が忽然と現れ、自分に向かって「汝が母なり」といって禅院に行ってしまった。その姿を見失ったと思ったところで目が覚めた。

⑤一八一一年正月二十九日、早朝からしきりに眠気を催し、夢を見た。いつも現れる松原のつづく海辺の雪のように白い砂浜にいる。遙か南方を眺めると、連山が東西に走っていたが、中に突出した高峰があり、左には神社が建っていて鳥居も見えた。その美しい景色を眺めていると、尼僧姿の母が現れ、「あの山こそ安芸《あき》の……」といって消えた（安芸は松桂の出生国。母オナサは安芸国加茂郡竹原村で松桂を産んでいる）。

⑥一八二〇年四月二十二日、母と会った。夢の中で母が「ウジミ坂」といったように思われたので、その後、ウジミ坂という地名を探しつづけたが、手がかりが得られず、翌年、薩摩の国の吹上の浜ではないかと思いついて、薩摩行きを思い立った。

⑦一八二〇年十一月八日、薩摩行きの旅費や旅行中の患者の手当などあれこれ考えているうちに意識朦朧《もうろう》となり、うたたねをした。夢にいつもの海浜が現れた。向こうに孤島が見える。平坦な島で、松樹が生い茂って美しい。その島を眺めていると、忽然と尼が現れ、「我は汝の母なり」といって手を握り、子にするように松桂の背中を撫でながら、「私を慕いつづけるそなたの心が嬉しい」

といって涙を流した。感激でしばらくは言葉も出なかったが、ふと気づいて「いま母上はいずこに？」と尋ねると、「ヨナゴ（米子）なり」と答えた。また、「いかなる人のところにおられましょうか」と聞くと、「ヨネダヤモキチ」と答えた。そのあたりで門前の馬の鈴音や人の放歌のために目が覚めた。

それまで松桂は薩摩に行くつもりでいたが、この日の夢で米子という地名が出てきたことや、米子を知る廻国遍路の老人から聞かされた米子の海浜の景色が、松桂の夢とよく符合していたので、薩摩ではなく伯耆《ほうき》国に行くことにした。

一八二二年春、病身のため、籠を雇って伯耆に向かった。先の廻国遍路から、米子に米田屋茂吉という商家があることも聞いていたので、まず最初に米田屋を尋ねたが、手がかりは得られず、伯耆国から出雲国まで、米田屋の屋号の家をくまなく探し回った。けれども、松桂の母について知っている者はなかった。

ところが、こうして行く先々で尋ね回っているうちに、出雲国縫浦の渡村の船人市蔵という者が、松桂の話に一驚して手を打ち、「さても不思議なこともあるものだ。その婦人なら当村で亡くなっている。夫も男女の子もあって、いまも親子はこの村に住んでいる」と教えてくれた。

そこで翌日、さっそく渡村に行き、教えられた家を訪ねて子細を聞くと、どうやらこの家で亡くなった夫人というのは、母に違いなさそうだった。

⑧同家を訪ねた翌日（年月未詳）、いつものように松原のつづく美しい白砂の海浜で景色を眺めている夢を見た。この日も黒衣の母が現れたが、よく見ると以前とは異なり、失明しているのがわかった。いつもはこの海浜で母の姿を見失うので、今日はもう絶対に離しませんと母にいって籠に乗せ、故郷に帰るべく出雲国の高野山の北方に設けられている番所の前を通り、そこから南に折れて細い篠笹原の坂道を急ぎ進んでいくと、笹原を押し分けて誰かが出てきた。振り返ると宿の主人で、彼に起こされて目が覚めた。

朝食後、ふたたび渡村に行き、母がこの地でもうけた長七という名の異父弟から、生前のことどもを改めて詳しく聞き出し、母オナサに間違いないと確信した。その後、菩提寺を訪ねて母の墓所に詣で、和尚の許可をもらって墓を掘り返し、積年の念願がかなって遺骨になった母と面会することができた。

かくして四十年にわたる母探しの旅を終え、松桂は文政五年（一八二二）十一月十日、故郷の安芸に帰りついたのである。

＊注＝松桂がついに母の墓所を探りあてることができたのは、夢に現れた母が「ヨナゴ」と教えたことによっている。一貫して夢に現れていた海浜も、松桂が尋ね当てた母終焉の地の海浜の景色そのものだった。また、⑤で母が「あの山こそ安芸の……」と語りかけた場所も

特定できた。

常に黒衣の尼僧姿で現れていたのは、自分がすでに鬼籍に入っていることを、愛しいわが子に伝えるためだったろう。旅を始めた当初、松桂は母が存命かどうか知る由もなかったが、③の段階で遺骨を家に持ち帰る夢を見ている。

これを霊夢とするかどうかについては、議論が分かれる。徹底した合理主義で心霊の存在を否定した井上円了は、これら一連の夢が「奇夢中の奇夢」であることは認めつつも、松桂が夢によって米子に旅し、そこで母の遺骨との再会を果たしたのは偶然の一致だとしている。判断は読者にお任せしたい。

死を告げる異様な光景

14　道の陥没と祖母の焼死

心霊問題に深い関心を持ち、夢日記をつけていた丸山明道さんが見た夢。

崖道にさしかかると、道の真ん中に**蚊帳**が二張り吊られている。邪魔なので取り外すと、蚊帳の下の**道に祖母が布団を敷いて寝ていた**。と、見る間に**道が二つに割れ、裂け目の中に祖母が落ち込んで、そのまま道が谷底へと崩れていった**——。

＊注＝夢に出てきた崖道は、寺（菩提寺？）に行くときに通る道だという。典型的な死の予知夢で、陥没した道の裂け目に落ちるというイメージや谷底に崩れ落ちるというイメージは、地底の黄泉国《よみのくに》のイメージと連結する。
冥府とつながっている道に布団を敷いて寝ているという情景だけで十分危ういのに、道が陥没して寝ていた祖母が裂け目に落ち、道が谷底へと崩れるという破局的なイメージまで付け加えられている。非常に危機的な状況を描きだしている夢で、すぐにも祖母の身に

異変が起きると考えて不思議ではない。

けれども、日ごろから夢日記をつけ、夢解きを行っていた丸山さんは冷静だった。夢に出てきた蚊帳が二張りの意味を考えた結果、夏が二回過ぎた頃に祖母が亡くなるのではないかと解釈した。それから二夏が過ぎたころ、また夢を見た。

祖母が暮らしていた親戚の**古い家がなくなり、新しい家が建って**、裏座敷のほうが大きな鍛冶屋の仕事場になっている。近所にあった古い家も、夢の中ではみな新築に変わっていた――。

その後、夏も過ぎたので使っていた蚊帳を片付けてから三日目、その親戚の家が火事で焼け、祖母が焼死した。火事見舞いに行き、裏座敷の焼け跡を見たところ、焼け崩れた土塀や焼け残った鉄屑などの様子が、夢に見た火事場の仕事場そっくりで、玄関も夢に出てきた家と「寸分違わぬ」ものだった。丸山さんはこう回想している。

「後になって感付いた事ですが、この他にも当家に火気が充満していた事を教える夢を二、三回見ています。この夢から想像すると、もう二年前から親戚の家は火事にあっておばあさんが焼け死ぬように運命づけられていたものと思われます」

蚊帳には中に入ると雷除けになるという俗信があり、火気と関連する。また、鍛冶場も火を扱う場所で、火神を祭る。丸山さんのいうように、火気に注意せよという警告が重ねて出されており、祖母の死のほうは、道が割れて陥没し、その中に落ちるというイメージで描かれている。親戚の家や近所がみな新しい家になっていたのも、古い家が燃えれば新築になるということで、やはり災いの予告だったのである。

15　穴の中で寝る

J・ボロアーという鉄道の請負事業をやっていた男性が報告している夢で、夢を見たのはボロアーの友人だ。誰もがその名誉と信望を認めている人物だとの註釈がある。ボロアーが彼から聞いたとおりを記したという手紙を引用する。

「私（ボロアーの友人）はかつて重病で寝ている友人を見舞いに行ったことがある。その友人は農業を営んでいた。私はその農場の入り口で、友人の義母に出会った。母親は私に『息子はもう五、六人の訪問客で、すっかり疲れている』と告げた。しかし私を見たら彼は大層喜ぶだろうから、ちょっと会ってやってくれと母親から言われたが、私は『また明日来るから』と辞して帰った。

翌朝の七時頃、私が未だよく眠っている間に、私は不意に悪夢に襲われた。**私は小児くらいの大きさの病人**が、農場から五、六間離れた路傍の堤にある**小穴の中に寝ている**のを見た。私がいくらこの穴から彼を引き出そうとしても駄目だった。数分の後、私はこの悪夢から目覚めて跳び起きた。そして朝になって、友人の死がちょうど私が幻を見た時刻に起こったということを知った」

＊注＝病人が穴に入っている場合、その穴は、しばしば埋葬のために掘られる穴の象徴になる。そこから引き出そうとしても引き出せなかったということと、彼が「小児くらいの大きさ」で夢に現れている点に、その後の成り行きの深刻な暗示がある。他のところでも書いているが、**成人が子どもの姿で現れる**のは、重大な危機が迫っていることを表す。もっと極端な場合は、**赤ん坊の姿で現れる**。

亡くなった男性が寝ていたという報告にも注意を払う必要がある。誰かが寝た状態で夢に現れるケースは、そう多いものではない。前項の丸山明道さんの夢でも、祖母は道に布団を敷いて寝ている。陥没する道や穴といった冥府とつながる境界的な場所で寝ている夢は、死の接近を象徴している可能性がある。水中で寝ている夢も同様だ。

16　穴とあの世につながっているらせん階段

長野県のTさん（女性）が、昭和五十四年十二月八日の朝方見た夢。

彼女の知人にAさんという人がいた。校長や指導主事をやり、アララギの歌人でもあった。Tさんと一結に長野のある保養所に入っていたが、都合で急に伊那の自宅に帰って、一年余り消息がなかった。そんな中で、以下の夢を見た。

「トントン**戸を叩いてAさんが迎えに来た**。手伝ってもらいたいことがあるというのであった。私は黙ってAさんの後からついて行く。Aさんは**黒いマントを着て黒い杖をついている**。**山寺の裏の道**をゆっくり歩いて、紫式部（不二注＝コムラサキの花のこと）の紫の実が雪の中に混って見えていた。やがて**白一色の世界**に来た。Aさんは黒いマントをたくし上げて、杖で地面へ横に長い長方形の図を書いた。白い雪に杖でひいた線は黒々と見えた。『これを掘りたいのだが頼むよ』と言って、シャベルを手に持たせた。私は一心に長方形の**穴を掘った**。Aさんは杖で掘った。サクッサクッと土をはねあげる。途中まで掘つた時Aさんは『頼むよ。出来上るまでね』と言って去って行った」

この続きが、翌九日に現れた。夢は、二人が穴を掘りあげたところから始まった。

「（Aさんが）『ちょっとこっち来てごらん、いいもの見せてあけるよ』（と言った）。ついて行くと、小さい板ぶきの**掘立小屋**があって、粗末な扉があった。それを開けて『どうぞ』と言って招いた。私が入るとAさんは、土間から板の間へ上って板を一枚はいで『覗いてごらん』と言う。覗いて『アッ』と驚いた。すぐ足元から銀色の**らせん階段**がついていて、はるか下方に**温泉が涌いていた**。湯気がもやもや立ち昇っている。**まわりは花野**である。それもAさんの好きな紫らんや桔梗、すみれなどの紫の花ばかりだった。むわむわ上る湯気に光が差して七色に輝いている。『どう、一風呂浴びないかね』。Aさんに言われた時、ひざががくっとした。思わず一足さがった。『そうかね、**じゃ僕は行くよ**。僕が行ったらこの板をしめてくれ』。Aさんは**手を振って**、らせん階段を降りて行った。途中で二度ほど上をむいて、手を振って**小さくなっていった**。あとで聞くとAさんは死んだという。日はその日であった。」

＊注＝これほど鮮やかで豊かなイメージをちりばめた死の知らせと別れの夢は珍しい。ただの知人同士なのか、それ以上に深い思いが両者にあったのか、そのあたりは説明がないので不明だが、夢を読んだかぎりでは、AさんにはTさんも連れていきたいという思いがあったようだ。

八日の夢の黒いマントと黒い杖は死に至る病を象徴している。通常、死に装束は白なのだが、Aさんは黒を身につけている。黒は重い情念の色なので、AさんのTさんに寄せる思いが反映して、この出で立ちになっている可能性がある。

戸を叩いて迎えにきたというシーンについては１２０ページを参照してほしい。続く山寺の裏の道は、奥の院へと至る道を連想させる。**奥の院**は神霊の領域で、他界を意味する。**神社の裏の山道を登っていく**というのも同様だ。Ａさんは、そこまでＴさんを連れていって、一緒に穴を掘る。穴はもちろん墓所を暗示している。長方形の穴は、長方形の棺桶の象徴である。

翌日の夢では、掘立小屋が出てくる。前夜の夢の流れからいって、この小屋は遺体を安置して一定期間供養（殯《もがり》）を行うために設けられた古代の仮小屋（喪屋）だろう。青森では今もこれを行う地域があるという。

小屋はあの世に通じており、そこにあったらせん階段もこの世ならざる世界に通じるルートだということを示している。らせんの目の回るイメージ、錐もみ状態で降下していくイメージが、日常的な世界とは異なる世界（他界）への移行を暗示しているのである。

そのらせん階段がある小屋にＴさんを招き入れたＡさんは、これから彼が入っていく世界を彼女に垣間見せている。温泉や花の野は、典型的なあの世の光景だ。Ａさんは、一緒にいかないか（「一風呂浴びないかね」）と彼女を誘う。けれども、Ｔさんは拒否して後ずさる。激しい拒否感が、誘われたとき「ひざががくっとした」という反応描写によって、みごとに描き出されている。

それを見たAさんは、自分一人で行くことに決め、自分が入ったらこの世とあの世の境界を板で塞ぐよう告げるのである。

死にまつわる象徴が、一篇の映画のようにみごとにまとめられている。おそらく明瞭な色彩夢だったに違いない。

17 亡き父が実兄を連れてあの世に行く

福岡県の女性が三夜連続で見た夢である。

一夜目。二十五、六年前に亡くなった父と山道を歩いて**山奥に入っていく**。父はさかんに私を急かす。山を抜けると**一面の花畑**に出た。それはみごとな花畑で、あらゆる花が咲き乱れていた。その花を摘んでいたら、父の姿が消えた。私は「**自分はまだ行かれん**」と言って、来た道とは違う道を通って帰ってきた。

二夜目。昨夜と同じ花畑にいた。藪のほうを見ると、父の兄（存命）が木に登って**白い花**を折っている。「おまえも来とったか」「うん」と会話する。横で父が柿をちぎって、「この柿を食え」

と渡してくれたが、あまりに立派な柿だったので、家に持って帰ろうとすると、父の兄が「もう帰るとか」と声をかけてきた。その間に、父がいなくなった。

三夜目。やはり花畑の中にいた。父が父の兄と何かを話し合っていたが、自分は「まだわたしは行かれん」と言って、さっさと**ひとりで帰ってきた**。父と父の兄は何かを話しながら花畑の中を通り、向こうの**山のほうへ、どんどん行ってしまった**。

この連続夢を見た数日後、父の兄が亡くなった。また、夢を見た当人も、むかし患った子宮の病気の後遺症で苦しんでいる時期の夢であった。

＊注＝この当時、女性自身も自分の健康に大きな不安を抱えていた。夢の亡父はそれを心配して娘を癒やしてやるために現れたのだが、ちょうどそのとき、父の兄にお迎えの期日が迫っていた。その死の予告と、彼女の癒やしの予告が重ねて描かれていると思われる。

まず山奥に通じる山道だが、この道は霊界に通じている。山を抜けたところに広がる一面の花畑は、典型的なあの世の情景で、時代や洋の東西を問わず、非常に多くの人が花畑のビジョンを報告している。

最初、女性は亡き父と霊界に通じる道を歩んでいる。これは夢見時点での彼女の「自分は大丈夫だろうか。ひょっとして死んでしまうのではないか」といった心配を表している。

それに対し、父は、大丈夫だということを、姿が消えるという形で教えている。おまえはまだ連れていくことはできない、その時ではないという意味だ。

彼女自身の潜在意識も、そのことを知っている。だからこそ、夢で「自分はまだ行かれん」と、はっきり口にし、来た道とは違う道を通って帰っている。来た道はあの世に通じる道だが、別の道はこの世に通じる道、生への道だ。

二夜目の夢では、死期を迎えた父の兄が登場している。この夢で注目されるのは、父がくれたという柿だ。かつて私は、この柿をあの世の食べ物と解釈し、食べなかったから彼女はあの世に行くのを免れたのだろうと解釈していた。イザナギ・イザナミ神話の中に、あの世（黄泉）の竈《かまど》で煮炊きしたものを食べると、この世に戻れなくなる＝死ぬという「黄泉竈食《よもつへぐ》い」の神話があるが、それの一種だと解していたのだ。

けれども夢全体の文脈を見直した結果、その解釈は間違いで、この柿は亡父が娘を癒やすために与えた霊果だという解釈に落ち着いた。娘を気遣う亡父は、彼女に霊界の柿を与えた。彼女もそれが自分を癒やしてくれる霊果だと感じた。それが「あまりに立派な柿」という印象になっている。そこで、「家に持ち帰ろう」としたわけで、この家は現世における彼女の家、もしくは彼女の肉体を表す。彼女はそこでこの柿を食べようと思ったのである。

一方、亡父の兄は、木に登って白い花を折っている。彼はあの世に旅立つためにここにいるので、死を象徴する白い花を摘む。彼女が帰ろうとすると、「もう帰るとか」と声をかけてきたというのも、ここから先、自分と彼女の進む道は違うということを暗示している。

かくして三夜の夢に至り、これまでの伏線にはっきりとした結末がつけられる。

一夜と二夜では途中で姿が消えていた亡父が、この夢では消えることなく、自分の兄と一緒に「向こうの山のほうへ、どんどん行ってしまう。亡父は兄だけを連れてあの世に進み、彼女は「まだわたしは行かれん」と言って「さっさとひとりで（現世に）帰ってきた」のである。

18　家が潰れる

心霊問題に関心が深かった渡辺登美さんが報告している死の予知夢だ。

「義兄の亡くなる三月ほど前、その死の予告とも思える夢を見ました。下水溝の修理作業の光景でした。きたないどぶ泥がたくさん道のふちにかけ上げてある、そしてその修理中の石垣がくずれて、それが家の土台下であったので義兄の住んでいた**家がぺっしゃんこに潰れた**。姑さんが下敷になったので助け出しに行ったけどその姿はなくて、**白い座布とんの上に血とうみがべっとりとくっついている**。腹をおし潰されたのである」

義兄は穿孔胃潰瘍を患っており、手術するも予後が悪く再手術後、「バタバタと半月ほど中に悪化して」亡くなった。

＊注＝家が圧し潰される夢は、世帯主もしくは一家全体を襲う深刻な危機を表す。このケースでは、それが最悪の形で現実化した。渡辺さんは、白い座布団についた血と膿の理由を、「腹をおし潰された」と夢の中で感じている。事故や災害などによる死なら、膿が出る道理はない。膿が出るような病気が暗示されており、義兄の穿孔胃潰瘍を正確に暗示している。

この予知夢には、もう一つ、驚くべき予見があった。夢に出てくる下水溝の修理という場面がそれだ。

渡辺さんはこう書いている。「葬式の日は又何の偶然か、二、三日前から始まった下水の修理工事の真最中で、足のふみ場もないほどどぶ泥が家々の前にかき上げ」られていた。

このシーンが、夢に現れていたのである。

19　竜巻と自殺

E・セクリストが報告しているアメリカのある女性が見た夢。

竜巻が近づいてきた。自分や自分の家には被害を与えることはないとわかっていた。見ていると、竜巻は隣の家に向かい、隣家を完全に破壊してしまった。

夢から一週間後、隣家に住んでいた男性が自分の頭に弾丸を撃ちこみ、自殺した。

＊注＝竜巻は、いやおうなくその人の生活や生命を巻き込んでいく災いを象徴する。家は人物の全体像の典型的な象徴の一つだが、この夢では竜巻が隣家を「完全に破壊」している。隣家によって象徴されている住民男性が、夢で描かれたように自らを〝破壊〟したことが、この予知夢によって示されている。

ただし、竜巻の夢がすべて死と結びつくということはない。通常は死とは関係しない何らかの困難や障害の予告なので、その点、誤解のないようにしてほしい。

20　赤い火柱と爆死

昭和十九年、岡山県の女性が見た夢。

「母親のとみが夜寝とったら、爆弾が破裂して、目の前に**まっ赤な火柱**が立ちのぼった。その火の中に、長男の守の立っている姿が見えた。とみは、『守、まもる』いうて、長男の**名を呼んで**目が覚めた。夢を見ておったのだ。

それからしばらくして、ちょうど夢を見た日に守が戦死したという通知が入った」

＊注＝終戦前年、母親が息子の戦死の状況を夢に見た例である。先の大戦では、数多くの遺族が父や息子ら親族から、夢で死の知らせを受け取っている。この夢を紹介している作家の松谷みよ子氏によると、守さんは実際、手榴弾で自爆して亡くなったという。純然たるテレパシー夢で、真っ赤な火柱は自爆のシーンを描き出している。赤色が血や爆発や事故と結びついている例の一つである。

21　寝台の脚が折れる

前出の丸山明道さんは、こんな死の予知夢も報告している。

木の寝台に寝ていると、夜中にボキンと大きな音がして寝台が傾き、転げ落ちそうになった。あわてて降りて寝台の下を見ると、枕元の左側の脚が中途からボッキリと折れていた。それを見た瞬間、この寝台はもう**永久に使えない**のだという思いが湧きあがり、「**いいようのない大きな悲しみ**」が胸にこみあげてきた――。

＊注＝霊夢はしばしば巧みな比喩を用いてメッセージを伝えるが、これもその一つで、丸山さんの姉の死の予告であった。丸山さんはこう書いている。

「寝台の四つの脚は私たち四人の兄弟でありました。その一本の脚が折れて、私たち四人の兄弟は永久に顔を合わせる機会はなくなりました」

丸山さんが感じた「いいようのない大きな悲しみ」は、そうそうあるものではない。この夢では、主に目覚め後に残った強烈な印象や気分によって死が伝えられている。目覚めたときの感覚・感情・生理的な反応（激しい動悸・発汗など）は、しばしば夢解きの鍵となっている。それゆえ、夢について相談されたとき、私は必ず目覚め直後の気分や印象を尋ねることにしている。

22　異様に鮮やかな花を仏壇に供える

昭和十七年、山形県の男性が見た夢だ。

仏壇に花をあげていた。**花の一つ一つの色が非常に鮮やかで生々しく**、不思議な印象を受けた。

隣の部屋が少し騒々しく、その物音で目覚めた。目覚めたちょうどそのとき、祖母が他界した。

＊注＝この夢のどこが異様な光景なのかといぶかる方が多いだろうが、夢に出てきている花は、あの世の花だ。臨死体験者の多くが、あの世の花はこの世の花とは比べものにならないほど鮮やかで美しく、輝きもまったく違うと報告している。われわれは、その花を表現する語彙をもっていないため、その異様な美しさを表現できない。あの世の光も同様だ。
この夢が男性の死を表すものでないことは、仏壇に供えたというシーンから推定できる。これからそこ（仏壇）に入る人のために、行く世界の花を供えているのである。

死を告げる衣装

23　白い服と消えた足

昭和五十七年、大阪府の女性が見た夢。

趣味の会で知り合ったNさんに、「会に行きましょう」と笑顔で誘われた。「はい」と答えてNさんを見ると、**白い服を着ていて足がない**。驚いて目が覚めた。

夢見後、Nさんが急死した。

＊注＝死にゆく人が白い衣服姿で夢に現れるケースは非常に多い。欧米でも死者が白い服姿で現れる予知夢が数多く報告されており、白色を死に装束の色とする日本の民俗からきた観念とはとても考えられない。白は清浄・霊性などを表す色なので、物質性からの離脱が白によって表象されているものと考えられる。

ただし、白い衣装ならすべて死に結びつくということではもちろんない。霊的・精神的高貴さを白い衣服で表象するケースも少なくないので、解釈は慎重に行う必要がある。死と関連する可能性が出てくるのは、白い衣装にそれ以外の死の象徴が重ねて出てきた場合で、この夢の場合は「足がない」という部分がそれにあたる。足がないのは、もう肉体の足で歩き回る必要がないことを表している。

24 白い着物を着ることを拒む

昭和五十五年ごろ、北海道の女性が報告している夢。

小学校四年生だった息子の友人が、肝臓病で高熱を出して病院に運びこまれた。このとき友人の少年は、こんな夢を見た。

「**美しい花畑**があり、そこへ**白いきれいな着物**を持った女の人が現れた。そして『これを着なさい、これを着なさい』という。何故かどうしても着てはいけないと思い**必死になって逃げた**。そして逃げて逃げて気がついたら病室だった」

＊注＝白い着物を着るよう強制されたという珍しい夢だ。少年が夢の中でいた場所は、霊界の入り口とみてよい。美しい花畑もあの世の典型的な象徴で、非常に数多く報告されている。

その花畑で、少年は白い着物を着るよう迫られたわけだが、もし着ていたら、彼は生命の危機に瀕していた可能性がある。「どうしても着てはいけない」と思って逃げたのは、まだ死ぬ時期でないためで、危ういところで生還する場合、このケースのように死の側に入ることを拒絶する（逃げる）夢となる。

25　白い着物を着て塀の内側に消える

昭和五十一年四月、北海道の女性が見た夢。

とても大きくて高いコンクリート塀の内側を、おじいちゃんが**白い長い着物**を着てとぼとぼと歩いて行く。その場所を、夢の中では**墓場**のように感じていた。塀の内と外の間に開けている入り口で「おじいちゃん」と**呼んだが、振り返ることもなく消えていった**。

それから二週間後に、おじいちゃんは亡くなった。

＊注＝白い長い着物は死に装束であり、コンクリート塀は、この世とあの世の境界を表している。生と死を隔てる境界が「とても大きくて高い」塀によって描かれているのは、夢の卓越し

た象徴力をみごとに表している。女性はコンクリートの塀を墓場のようだと思ったと述懐しているが、この連想はシンボルの意味を正確に言い当てている。

コンクリート塀の「内側」を歩いているというのも、非常にリアルな描写だ。塀の外側ならまだわれわれの社会にいるが、内側に入っているのなら、もうこちらに戻ることはできないということを示している。

女性が声をかけたという入り口は、この世とあの世の出入り口だ。夢を見た女性はこの世の人なので、外側から内側を見ている。これもリアルな描写だ。

なお、この夢では呼びかけても応えなかったというが、死の予知夢には、**呼びかけられて手を振る、別れの挨拶をする**などのパターンもある。

26　白い着物姿で読経する

医師の福島裕子さんは、小さい頃からよく霊夢を見た。死にまつわる場合、夢の人物はよく**白い着物姿**で現れたという。

彼女の長兄は日大医学部を卒業し、二十九歳で某医学部の助教授になったが、劇症のイレウス

（腸捻転）で一晩のうちに亡くなった。以下は、その一週間前から連日、当時中学一年生だった福島さんが見続けた夢だという。

「**真っ白い着物**を着た兄が、**仏前に向かってお経みたいなものをあげている**のです。私も側で一緒にお経か祝詞をよんでいました」

二番目の兄は、二十五歳のときにくも膜下出血により出張先で亡くなったが、「このときも白い着物を着た人の夢を見て」いた。

＊注＝この夢では、白い着物と仏前での読経という組み合わせで死が暗示されている。福島さんは強い霊感体質だったらしく、遠く離れた弘前の家族の病気も夢で見た。その中に興味深いものがある。

水のきれいな湖か沼のような場所で、**水中には階段が続き、その先に美しい宮殿がある。**福島さんと妹は水が怖くて立ち止まっていたが、弟は**真っ赤な着物**を着て、水の上をスイスイ歩いて行った――。

後日、このとき弟が重い肺炎を発症して、生死の境をさまよっていたことを知った。

この夢の水場は無意識世界、階段は無意識世界から霊界にアクセスするための通路、美しい宮殿は霊界そのものを表している。福島さんと妹は、「水が怖くて」中に入らなかったが、弟だけは進んでいった。つまり死に向かっていた。

ただ、着物が「白」ではなく「赤」だった点に救いがあった。白ならあの世への旅立ちとなるが、赤は熱病など急性病や事故などのシンボルの色ではあるけれど、死の色である可能性は低い。夢では色のシンボリズムにも大きな注意を払う必要がある。

27　白いベール姿で沼に消える

昭和四十二年、北海道の女性が見た夢。

「私が非常に尊敬していた洋裁の加藤先生が乳癌の手術をして、東京の聖路加病院より札幌の国立病院に移られたのを友人から聞いて二日目、私は三十八度の熱を出し苦しくて寝込んでいた。私は大きな**沼の底へどんどん吸いこまれて落ちてゆき**、初めは暗かったのがあたり一面明るくなると、加藤先生が**白いベール**に**白い花束**を手にもって、ほほえんで現れた。私は『先生お元気になったのね』と尋ね、ふわりふわり飛び回っているようだった。そのうち急に先生はニコニコしたまま**底へ底へと引き込まれて消えてしまった**。……その日、先生の訃報が入った」

＊注＝死にまつわるシンボルがいくつも重ねて現れている。

ここに出てくる沼は、前項で見た福島さんの水場と同じものと考えてよい。沼の底に吸いこまれていくのは、福島さんの夢で階段を降っていくのと同じ意味を表している。夢を見た女性は、加藤先生とお別れをするために沼の底に向かっており、そこで尊敬する先生と出会った。先生がつけている白いベールは白い着物と同じ意味であり、白い花束も死の象徴だ。ほかにも**白いシーツ**による死の予告例もある。平成四年、宮城県の女性Tさんが見た予知夢では、他界した両親が息子のためにベッドメイクしており、息子を寝かせるための真っ白なシーツを広げている。この夢の場合は、亡き両親によるお迎えと白いシーツで、死が予告されている。

話を元の夢に戻そう。別離の面会後、加藤先生が沼の底へ底へと引き込まれて消えたのは、霊界への移行そのものを描いている。

このケースのように、重い病気の人が夢に現れ、元気になって治ったように見えたときは、大いに注意を要する。典型的な逆夢の可能性が高いからだ。

ただ、加藤先生の魂は死を受け入れている。ニコニコと微笑んで元気そうに見えたという情景が、それを表している。霊界への移行がスムーズに行われた場合や、生きているときの激しい病苦などからようやく解放された場合は、死は悲しいものではなく、喜ばしいものとして告げられることがある（岩下志麻の夢、38ページ参照）。死の当事者がそのようなメッセージを送ってくるのである。

フラマリオンが紹介している夢の中にも、その種のものがある。夢で弟に会った報告者の一人によると、弟は「**白い布**が垂れ」た部屋におり、そこには大勢の人がいた。その中で弟は「白い衣服を着て、生き生きとした顔つきをして、さも幸福そうに」見えたと、兄は報告している。この夢を見た頃、離れた土地に住んでいる弟が亡くなっていたというが、「さも幸福そう」な姿で兄の夢に現れた弟も、加藤先生と同様、死を喜ばしいものとして受け入れたのである。

死に際しての現れ方はさまざまだが、自殺や事故死、横死などの場合は、このような平安な、あるいは穏やかな出方はまずない。困惑、怒り、この世への未練、執着、絶望、悲嘆など、さまざまな激しい思いがリアルに映像化されるため、ショッキングな姿や表情となることが、数々の報告例から確認されている。

28 白い着物姿で消える

政治評論家の橋本徹馬氏の妻が、実母の死の前に見た夢。

「その晩、家内が東京の自宅で寝ていると、**白い着物**を着ている母親が室の入口を開けて、すごく元気のいい声で『ごめん下さい、ごめん下さい』といった。その時、家内が『あっ、お婆ちゃん（母のこと）……』というと、母親はスタスタ**引返して行く**ので、家内が追って行くと、廊下の終わる所で**消えてしまった**。……『ああ、お婆ちゃんが亡くなったなア』と思っていると、夜が明けてから、母死去の電報が来た」

＊注＝ここでも死にゆくお婆ちゃんは白い着物姿で現れている。これは別れの挨拶の夢だ。お婆ちゃんは、あの世に行く前に、娘にお別れにきたのである。

葬具・葬式・喪服

29 押入れの早桶

昭和五十一年に筆者の母が見た夢。

母の父親（私の祖父）は、母が生まれたとき、「俺は最後はこの子にめんどうをみてもらって死ぬんだ」と言って、そんな先の話をと周囲に笑われていたという。ところが実際、多くの子どもがいた中、祖父と祖母はわが家で晩年を送り、二人とも母に看取られて逝った。とりわけ祖父と母の魂のつながりには深いものがあった。それだけに、晩年、祖父が病気になって以降、母は頻繁に夢を見ており、病状の推移も重要な部分は夢から判断することが少なくなかった。

そのころ、シリーズで見ていた夢の一部に、桶をテーマにしたものがある。

ある日の夢では、父親が小机の前に座って筆を持っていた。そばには**早桶《はやおけ》を担ぐ棒と杖を持った男**が三人ついていて、父を待っている様子だった。

目覚め後、母はこう解釈した。夢の父は筆を手にしてはいたが、まだ何も書いていないし、棒と杖はあったが、早桶そのものは見当たらなかった。だからすぐにどうこうということはないだろうと考え、少しホッとした。

同じ年、今度は早桶そのものの夢を見た。父親の寝ている**押入れの下**に、今にもタガが外れそうな**空っぽの桶**が入っていた。先の夢のことがあったので、早桶が出てきた以上、いよいよ先は長くはないと覚悟をした。それからほどなく、父親は亡くなった。

＊注＝かつては棺として急拵えの桶（＝早桶。早は死者が出てから急いで作ることに由来する）を用いた。今日の棺は遺体を寝た状態で安置する寝棺だが、早桶は座った形で遺体を納めるので座棺ともいう。早桶は縄をかけて縛り、天秤棒を通して前後の担ぎ手が葬場まで運んだ。母の第一の夢に出てくる早桶を担ぐ棒はこの天秤棒を指し、杖を持った男三人は早桶の担ぎ手を表している。

これらはいずれも死の象徴だが、肝腎の早桶が出てきていない。そこで今すぐどうこうはないと解釈したわけだが、父親のそばにこれらのものが待機しているという状況は、その日が近いことを暗示している。

第二の夢では、早桶そのものを夢に見ている。いよいよ期日が近くなったという知らせであり、早桶が父親の寝ている押入れの下にあったというのも、深い意味が隠されている。死の予知夢では、押し入れがあの世の入り口の意味で現れるケースがあるからだ。また、早桶が空っぽだと夢で感じているのは、これからそこに入る者がいるという知らせと考えてよい。第一の夢と比べると、状況は明らかに先に進んでいる。

なお、母の夢では早桶が死のシンボルとなっているが、**棺桶**も同じ意味になる。

30 死期を予告した早桶の夢

同じく筆者の母が昭和五十年頃に見た**早桶**の夢がある。

夢の中で早桶がたくさん積まれており、その真ん中に義理の叔父がうずくまっていた。そばに漬け物用の野菜がたくさん置かれていた——。

目が覚めてから母は、「漬け物用の野菜がたくさんあったから、叔父は漬け物を漬ける時期（冬）に危ない」と私たちに話していた。叔父はまさにその時期である十月末に亡くなった。

＊注＝予知夢と思われる夢で**季節を象徴するもの**が出てきた場合、予知内容がその季節に現実化することがある。死の予知夢の場合、亡くなるのはいつかを、季節の象徴物で教えているのである。母はもちろん、筆者もそうした夢を何度も見ている。

季節の象徴物にはさまざまなものがある。植物や花（たとえば早春なら梅、春なら桜、秋なら紅葉など）、作物（たとえば稲の刈り入れなら秋など）、衣服（夏服、冬服など）、食べ物（たとえば夏のスイカなど）、年中行事（夏祭り、秋祭り、花火大会など）その他、非常に多くのシンボルがあり、予知夢の場合はそれが鮮明に記憶されて目覚めることが多い。例は多くはないが、カレンダーによる表示もある。

右の夢では、漬け物用の野菜が季節の表示となっている。用いられるシンボルは、その人が長年生活の中で親しんできたもの、扱っていたものなど、日常に縁の深いものが用いられるのが一般的だ。ほとんど無縁の欧米の花などを季節の表示に用いるケースはまずないので、無理にこじつけないよう注意してほしい。

31　モッコをかついだ叔母が弟の嫁の死を知らせる

明治十五年六月下旬、愛知県知多郡半田町の中村孫左衛門さんの姉のノブさんが見た、親族の死を知らせる夢だ。

その日、ノブさんは昼寝中、叔母が農具入れのモッコをかついで、ノブさんの家の前を通り過ぎる夢を見た。モッコの中には、農具ではなく弟である孫左衛門が入れられており、蚊帳の切れ端で覆いがかけられていた。

「叔母様ではないか。どこへ何の用で行きなさるだ」、尋ねると、叔母が振り返っていった。

「おお、ノブか。お前の弟の波太郎（孫左衛門の旧名）が近いうちに死ぬから、いまビク（モッコのこと）に入れて墓場にもっていく途中だ」

ノブさんはびっくりした。「波太郎が死ぬだと?」、あわてて聞き返すと、叔母はそれを打ち消して、こう教えてくれた。

「いや、ほんとうは波太郎が死なねばならんのだが、半田のお大師さん（空海）のお助けにより、波太郎は死なずともよくなった。ただその身代わりとして、妻のキヨを（あの世に）お引き取りなさるのだよ」

そう語ったと思うと、先に進むでもなく、もと来た道を引き返すでもなく、そのままその場から忽然と消え去ったと見て目が覚めた。

とても気になる夢だったので、ノブさんはすぐに半田町のお大師さん（空海）に詣で、その後、弟宅を訪ねて弟にのみ夢のことを教え、内容が内容なのでキヨさんには聞かせなかった。

ところが不思議なことに、その日から妻のキヨさんがにわかに熱を出し始め、日増しに衰弱していって、十三日目に亡くなったという。

＊注＝右は予知夢否定論者の井上円了が、著書『妖怪学講義』のなかで、予知夢ではなく偶然の一致だとしている夢の一つだ。その根拠として、井上は、当時コレラが流行しており、孫左衛門（波太郎）さんも、妻はコレラで亡くなったのかもしれないと語っていたことを挙げている。偶然の一致でかたづければ、たいがいの夢の謎は解消するが、こんな乱暴な理屈で予知夢が否定しきれないことは、本書に挙げている膨大な実例そのものが証している。夢と現実のシンクロニシティには、まったく異なったメカニズムが介在していると考えるほかはないのだ。

この夢で興味深いのは、叔母がかついでいたというモッコだ。本文にも書いたように、これは農具を入れて持ち運ぶ背負い具だが、中に孫左衛門さんを入れていたということ、墓場にもって行くと語っていたことから、明らかに早桶のたぐいの象徴になっている。叔母がそのまま墓場にかついでいったなら、孫左衛門さんの死の予知夢となったのである。

この一件後、孫左衛門さんは熱心な弘法大師信者になったという。

32　作家・長田幹彦氏が見た棺桶のおみこし

耽美派系の作家で、自ら団体をつくって熱心に心霊実験や研究にも取り組んでいたことで知られる長田幹彦氏が、大正三年に見た夢だ。

「暁方の四時頃だったがぼくの眼の前には変な柱の長い神殿がみえてきた。屋根がない。その下に石段が数百段つづいて、下から『ワッショイ、ワッショイ』とさわいで、色も何もぬっていない**棺桶みたいな白木のおみこし**が大ぜいの人にかつがれて石段を非常ないきおいであがってくる。あッとおもうと観衆がわあッとさけんで二つにわかれるなかを、そのおみこしはあべこべに**まっさかさま**ひっくりかえってどっと**下へくずれ落ちていく**。実にいやな夢だった。丁度その四時何分かにおやじは狭心症をおこしてあえなく息をひきとったのである」

＊注＝長田氏は、その後、病院で父の遺体と対面した。面やつれなどもなく、生前そのままの姿だったが、ただ右の肘と肩に大きな傷があり、内出血していた。なぜこんな内出血が残っているのか不思議で、後日、誓願院の和尚さんに尋ねたところ、和尚は夢でおみこしが墜落した際、何かにぶつかってできたものだろうと答えた。

「じゃ、あの時おやじの霊はあのおみこしに乗っていたのですか」

長田氏がきくと、和尚は「そら、むろんですがな」と答えたという。

夢に出てきた「色も何もぬっていない棺桶みたいな白木のおみこし」は、まさしく棺桶に相違ない。それに乗るというのは、この世の者でなくなることを示している。そのまま高い石段の上の神殿に入るなら往生の形だが、みこしは突然ひっくりかえってどこか下のほうに墜落していった。この描写によって、往生とはいいがたい突発的な死が暗示されているのである。

33　石の棺に入り、縮んでいく

フランスのA・Sという人物が天文学者フラマリオンに報告した夢。

A・Sの妻には大学教授だった兄がおり、兄が肺病で臥せってからは、ずっと看病に付き添っていた。その後、兄は転地療養のためストラスブールに移った。それから三週間後、妻がこんな夢を見た。筆記者はA・Sである。

「兄が**石の棺**の中に横たわっている姿を見たと思うと、その**棺は次第に収縮して**きて、彼がほとんど呼吸することが出来ないようになった。このとき彼はいかにも哀れを求めるように彼女を見て、

救け出してくれと頼む様子であったが、終には断念したように『**もう駄目だ、お前もどうする事も出来ない**』と彼女に言った。そこで彼女は驚いて目を覚まし、すぐ起きた。時計を見ると朝の三時二十分であった。翌日、私（A・S）の義兄の死んだことを知った。彼の死んだ時間は（妻の）夢の時間と符合している」

＊注＝短い報告だが、死のメッセージが詰まっている。石の棺は先に見た早桶と同じ死の象徴だ。棺が次第に縮んで小さくなっていくというイメージは、人が最期を迎えたときの描写として、たまに現れる。また、**亡くなる当人がどんどん小さくなって、やがて消える**という夢のパターンもある（41ページ参照）。これらのイメージは、あるいは死の間際の肉体感覚と関連があるのかもしれない。

義兄の魂はまだこの世に留まりたいと思っていたが、それが無理だと悟って「お前もどうする事も出来ない」と告げている。別れの言葉である。

34 霊柩台に載った自らの遺体を見る

米大統領エイブラハム・リンカーンが、一八六五年四月十四日、ワシントンのフォード劇場で暗殺される数日前に見た夢。

……夢の中で、数人の人たちの啜り泣きが聞こえた。私はベッドを離れて階段を降りていった。啜り泣きは階下でも聞こえていた。私は部屋から部屋へと渡り歩いた。どの部屋にも明かりがついており、なじみの調度品が置かれていたが、嘆き悲しむ人の姿は見当たらなかった。

困惑と不安にさいなまれながら、私は東の間まで進んだ。そこには**霊柩台**があり、その上には、**顔を白い布でおおい、死に装束をまとった遺体**があった。周辺には衛兵や**嘆き悲しむ人々**がいる。「だれが亡くなったのかね」と、私は衛兵のひとりにたずねた。衛兵が答えた。

「大統領です。暗殺されたのです」。

＊注＝この夢は典型的な死の予知夢となっている。遺体を安置する霊柩台、白い布で蔽われた死に装束の遺体、啜り泣く人々、そのいずれもが死を予告している。この予知夢に描かれたとおり、リンカーンはシェークスピア役者で反体制派のジョン・ウィルクス・ブースに劇場で射殺された。

なお、当人がこれだけリアルに自分の死を予見するケースは稀だ。リンカーンには、優れた霊能もそなわっていた可能性がある。

35　遺体安置台と血の気のない四肢

昭和五十二年四月二十一日の夜、筆者の母が見た夢。

母が自分の父親（私の祖父）に関する予知夢を見続けていたことは、早桶の項で書いている（86ページ以下）。そこでも記したように、母と父の精神的な絆は深く、父が病気で寝込むようになってからは親身に世話をし、さまざまな夢を見ては病状判断の一助としてきた。父の余命がそう長くはないことは覚悟していたが、まだ大丈夫との思いもあった。

けれども二十一日の夜、母は恐ろしい厭夢《えんむ》に襲われた。当時、母は一階、夫は二階に寝ていたが、母の激しくうなされる声が二階まで聞こえてきたという。

母が見た夢というのはこうだ。

仏壇の前に鉄板でできた台が置いてある。その台の上に、**切り落とされた手足**が四本、切り口をこちらに向けて並べられている。切り口は白蝋のようで、**血は一滴も出ていない**。「おじいちゃんが死んだ」と、母は夢の中で泣き叫び、ショックで目が覚めた。

目覚め後、父は今日中に亡くなると母は確信した。そこで早朝から自分の妹たちに、「今日、おじいちゃんが危ない。うちに集まって」と電話で招集をかけた。次女以下、三人の妹たちが、わが家に集まった。母の夢が恐ろしく正確であることを、彼女たちは知っていたから、全員が午前中から集まった。そしてその日の午後二時半、夢は的中した。母をふくむ娘たちが見守る中、父親が息を引き取ったのである。

＊注＝この夢に出てくる仏壇前の鉄板の台は、火葬場で棺を載せて送り出す台や、病院・警察などの霊安室の遺体安置台とつながっているだろう。仏壇があり、遺体を載せる台があって、そこに切断された手足が置かれている。説明不要の死の予知夢だ。
四肢に血の気がないのは、もはや生命が失われているからである。怪我や病気、切除などで大きく傷つけられている肉体から**血が出ていない**夢は、非常な凶兆の可能性が高い。それについては第二部の関連項目を見ていただきたい。

祖父の死は、私にも祖父の霊によって伝えられている。当時、私は東京で学生生活を送っていた。午前中は外出しており、午後、アパートの自室に戻った。ドアを開けると、プンと線香の匂いがした。疑いようのない、はっきりとした強い匂いだった。線香など部屋には置いていないし、焚く習慣もない。瞬時に実家で何かあったと思い、母に電話を入れると、「おじいちゃんが亡くなった」と知らされた。祖父は、私には線香の匂いで教えにきたのである（このときのことを、私は長いあいだ忘れていた。数年前、祖父の話が出たときに母から「あんたは線香の匂いがするといって電話してきたね」と言われて、忘れていた記憶が一気に甦った）。

36 架台に載った遺体とロウソク

前項と同様の夢を、もう一つ書いておく。フランスのV・ボニフェースという男性が七歳のときに見たという夢だ。

当時、ボニフェースはパリで暮らす父と離れて、フランス西部のニオールで親戚の世話になっていた。ある晩、彼は夢を見た。

かぎりなく続くように思える階段を上っていくと、暗闇の部屋に着いた。隣にも暗い部屋があって、そこには二つの**架台の上に死体が置かれ**、その前に**小さいロウソクが点されていた**。彼は恐くなって逃げ出し、最初の部屋に入った。すると誰かが自分の肩を掴んだ。恐怖で震えながら振り向くと、二年間も会っていなかった父がいて、「怖がるな。私に抱っこなさい、坊や」と言った――。

この夢の翌日、父の死を告げる電報が親戚の家に届いた。

＊注＝ボニフェースの夢に出てきた架台は、母の夢の遺体を載せた鉄板と同じで、死んで横たわることとの象徴である。ロウソクは死者の霊を慰めるものだが、生命の火の象徴でもある。彼はそのロウソクが「小さい」と表現している。もはや生命が尽きかけているのである。

37　遺影で死を知らせる

昭和五十五年に福井県の女性が見た夢。
姉の**遺影**が、**葬式の祭壇**に飾られていた。それから一週間ほど後、大阪に嫁いでいた姉が、心臓病で亡くなった。

＊注＝夢を見た女性が、姉の病気についてどれくらい知っていたかによって、夢の解釈は違ってくる。知っていて気を揉んでいたのなら、その心配がつくりだした夢の可能性がある。逆

に知らずにいてこの夢を見たのなら、予知夢の可能性が出てくる。解釈に際しては、この点にとくに注意しなければならない。ただ、写真によって死を知らせるケースは、そう珍しいものではない。次にもう一例挙げておく。

38 死体写真で死を知らせる

フランスのカローという名の男性がフラマリオンに報告した夢では、明瞭な写真が登場している。

カローにはロシアのサンクト・ペテルブルグに住む兄がいた。その兄からの**手紙**を、郵便配達夫が持ってくる夢を見た。開けてみると写真が二枚入っており、一枚は**死人が寝台の上に横たわっていて、寝台の周囲を数人が取り囲んでいた**。またもう一枚は、**葬儀**の様子を写したものだった。

最初、カローは写真の死体が誰かよく確かめなかった。寝台の回りの人物の中には、ちょうど兄の子と同じくらいの年格好の少年と少女がいた。夢の中で、カローは横たわっているのが誰なのか確認しようとして、死者の顔を注視した。そこで思わず「あっ、ルシアンだ」と叫び声をあげ、目を覚ました。数日後、兄の死の知らせが届いた。

＊注＝数日後に実際に届いた手紙は、ロシアからフランスに送られたものだという。それならカローが死体の写真の夢を見た時点で、兄は亡くなっていたのだろう。手紙より先に、兄もしくは兄と関係する霊が、死を知らせてよこしたのである。それにしても、亡くなった兄の子どもたち（少年少女）や知人が、寝台の上に横たわる死体を取り囲んでいる写真の夢というのは珍しい。こういう形での死の知らせもあるのである。

39　喪服を着た姉が親族の死を知らせる

昭和五十八年、宮城県の女性が、姉が**黒い喪服**を着て自分の実家の**玄関に立っている**という夢を見た。心配になり、目覚めてから姉に電話したところ、「変わりない」との返事だったが、それから四カ月後、姉ではなく、実家の兄が心筋梗塞でなくなった。姉が黒い喪服を着て実家の玄関に立ったのは、実家に不幸が起こるという知らせだった。

＊注＝江戸時代まで、喪服は白が一般的だったというが、明治以降、黒に変わった。夢でも喪服は黒として描かれるのが通常なので、死者がまとう白い衣服と明瞭に区別できる。喪服は、

それを着ている本人ではなく、着ている人の近親者や知人の死を予告する。喪服を着ている夢は不気味で気持ちのよくないものだが、着ている当人の身に死の危険があるということではないので、間違わないようにしてほしい。

私自身も平成二十九年に同様の夢を見ている。夢の中で、親戚の叔母が洋式の喪服を着て、家の中であわただしく差配していた。彼女の夢を見たのは初めてだったし、さほど親しく付き合っていたわけでもないので、いったい何の夢だろうと判断がつかず気になっていたところ、ほんの数日後、別の親戚から、叔母の夫が病気で急に亡くなったとの知らせを受けた。葬式に参列したが、喪主を務めた叔母が着ていたのは、やはり夢に見たのとよく似た洋式の喪服であった。

40　焼香台の前で泣く

心理学者の鑪幹八郎氏が昭和四十六年に見た夢。

父が交通事故で死んだ。その少し前、たくさん人が集まっている広場のようなところで、二人の医者が手当をしている。もう死ぬのがわかっているので、徹底した手当をしない。自分はそのことをひどく怒っている。死んで、たくさんの人が**焼香している**。焼香台のところまでくると涙が込み上げ、**次第に大声となり、泣く**。どんな死なのか確かめようと、白い布をはずし、遺体を見た。足のほうはそのままだが、頭は包帯を巻いてあるのでよくわからない。血がにじんでいる。医者に聞くと、頭をやられたのだという……。

この夢を見た時点では、氏の実父はとうに他界していたという。だから夢で亡くなっているのは実父ではない。この人は、氏が親しく指導を受け、尊敬していた「先生」を指していた。その先生が、夢で父となって現れたのである。

夢を記した後、氏は次のように書いている。

「朝起きて、気になりながらこの夢を記録し終わった、その時だった。電話があって、この先生が脳卒中で死んだという。……これには全く驚いた。先生は自分にとっては、自分が研究者になるという意味では生みの父親だったことは間違いなかった。……この先生は私に対してやさしく、いつも好意的で規切だった。一方、学問的には厳しい人であった。……朝、夫人が起こしに行かれるまでは、誰も気づかない突然の死であった。

先生御自身にも予期されていなかった不意の死ではなかったろうか。あたかも突然やってくる交通事故の死になぞらえても決しておかしくないであろう。しかも、夢の中の交通事故死は頭をやられていることになっている。先生の実際の死亡理由は脳卒中ということであった」

＊注＝説明の要のない予知夢である。このケースのように、夢ではメッセージの主体が別の人物となって現れることがよくある。夢は舞台のようなもので、配役を割り振られた役者がそれぞれの芝居をしているので、現れた人物が当人だと速断してはならない。

たとえばある夢の中の役者が、神仏の仮装で出てくることもある。祖先の姿で出てくることもある。この夢のように、学問的な面で自分を育ててくれた恩師が、父の姿で現れることもある。しかしそれは神仏や祖先や父そのものではない。

こうした変装には、明確な意味がある。夢のメッセージのほとんどは言葉ではなく映像によるものなので、メッセージを伝えるのに最もふさわしい姿（映像）が選ばれるのである。この夢における死の象徴は、医者の行動やその後の焼香シーンで端的に表されている。夢の中で、氏は激しく泣いている。泣く夢は、通常の心理的な夢においては、問題が解決する、精神的な苦悩や心配事が取り除かれるなど、よい意味で現れる。しかし、死の予知夢では、文字通りの悲しい出来事の示しとなる。近親者などの死を予知した人が、夢で泣くというケースは多い。

死を象徴する肉体の異変・行動

41　指からの流血

ボルドーの税関主事、R・ジュボーが見た夢。

一八九七年七月三十日の夜、広場で大工たちが働いている工事現場の夢を見た。大工のひとりが私の手を捕まえて、**左指を刃物か何かで突き刺した**。**大量の流血**があり、救いを求めて叫び声をあげたが、自分の声に驚いて目が覚めた。時刻は夜中の三時だった。

その数分後、彼はふたたび眠りに落ちた。すると今度は運河を航行する船を夢見た。船からボートが降ろされた。ボートは岸にたどりつき、五、六人が陸に上がって**何かを埋め、すっかり土をかぶせて立ち去った**――。

それから約二週間の後、警察から長男の死亡通知が届いた。長男はサイゴン駐留の砲兵第十一連隊の隊員だったが、病気のためフランスに帰される途中、スエズ運河で亡くなり、地中海沿岸の都市ポートサイドに葬られたという。通知によれば、亡くなったのは七月三十一日朝三時。ジュボーが予知夢を見た翌日であった。

＊注＝指には多くの意味がある。人間の仕事を担う部位だけに、人間の営み全般のシンボルとなるが、家族やわが子、財産の象徴ともなる。この夢では、指が傷つけられ、激しく流血するという情景によって、わが子の身に起こるであろう不幸が暗示され、続く夢の埋葬シーンで、それが死にかかわるものであることが示されている。

指が切れる、切断される、指が折れる、指を失うなどの夢は、予知夢では肉親など大切な人が失われることの前触れなので、注意しなければならない。ただし、すべてがそうであるわけではない。ある場合は仕事を失うという意味になるだろうし、自信の喪失、財産の喪失などを表している場合もある。生死にかかわる夢であれば、ジュボーの夢のように、指の毀損のほかに死を告げる知らせが出ている可能性が高いので、無闇に怖れず、よく夢を思い出して分析しなければならない。

42　血に汚れた布の上の生首

船長の叔父をもつＪ・Ｓという人物が、フラマリオンに報告した叔父の夢だ。

数ヶ月の航海を終え、フランスに向けて帰航中、船長が気になる夢を見た。母親が**血に汚れた**

布を膝の上に置き、布の上には弟の生首が載せられていた。

あまりの薄気味悪さに目を覚ましたが、ふたたび寝入ったところ、またしても同じ夢を見た。非常に気がかりな夢だったので、航海日誌に記録した。

やがて船はマルセイユに着いた。港には船長の友人が出迎えに来ており、船長が船主のところに報告に行っている間に、その友人が船を喪に服させていた。船主の家から船に戻った船長は、それを見るなり「弟が死んだのだな」と叫んだ。驚いた友人が、「君はどうしてそれを知っているのか」と尋ねたので、航海中に見た夢の話をして聞かせた。船長の弟は、まさしく航海日誌に記された日に自殺していた。

＊注＝残念ながら自殺の方法や死の様子は報告されていないが、血濡れた布や、その上に置かれた生首というショッキングな映像が、通常の死ではないことを示している。

肉体から首が離れるのは、尋常ではない困難に直面することを表している。金がないのは首がないのと同じという慣用句があるが、この句の場合は非常な困苦・窮乏を意味し、夢でも非常な困苦が首の消えた姿で表されることがある。ここに紹介した例は、血に汚れた布の上の生首であり、しかも同じ夢を二度も見せられていることから、死の知らせと解釈される。弟はどうにもならない窮乏の中、自死を選ぶ以外なくなったのかもしれない。

なお、船を喪に服させるというのは、船旗をマスト中間まで下げ，国旗を半旗にするなどの形をとって弔意を示すことをいう。

43　背部から血にまみれる

昭和二十年、東京の女性が見た夢。

電車に乗っていた。人を轢いたらしいと思っていると、急に**背中からものすごい量の血が体中にかかり**、生暖かく気持ちが悪くて目が覚めた。

その翌日、配給をもらいにいった姑が、電車にはねられて亡くなった。

＊注＝戦死や事故死などで激しく肉体が損傷され、血まみれで亡くなった人が死を告げにくる夢や、亡くなるであろうことを告げる予知夢では、大量の流血シーンが現れるケースが少なくない。顔など**損傷部分が血にまみれている、空が赤くなる、夢の中の視界が朱に染まる**など、シンボリックな情景で現れることもある。

背中から血を浴びたというのもシンボリックだ。**背後からくるものや、背後に付いている**

ものは、ときに霊的な事柄と関係している。正面は肉眼で見ることができるため、現実の出来事と関係するが、背後は見えない。見えない世界は霊界などと関係しており、霊的な通信の可能性があるのである。この夢は、まさしくそれだと考えられる。

44　空中に顔が浮かび出る

医師の福島裕子さんが、父親の死を予知した夢。

「空の色がアズキ色に現れ、そして**空の中に顔がかかり**、更にその中に父の顔が写り、地面や草や木の緑が更に新緑に濡れている」

よく霊夢を見ていた福島さんは、父親が梅雨の頃に亡くなるという知らせだと受け取った。それまで「夢に見たことは全部的中して」きただけに、父との別れを覚悟をしていたところ、何事もなく梅雨が過ぎた。

自分の夢も当たらないときがあるのだな、でも外れてよかったと思っていると、昭和五十年八月二十三日の台風六号のときに父が亡くなった。「空の色がアズキ色だったり、草や木が濡れていたのは台風のことだったのかとあとで解りました」と福島さんは記している。

＊注＝この夢では、空中にかかった顔が死の予告になっている。死の知らせの中には、空中に浮かぶという情景で示されるものがある。福島さんの場合は「顔」が浮かんでいるが、生木が空中に浮かぶ（１４９ページ）、病人など**死期の迫った人が虚空に浮かんで消える**などのケースもある。次項を参照してほしい。

45　雲の中を歩く

フランス南部の県庁所在都市・モントーバンで裁判所長をしていた父親をもつ男性が、天文学者のフラマリオンに報告している夢だ。

彼の父親は一八八三年に亡くなった。それから二、三年後、父の部下で、モントーバン市からドルドーニュ県のノントロン市の判事に異動していたラポールトという司法官が若くして亡くなった。まだラポールトの死を知らずにいた時点で、この男性は両者が霊界で再会した様子を夢に見たという。

「ある夜、私は父の姿をありありと夢に見ました。父はそのとき足下に湧き立つ**雲の中を歩いていた**のです。父の姿勢、着物、その歩行《ある》き具合から笑顔まで、あたかも父の生ける日をそのままに見えたのです。すると突如、その雲の下からある一つの影が現れて、父の方に向かって行きました。そしてその影が近づくに従って段々判然と現れ、終にはそれがラポールトの姿になりました。二つの姿が出会ったとき、父は氏に向かい『おお、ラポールトさん、此所にお出でですか、**今度はあなたの番ですね**』と声をかけました。氏はただ『**ええ、私の番です**』と答えました。私は明瞭に両者の言葉を聞いたのです。そして二人は手を握り合っていたのです。

数日の後、私は新聞の広告でノントロンの判事ラポールト氏が、若死をしたことを知りました。しかもその死んだ日は、ちょうど私が夢を見た日と同じなのです」

＊注＝雲上の世界は、死後、天に召されると考えるキリスト教文化圏では、あの世のイメージとなる。そこを歩いているのは、現世の人ではなく霊界の人だ。そこに新たな参入者としてやってきたのがラポールトだ。両者の「あなたの番ですね」「私の番です」という会話は、ラポールトに死が訪れていることを雄弁に物語っている。

46　川を渡る

フリードリッヒ・ヘッベルの日記に記されたある女性の夢。

「一八六〇年三月二十四日、ヴィーンにて。フォン・エンゲルホーフェン夫人を、家に迎える。彼女は、夫君が発病前の八日間、毎晩のように同じ夢を見たことを語ってくれた。九日目の夢には一つの変化があったという。

夢の中で、彼は異様で、今まで見たこともない風景の中にいた。**広くてきらきらと輝く川**がその中央に流れ、**対岸**には霧が立ち込めていた。川のほとりには**渡し守**が立っていたが、彼が近づいて向こうへやってくれるように金を差し出しても、陰気な顔で首を横に振るばかりだった。

だが、九日目になると、渡し守は愛想がよくなり、彼を小船に乗せると、矢のような速さで対岸に渡してくれた。岸に着くと、立ちこめていた霧は晴れわたり、その中から**壮麗な館**が姿を見せた。そしてそこから彼の亡父が現れて、彼を優しく出迎えた。

彼はこの夢を、皇帝が彼に命じるはずの旅のことだと解釈した。だがまさにこの夜、彼は病を得、週日をまたずに不帰の客となったのである」

＊注＝死出の旅を表す典型的な予知夢だ。三途の川（葬頭河《そうずか》）は仏教にかぎった神話ではない。

欧米ではこの川をステュクス（Styx）と呼び、「ステュクスを渡る」といえば、死を意味する。生と死の境界に川が流れているという観念は、東西共通している。

エンゲルホーフェン夫人の夫は、本人の自覚はないものの、生死の境をさまよっていた。八日目まで渡し守が渡すことを拒否していたというエピソードによって、それが示されている。ステュクスの渡し守はカロンという名で、ギリシア神話の登場人物だ。カロンは死者を冥府に渡す役割を担っている。そこで彼の船に乗るということは、あの世に行くということを意味する。

夫は八日目までは、あの世に行くかどうか定まっていなかった。けれども九日目になると、どういう背景かは知りようがないが、とにかく運命が決まったらしい。カロンはそれまでの態度を一変させて彼を船に迎え入れ、対岸に渡している。

霧が晴れた対岸に現れた壮麗な館は、霊界そのものを象徴している。**水中の宮殿**という象徴で示されることもあり、その例も81ページに掲げておいた。浦島太郎でおなじみの**竜宮城**も、夢の世界ではやはり霊界を意味しており、そこから現世に帰還した浦島太郎は、死の世界から戻った者を表している。川向こうの壮麗な館や水中にある宮殿は、死と結びついている可能性があるので、注意しなければならない。

右の夢では、その館から父が出てくる。父は故人で、すでに霊界の住人になっている。

だから館から出てきたのは当然だが、そこで父が息子を「優しく出迎え」ていなかったなら、エンゲルホーフェンは助かった可能性がある。こうしたシーンで、「まだおまえが来るには早い」とか「帰れ」とかいわれるケースも、少なからず報告されている。霊界入りを拒絶されるのである。こうしたケースでは、その人は九死に一生を得る。この夢では、父は息子を迎え入れた。これで死の予知夢であることが確定されている。

同じような夢は、古来数かぎりなく見られてきただろうし、今も見られている。臨死体験者の報告にも、同種の体験が多数ある。臨死体験者は、霊界入りを拒否されるか、本人の意志、もしくは現世からの呼び戻しの声などで引き返している。

47 臨死体験者が見た三途の川に架かる橋

死の夢ではないが、前項で書いた臨死体験者の夢を紹介しておく。腹部を患い、四十度の高熱で意識不明に陥ったTさん（女性）が見た夢だ。

朦朧とした意識の中で、Tさんは**見渡すかぎりの緑の草原**の中にいた。そこには**明るい光**がみなぎっていたが、真昼の太陽のような激しい明るさではなく、その世界全体が、自分をあたたかく包みこんでくれるような明るさだった。

いいしれぬ心地よさを感じながら、Tさんは歩を進めていった。すると**清らかな小川**に出た。小川には一本の**橋**がかかっており、**向こう岸**にも果てしない緑の草原が広がっていた。最初、彼女は橋を渡って向こう岸に行こうと思った。ところがなぜか、ためらいの思いがわいてきた。渡ろうとしても、どうしても渡れず、やがて思いは、渡ってはならないという信念に変わっていった。彼女が五時間にわたる昏睡状態から覚醒したのは、そのときだった。

＊注＝夢に出てきた清らかな小川は三途の川を表している。三途の川には三種類の渡り方があるという俗信がある。罪深い者は川の中でも江深淵と呼ばれる難所を渡り、罪障がさほど深くない者は浅瀬を渡り、善徳を積んだ者は宝玉などで造られた橋を渡ってあの世に入るというものだ。
この夢では、Tさんは橋を渡ろうとしており、夢の景色も明るく穏やかで、暗い要素は見当たらない。死後、よい世界に入ることを示しているように思われるが、それでも橋を渡ってしまえばあの世の住人になってしまう。最初、彼女は渡るつもりでいた。けれど、なぜかためらいの気持ちが強くなり、ついには「渡ってはならないという信念に変わっていった」。生還者の多くはこのプロセスを経て死を免れている。橋にせよ船にせよ、ある

いは歩行にせよ、向こう岸に渡るかどうかが生死の分かれ目となるのである。

48　死者の船に乗る

昭和四十八年、宮城県の男性が見た夢。

高校時代の先輩が夢に現れ、**向こう岸で手を振っている**。自分も向こう岸に渡ろうと思って**船を漕いだ**が、漕いでも漕いでも**前に進まない**。おかしいと思って後ろを振り向くと、後輩が目に涙をためて**自分の乗っている船を引っ張り、離さない**という夢を見た。

その翌日、夢で私の船を引き留めていた後輩の一人が実際に訪ねてきて、向こう岸で手を振っていた先輩が脳卒中で亡くなったことを告げた。

＊注＝夢の中で、先輩はすでに向こう岸（死後の世界）に渡っており、手を振っている。手を振るしぐさは別れの挨拶で、別離を意味する（生別・死別、いずれのケースもある）。夢を見た男性は、あるいはこの先輩に、あの世に招かれかけていたのかもしれない。けれども向こう岸に渡るための船は、後輩のおかげで動かず、助かった。翌日、夢に出てきた後輩

が実際に訪れて先輩の死を報告しているところに、関係者のあいだを行き来する背後霊の活動が見て取れる。

この夢では後輩が船を引き留めているが、母などの親族が引き留めるケースがよく報告されている。また、神仏が引き留めたというケースもある。

大阪府三島郡の女性は、昭和五十三年八月十五日のお盆の日に突然倒れ、意識不明の危篤状態に陥ったまま、一週間もそのままだった。医者も手の施しようがないと言っていたが、二十三日の地蔵盆の日、急に意識が戻って、そこからめきめきと回復した。

この女性が意識不明の間、見たという夢を、会う人ごとにこう言っていたという。

「あの時、私が広い広い**海の彼方**へ行こうとしているのに、七福神が舟に乗ってこられ、無理やり私をすくい上げて舟に乗せ、『**もう一度帰りなさい**』と言ってこちらへ引き戻して下さった」

海の彼方は死後の世界。そこに現れた七福神が、女性を死出の旅から引き戻している。「帰りなさい」という言葉が救いを表している。

49　家族がそろって手招きの夢を見る

昭和五十五年頃、神奈川県の女性が見た夢。

ある晩、遠くから曾祖父が悲しそうに**おいでおいでをしている**夢を見た。

翌日、家人に話すと、弟が真っ青になり、自分も同じ夢を見たと言った。さらにその夜、両親が同じ夢を見、しばらくして別の弟も、曾祖父がおいでおいでをしている夢を見た。彼女も再度、おいでおいでの夢を見た。それからしばらくして、曾祖父が亡くなった。

＊注＝**手招き**と死が結びついている例は、かなり多い。この例では、曾祖父が**悲しそう**な様子だったと感じられているが、**笑いながら手を振る**ケースもある。それが老人や病人なら、お迎えがきている可能性があるので注意を要する。
なお、**自分がだれかに向かって手を振っている**夢は、死とは関係ない。手を振っている相手と、近々再会するか、連絡をとりあうことを示している。

50　祖霊と同座して手招きする

平成三十一年一月、私の母の弟が母の死の数日前に見た夢。

場所は定かではないが、姉（私の母）が中央に座っていて、左右に数人の見知らぬ人が並んで座っている。ニコニコ笑顔を見せながら、自分に向かって**手招き**をしていた――。

＊注＝私の母は平成三十一年一月五日に急逝した。それについてはこの章の事例60に詳しく書いたので参照してほしい。ここに挙げた夢は、母が急逝する数日前に母の弟が見たもので、前項と同じく亡くなる当人が手招きで自身の死を知らせている。
母の左右に並んで座っていたのは、おそらく母を迎える先祖の霊だろう。この夢を見せられた弟は、母の葬儀の日と自分の膀胱癌の手術予定日が重なってしまい、葬儀に参列できなかった。それもあって、母は別れの挨拶の夢を見せたのだろうと思う。

なお、手招きには、夢見た者をあの世に招くケースもあるので注意が必要だ。

51　入院中の母が娘の名を呼びながら玄関を叩く

昭和五十三年、山形県の女性が見た夢。

「母が病院に入院していて死ぬ二日程前、朝方夢に母が自宅へ帰って来て、子どもである**私の名前を呼んで玄関の戸を叩いている**。そこで夢から覚めた。叔母の死ぬ前にも同じようなことがあった」

＊注＝**入院中の親族などが家に帰ってくる**夢は、しばしば死の予知夢となる。もう入院している必要がなくなったということと、自分の家からあの世に旅立っていくということが暗に示されているのである（実際には病院で亡くなることのほうが圧倒的に多いが、多くの人は家から旅立ちたいと願っており、その思いが反映されている）。

この夢では、名を呼ぶ、玄関の戸を叩くという重要な霊示も描かれている。亡くなっていく人が、自分の子どもや配偶者など、後に残していく大切な人の名を呼ぶというケースは、相当に多い。また、玄関を叩くのは、死にかぎらず何か緊急を要する知らせがあることを示している。**電報が届く**という描かれ方もある。今日では電話が一般的だろう。

52 うたた寝中に自分の名を呼ばれる

名を呼んだ例をもう一例挙げておく。ブロウドという人物がフラマリオンに報告した夢だ。

「およそ二年ほど以前、ジャーナックに居った私の家族のある知り合いの婦人が、転《うた》た寝をしていたとき、それは朝の七時頃でした。不意にはっきりと**自分を呼ぶ声**に起こされました。婦人はその声を義兄の声だと思いました。その義兄というのは最近の手紙で健康なことを報じてよこした人なのです。……数時間の後、十一時頃、婦人は電報によってアルザスに住んでいた義兄が、今しがた急死したことを知りました。翌日来た手紙によると、彼の死がちょうど七時で、あの声が彼女を呼んだちょうどそのときだったのです」

＊注＝このうたた寝は、霊の側によって引き起こされたものだ。何かを伝えなければならないとき、相手が起きている意識の状態では、通常はメッセージを伝えるのは困難だ。そこで眠りに導くのである。

53　入院中の祖母が退院してくる

前掲と同じパターンの夢を、もう一つ紹介しておく。昭和五十四年、名古屋市の女性が見た夢だ。祖母が大腿骨の骨折で入院した。投薬のせいですっかり胃腸をやられてしまい、食欲もなくなっていた祖母が、入院から二週間ほど経ったころ、夢に現れた。

夢の中で、二階から中庭に通じる階段を下りていくと、祖母が表の扉を開けて入ってきた。「あれ、おばあちゃん、もう良くなったの?」と聞くと、「ええ、ええ、**もうすっかり良うなったで、一人で病院から歩いて帰ってきたわ**」と答えたあたりで目が覚めた。

このとき、夢を見た女性の隣に義兄が寝ていたが、彼も目を覚ました。階段の下でお婆ちゃんの声がしたので目が覚めたという。二人は夢の不思議な偶然の一致にしばし呆れた。それからほどなく、病院からおばあちゃんが亡くなったという電話が入った。

＊注＝前項で解説したとおりの夢で、説明の要はないだろう。老人や病人が「元気になったので帰ってきた」などと口にする夢や、入院中の人が帰れるはずのない時期に家に帰ってくる夢には、十分な注意を払わなければならない。

54　着衣で入浴する

神奈川県の男性が在職中、何度も見たという死の前兆夢である。

「昭和二十六年頃の話。私が熊谷組で、労務、安全、経理の仕事をしているとき、**着物を着たまま風呂へ入った**夢をみると、必ず現場に労務者の死亡事故がありました。私は夜眠る前に、風呂へ入った夢をみないように神に祈りましたが、この夢は私がこの仕事をしているうち、気味悪いほど的中しました」

＊注＝着物を着て風呂に入るということから連想されるのは、風呂がまだ蒸し風呂だった時代（古代から中世の戦国末期頃まで）に用いられていた湯帷子《ゆかたびら》だ。熱い蒸気をじかに肌に受けるのを避けるために入浴の際に着た単衣《ひとえ》の衣で、この湯帷子が、のちに浴衣《ゆかた》へと形を変えていった。他方、死者にも単衣で経文を書いた帷子を着せる習俗が、長い間、行われてきた。これを**経帷子**という。この湯帷子と経帷子の両者がイメージの中で連結して、男性の夢となった可能性がある。**湯船**は、その形状から**棺桶**に通じているからである（皇室ではいまも棺を舟と呼び、納棺を御舟入りと呼んでいる）。

この夢で注目されるのは、着物を着たまま風呂に入る夢を見たら、必ず死亡事故があったという部分だ。夢では、あるシンボルが、ある同じ意味を担ってたびたび現れることが珍しくない。この男性の場合は、着衣の入浴と事故死がワンセットになっている。あるシンボル（人物や動植物など多種多様な例がある）と、現実のある事象が結びついていると感じたら、そのシンボルは忘れず記憶しておいたほうがいい。くりかえされる可能性があるからである。

死にまつわる特殊な人物象徴・死神

55　燃える赤ん坊

京都の女性が昭和三十年頃に見た夢。

朝の四時ごろ、昔の囲炉裏のようなところで、生まれて間もない**裸の赤ん坊が、ブスブスと青白い炎を吹き出して、少しずつ燃えていた**。気味が悪いと思いながら目が覚めた。

この夢は、夫の母が入院したという知らせを受け、夫が遠隔地に住む母のもとに向かった日に見た。夢から三時間後、夫から「ばあちゃんが死んだ」と連絡が入った。

＊注＝きわめて後味の悪い、不気味な夢である。赤ん坊は来世に生まれ変わる祖母を表している。その赤ん坊が燃えているのは、火葬の表現とも考えられるが、後述するように他の可能性も考えられる。

これと似た夢に、脳溢血で半身不随となり、寝たきり状態になっていた栃木県の女性が昭和四十八年に見た夢がある。その夢では、娘婿の女親が**裸の赤ん坊を自分の胸にひょいと**

乗せていった。するとその日の午前中に脳溢血が再発。女性は意識不明のまま四日後に亡くなったという。

赤ん坊は幅広い意味を持つ象徴で、豊かな可能性や嬉しい知らせ、発展などプラスの意味もたくさんあるが、右に例示したとおり、重い病人や老人などが見ると、死の暗示となるケースがある。大きな意味での再生の象徴だが、この世からあの世に生まれ変わることを示している場合は、現世的には死の意味となる。

赤ん坊が燃えるというのは珍しい状景だ。青白くブスブスと燃えるというのは、恨みの情念の象徴にも思える(事実、この女性には夫に対する鬱積された積年の怨みつらみがあった)。もしそうであれば、自分は赤ん坊のように無力で何もできずに死んでいくという激しい怨嗟の感情も、青白い炎の描写にこめられていた可能性がある。

肉親や恋人、夫など**大切な人が赤ん坊や子どもの姿で現れる**夢は少なくない。フラマリオンが収集した予知夢の中は、「子どもの棺」という形で父の死の知らせを受け取った女性の例もある。この種の夢を見たら、大切な人が何らかの困難や危地に陥っている可能性が非常に高い。自分は赤ん坊や子どものように無力で、この困難から脱することができない。どうか助けてほしいという思いを、あなたに飛ばしている可能性がある。目覚め感が悪く、胸騒ぎがするようなら、まずはその人に連絡してみることをお勧めする。

赤ん坊の夢との対比で興味深い夢があるので、死とは反対の夢だが、ここで紹介しておく。出産予定日を五日過ぎても、まだ子どもが生まれず、不安になっていた初産の若い妊婦が見た夢である。

部屋の中で会合の準備をしていると、**タンスがゴトゴト音を立てた**。中に誰かいるとは思うが、忙しくて見るのをつい後回しにする。それでも中にいる人は大丈夫かと気が気ではなく、合間を見つけてタンスの引き出しを開けると、**新聞紙ですっぽり包まれた小さな色白のおばあさん**が出てきた。おばあさんは瀕死の状態で、五日前から中に閉じこめられていたという。よくまあ五日間も飲まず食わずで無事だったものだと、ひとまずほっとした――。

夢見後、女性は無事出産した。タンスの中のおばあさんは、子宮の中の胎児、新聞紙でくるまれていたのは、夢を見た女性自身が「羊膜みたい」と夢の感想で述べているとおり、胎児をくるむ羊膜の象徴で、「五日間も飲まず食わず」は出産予定日を五日も過ぎていることの夢的表現である。

先に紹介した夢では、死にゆく者が赤ん坊の姿で象徴されていたが、この夢では、新生児がおばあさんの姿で描きだされている。あの世からこの世への再生は、輪廻転生は存在するということが前提となる。輪廻の思想を認めるなら、この世に転生してくる赤ん坊とは、実は数々の経験を積んできた古い霊ということになる。それが夢ではおじいさんやおばあさんの姿となって表されるのである。

なお、タンスのような箱状のものは、しばしば子宮や女性器の象徴となる。

56　死神に捕まる

ある学生が子どものころに見た夢である。

ひいばあちゃんが、**だれかに追われて**私に**助けを求めてきた**。しかし、自分にはどうすることもできず、ひいおばあちゃんの後ろに隠れてじっと見ていた。するとひいおばあちゃんは捕まって、大きな鍋に入れられ、炒められて炒り卵にされてしまった。

目を覚ますと、ひいおばあちゃんはすでに他界していた。

＊注＝追ってくる者の姿や雰囲気の描写がないのが惜しまれるが、子どもの頃の夢の記憶なので、細部が欠落しているのは当然だろう。夢は時間とともに急激に曖昧になっていく。筆者が夢日記をつけることを勧めるのは、いかに強烈で印象的な夢であっても、細部は数分、長

くても数日内には確実に失われ、記憶の改編も当たり前のように起こるからである。

この夢で、ひいばあちゃんを追いかけているのは死神の化身と思われる（死神については次項も参照）。追いかけられても逃げ切ったなら助かるのだが、このひいばあちゃんは、逃げ切れずに捕まっている。死の予告である。

誰かが助けを求める夢は、その人が非常に危険な状態にあることを示している。**大鍋で炒られる**という情景は、地獄のイメージの援用と考えていいだろう。安楽な死でなかったことが、このイメージによって暗示されている。

57　死神の老婆

作家の平山蘆江《ろこう》が「内外タイムズ」（昭和二十八年三月十四日）に寄せた、夢の死神に関する興味深いエピソードだ。

ある女性が、姉の見た死神の話を蘆江に聞かせてくれた。こんな話だ。

「全身麻酔の手術の醒め際だったらしい、**小さな見すぼらしいお婆さん**がちょこちょこ走りでうしろを振向き振向き歩いてゆく、そのあとから自分もせっせと歩いた。お婆さんのゆくとおりに行かねばならない気持ちで歩いた。きちんと整った薄暗い狭い真っすぐの道だった。どんなに急いでも、お婆さんに追いつけないので少し焦り気味になった時、道は**T字形**になって居り、お婆さんもどっちかへ曲ったらしいが曲り角へ行って見ても、もう姿は見えなかった。済まない気持ちと諦めた気持ちとで**元来た道へ引っ返しかけたら**麻酔がさめて手術の後始末も終わっていたという。たしかに死神というものに違いないと思いますと、あとあとまでその光景が目に残っているらしいということだった」

　この話を聞いた蘆江は、自分の身辺にもあった死神体験者の話を披露した。その一人は大女優・水谷八重子の父の水谷武だ。

　蘆江と水谷武は同じ長崎生まれの同い年で、交友があった。その武が、少年時代、柔道で落とされたときに死神に会ったと蘆江に話したというのだ。

「道場では大騒ぎだった、落とされた本人は何ともいえない古今無類の好い気持で、半睡半醒の状態だったが、やがて不図《ふと》目覚めると、**お婆さん**が身辺に現れ、抱き起こすような恰好をする。つられるように起直り、お婆さんの歩き出す方向へ歩こうとしたが、**どうしても足が進まない。**誰かが背後で腰を押さえているらしいので、ふりもぎろうとしたら**遠く近く自分を呼ぶ声がし、**その声々がだんだん近くなった時、息を吹きかえしたというのだ」

　もう一例、蘆江が書いている。

蘆江の同級生に菊地という医者の伜がいた。男ばかりの五人兄弟の長男だが、成績がどうにもかんばしくない。弟たちは次々東京帝大で進級していくが、長男の彼だけは落第の連続だ。

「或る晩、われながら悲しくなり本郷の下宿を出て、上野の山をフラフラとさまよいつつ擂鉢《すりばち》山から奥の新公園の方に歩きかけて不図見ると、**小さなお婆さん**が道ばたへ差し出た松の枝に頻りにしごきを投げかけている。夜は相当更けていたんだし、あたりはしんとしているのに、婆さん首でもくくるつもりだなと思い足音を高くして嚇《おど》かしたら、お婆さんはこそこそと物かげに隠れてしまった。人ひとり助けたつもりで菊地はそこらを少し歩き、下宿の戻り道につい気がかりだったので、元の場所に行って見たら、お婆さんでなくておじいさんがぶら下がってはなを垂らして伸びていたので、ゾッとして一目散に逃出したのだそうだ」

＊注＝最後の例は夢の話ではなく、現実にその姿を見たという話だが、死神が老婆の姿をしているという好例として挙げておいた。

これら老婆の死神は、日本の文化の中にある奪衣婆《だつえば》のイメージが投影されたものと思われるが、夢にはほかにもさまざまな形の死神が現れる。漠然とした**黒いくすんだ人**というケースもあるし、小さな**みすぼらしいお爺さん**の姿をとることもある。筆者が見た死神は、**黒っぽい服装**をして、何ともいえない**いやらしい表情で笑う男**として現れた。欧米では**鎌を**

持った髑髏の死神がポピュラーだ。前項のケースように、明確な姿を見せないまま、追ってくる死神もいる。

死神は、死の影が近づいている人に狙いをつけて、その側に現れる。蘆江が紹介しているケースでは、全身麻酔をかけられた女性、柔道で落ちた少年、いままさに首吊り自殺をしようとしている老人がそれだ。私の場合は心身両面で大きな不安を抱えている肉親だった。

死神は、生死の狭間に現れるので、死のほうに進むとあの世に行ってしまう。麻酔の女性や柔道少年の場合は、死神についていったらおしまいだったが、いずれも付いていっていない。進めない、見失う、引き返すなどのシーンが描かれているから、亡くなることはない。死の夢で怖いのは、そのまま行ってしまう形で、そうした夢を見た場合は厳重な注意を要する。

58　青白い女の死神に手を引かれる

宮城県仙台市在住で、東北大学病院に入院していた女性が見た夢。

昭和五十四年一月、仙台市在住の女性が脊椎カリエスで入院した。結核菌が脊椎などの骨組織中に入り、組織を壊していくという病気で、彼女も激しい背中の痛みが続き、寝返りも打てないほどまで病状が悪化していた。医師の話から「あと数ヶ月ということもある」と彼女の夫は思い、朝夕、病院に通っては妻を見舞い、夜更けまで布団の中で日記をつけた。

その一月二十三日の日記に記載された妻の夢だ。

「**青白い顔の目のグルグルした女が、手を引っ張った。**あなたや子どもたちを呼んだら、わこちゃん（長女）が**助けてくれた**」

彼女はこの女を死神と認識していた。長女が、死神に引かれかけている母を救ったのである。

＊注＝松谷みよ子さんが紹介している夢で、朝日新聞・昭和五十五年十一月八日付の記事が出典だという。前項でも記したとおり、死神は不気味な老人（老爺・老婆）の姿で見られることが多いが、この夢に出ているような幽霊じみた不気味な女の姿で出るケースも多数報告されている。

こうした**異形の者に手を引っ張られる**のは、異界（主にあの世）に引っ張られていることを意味する。連れていかれたら、危険な状態になる可能性がある。幸い彼女は長女によって救われた。

59 夢に現れた法然上人

癌になった叔母が亡くなる前に見た夢で、報告者は姪である。

「昭和四十年か四十一年のこと。母が、子宮癌で入院していた叔母の付き添いをしたときの話。親類のおばさん（母の義理の叔母）と二人で付き添っていましたが、眠っていた叔母がパッと目をあけていったそうです。『今、パーッと**後光**がさしてきて法然上人さんのお顔が浮かんできて、**まだあんたが来るのは早い**。六月一日に**迎えにきたる**、といった』と。そして二、三日後の六月一日に、本当に亡くなったそうです。六月一日は父の誕生日で記憶違いはないそうです。本当に自分の耳できいた事だから不思議だと、今も母は親類のおばさんと話すそうです」

＊注＝この夢で興味深いのは、法然上人が出てきているところだ。たぶん彼女か彼女の家が浄土宗の信者で、法然は彼女にとっての救済のシンボルだったのだろう。法然にかぎらず、さまざまな神仏・神仙・高僧・宗教開祖などが、お迎えの使者として夢に現れる。後述するマルティン・ルターの妻の夢の天使もその一つだ。

これらのイメージは、他の霊的存在がそのように見せたものか、自分の信仰心がつくりだしたイメージで、実際の神仏などとは考えられない。死の予知夢では、こうしたお迎えの知らせがあるケースがたまにある。

なお、この夢では死期が正確に予告されている。忌日の予告例は意外と多いが、はっきり月日まで告げるケースは少ない。ただし、行を積んだ高僧や宗教者の中には、自分の忌日を事前に弟子などに正確に告げ、その日に示寂した例がいくつもある。易で有名な高島嘉右衛門は、生前、自らの位牌を用意し、忌日まで書き込んでいたが、その通りの年月日に亡くなった。この夢も、稀な例の一つといえる。

60　死神との戦い

母の体調がかんばしくなく、このままダメになるのではないかとひどく弱気になっていた平成二十九年六月に筆者が見た夢。

夜、家に帰ると、母の姿が見えない。母の部屋に行くと、ベッドに寝ているようなので安心して自分の部屋に戻った。ほどなく母が、「咳が出てなんだか苦しい」と言って私の部屋に入ってきたので、背中を撫でた。母は病院に行かねばならないと思っていたようだが、背中を押したり摩ったりしているうちに具合がよくなってきたらしく、「**もう病院には行かなくていい**」と口にした。私も母の背中を押しながら、年齢の割にはずいぶんハリがある、若いなと感じている。

ふと見ると、**見知らぬ老人**が勝手に家に入ってきたようで、私の部屋の前の居間をスッと影のように横切り、隣の部屋に入ったように感じられた。あわてて追うと、男は母の部屋に立っており、なんともいえずいやらしい顔でニタニタとこちらを見た。怖いという思いを必死で抑えて怒鳴りつけると、目をギロつかせて私を睨みつけ、ブツブツ何かをしゃべっている。醜い、薄汚れた感じの老人で、リュックのようなものを背負っており、黒というか鼠色というか、とにかくみすぼらしい汚いなりをしている。

彼はどうやら母のところに来たらしい。私は激怒して彼を追い出そうとし、菜箸のような細長い棒で攻撃するのだが、相手は少しもひるまず、目や歯を剥き出しにしたような獰猛な顔つきで空手のようなポーズをとり、激しくこちらを威嚇してくる。

なんだこの老人はと思っていると、横から突然母が飛びだしてきて、白い大きなマグカップで、力任せに男の額を殴りつけた。見ていた私が驚くほどの、非常に強烈な一撃で、老人がひるんだ。

ちょうどそのとき、玄関にいつも親身になって母のめんどうを見てくれている叔父がやってきた。私が急いで玄関を開けると、老人は一目散に外に逃げ出した。叔父が「あれは何だ」と聞いてきたので「泥棒、泥棒！」と叫ぶと、それなら捕まえなければといって叔父が追っていき、私も外に飛び出した。

叔父は老人を追い、私は老人の連れの犬と睨みあった。これも、みすぼらしい、灰色っぽい毛色をした**醜い犬**だ。顔つきが世間一般の犬と違い、不気味で悪魔っぽい。その犬が私に襲いかかろうとしてジワジワと寄ってきたが、睨み合いの末に逃げたので追いかけ、捕まえた。

叔父はすでに老人を捕まえて交番に連れていっていたようなので、私も捕まえた犬を引きずって交番に行った。警察官が「何か盗られていないか」と聞くので、「盗る前に逃げた」と答えた。警官が「一応調べてくれ」というので（交番はなぜか我家のすぐ隣にあった）家に戻ってざっと室内を見渡し（このとき母の姿は見えなかった）、交番に戻って「何も盗られていません」と答えたあとで、ハッとして目が覚めた。

＊注＝目覚め後、激しい胸騒ぎがし、実にイヤな夢を見たと思ったが、すぐにあの老人は「病気」を表していると直感した。夢で家の中に侵入してくる見知らぬ男は、何らかの災いが入りこむことを意味し、しばしば病気や死神の象徴として現れる。老人が連れていた不気味な犬も同じだ。入院患者や寝たきりの病人が、見知らぬ男、とくに見知らぬ老人（男女とも）が入ってくる夢を見たら、病気の悪化やお迎えの前兆というケースが少なからずある。この場合の老人は、いわゆる死神だ。

この夢では、老人は真っすぐ母の部屋に向かっているので、母に関連したメッセージであることは明らかだ。ただ、夢では母が老人の額を殴りつけ、老人は家から逃げ出し、犬も捕獲されている。また助っ人として、いつも親身になって母のめんどうを見てくれていた叔父も登場している。この場合の叔父は、現実の叔父というより、夢の中にたまに現れる救済者・援助者で、母を守護して災いを払ってくれる加護の力が働いていることを教えている。夢の中で私が母の背中を撫でたり押したりしているのも同様だ。

交番にも意味がある。交番には檻があり、人を隔離するので、病院のシンボルとしても用いられる。その交番＝病院に、病気を暗示する老人と犬がつながれるのだから、これはまさしく病気封じの夢といってよい。

目覚め後は非常な不安にかられたが、夢解きを終えて安堵し、母には手紙で知らせた。幸い母も心配していた病気にとりつかれることはなく、気持ちも持ち直した。

なお、夢の中の季節は晩冬で、春がそこまできているという季節として描かれていた。これも苦しく厳しい状態を抜けだして、近く春がやってくるという吉兆である。

——以上の原稿は、自身の夢の記録を見ながら平成三十年春に書いたものだ。けれども母は、平成三十一年一月五日に正月の餅を喉に詰まらせたことによる誤嚥性の窒息で急逝した。改めて右の原稿を読み返したところ、次々と気づかされることがあった。以下の原稿は、平成三十一年一月に書いている。

母の死後、夢を読み返して気づいたのは、母が「咳が出てなんだか苦しい」と訴えていて、私が背中を撫でているシーンにこめられた意味だ。実際には同居している妹が、救急車を来るまでの間、必死に母の背中を叩いて喉につかえた餅を吐き出させようとしたのだが、この夢では私が背中を撫でさすることで、母の息苦しさをなんとかしようとしている。

また、母が夢の中で「もう病院には行かなくていい」と口にしていたことにも衝撃を受けた。前年から母の体調がまったく思わしくなく、入院させるしかないという話も出ていたのだが、今回、妹から、母がこんな夢を口にしていたと以下の話を聞かされた。

朝、食事のとき、母がふと「私はたぶん入院することはないよ」といった。妹が「どうして？」と尋ねると、「夢で入院の支度をして病院に行ったら、**あなたは入院はできないといわれて帰されたん**だよ。だからたぶん入院することにはならない」と。

そしてそのとおり、母は最も嫌がっていた病院のベッドに縛りつけられることもなく、あの世へと旅立った。夢の交番に行ったのが私と叔父だけで、母は行っていないと、夢日記には記されている。いま思い起こしてみると、死神騒動後、夢の中で母の姿が見えなくなっていたことにも、別れの知らせの意味がこめられていたのだろう。

三十一年一月の原稿では、私はこの夢を、危地を脱する知らせと解釈していた。けれどもそうではなく、これは母から受け取った死の知らせだったのだと、いまになって気がついた。生前、母と私は死に際しては必ず夢で知らせるという約束をしていた。ところが私は母の死を告げる夢を一切見せられておらず、なぜ知らせがなかったのだろうと深く心にひっかかっていた。けれども母は、二年も前からそれを教えていたことになる。気づかなかったのは私の解釈の浅さが原因だったのだ。

死神騒動の季節が晩冬となっていたのも、なるほどそうだったのかと、いまになって理解した。母が亡くなった一月五日は、すでに旧暦の立春を過ぎて、暦の上ではまさしく春になっていたのである。

結婚の夢に現れる死

61　三三九度の盃事で歯が抜ける

昭和二十一年、長野県の女性が見た夢。

「**自分が嫁さまになる**ことになった。『こんな年で、そのうえ主人がいてどうしたことかな』。そう不思議がっていると、三三九度の盃になった。そして盃を重ねようとしたら**上の歯がすっぽりと抜けてしまった**。こんな夢を見た数日後、主人が亡くなった」

＊注＝昔から東西を問わず「夢は逆夢」という理解が行われているが、これもその典型例の一つである。既婚者である自分や身内などが、**あでやかな結婚衣装をまとっている夢**や**挙式している夢**、**結婚の準備をしている夢**などは、しばしば深刻な凶事や不幸の前触れとなる。大きな言い争い程度ならまだよいが、離婚や生死別のケースがあるので注意を要する。

この夢では、妻が三三九度の盃を交わしている。現に夫のいる女性が自身の婚礼に臨むのは、夫を失うか、離婚したときにかぎられる。ゆえにこの種の夢は、配偶者の死の予兆ともなるのである。

この女性の場合は、さらに**歯が抜ける**という映像によっても凶事が暗示されている。歯には多くの意味があり、夢で歯が抜けたから即不幸の暗示と考える必要はないが（歯が抜ける夢はそう珍しいものではなく、不安や心配事などで大きなストレスを抱えていても現れる）、この例のように凶兆の知らせが二重になっている場合は、歯が身内や大切な友人などを失う暗示になっている可能性がある。

ロシアの詩人アレクサンドル・プーシキンは、一八二五年十二月に起こったデカブリストの乱（皇帝専制打破と農奴解放を掲げた十二月党員らによる反乱）の前夜、歯が五本抜ける夢を見た。その翌朝、プーシキンの友人である反乱将校が処刑されたが、その数はまさしく五人だったという。歯が近しい人の死を告げた例である。

62　死亡日を数字の映像で示す

婚礼の夢をもう一つ。癌で入院中の母をもつ神奈川県鎌倉市の娘が見た夢だ。

「昭和四十二年、母が癌で死ぬ一週間程前、姉の夢の中に父が出て『**おれはもう結婚するぞ**』と言って背をむけて去って行った。父は三十年も前に死んでいたが、母と姉によく家の中の変事を知らせていた。父の消えた後、二と八の**数字が現れ**、姉はそれで母の死を知った。母はその知らせのとおり二月八日死んだ」

＊注＝亡き父が娘の夢枕に現れ、「もう結婚する」と告げているのは、生前、自分と連れ添っていた妻と、あの世で結ばれるということだろう。これも母の死を意味する。
　癌で入院しているので、娘は母の死を覚悟していただろうから、死にまつわる夢を見ても不思議ではないと予知夢否定論者は言うだろうが、「二と八の数字」が出て二月八日に亡くなったということの説明はつかない。この夢のように、数字で忌日が示されるケースは他にもある。

63　結婚式に連れていかれる

一五四二年、宗教改革で知られるマルティン・ルターの妻が見た夢だ。

ルターの娘マグダレーナが病の床に伏したとき、母親が「二人の**きらびやかに着飾った若者**が訪れて、娘を**結婚式に連れていく**」という夢を見た。

翌朝、見舞いにやってきたルターの友人に夢の話をしたところ、その友人は、「若者は天使だ。彼らは娘を天国の子羊の婚礼に連れていったのだ」と夢解きした。その日のうちに、娘は亡くなった。

＊注＝ルターは一五二八年に長女を一歳でなくし、次女のマグダレーナを一五四二年九月二十日になくしているが、ここでも結婚式が死の予告となっている。結婚式は現世からあの世に迎えられることの象徴にほかならない。マグダレーナはこのときまだ十三歳の少女なので、自身の結婚でない可能性もある。しかしその場合も、天国における他のだれかの結婚式に参列させるために連れていかれるということになり、いずれにせよ、あの世への移行を表した死の予知夢ということになる。
さらに夢には、「きらびやかに着飾った若者」が出てきている。キリスト教の文化圏なのでこの若者は天使と夢解きされたが、心霊学的にはマグダレーナの守護霊、ないしその化身と考えられる。

ルターは友人のヨナスに、こんな手紙を書き送っている。

「私の最愛の娘マグダレーナがキリストの永遠の王国へ再生したといううわさがあなたの

もとにとどいていることと思います。私と妻はそのような幸福な出発と祝福された終りとに対して感謝を捧げるべきなのでしょう。マグダレーナはそのことによって肉やこの世、トルコ人、悪魔の力から逃れることができたのですから。しかし、肉親の愛は大きく、心の中で叫び嘆くことなしには、あるいは私たち自身の死を経験することなしにはこのことをなしえません」

死を象徴する動植物

64　鶴が飛び去る

平成二十六年の冬に母が見た夢。

遠くに**鶴**がいる。その鶴が五、六羽の群れ飛び立ち、**だんだん小さくなって見えなくなった。**その様子を、私はなんだか**寂しい気持ちで眺めていた。**

＊注＝この夢を見たあと、母が気になる夢を見たといって電話をしてきた。鶴は長寿や吉祥を象徴するめでたい鳥なので、吉夢と解するのが普通だが、夢から受けた印象にはそうした雰囲気はなく、目覚め後も寂しく気がかりな感覚が残ったというのだ。

どんな意味だろうと二人で話し合った末、誰か身近な人が亡くなるのではないかということで一致した。夢で見た鶴はどんな鶴だったかを母に確認したところ、北海道で見られる丹頂鶴ではなく、もっと小さな別の鶴だったと母は断言した。そこで母が見たという鶴に似た種をネットで探して真鶴《まなづる》だろうと見当をつけ、真鶴ならだいたい二月には日本を離れるので、もし不幸があるなら二月ないし三月頃だろうと母に連絡しておいた。

その後、鶴の夢のことはすっかり忘れていたが、翌年二月某日の午前中に、突然、義母の死去を知らせる連絡が入った。するとその日の昼過ぎ、北海道の母が「なんだかそわそわして無性に淋しい」といって電話をかけてきたので、義母が亡くなったことを伝えると、「ああ……」と言って、少し前、親しくしていた北海道在住の甥も亡くなったのだと言い、「これがあの鶴たちだったんだね」と、二人でしみじみ話し合った。

鶴にかぎらず、**鳥**はしばしば魂の象徴として用いられる。母の夢では、飛び去って次第に小さくなり、やがて姿が見えなくなっているが、これは魂が彼方に飛び去ること、つまり死去の知らせとなる。だから母は、寂しい気持ちで眺めていたのである。

65　大鴉と鴉鳴き

東京都在住のTさんが昭和五十六年十一月某日の朝方四時半頃に見た夢。

「部屋の天窓から外を眺めていると、西荻窪の方面からベランダに豚みたいな**大きな鴉**が飛んできて、私の方を見て**鳴く**。変なカラスがと目が覚めた。七時頃、義妹から電話で、西荻窪に住む義妹の父が死んだと知らせがあった。かっぷくのよい肥った人だったので、鴉が肥っていたのは義妹のお父さんだったのだと判った」

＊注＝夢における鴉は、黒い姿から連想されるとおりの病気や死、災いなどを象徴する。とくに**鴉鳴き**を不吉とする俗信があるが、夢の背景にはその俗信があったものと想像される。

この夢では、「豚みたいな大きなカラス」によって義父が象徴されている。Tさんは、義父が肥った人だったのであのような鴉で知らせたのだろうと考えている。それもそうだろうが、大鴉自体も西欧では悪魔の鳥と呼ばれ、死などと関連する不吉の鳥とされており、さらに日本の鴉鳴きの俗信まで重ねられている。このように不吉さが強調されている場合はとくに注意を要する。

注目されるのは、鴉が西荻方面から飛んできたと感じている点だ。鴉がどの方面から飛んできたかなど、普通はわからないし、意識もしない。それが夢の中で明瞭に意識させられているという点に注意してほしい。予知夢では、こうしたちょっとしたことも、ぬかりなくメッセージになっている。

長野県飯田市の女性が報告している例では、病気が悪化して亡くなった看護婦が、死の少し前、夢で「きれいな川を見た。カラスがいっぱいいいた」と語っていたという。

なお、死を象徴している可能性のある動物は、特定の犬や馬など、ほかにもある。それらについては第二部を見てほしい。

66　樹木が宙に浮く

死期の迫った七十五歳の男性が見た夢だ。

断崖から浮き上がったような、古い節くれだった木を、夢の中で眺めている。その木はまだ生きてはいるが、**根の半分は空中に突き出ている**。

やがてその木が次第に地面から離れて、断崖を落ちていったが、途中で**宙に浮かんだ**。木はどこに行くのか。海の中か。自分にはわからない。

この夢の後、男性はほどなく亡くなった。

＊注＝木は、夢においてはしばしば人物そのものの象徴として表れる。その**根が地を離れる**のは、生命のルーツから切り離されること、つまり死を意味する。**空中に浮かぶ**のも不幸の暗示である（１０９ページ、１５３ページなどを参照）。地に足をつけて生きるなどという表

現があるとおり、生活は大地に根ざす。その大地から切り離された状態が宙に浮くということで、この世から切り離されることを、象徴的に表している。

さらに男性は、木の行き先として、漠然と**海**を思い浮かべている。海は無意識的な世界の典型的な象徴だが、大地から切り離された魂が行く先としての海は、すべての生命がそこに帰っていく世界、すなわち死の世界にほかならない。

67　木が枯れる

夢日記をつけていた丸山明道さんが、敗戦後ほどなくの頃に見た夢。

旦那寺の和尚に導かれて山を下り、広々とした原っぱの片隅にある山寺の庭に出た。寺は荒れ果てて荒涼としている。あたり一面は寥々とした冬枯れの景色だ。

寺の門前に、幅二間、長さ四間ほどの**盛り土**があり、その中ほどに**朽ち果てた杉の大木**が二本、立っている。

和尚が、「これが樹齢六百年の杉の木です。肥料が足らんので、とうとうこんな姿になってしまいました」と私に言った。昼間で太陽がかんかんと照りつけているのに、どうしたわけかあたりは満月の夜のようで、**思わず肌寒さを覚え**、空をあおいだ。けれども、太陽は見えなかった。寺の横に回ると、薄暗くてはっきりはしないが、どうやら**墓地**のようだった。葉を落としたブナの木があり、その下に四尺くらいの墓碑があったので、懐から財布を取り出し、墓碑の前に三十円お供えした。すると急に悲しくなって、**手を合わせてしきりに拝んだ**。

＊注＝これ以外のエピソードもある長い夢だが、ここでは死の予知夢に関連する部分だけを引いている。目覚め後、丸山さんは、重病で病の床に伏している親戚が亡くなったのだろうと直感した。するとその日の早朝、その親戚が亡くなったとの知らせが届いた。

山寺門前の盛り土は、死者を葬る塚（墓）を表し、そこに立てられている枯れた杉は、墓標を象徴している。杉が二本あったのは、今回亡くなった親戚の弟も一年ほど前に亡くなっているそうなので、それを表したものだろう。

このときは日中で、太陽が照りつけていたにもかかわらず、ここだけが「満月の夜のよう」になっているというのも、暗い知らせであることを示している。とくに丸山さんが「思わず肌寒さを覚え」たという部分は重要だ。霊など異界のものが憑《かか》ってくるときと同様の反応を示すことで、この夢が心霊的なものであることを表しているのである。

和尚が枯れ杉を指して「肥料が足らんので」と言ったのは、敗戦当時の劣悪な食糧事情により、栄養不足で寿命を縮めたことを指しているのだろう。ここにも夢の描写のリアルさがよく表現されている。

夢の中で、丸山さんは墓碑に三十円お供えしているが、その意味は後日判明した。ご本人の報告を引こう。

「私はお年忌で墓参をした時に、夢の中で見た同じ墓碑と、その側に立っている葉の落ちたぶなの木とを見ました。墓碑に三十円を供えた意味も何の事だか判りませんでしたが、一年後の御年忌の時にこの意味が判りました。香典十円、忌明十円、御年忌十円で、合計三十円になります」

なお、読者もお気づきだと思うが、丸山さんの夢は実に詳細だ。夢解きをする際、重要なポイントになる細部が、精緻に記されている。これは道に布団を敷いて寝ていた祖母の夢（61ページ）でも同様だ。なぜここまで詳しく書けるかといえば、夢見後、すぐに夢日記をつけて記憶の脱落を防いでいるからである。

死にまつわるその他の夢

68　黒い傘が宙に浮く

長野県の女性が昭和六十年頃に見た夢。

宙に黒い傘がふわふわと浮いている。その傘に、男物のような**黒いズボン**がぶら下がっていた。

それから間もなく、親戚の男性が亡くなった。

＊注＝この夢も、先に紹介した「宙に浮く」夢のバリエーションの一つである。死の予知夢では、傘が、ふわふわと空中を飛ぶことの象徴として現れることが稀にある。亡くなった魂は、しかるべき霊界に移るまでの間、自分の家に留まり、ふわふわと漂っていると言われている。肉体を脱ぐことで重力から切り離され、もはや足で歩く必要もなくなっているという新たな感覚が、どうやらふわふわと宙に浮く傘とイメージ的に近似しているらしい。

自殺者が、**傘を持ってビルから飛ぶ**夢を見ていたという例もある。黒い傘や黒いズボンは、喪服や鴉などと同じく不吉な出来事を象徴している。ズボンだけが傘にぶらさがっているのは、服を脱ぎ捨てる（＝肉体を脱ぎ捨てる）ことの象徴だろう。二重三重に死のイメージが重ねられている。

黒という色が死と結びついている例は他の夢で紹介しているが、興味深い夢を一つ書いておく。アメリカの婦人が見たという夢だ。ある日、彼女は、**金色に縁取られた黒いカード**をもらうという夢を見た。それから一日か二日後、「弟が突然自殺した」という知らせを受け取った。金色は霊界を表し、黒色は死を表している。

69　青ざめた顔でうずくまる霊

ある女医が岡山県の病院で働いていたときに見た夢。

月が皎々と田んぼ道を照らしている。一本道の遠くに**焚き火**が見えた。近づくと男がひとり、**うずくまる**ようにして座っている。声をかけようとしたら、先に男が振り向き、悲しそうな目で私を見た。

怖くなって急いで通り過ぎようとしたが、気になって振り返ると、まだジーッと自分のほうを見ている。だれかと思ったら、さきほど往診したTさんで、あまりに**青ざめて**死人のようだったのでわからなかったのだと気づき、突然、強い恐怖に襲われた。逃げようとするが、足がすくんで動けない。焚き火のそばなのに**妙に寒い**――。

ここで、電話の音で目が覚めた。ホッとして受話器をとるとTさんの奥さんからで、夫が死んだという知らせであった。

＊注＝これは精神科医の大原健士郎氏が紹介している夢だ。それによると、女医は夢を見る直前、急病という知らせを受けて実際にTさんを往診し、夜中の一時に帰宅したという。

「月が皎々と田んぼ道を照らしている」という描写は、往診の際の情景。Tさんのそばの焚き火は、Tさんの命の象徴か、さもなければ死者に手向ける送り火だろう。Tさんの青ざめた顔や、うずくまる姿が、その身に起こる不幸を暗示している。女医が焚き火のそばなのに妙に寒いと感じているのは、〝生きる熱〟が失われているからである。

70　門前に佇む

中外日報の創始者として知られる真渓涙骨《またにるいこつ》が、昭和二十七年九月五日に見た夢。

「鎌倉に住める大三輪信哉翁の法衣姿で**門前に佇む**を夢む、彼は八十五歳、奇なる哉（五日）」

夢を見た翌日の九月六日、涙骨は新聞に連載していた日誌にこう記した。死を予感させる夢だった。それから一週間後の九月十三日、夢の続報が日誌に掲載された。

「鎌倉浄光明寺の大三輪信哉翁は私の夢が奇蹟的に適中してヤハリ死なれた。……前夜、門頭を叩ける法衣姿の彼翁を夢みたので日誌して置いたら不思議にもその時その刻に死去された。世間はこれを感応道交とでも称するのだろう」

＊注＝涙骨は、特定の宗派に肩入れせず、自社の主張を貫く硬派の宗教新聞として知られた中外日報の創始者。大三輪は名刹・浄光明寺の住職で、修験者としても知られており、大三輪天愚の筆名による役小角《えんのおずぬ》伝の著作もある。二人は青年時代からの親友だった。その大三輪が門前に佇んでいる夢を見たところ、その日その時刻に死去していたという。

夢の細部が記されていないのが惜しまれるが、涙骨はおそらくうら寂しい気持ちで目が覚め、夢が心にかかったのだろう。そうでなければ、わざわざ新聞に書くこともない。大三輪は、門前に佇むことで親友への別れを告げたのである。

71　足止めされて動けない

フランスの『心霊学年報』に掲載されたルイスという男性の夢を、フラマリオンが紹介している。一八九九年、薬学の研究を続けるために親元を離れてモンペリエの寄宿舎で暮らしていた学生のルイスは、その年の十一月二十三日の明け方、不吉な夢を見た。郷里の妹ヘレンが**真っ青な顔をしてすすり泣き**ながら現れ、骨に徹するような凄まじい声で、「ルイス兄さん、**何をしているの？お出でなさい**」とくりかえした。

あわてて夢の中ですぐに馬車に飛び乗ったが、どうしたわけか馬車は**少しも前進しない**。眼前には「ルイス兄さん、何をしているの？　お出でなさい」と叫ぶ妹の姿が見える。激しいショックを受けて跳ね起きたが、顔は非常な熱を帯び、「頭の中は燃えるようにがんがんとして喉は渇き、心臓の鼓動は極めて速く、そして短く、満身玉のような汗」にまみれていた。

その日の午後、学校に行き、授業を終えて教室から出たところで、深く憂いに沈んだ表情の姉と会った。妹ヘレンは二十二日にジフテリアで亡くなっており、家族は何度もルイスに電報を打った。返事がないので、姉が直接死を伝えにやってきたというのだ。

けれどもどういう手違いか、電報は一通もルイスのもとに届いていなかった。そのため彼は、姉からじかに告げられるまで、妹の死を知らなかった。姉の言葉で、彼は初めて夢の意味を悟り、急ぎ郷里に戻ったのである。

＊注＝亡くなった人の霊が身内に知らせにきた夢で、ルイスが見ていたのは、すでに亡くなっている妹のヘレンである。真っ青な顔、すすり泣きが、彼女の身に起こったことを告げている。モンペリエから戻ってこない兄を呼び寄せるために彼女は現れ、「ルイス兄さん、何をしているの？　お出でなさい」とくりかえし呼びかけたのである。

これは死を予知した夢ではなく、死者との交信を示す夢である。興味深いのは、夢の中で飛び乗った馬車が、いくら急いても少しも動かないという描写だ。危急のときであるにもかかわらず間に合わないという苦い焦り、自分の力ではどうにもできないという絶望感、ただちに戻らねばならないという焦躁感などが、この情景によって表現されている。

この夢では移動手段として馬車が用いられているが、現代では**車や電車などが動かない**、**飛行機が飛ばない**などの形となって描かれることになる。

また、**その場で足止めを喰らう**という表現もある。

友人の農場が焼けたときに見た夢をフラマリオンに報告した男性は、夢で燃えている農家のために近所に助けを求めに行こうとしたけれど、「**足が地に釘付け**になったようで、いくら躁《はや》ってももがいても、ちっとも動け」ず、声も出なかったと記している。金縛りとよく似た状態である。

夢の中で友人の農家は焼け、近所の五、六軒も延焼した。翌日の電報で、彼は実際に火事が起こったということを知ったのである。

なお、このケースでは、目覚めたときの心身の状態が的確に描かれている。ショック、上気、頭痛、喉の渇き、激しい動悸、激しい発汗などがそれだ。死など危急の知らせに関する予知夢や霊夢の場合、こうした心身反応を伴うことが間々あり（すべてではなく一部でも）、自分の見た夢が予知夢か雑夢かを判断する上で重要な指標となる。

また、そうした予知夢を見させるために、霊側が対象人物の肉体に変調を起こさせることもある。いつも寝る時間ではないのに、急に眠くなってうたたねしてしまったとか、頭痛がして起きていられず、早く床についたなどのことがあって、かつ意味ありげな夢を見た場合も、予知夢の可能性があるので注意してほしい。

72　戦死した将校を幻視

海軍将校だった大野黙之助さんが、大正五年六月十四日の午前一時頃に見た夢。

大野さんは、イタリア海軍の巡洋艦カラブリア号で機関大尉を務めるセオポルドと昵懇だった。カラブリア号が修繕のために長崎三菱造船所のドックに入ったときに出会って意気投合し（明治四十四年五月）、その後も上海から「近々また貴地に行く。そのときは君の好きなタバコをたくさん買って行く」との手紙を寄せていた。

ところがこの年の九月、伊土戦争（イタリア王国とオスマン帝国の間で戦われた戦争）が勃発した。そのため、カラブリア号は急遽本国に呼び戻され、日本での再会の機会は失われた。以来、六年の歳月が流れ、大野さんはアフリカ西海岸を航行していた。セオポルドのことはすっかり忘れていたのだが、冒頭に書いた大正五年六月十四日の午前一時頃、突如霊夢に襲われ、驚いて跳ね起きた。

夢の中で、大野さんはある軍艦のハシゴを降り、機関室に入っていった。機関室は鑑の底にあり、激しい機関音が鳴り響いているものだが、なぜか無音で動いている。そのことに不審を抱きながらも降りきると、左手の三間ばかり離れたところに、じっと**うつむいたまま、沈痛な表情で座っている**セオポルドの姿が目に入った。そのただならぬ様子にいくぶんためらいが出たが、再会の喜びに衝き動かされて、ツカツカと旧友のもとに歩み寄った。ところがまさに再会の寸前、大野さんは突然目覚めた。

すぐにセオポルド戦死という思いが脳裏に浮かんだ。夢から十日ほどで大野さんの艦が喜望峰の港に着いたので、さっそくイタリア海軍省に彼の安否を問い合わせる書面を送り、日本に帰国したあとは麹町区裏霞ヶ関にあったイタリア大使館の大使館付将校に照会方を依頼した。

返事はすぐに届いた。セオポルドはすでに軍籍から除外されていた。大野さんが夢に見たとおり、彼は戦死してこの世の人ではなかったのである。

＊注＝セオポルド死去の年月日が記されていないので、断言はできないが、これもおそらく前項の夢と同じ交霊の夢だろう。セオポルドが大野さんに自分の死を告げるために呼び寄せて、こうした夢を見させたものと思われる。夢の描写からして、セオポルドの魂は、この時点ではまだ巡洋艦内にある可能性が高い。

長い航海に出ている人の元に、妻や肉親が離脱霊になって会いに行く夢や、航海中に不慮の事故に遭ったり乗艦が撃沈されて戦死した人の霊が、妻や肉親に会いに行く夢は、かなり多い。統計をとっているわけではないので確かなことはいえないが、陸上の場合より多いのではないかという感じすら受ける。海上の孤独、とりわけ夜の海の孤独の深さと関連しているのではないかと、筆者は想像している。

第二章　さまざまな霊にまつわる夢

霊的な守護と救済の夢

73　日清戦争の黄海海戦の展開を告げた霊夢

巡洋艦高千穂の分隊長として明治二十七年の日清戦争に出征し、日本を勝利に導く契機となった黄海海戦を戦った小笠原長生《ながなり》（後の海軍中将）が、開戦の十数日前に見た夢、およびその後日談を回想している。

「一夜私は海戦の夢を見ました。彼（清国の北洋艦隊）は横陣をとり、平押しに押してくるのを、我（日本の連合艦隊）は縦陣を以てその前面を通過し、激戦を交えているうち、自分は敵弾のため腕に負傷したと見て、夢は醒めました。するとその後いくばくもなく海戦が実現せられたのみならず、彼我の陣形が夢のとおりであったのは不思議で堪りませぬ」

現実に起こった海戦の模様は、小笠原自身が軍中でまとめたという『海戦日記』に詳述されている。そこに記録された明治二十七年九月十七日の黄海海戦は、夢に見たとおりの陣形・戦術によって再現され、まさしく夢のとおりに進行して日本が大勝した。しかし、驚きは海戦の予見だけではなかった。夢では小笠原が戦闘で負傷したことになっているが、負傷したのは小笠原自身ではなく、彼が守り神として艦に持ちこみ、自室の机の上に祀ってあった厨子の中の**千手観音**だった。そこに至る経緯はこうだ。

――時刻は午後零時五十五分。敵の十五センチ弾が高千穂の舷側を貫いて爆発し、小笠原が使っていた船室を粉砕した。

「鋼板は八寸余の巨孔、しかも三箇所に生じ、弾片室内に破裂して諸物を微塵に砕き、(爆発の)余勢戸外に迸って、火薬庫の通風機を司どれる木工の一人を寸断にし、その肉は四方の壁に飛着して熟柿を岩に打ちつけたる如し。散乱せる余の寝台・衣服等に火燃え移り、今にも大事に至らんず有様……」(『海戦日記』)

兵たちの必死の消火活動で、火薬庫はどうにか無事だった。ところがこれだけ甚大な被害があったにもかかわらず、不思議なことに小笠原本人は、かすり傷一つおわなかった。

「室内は、文字通り無惨な有様で、掛けてあった外套だけでも十三箇所の弾痕を留めているし、棚の上に置いた庄司直胤作の刀の鞘など粉々になり、刀身は反対側の室中に飛び入ったほどで、殆ど何一つ満足の物の無かった中に、机上に安置したる例の観世音のお厨子のみは、依然として元のままであった。が、戦いが終わってから、扉を開けて見ると、どうでしょう、数本のお手が取れているではありませぬか。場合が場合ですから、如何に青年の血気に駆られて信仰など軽視していた私でも、これを見た刹那思わずハッとして、霊感とでも云うのでしょう、尊いような、懐かしいような、そうして涙ぐましいような、何ともいえぬ感激に打たれ、我知らず合掌致しました」

＊注＝海戦の模様を告げた夢は、象徴などはもちいずリアルに近未来の情景そのものを伝える典型的な正夢（客観的霊視夢）だ。小笠原は、夢が守護仏として高千穂にもちこんだ観音菩薩によってもたらされたと信じ、その後、熱心な観音信者となった。

この観音像は、観音信者だった彼の母親が、守り仏としていつも携行していたものだ。出征にあたり、母は息子の無事を祈って御像を持たせた。小笠原はそれを大切に厨子に収めて艦内の自室に安置していたのだが、どういうわけか船室はみるも無惨に粉砕されたにもかかわらず観音像は無事で、ただその「右腕」だけが折れていたというのだ。

観音像の折れた腕が「右」だったことには深い意味がある。『宗教体験実話』に寄せた回想文で、小笠原は、夢で見せられた自身の被弾も、折れた観音の腕と同じく「右腕」だったと記している。観音は、海戦の展開、および小笠原の身代わりとなって救ってやるということを、夢で知らせたのである。

海戦の展開を夢によって予知した有名な例が、もう一つある。次に紹介する海軍中佐・秋山真之《さねゆき》の例だ。

74　日露戦争の日本海海戦の展開を告げた霊夢

日本の連合艦隊とロシアのバルチック艦隊は、明治三十八年五月二十七日、対馬海峡沖で激突した。バルチック艦隊を封じるか否かで、日本の命運は決まる。まさに天王山の海戦なのだが、このとき連合艦隊の作戦参謀を勤めたのが秋山真之中佐だ。

彼も開戦三日前の夜、これから展開されるだろう日本とロシアの運命を賭けた一大海戦の模様を、ありありと正夢で見ていた。浅野和三郎が記録している秋山自身の言葉を引こう。

「士官室に行って安楽椅子に身体を投げた。眼をつぶって考え込んで居る中に、ツイうとうととしたかと思うた瞬間に、例の眼の中の色が変って来た。そして対馬海峡の全景が前面に展開して、バルチック艦隊が二列を作り、ノコノコやって来るのが分明に見えるのです。占めたと思うと、はッと正気に返って了った。……モウこれで大丈夫だ、バルチック艦隊は確かに二列を作って対馬水道にやって来る。それに対抗する方策は第一にはこう、第二にはああと、例の私の七段備えの計画(実際に海戦でとられた作戦)ができあがりました。……いよいよ二十七日の夜明けとなって……とうとう開戦という段取りになったのですが、驚いた事には敵の艦形が三日前に夢で見せられたのと寸分の相違もありませんでした。一と目それと見た時には、私は嬉しいやら、不思議やら、有難いやら、実に何とも言えぬ気持ちでした」

＊注＝秋山は、これ以前にも同様の霊夢を見ている。明治三十七年六月、帝国陸軍徴傭《ちょうよう》運送船の常陸丸が、ロシア艦隊によって撃沈される事件があった。このときも敵艦隊の位置が捕捉できず、連合艦隊は苦慮したが、秋山は敵が津軽海峡を目指して北進する姿を、しかもそれがルーリック号とグロムボイ号の二艦であることを、夢を通してはっきりと幻視した。先の述懐中、「例の眼の中の色が変って」というのは、このときの体験を指している。

この夢を、秋山は「神霊の加護」だと信じていた。それが事実かどうかはわからないが、人はギリギリの状況まで追い詰められたとき、思いがけない霊夢によって突破口を啓示されることがある。戦争という極限状況、しかもこの一戦の展開次第で国家の命運が決まるというこれ以上ない危機的状況が、小笠原や秋山にこれらの夢を見させた可能性が高い。

75 亡き坂本龍馬が皇后の夢に現れて日露戦争の勝利を告げる

日露戦争には数多くの霊異譚があるが、その一つに明治天皇皇后の一条美子《はるこ》（昭憲皇太后）が日露海戦の直前（明治三十七年二月）に見たと伝えられる夢がある。

日本の海軍は大丈夫だろうかと思いわずらいながら寝に就いた一夜、皇后の夢に、見知らぬ壮士が現れた。このとき壮士が告げたという言葉を、明治期の碩学として知られた国学者で、古典学者としても著名だった小杉榲邨《すぎむら》が、自著に記している。

夢の男は、皇后にこう語りかけたというのだ。

「微臣《びしん》は坂本龍馬と申すものにて候、このたび露国と戦端を啓《ひら》き候《そうら》えども、深く大御心を傷めさせ給うことなかれ、海軍の事は、不肖ながら、**微臣の力もて保護し奉る**べければ、**御心安《みこころやす》う**思《おぼ》し召し給いて然るべく存じ奉る」

その人物が何者かを知らなかった皇后は、夢の中で「坂本数馬とや」と反問した。すると壮士は「否、数馬には候わず、龍馬にて候」と言い残して消えたという。

目覚め後、奇妙な夢を見たとは思ったが、とくに心に留めることもなかった。ところが翌日の夜の夢にまたしても龍馬と名乗る男が現れ、皇后に前夜と同じ言葉をくりかえした。

さすがに不思議に思った皇后が、侍臣を召して夢についてたずねたところ、侍臣は龍馬がいかなる人物だったかを語り、「国家有事の日、我が海軍大勝利の御瑞夢にはべり」と祝福した。皇后の夢は明治天皇にも聞こえ、大いに喜ばれたという。

＊注＝夢を見た日付が記されていないのが惜しまれるが、続く文章で小杉は「御瑞夢の翌日には、仁川旅順の海戦に大勝利を博し、世界万国を驚動せしめたりき」と書いている。仁川沖海戦は明治三十七年二月八日に行われた日露戦争の緒戦で、日本側の大勝利に終わっているから、その前日であれば二月七日ということになる。

この仁川沖海戦で幕を開けた日露戦争は、その後、きわめて堅牢なロシアの旅順要塞を攻めきれないまま膠着状態に陥り、膨大な数の日本将兵の犠牲を出したが、前項に記した日本海海戦の奇蹟的な大勝利によって敗色を一掃した。

なお、皇后が坂本龍馬を知らなかったということに疑問をもたれる方があるかもしれないが、龍馬が幕末の英雄として広く知られるようになったのは日露戦争終了後のことで、皇后が名を聞いてもわからなかったことは異とするにはあたらない。皇后が尋ねた侍臣とは、龍馬と同じ土佐藩出身で、当時は宮内大臣の要職にあった田中光顕《みつあき》で、田中が龍馬の写真を見せたところ、皇后が夢の壮士はまさしくこの人物だと確認したと伝えられている。

76　自分を縛っていた包帯が解ける

一九二〇年、間近に結婚を控えたある若い女性が見た夢。

自分がミイラのように**包帯でぐるぐる巻きにされて**、開かれた**棺**の中に横たわっている。包帯を巻いて棺に押し込んだのは婚約者だと、彼女は夢の中で感じている。その婚約者は、ホールの右手で彼女をずっと見張っていたが、そのとき彼女の前に、ずっと以前に亡くなっていた母親が現れ、ハープを奏で始めた。すると、彼女を**きつく縛りつけていた包帯が緩みだした**。包帯は、最終的には母の手ですっかり解かれた。

この女性は、身寄りもなく寂しいという理由から、とくに好きというわけでもない男性に、結婚の承諾を与えていた。けれどもこの夢を見たあと、夢のアドバイスに従って、すぐに婚約を解消し、不幸になるであろう結婚生活から免れた。

＊注＝夢に出てきた棺は予想される結婚生活、包帯でぐるぐる巻きにされている姿は、結婚生活で自由を失い、身動きがとれなくなっている自分の未来像を表している。この拘束が結婚によってもたらされるということは、ぐるぐる巻きになった彼女を、婚約者が「ずっと見張っている」という情景によっても表されている。

この夢で興味深いのは亡き母だ。母が奏でるハープは霊的な守護を示している。娘の身の上を心配した母は、ハープを奏でることにより、彼女の心を縛っている縛《いまし》めを解いた。最終的にすっかり包帯が解けたという展開は、婚約解消が願い通りに行われることを示している（逆に、縛めがなかなか解けない場合は、婚約者側の執心から逃れるには大きな困難を経なければならない）。夢のアドバイスに従った賢明な判断の好例である。

77　生死を分けた黒飯と赤飯

平成元年、膀胱癌の手術を受けた夫を持つ女性が、夫の手術の結果はどうなるだろうと考えながら床についたときに見た夢。

薄汚い、散らかり放題の自宅に**僧侶**がやってきた。仏壇の仏様に何もお供えしていないと思い、

黒飯（豆御飯）と**赤飯**があるから、それをお供えしようと考えた。初めに黒飯をお供えしようとしたところ、ボロボロするので赤飯にしようと思ったが、お供えする前に目が覚めた。

＊注＝夢を見た女性は、悪い夢なのか良い夢なのか解釈に迷ったが、赤飯だからきっと良い夢だろうと判断した。その後、病院に行き、手術の結果を聞いたところ、成功ということで安堵した。術後の経過も良好で、転移や再発もなかった。

夢に出てきた二種類の豆御飯のうち、黒飯のほうを女性は黒飯とは思わず、ただ豆御飯と感じていたという。けれどもこの夢は、死者に供える黒飯と慶事のときに使う赤飯がみごとに対比されている。もし黒飯を供えたなら、それは弔事で食べるものなので、手術の結果は思わしくなかっただろう。けれども女性は、赤飯のほうをお供えしようとした。これは慶び事を表しているので、手術の成功を暗示している。

家が薄汚れて散らかり放題になっているのは、一家の主人が倒れており、この先の生活に大きな不安があることを表している。手術の結果次第では、「散らかり放題」がさらに拡大するところだが、そこに仏壇のシーンが出てくる。この仏壇は、祖先霊による救いの知らせだと思われる。

なお、多くの場合、僧侶は不幸の知らせにつながる凶兆だが、この夢では読経もしていないし、お供え物について言葉も発しておらず、仏壇やお供えに目を向けさせるための脇役の意味しか担っていない。つまり夢の中心テーマではない。こうした現れ方の場合は、一般に凶兆であっても、それにとらわれる必要はない。夢解きで重要なのは、何が中心テーマかを見定めることである。この夢の場合、中心テーマはもちろん黒飯(死)と赤飯(生)だ。

78　亡き父が息子を死から救う

心霊科学協会会員の岡田勝良さんが報告している夢。

自宅の玄関前に**霊柩車**が停まっており、車中には**白い布で蔽われた棺桶**が置かれている。座敷には新仏のための**祭壇**もあった。家の中をどんどん進んでいくと、いつの間にか**寺の本堂**のような所に近付いており、本堂の中では**多くの人々が阿弥陀仏に向かって合掌していた**。

自分も本堂の前に立ってお題目を唱え、中に入ろうとすると、本堂の扉が急に閉まり、入ることができない。必死に扉を開けようとして悪戦苦闘していると、亡き父親が現れ、何かを語ると、自分を扉から引き離し、本堂の廊下の外に投げ出した――。

＊注＝この夢を見た当時、岡田さんは人生に行き詰まっており、自暴自棄となって「幾度も自殺しようと思っていた」。霊柩車、棺桶、お寺、阿弥陀仏など、死にまつわるイメージの数々が集中的に登場しているが、これらは死後の世界がすぐそこまで接近していることを示している。

夢の後段がなければ、岡田さんは人生にピリオドを打っていた可能性もあるが、そうならないよう助けてくれたのが、亡き父親だ。本堂の中に入ろうとしても入れないというシーンは、まだ死後の世界に入るべきときではないということを示しており、そこに現れた父親が岡田さんを本堂の廊下の外に投げ出したのも、まだこちらにきてはいけないという明確なメッセージとなっている。この夢のあと、岡田さんは自殺の念慮からようやく抜けだし、「努力するより外に道はない」と思うようになったと書いている。祖霊の導きである。

79　亡母が息子を夢で救う

佐藤栄作首相の指南番だった国家主義者の橋本徹馬氏が、愛知在住の知人Tさんの夢について書いている。

日中戦争当時、Tさんは徐州郊外の守備隊で任務についていた。ある日の明け方五時頃、七年以前に亡くなっている母親が夢に現れ、「中原軍曹に頼んで**おまえを助けてやる**」と言ったと思ったところで目が覚めた。

中原という名の軍曹に心あたりはなかったから、おかしな夢を見たなと思っていると、その日の朝九時頃、徐州司令部から使いが来て、「大隊当番に帰って来い」と命ぜられた。発令者の名が、「中原軍曹」であった。

命令に従ってTさんは大隊に戻った。ところがその後、つい最前までTさんが任務についていた郊外の守備隊が、敵の襲撃を受けて全滅したとの知らせが届いた。まさに夢のお告げのとおり、Tさんは中原軍曹によって戦死を免れたのである。橋本氏はこう書いている。

「T君の話は、T君が復員しない以前に御尊父から伺っていたが、復員された後のT君からも、私が直接聞いて確かめた事実である」

＊注＝この夢では母が夢枕に立って守護することを告げているが、同じく橋本氏が紹介している名古屋のYさんの例では、妻の弟が夢に現れて窮地から救ったという。

昭和十九年三月、Yさんはビルマ・ラングーンの陣地で敵軍と対峙していた。このとき、とても可愛がっていた妻の弟が夢に現れ、「兄さん、**ここは危ない**から川の向こう側に行きましょう」としきりに勧める夢を見た。

目覚め後、Ｙさんは、向こう側よりこちらのほうが陣地としてよいのだがと思ったが、夢の弟があんなに熱心に勧めたのだからと思い直し、夜明けを待って川向こうへと陣地を移した。するとその直後、先刻までいた陣地が砲撃で木っ端微塵に破壊されたという。

この話には後日談がある。橋本氏の文を引こう。

「Ｙさんは弟さんの夢の導きで助かったわけであるが、あとで分かったところでは、そのときＹさんを助けた弟さんは、すでに十日ほど以前に戦死されていた」

これも死者が肉親の命を救った一例だ。夢に現れた故人や肉親などが、「ここは危ないからあちらに行こう」と導く夢は、危険の知らせになっている可能性がある。その言葉を無視してはならない。

80　故人から玄関払いをされる

女医の福島裕子さんは、開業医を始めて以降の過労が祟り、ついに喀血するまでになった。体重もどんどん減って三十六キロまで落ちたが、資金のすべてを借金でまかなっての開業だったため、どうしても休むわけにはいかず、わが身に笞打って診療を続けた。

三年ほど経ってようやく経営が軌道に乗ったが、それまでの間は、精神的にも肉体的にも綱渡りの状態が続いた。不思議なことに、彼女はこの期間を通じて霊的な守護の働きを示す霊夢を見続けた。これが大きな救いとなった。以下のような夢だ。

「毎日**白い着物**を着たおじいさんが出て来て、私をいろいろなところへ連れていくのです。緑の葉の繁る**景色の良い山の中のお宮**などに連れていき、私のために**病気が治癒するように拝んでくれる**のです。冬の降雪の中や、暑い夏の中を遠い道を歩かされるのです。それが二年間続きました」

福島さんの肉体が危険な時期もあった。そのときは亡き伯父が救ってくれた。

「私が一番身体の状態が悪かった時、亡くなった伯母の夢を見ました。**誕生祝い**をしてやるからいらっしゃいと言います。喜んで行くと、伯父が玄関の所で怖い顔をして立っているのです。中では伯母がごちそうをつくり喜んで迎えてくれそうなので、私は入って行きたかったのですが、入ってはいけないのかなあと思って帰ってきました。今考えると、その時、伯父の家に入っていれば駄目だったのではないかと思います」

＊注＝白い着物は、死に装束を表す場合と、穢れのない高貴さを表す場合があるが、この夢では後者を意味している。夢のおじいさんが何者かは知れないが、山中の霊域であるお宮など

に連れていかれているので、福島さんの祖霊、もしくは守護霊と考えられる。**祖先や神霊が自分のために祈る**シーンは、典型的な霊癒の情景を描き出している。同様の夢としては、**神霊などから薬草を授かる、神札を授かる**などがある。福島さんの衰弱著しい肉体は、この祈りのおかげでかろうじて保つことができたのだろう。

二番目の夢に出てくる誕生祝いは、一見、慶事のように感じられる。けれども、死者が催す誕生祝いには、この世を離れてあの世に生まれるという意味の誕生祝があり、現世的には死を意味しており、祝われるのはよくない。それを救ってくれたのが伯父で、**玄関払い**は、おまえはまだ死に通じるこの玄関に入る時期ではないと教えているのである。

81　亡き弟が姉の肋膜炎を癒やす

主婦・篠原季子さんの長女が昭和七年頃に見た夢。

能登に嫁していた長女は、当時、肋膜炎を患っていた。肺に溜まった水を抜いて小康状態になったが、十日ほどでまた水が溜まり、激しい痛みを伴っていたので、翌日、ふたたび水を抜くことになった。

水抜きの前夜、長女の夢に亡き弟が現れ、「お姉さん病気ですか?」と呼びかけるので、「武さん、あなたは霊力があるはず。どうか私の病気を治してください」と一心に手を合わせて頼んだ。すると弟は、「お姉さん、ご心配いりません。**きっと治してあげますよ**」と言って、姉の**患部を撫でた**――。

翌朝目覚めると、胸の痛みが消えており、とても爽快な気分だった。やがて水を抜くために手術室に運ばれ、施術前に院長が診察した。すると長女の体に不思議なことが起こっていた。抜くべき水が消えているのだ。

「不思議だ。昨日あれほど溜まっていた水が少しもない」と院長は首を傾げ、看護婦ともども「これは奇蹟だ」と驚いた。結局、手術は中止となり、それからは日に日によくなって、ほどなく退院した。

＊注＝この夢のように、故人などの霊が「治してやる」と約束するのは、快方に向かうサインとなる。とくにこの夢では、弟の霊が姉の患部を撫でている。これは霊的な治療を施したことを表しており、非常な吉夢となっている。

ただし、撫でる夢がすべて吉夢というわけではない。病人や嫌いだと思っている人物などが出てきて、彼らに撫でられる夢であれば、罹病などよくないことが起こる知らせとなる。吉凶は夢の文脈から判断しなければならない。

82　白髪の老人にさすられて重態から脱する

同様の夢を、東京都小平市の女性が昭和五年頃に見ている。当時、女性は猩紅熱で重態だった。医者は今夜が山だと告げていたが、その夜、夢を見た。

「**白髪の爺様**がやって来て、『ここが苦しいか、よしよし』と言って**胸をさすってくれた**。すると今まで息が止まりそうに苦しかった胸がスーッとした」

翌朝、彼女は危機を脱し、快方に向かった。

＊注＝前項の篠原さんの長女は亡き弟に救われたが、この夢では白髪の老爺に救われている。この老爺は祖霊、ないし守護霊だろう。典型的な霊癒の夢で、白髪の爺様というのも救済者の典型例である。

83　亡き妹が妊娠と流産を知らせる

旧大阪高工（大阪高等工業学校）教授で、透視などの能力者でもあった中尾良知さんの妻が、大正七年九月十七日に見た夢だ。

「夢の内に彼女の妹（故人）が現れて、『姉さん、あなたは目下病気だと思うて種々の手当をし、大変心配しておられるようであるが、別に大した病気ではありません。あなたは現在妊娠しておられるのであって、少しく異常があるのでこれは到底流産の厄は免れないでしょうが、**心配する程でもないから安心していらっしゃい**』と教えられた」

このとき妻には妊娠の兆候は一切なく、中尾氏はもちろん、妻本人も妊娠にはまったく気づいていなかった。ところが翌日、事態は一変した。

「その翌日、妻は急に腹痛を感じ流産したのである。専門家の言によると、受胎後五、六週間も経たものであると。私は慄然として肌に粟するを覚えた。かくして妻の見た霊夢の事実なのを悟った訳である」

＊注＝霊魂の実在を確信していた中尾氏は、亡き妹が教えにきた霊夢だと解釈しているが、霊夢かどうかは、この記述だけでは判断できない。意識がそれと気づいていなくとも、奥さん

の無意識が妊娠や異常を察知し、夢を介して意識に伝えたとも考えられるからだ。

とはいえ、中尾氏が受け取ったとおり、亡き妹の霊による知らせだった可能性も、もちろんある。本書で紹介しているとおり、故人の夢知らせの事例は、予知夢の中でも最も頻度が高いものだからだ。奥さんはかなりの霊感体質だったようで、「妻の霊夢について事実となり出現した例は一再に止まらず実に十数回に及んでいる」という。そうした体験の積み重ねから、中尾氏はこれを霊夢と判断したのである。

84　亡き叔父が肝硬変を癒やす

名古屋在住の中根真男《まさお》さんが、昭和四十年十月六日と七日に連続して見た救済夢である。

中根さんは前年六月頃から胃腸の具合が悪くなりはじめた。薬を飲みながら仕事をつづけていたが、四十年十月四日の夜中、突然大量の吐血をし、なかば昏睡状態で国立名古屋病院に緊急搬送された。肝硬変と胃腸管出血であった。

処置後、家で療養しつつ通院治療ということになったが、六日に、こんな夢を見た。

「午後四時半頃でしたが家で疲労と苦痛をこらえてウトウトと眼をつぶって寝ておりました時、

夢うつつの状態というのか、何といってよいか、深くは眠っておらず、家族の者も三人とも勤めに出ており、家は至って静かでした。その時、**赤い大きな鳥居**が幾つもギッシリと重なり合って奥の方へつづいており、その景色がすうと夢まぼろしの如くに見え出して来て、そして奥の方から『薬力《やくりき》、薬力……』と静かで、落ち着いた重みのある声が、確かに耳に感じたように聞こえてきました」

　夢の情景は京都伏見の稲荷大社で、薬力というのは同社の祭神の一柱だ。中根さんは昭和九年から、この薬力稲荷の分霊をいただいて家で祀ってきたのだという。さらに翌七日には、こんな夢を見た。

「午後五時頃でしたが、うつら、うつらと眠っておりました時に、私の寝ている左側を青色の細かい縞柄のゆかたの着物を着た、背のやや低めで五十歳位に見える男が見え出しました。……**仏壇の前からすうと出て来て**、あちらへ行ったり、また私の寝ている頭の辺りへ来たり、それが二回程して、それから私の胸の横側のふとんの所へ座り込み『まあさ、苦しいか、いかんな』と言ってじっと私を見ており、そしてふとんの上から私の**腹の所を押さえてくれました**」

　夢の中でその男性と顔を見合わせたとき、中根さんはすぐにそれが昭和二十五年に亡くなった叔父だと理解した。生前とてもお世話になった叔父が、出てきてくれたのである。

　これらの夢見後、「思いの外に早く快方に」向かった中根さんは、ほどなく務めを再開できるまでに回復した。

＊注＝中根さんのケースでは、信仰していた薬力稲荷と亡き叔父が、連続して救いに出てきている。前者の薬力稲荷は、その名によって霊的な加護が薬となって働くことを示しているし、次に現れた叔父は、先に掲げた例と同じく患部をさすることで癒やしの力を示している。中根さんがほどなく快方に向かったというのも、十分にうなずける。典型的な癒やしの霊夢だ。

85　無残な火傷を亡父が夢で癒やす

一九五六年、アメリカの『サイキック・サイエンス』誌一月号に掲載され、日本の『心霊研究』誌に紹介された驚くべき実話だ。

トランシルバニアに住むラッヘル・コーテルは、五歳のときに火事で両親を失い、伯母（母の姉）に引き取られた。ラッヘルも火事で膝に大火傷を負っていたが、伯母はただでさえ貧窮にあえいでいるのに、とんでもないお荷物を預けられたという腹立たしさから（彼女には十人もの兄妹がいた)、医者に診せることもせず、痛い痛いと泣いて訴えるラッヘルを放置していた。

膝の傷は日増しに悪化し、だんだん黒く腫れあがってきた。激痛に泣き叫ぶラッヘルの傷が、もうどうにもならないほど悪化したとき、伯母はしぶしぶ医者を呼んだ。

「足を切断する以外、手のほどこしようがない。放っておけば死にますよ」

医者は手術を薦めた。けれども伯母は、ただちに「片足のない娘になるくらいなら死んだほうがましだよ」と言い切った。つまりは「手術など不要、それならこのまま死なせる」というのだ。

ラッヘルは絶望のまま泣き疲れて眠りについた。ところが翌朝、起き出してきたラッヘルの姿を見て、伯母は仰天した。あれだけ無残に腫れ上がって壊死しかけていたラッヘルの膝が、なんと跡形もないほどきれいさっぱりと治っていたからである。

伯母が異変の理由を聞くと、ラッヘルはこう答えたという。

「夢の中で泣いていたの。そしたら急にパパが出てきて、『何で泣いているんだい』と聞くから、『こんなにひどく痛いし、お医者さんは死ぬというの』と答えたの。そしたらパパは、私の頭の上に手を置いて、**お祈りしてくれたの**。それで朝になったら治っていたわ……」

後にこの話を聞いた医者は、「今日でも奇跡は起こるんだね」と驚嘆した。

＊注＝先に患部を撫でられる夢で病気が癒えた夢を紹介したが、この例では亡き父が娘の頭に手

を置いて祈っている。**霊的な存在が自分の頭に手を置く**しぐさも、霊的な恵みを授けるという知らせであり、前記のとおり、祈りも霊癒の前触れとなる。

手を頭部や患部にあてる儀礼は、キリスト教では按手《あんしゅ》と呼ばれ、聖なるわざとして連綿と承け継がれてきたが、日本でも同様の霊的行為が行われてきた。著名なのは黒住《くろずみ》教開祖・黒住宗忠《むねただ》のそれで、非常な数の信者が癒やされている。イエスが病人に手を置くことで癒やした話は、『ルカ福音書』や『マタイ福音書』などあちこちで述べられているが、夢で霊的存在に按手をほどこされても、このケースのような「奇跡」が起こる。

右に紹介した夢の話は、ラッヘルの孫に当たるエリザベス・テッシュラーが報告しているものだが、エリザベスはこう結んでいる。

「私の祖母（ラッヘル）は七十歳以上になるまで生きていました。私の母は、私たち子どもにその真実の物語を何度も話して喜んでいました。もしそれが母の口から聞いたのでなかったら、私は確かにそれを信じなかっただろうと、たびたび思いました」

86 愛児が行脚僧姿で父を救いに現れる

昭和十八年、重い病で別府の病院に入院していた電気技師の大隅仁さんが見た夢。

「四歳の愛児が行脚《あんぎゃ》姿の虚無僧《こむそう》になって夢枕に立った。饅頭笠《まんじゅうがさ》に錫杖《しゃくじょう》を持ち、腰に三百三十三体の仏像を帯した愛児が、**錫杖を強く地に突き刺して**、紋切り口調で『父上の病状、薬石効なく、我れ諸国を行脚して仏陀の慈光にすがり父上の**病を治さんとす**』と言う。その名文句と錫杖の音に威圧され、**感泣して伏し拝む**と、身長一米もない四歳の子どもの姿が、三米以上もある大行脚僧になり、**腰の仏像から慈光が燦然と輝いた**」

この夢を見てから二、三日後、横浜郊外の自宅から、遠路はるばる別府まで、愛児が母親に背負われてやってきた。その日を境に病気は峠をこえて快方に向かい、ほどなく治癒した。

＊注＝愛児の姿を借りた神霊のお告げである。「父上の病を治さんとす」という言葉や、感泣して行脚僧姿のわが子を伏し拝んでいる姿、また仏像から放たれた光が、霊癒のあることを暗示している。感泣して拝むのは、喜びと感謝の予兆である。

なお、錫杖を地に突き刺すシーンは、私には一種の治療行為のように感じられる。これを読んだとき、この「地」は大隅さんの肉体および病源の象徴だという思いが強く働いたからである。

残念なことに、大隅さんは何の病気かまでは書いていない。けれども前年から入院生活を送っており、病床で「呻吟」していたともあるので、かなり重い病であったことは確かだろう。

87 日蓮の霊によって病気から救われる

宮城県牡鹿郡女川町の女性が大病の最中に見た夢。

この女性は四十二歳（昭和二十四年）のときに大病し、一時は危篤状態になった。そのとき、不思議な夢を見た。

寺に行っている。まだ幼い子を抱えていた彼女は、夢の中で、「今度だけは助けていただきたいって。もし助かったら弥勒山の土を踏んでねえ、願はずしをしますからって、寝ててね、願かけたの、ほんとき。そして、早くに弥勒山へ行きてえ行きてえと思ってたら夢でいってきたの。お札もらってきた」。

さらに、目覚める寸前、「日蓮上人のお姿をねえ、ひょっと目あく瞬間みせられたの」。すると不思議なことに、危篤状態を脱して回復したという。

＊注＝熱心に信仰していた日蓮に助けられたと彼女は信じている。信仰の対象に救われた事例である。なお、文中の弥勒山とは、静岡県・伊豆天城連山にある山で、新興宗教の霊友会の聖地のこと。おそらくこの女性は霊友会の信者だったのだろう。

後日談がある。夢の願掛けで、助かったら弥勒山に詣でると、彼女は約束していた。十七年後ようやく弥勒山登拝がかなったが、そのときの驚きを、女性はこう述べている。

「不思議なこともあっぺかねえ。夢で行ったとこと同じとこ。お寺だっておんなず。渡廊下だってねえ。あらっ、（夢で）ここまで飛んできてみたのかなあって、びっくりしたのねえ」

88　医者から見放された患者が助かる

平成二年、東京の女性が見た夢。

身内などが集まって、**楽しそうに宴会をしていた**。そばには**桜がきれいに咲いて**おり、実に気持ちがよさそうだと思いながら目が覚めた。

＊注＝この女性の父親は、原因不明のまま衰弱が進んでおり、腹水もたまって医者から先行きの見込みはないと宣告されていた。ところがこの夢を見てからほどなく、彼女の父親は奇蹟的に危地を脱して退院できるまでに回復した。退院の時期は、夢にあった桜の季節の三月だった。

楽しい宴会の夢は、喜び事の予兆と解してよい。この夢の場合は、快気祝いが宴会として描かれている。その喜び事がいつやってくるかを示しているのが桜で、春にはこうして宴会ができますよと告げているのである。

桜にかぎらず、季節の花はしばしば時期の告示となる。夢に花が出てきたら、それがいつ咲く花なのかを考えて判断に付け加えてほしい。花以外では、夢で着ている服装も、ときに季節のヒントを与えてくれる。夢で衣服に注目している場合、それがいつごろの季節に着るものなのかを考えなければならない。

筆者の経験でも、叔母がやっかいな病気にかかる前、明らかに冬服を着て夫婦げんかをしながら不機嫌な様子で現れる夢を見、その年の冬に入院する事態になっている。夢の中で彼女は車に乗せられてどこかに連れていかれるのだが、それが嫌なようで夫と口論していた。連れていかれた先は病院だったのである。

89　夢でお祓を受ける

鈴木大八さんは、自分を産んだ後の不思議な夢の話を、母からくりかえし聞かされた。母によると、出産後、産褥熱が何日も続いた。生きた心地もなく苦しんでいると、ある夜、夢を見たのだという。こんな夢だ。

「枕元に、烏帽子直垂《えぼしひたたれ》をつけた神様のような方が、**御幣を持って、バサバサと祓っていて下さって、**有り難さに何とも言われぬ気持ちになり、目が覚めて見ると、気分がすがすがとして、病気はそれきり忘れたように快《よ》くなってしまった」

夢に現れたのは、母によると、彼女が日ごろから拝んでいた御嶽《おんたけ》様であるという。

＊注＝御幣によるお祓いは、霊的な存在による浄めを意味する。先に述べた按手（１８５ページ）などと同様、霊癒をもたらす恵みのわざの一つである。鈴木さんの母の日ごろの信仰が神と感応して、この夢になったのである。

90　亡き父が夢で教えたマラリア治療法

終戦前年の昭和十九年といえば、海外の日本軍は敗走に敗走を重ね、生き地獄の日々を送っていたころだ。ニューギニアの東部オーム地方を守備していた日本軍も例外ではなく、山頂や高原地帯に逃れて、ごくわずかのタロ芋とサゴヤシの根を砕いてとった澱粉を主食に、かろうじて露命をつないでいたが、タロ芋には強い毒性があるため、全身に浮腫が現れ、やがて死に至る者も少なくなかった。

さらに熱帯特有のマラリアが、衰弱した兵士に容赦なく襲いかかった。マラリアはハマダラ蚊が媒介する伝染病で、三、四日ごとに高熱を発し、放置すると死に至る。軍医として従軍していたN軍曹もマラリアに感染していた。そんなとき、軍曹は不思議な夢を見た。

「忘れ得ぬ昭和二年六月二十四日の払暁《ふつぎょう》、この日は亡父の忌日である。幕舎収容病者は十五名、いずれも四十三・四度のマラリア患者である。解熱剤もキニーネ注射も何の効力をも奏さなかった。この払暁、自分も発熱のためにうつらうつらとしていた。

おお夢か幻か、我が病床の向こうに父の姿が霧のごとくぽんやり浮き彫りのごとく出現したではないか。二度三度、自分は自己の目を疑つた。しかもその人影は動いてくる。そしてその人影は自分の枕辺に立ち止まって、『N・N（軍医の姓名）、お前のマラリアはいかなる解熱薬も注射も効をなさぬが、トリヤノンを**飲め！**』、ただ一語にして、その人影は煙のごとく消え去ってしまった。

……明くれば陽は赫々と輝いてニューギニア特有の熱射である。私の脳裏には『トリヤノン』が焼きついて離れない。元来トリヤノンは肺炎薬であって、マラリアには薬物学的には（効果は）認められず、しかも使用されていない。しかし物は試しだ、まず自分から試験台にと決意した私は、この日、トリヤノンを父の霊示のままに服用した。

かくして一日、二日、三日、何の反応も認めない。四日目にして熱い尿が下つた。（熱も）四十度に下降した。三十八度に、三十六度に、平熱に下ったのであった。そして収容病者にも処方した。みな良好であった」

＊注＝この話は、N軍曹の伯父にあたる野村順三さんが報告しているものだが、文中にもあるとおり、トリヤノンは、戦前、田辺製薬が売り出した肺炎薬で、マラリアに効くという話はない。素人の筆者には医学的な根拠があるかどうかわからないが、ネットなどで調べたかぎりでも、それは見出せなかった。

とはいえ、N軍曹自身がそれで回復しただけでなく、他の収容病者にも効いたというのはどういうわけだろう。常識的には自己暗示で効果が出たと考えるべきなのだろうが、夢で指示された薬方や治療法で癒えたという例は、ほかにも多数の報告がある。一種の心霊現象による霊癒の可能性があると筆者は考えている。

91　夢で乳が出るようになる

この話は栃木県の坪谷京子さんがおじいさんから聞いたもので、引用文中「私」とあるのは、そのおじいさんのことだ。

「私が生まれたとき、母はお乳が出なく、姑に、乳の出ない女は獣よりおとるといじめられたそうです。家が貧乏でミルクも買えず、母はあまりの苦しさに私をおぶったまま、川に飛びこもうとしたそうですが、知っている人に出会い、それも出来ず、ただただぼんやり歩いているうちに隣り村のお寺の境内に入っていたそうです。境内の大きな木を見て、この木なら（首吊り用の）紐がかけられると、背中の私をおろしたら、大きな声で泣き出したのでびっくりしてその木の下に腰をおろし、私をあやしているうちにいつか眠ってしまったそうです。

その夢の中で『もち米ひと握りに、小豆一粒入れて、乳房いちょうにそなえ、**持って帰って炊いて食べよ**、乳が出るようになるであろう』と教えられ、母は乳房いちょうの木を知らなかったので翌日聞いてみると、夕べ紐をかけて死のうと思った木だったのです。母はこの不思議さに驚き、毎晩お参りし、そして二週間日にほんとにお乳がでるようになり、私は命を救われました」

＊注＝誰に教えられたのかは語られていないが、無意識の声か、さもなければ心霊の声だろう。

煎じて飲むと乳が出るようになるという俗信のある銀杏は、日本各地にある。この樹木は枝のあちこちから棍棒状に垂れ下がる乳根という不思議な組織を生ずることがあり、その形が乳房に似ているので乳根の名がついたものらしい。

母は乳房イチョウはそのときまで知らなかったとおじいさんは語ったというが、どこかでこの俗信を聞いていた可能性は否定できない。京子さんを守護している心霊が、自殺の一歩手前まで追い詰められていた彼女を救うために、埋もれていた乳房イチョウの記憶を利用してこの夢を見させたとも考えられる。

救済にまつわる方法が夢で示されるケースとしては、銀杏の霊夢のように「**何々を食べよ**」とか「**何々を飲め**」といった指示がなされる場合もあれば、**薬方が示される**こともある。また、夢で**御神水を飲む**、**神仏などから美味しい飲食物をもらう**、**撫でられる**、**切除など外科的処置を受ける**、**息を吹きかけられる**、**病気を持っていってやるといわれる**など、実にさまざまなバリエーションがある。その一部は、先に実例で示したとおりだ。

自力であがいてもどうにもならず、医薬も功を奏しない八方塞がりの状況でこの種の夢を見たら、理屈は捨てて夢の指示を受け入れたほうがいい。

92　UFOとの遭遇で予知夢を見るようになった母子

数々の例で示しているとおり、霊的な救済にかかわるのは故人の霊や神仏というケースが圧倒的に多いが、UFOが機縁となったという特殊な例がある。国立京都病院の元医長で、「伝説の精神科医」として知られた加藤清氏のケースだ。

加藤氏は、オーストラリアに住む娘と孫の見る「予知夢」から、さまざまなアドバイスを受けていたという。翻訳家の上野圭一氏がロングインタビューで引き出した加藤氏の言葉を紹介している。以下は加藤氏の言葉だ。

「僕の片方の目が真白になっている夢を（娘と孫の）二人とも見るんです。そのあと娘は僕に電話を寄越して、『お父さん、目が悪いのと違う？』『いや、昨日、病院へ行って白内障の手術を予約してきた』『それならいいけど、早く手術しないといけないよ』というやりとりがありました。内緒でそろっと手術して、知らん顔をしていようと思ったんだけど、それがばれた」

加藤氏によれば、娘と孫がこうした夢をシンクロして見るようになったきっかけは、二人がUFOに接近遭遇して以降だという。しかもそれらは「予知夢」になっていることが多いというのだ。こんなこともあったという。

「このマンションに住む前は、ここから歩いて十分程の別のマンションにいたんですが、ある日、『私のマンションの109号室が空いたから、そこへ移ったほうがいい』と、娘から電話がかかってきた。オーストラリアにいるくせに、なぜそんなことがわかるのかな、と思って109号室を見に行ったら、たしかに空いている。引っ越し屋を呼んで、その日にすぐ、転居の用意をし、僕はここに移りました。ここへはUFOによって転居させられたようなものです」

＊注＝娘や孫は、加藤氏に関する何らかの気がかりな夢を見ると、オーストラリアから電話してくるという。精神的に強く結びついている相手の心配事や危険なできごとを夢に見るのは比較的よくあることで、本書でも多数の実例を挙げている。こうした予知夢は、空間的な距たりをまったく問題としない。右の例でも、日本とオーストラリアが夢によってつながれている。

右の談話中、加藤氏が「ここへはUFOによって転居させられたようなものです」と語っているのは、娘と孫による夢にもとづくアドバイスは、もとをたどればUFOとの出会いに行き着くという意味だ。ＵＦＯについてはまた別の議論が必要だが、このケースも神霊などと同じく一種の超越者とのコンタクトの可能性がある。特殊かつ現代的な霊的守護のケースである。

神仏や祖霊・亡霊からの頼み事

93　古井戸から出た如来像

これは昭和二十二年十二月十日付けの紀伊新聞に載った奇話だ。

田辺市南新町の海蔵寺に泊まった旅人（岐阜県人・長谷川某）が、十二月四日、五日、六日と続けて不思議な夢を見た。深夜、枕元に阿弥陀像が現れ、「自分は長らく埋もれ朽ち果てているセンブツであるが、住職と二人で早く**さがし出して祀ってほしい**」と訴えるのである。

気になって住職の釈宗謙に夢のことを話してみたが、住職は何のことかわからぬという。ところが七日の夜更け、今度は裏庭が異常に明るくなるという異変があった。驚いた長谷川さんが寝ていた住職を起こし、裏庭の異変を話して二人で周囲を探してみた。けれどもそれらしいものは見つからなかったので、二人はまた寝に就いた。

すると長谷川さんの夢枕にまた**阿弥陀如来**が現れ、「すでに出現しているから早く見つけてほしい」とせっついた。そこで再び住職を起こして探索を始めたが、たまたまのぞいた古井戸の中に、光り輝くものが見えた。以下は新聞の記事をそのまま引用する。

「驚いて井戸深く入った住職の手に拾いあげられたものは両手や首が胴体から離れた儘《まま》、水面に浮かんでいた木製の阿弥陀尊像であった。かたじけない仏像の出現に驚いた海蔵寺では早速奥座敷に安置して供物を捧げ、ねんごろに法要をつとめた。ところが不思議はこれのみにとどまらず、さらに驚くべき奇蹟を生んだ。八日午後八時ごろ熱心に祈りを捧げる長谷川氏に今度は霊感があって、忽ち**地蔵**尊が出現、『今日出現の阿弥陀仏と一緒に自分も祀ってほしい、さすれば衆生済度のため願い事は何でもかなえてやろう、その代わり願い事がかなったら自分のかけている手をついでほしい』とおっしゃるのである。そこで住職とも協力して寺院内を探したところ位牌堂の片隅に塵にまみれて横たわる地蔵尊を発見することが出来た」

＊注＝埋もれたり打ち捨てられていた仏像が、人に憑《かか》って救いを求める話は、他にも数多くある。ただし、そのほとんどは伝説の類いで、この例のように現実にそれが起こったというケースは、さほど多くはない。夢が交信の通路として用いられている点、およびくりかえし同じ夢を見させている点に注目してほしい。向こう側にどうしても伝えたいと思っていることがある場合、この例のように、くりかえし夢を見させることはよくある。重ねて見る夢は、吉夢にせよ凶夢にせよ、注意を払う必要がある。

和歌山県の真砂憲雄さんは、昭和五十年頃、何度もお地蔵さんの夢を見、埋まっている場所の夢も見た。「本当かと思って掘ってみた。地蔵さんの頭が夢で見た場所から出た。今でもお祀りしている」と語っている。このケースでも、地蔵菩薩はくりかえし夢で訴えている。

観音菩薩が夢で掘り出しを指示したケースもある。熱心な大師信者だった神戸市橘通在住の山口文吉さんは、六甲山地の中央に位置する摩耶山中の亀の滝で水垢離の行をしていた明治四十一年十月十三日、夢で観音菩薩の示現に遭った。

夢の観音は、「我は不幸にして板宿の山中に埋れ居れば、早速往いて掘り出せ、場所はさらに山にて告げん」といって消えた。

観音の言葉が頭から離れなかった山口さんは、帰宅後、隣家の酒屋の安井勇次郎さんに、夢の話を聞かせた。安井さんが「とにもかくにも掘ってみよう」というので、ならばと安井さんのほかに奥田喜八、若林まつ、山口音吉さんら五人と連れだって板宿の氏神社から二丁ほど北の山をよじのぼり、そこかしこを掘って回った。やがて安井さんの鍬先に、カチリと当たるものがあった。そこを掘っていくと、五寸ばかりの銅製の観音像が出てきたというのだ。

話を長谷川さんのケースに戻そう。阿弥陀仏の一件には続報もある。発見された阿弥陀像は高さ一尺五寸。「万治己亥年六月吉辰　為禅台宗法大姉自身　仏師道明」の銘があり、銘のとおりなら、一六五九年に道明という仏師が彫った像ということになるが、金泥は剥げていないし、濡れ加減からみて水中にあった時間は長くて二日ほどと見られるなど、数々の謎があると同紙は報じている。

なお、長谷川さんの夢で仏が語った「センブツ」の意味は不明で、住職も「潜仏」ないし「洗仏」の意か、不明としている。どのような因縁かは不明だが、長谷川さんもしくは住職と何らかの因縁があった霊によるものかもしれない。ちなみに、阿弥陀像であれ、他の仏菩薩像であれ、そこに憑っているのはそれら仏菩薩とは別の霊的存在で、仏そのものと考えることは困難だ。これは夢の場合も同様である。

94　守護霊からの祭祀の要求

長崎の造船所で勤務していた岡田勝良さんが、昭和三十年代に見た夢である。

草木が一本も生えていない、赤土の露呈した**禿げ山**があり、麓に一軒の農家のような瓦葺きの家があった。家の大黒柱や四隅の柱は朽ち果て、屋根は重みで傾斜しており、天井板は穴があき、壁土も崩れている。

この**廃屋**の近くに窪たまりがあるのに気づき、近寄ってみると**肥溜め**だった。中に何かあるのに気づき、よく見ると千手観音のような仏像を荒むしろで幾重にも巻いて、荒縄で縛って**逆さま**に投げ捨てている。

勿体ないことをしているものだと思いながら、廃屋から離れると、いつの間にか眼前の光景が変わり、目の前に「頭髪が少し薄く、顎ひげの生えた老人が、白いうすい衣をつけ、足もとには波の寄せる岩の上に立っている」。手には杖のようなものを持っており（後日、杖ではなく祓幣《はらいぬさ》と判明）、**突き刺すような鋭さで自分を見詰めていた**。自分は夢の中で、彼は乞食坊主か、供養の行き届いていない仏だろうと思った——。

この夢は、岡田家が先祖の代から長い間、累代の守護神の祭祀を放置してきたこと、とくに御神体が行方不明になったまま放置してきたこと（長崎の原爆で家は灰燼に帰したので、そのとき焼けたものかと岡田さんは推測している）、そのため数々の不幸が続いてきたこと、岡田さん本人の身にも、死の影が迫っていることを告げるものだったと、ある教会での降霊により判明したという。

また別の報告で、岡田さんはこうも書いている。

「当時は伯父（亡父の兄）が岡田家を相続していましたが、伯父一家は伯父を最後の一人として家族は全部、子どもの頃に夭折するか或は青年になって胸部患者で倒れるという有様で、遂に死滅してしまい、……今度は私たち家族に順番がまわって来て、弟と父が死去し弟妹が病気で床につき、私たち全員が死滅する事になって（いたらしい）」

＊注＝岡田さんの報告は、守護神の素性等、いろいろと疑問に思う部分はあるが、この夢を契機に祭祀を再開した結果、運命がよい方向に大きく転換したというから、その点では救われたのだろう。この夢の禿げ山や廃屋は、一家一族が亡びるほどの運気の塞がりに直面していることを示す夢のサインにほかならない。とくに廃屋の描写は生々しい。

廃屋近くの肥溜めに荒むしろで巻かれた仏像が捨てられていたというシーンは、大切なものを無情に捨て去ったまま放置して、一切顧みないことを示しており、逆さまになっているのは、この行為がほとんど呪詛に等しいものだということを表している。

ここで岡田さんが仏像を救い出し、清水で洗うなどしたら夢はよい方向に転換されたかもしれないが、岡田さんはそうしなかった。そこで、続きのシーンが出てくる。**白衣を着た老人**は、先に肥溜めに捨てられていた仏像の化身にほかならない。その老人が、突き刺すような鋭さで岡田さんを見詰めたというのは、強い非難の念の表示である。

この夢でも、岡田さんには気づきがなかったが、その後の降霊でようやく岡田家が犯してきた過ちに気づき、祭祀を復活した。その結果、岡田さんは自殺念慮から解放され、一家の不祥を払うことができたのである。

95 亡き娘の願い

昭和六年、姫路の鉄道員だった佐保田霊星さんが『心霊知識』誌に投稿した奇話だ。鉄道省の同僚に延原某という人がおり、その延原さんの友人に、山村某という信心家がいた。山村さんは早くに妻に先立たれ、一粒種の娘を男手一つで育てていたが、その娘が七歳のとき、感冒がもとで亡くなった。

葬式をすませてちょうど一週間目、いつものように亡き妻と娘の冥福を祈って、山村さんは寝に就いた。ところが、うとうととまどろんだと思ったら、眼前にすっと娘が現れ、「お父ちゃん、お父ちゃん、写真屋に行きましょうね。行きましょう」としきりに引っ張って外に連れ出そうとする。ハッと我に返ってみれば、身は寝床にあり、びっしょりと汗をかいていた。

翌晩も同じように妻子のために祈って寝たが、同じように娘が現れ、「お父ちゃん、写真を撮りに行きましょう」と懇請した。これが六晩続いた。

七日目、朝食を済ませた山村さんは、意識してそこを目指したわけではないのだが、気づくと写真屋の前に立っていた。何となく写真を撮る気になり、自分を撮ってもらった。それから四、五日後、できた写真を受け取りに行ったところ、写真屋が恐縮した顔で、こう言った。

「まあ山村さん、大変なものが出来上がってしまいました。たしかにあなた一人でしたね。ところが写真には、あなたの可愛い娘さんが側に写っているんです」

びっくりした山村さんは、震える手で写真を受け取り、写っているものを見た。以下は投稿原文を引こう。

「其所には疑うべくも無い亡き娘の姿を発見した。自分の右側に少々ボンヤリとして約七分身位に写り、特に額の部分が濃ゆくその顔にはニッコリと湛えた笑みが生前と少しも変わらなかった」

＊注＝投稿者の佐保田霊星さんは、鉄道員時代、同僚の延原さんからこの心霊奇話を聞かされ、娘が写っている心霊写真も見せられたのだという。事実かどうか確かめるすべはないが、事実だとしたら、亡き娘が父の夢に現れて形見の写真を父に贈ったのである。

96　亡母が救済を求める

故人から夢で依頼を受けるケースは少なくない。昭和十三年四月十四日、霊感体質の主婦・篠原季子さんは、だれかに呼ばれたような気がして目が覚めた。

時計を見ると深夜の三時十分前。横には三人の子どもがスヤスヤ寝息を立てている。これといって変わったことはなかったが、冷たいものがひしひしと身辺に迫っているような異様な雰囲気を感じたので、思わず合掌瞑目しているうちに、また眠りに落ちた。

表口にだれか来たような気配がした。出てみると、十六年も前に胸を患い、一人娘を残して早世した兄嫁の輝子さんが、**しょんぼりと立っている**。「まあ輝子さん、さあお上がり」と手を取ろうとしたが、とても面やつれして、空腹らしい様子だ。まずは食事をさせなければと台所に行くと、卵焼きができていたので、さっそく食べさせようと思い玄関に戻ったところ、さっきまでいなかった見知らぬ青年が立っていた。

「さあ、早く上がって元気をおつけなさい」と二人をせっついたが、上がろうとせず、輝子さんは何かせかせかした態度で、しきりに青年を指さして、何事かを訴えようとする。意味がわからないので夫を呼び、一緒に輝子さんの話を聞いた。彼女があまりに急き込んでいるため、何を訴えているのか、自分にはわからない。ただ、主人が「よし承知しました」と答えると、二人はたちまちかき消え、目が覚めた――。

目覚め後、夢の意味を考えた篠原さんは、輝子さんの訴えが、この世に残してきた一人娘に関することで、一緒にいた青年と関係があるのではないか、ひょっとしたら結婚問題のもつれか何かではないかと思い立ち、その日、ただちに親戚に連絡し、姪（輝子さんの遺児）の消息を尋ねてみた。すると、姪は新春早々、若い優秀な医者との良縁が調い、三月に挙式する予定になっていたが、継母が多額の支度金に苦情を言い立て、結局、破談となったことを知った。

反対した継母というのは輝子さんが亡くなったあとに嫁に入った人で、それ以来、篠原さんも実家とは疎遠になっていた。そのため、兄一家や姪の近況も知らずにいたが、親戚の話で事情はすっかりのみこめた。式は流れたとはいうものの、姪と青年は深く愛し合っていたため、ついに姪が家出をし、いまどこにいるのかわからないという。

急ぎ行方を捜し始めたところで、姪から窮状を訴え、助けを求める手紙が届いた。

「今少し知らなかったら、悲劇を生じていたかも知れなかったことが判明した。無論大いに斡旋して、初夏には盛大な華燭の典を挙げた。恩愛の絆はかくも深きものかと、現世に残した子の身上を思う亡母の情に涙を催した」

＊注＝故人が悄然とした姿で夢に現れる場合、遺族の身に何らかの異変が生じ、救いを求めてい

る可能性がある（故人そのものが成仏できずに現れるケースもある）。輝子さんも、それが理由で篠原さんの夢に現れた。彼女が必死に何かを訴え、「急き込んでいる」のは、急いで対応しないと危険な状態に陥るからで、そのことは後日の姪からの手紙などで明らかになっている。夢に出てきた青年は姪の婚約者で、生霊となって輝子さんに導かれてきたものだろう。

亡き母の娘を思う気持ちの強さが、この夢にはよく描かれている。また、目下の緊急事態が必ず解決に向かうということは、篠原さんの夫が訴えを聞いて「よし承知しました」と答える情景によって描き出されている。このとき夫が輝子さんの訴えを拒んでいたら、結果はまったく違ったものになっていただろう。姪が篠原さんに手紙をよこしたのも、姪を守護している霊が書くように導いたものにちがいない。

97　雨漏りを訴えた姑の霊

昭和五十年頃、佐賀県の女性が見た夢。

死んだ姑が、**「雨が降ると濡れて困る」**。弟がちっともかまってくれない。何とかしておくれ」と苦情を訴える夢を見た。姑には息子が二人おり、弟が家を継いで兄は家を出ていた。夢を見たのは、その兄の嫁である。

夢が気になった兄夫婦は、そろって弟の住む実家を訪ねてみた。すると「藁屋根がこわれても修理もせず、雨漏りがして仏壇がぬれていた」。そこで兄夫婦は、仏壇を自分の家に引き取り、供養をしたという。

＊注＝こうした**頼み事**の夢はよくある。**ひもじいと訴える**夢、**喉が渇いたと訴える**夢、**息苦しいと訴える**夢など、さまざまなものが報告されている。実際に霊が頼み事をしていると速断はできないが、右の例のように、霊の訴えを受けて調べたら理由がわかったというケースは多い。

ひもじいという訴えが、仏壇への供え物を欠かしていたためだったり、喉の渇きの訴えが水を供えていなかったためだったり、息苦しいという訴えが、放置していた墓に傍の木の枝が覆い被さっていたためだったりといった事例が報告されている。

98　墓の修築を訴えてきた霊

同様の例をもう一つ挙げておこう。香川県高松市の、よく正夢を見るという女性の夢だ。

「数年前のある夜の夢の中で、亡父が、『坐りにくくて困る』といったので気になり、島の実家へ連絡し、お墓がどうかしていないか見てくるようにいった。その結果、先祖代々の墓の台座の基礎石がはみ出し、くずれそうになっているとのこと。さっそく手直しをしたかったが、墓にさわれるのはお盆かお彼岸の時だけ、といういい伝えもあり、次の盆に修築した」

＊注＝女性は当然、実家の墓の様子など知るよしもない。それなのに、墓の異変の連絡が霊界側から届けられている。祖先からこうした訴えや願い事が届いたら、かなえるよう動いたほうがよい。無視していると、病気など強い警告となって発現するケースが、間々報告されている。

99　片目が抜けた亡霊からの頼み

青森県の漁村で地元民が連続して見たという遭難者の夢だ。

昭和二十一年十二月末のある朝のこと、東津軽郡三厩《みんまや》村龍飛崎《たっぴざき》のウタル間の先と呼ばれる磯で海苔採取をしていた二十八歳の宮下りつさんが、突然の波にさらわれて水没した。一緒に海苔採取をしていた十八歳の三浦たけさんが、あわてて助けようとしたが、不運にも自分まで波にさらわれ、ともに見えなくなってしまった。

近くにいてこれを見ていた柏谷ぬゑさんは、急いで村人に遭難を知らせた。ただちに捜索船が出され、一帯をくまなく探して、どうにか宮下りつさんの遺体だけは引き上げることができたが、三浦たけさんのほうは、どうしても見つけることができなかった。

その夜、遭難を目撃していた柏谷ぬゑさんの夫の妹の柏谷ていさんが、まだ見つかっていない三浦たけさんの夢を見た。

たけさんは柏谷家の**窓からはい上がり**、海苔取りの手籠をぶら下げた姿で、「村の者たちに知らせてくれて大変ありがとう」とお礼を言った。

しかし、村人に知らせたのはていさんではなく、義理の姉に当たるぬゑさんだったから、なぜ自分に礼を言いに現れたのか、意味がわからない。「何のことだ」と夢の中でたずねると、「これでもわからないか」といって亡霊が顔を上げた。見ると、片目がすっぽり抜けていた。

あまりの不気味さに悲鳴をあげ、ていさんはそのまま跳ね起きた。そして夢の一部始終を家人に話したところ、「三浦たけは、おまえとぬゑを取り違えて礼にきたのだ」という話になり、亡霊が出たというので大騒ぎになった。

さて、その翌日、こんどは村人の海老名某という老人の夢枕に、三浦たけさんが立った。

「三日後には汐が変わり、私の体が沖に流されてしまう。その前に早く引き上げてくれ。場所は龍飛崎のしかじかのところだ……」

亡霊はこう告げて消えた。海老名老人はさっそく村入に夢を報告し、村人は総出で告げられた場所に船を出した。すると亡霊が夢で語ったとおりの場所から、確かに三浦たけさんの遺体が発見された。しかも魚にでも突っつかれたのだろう、柏谷ていさんの夢に現れたとおり、彼女の目は片方だけがえぐられたようになくなっていたという。

＊注＝前項同様、これも霊による夢知らせの例だ。遭難したたけさんが「窓からはい上が」ってきたというビジョンは、葬式の出棺の際、玄関ではなく窓や縁側から棺を出すという古い習俗とつながっているにちがいない。玄関は生きている者のための出入り口であり、あの世に行った者の出入り口ではないという民間信仰が夢の背景にある。たけさんが窓から姿

を現しているのは、彼女がすでにこの世の者ではなくなっているからだ。

霊が窓ガラスに姿を映したり、窓から家に侵入するたぐいの夢は、ほかにも報告例がある。筆者の親戚の女性は、列車で葬式に向かっている途中で、車窓のガラスにぼうっと浮かび出た故人の霊を見てふるえあがったという。**人がいつもとは違うところから入ってきたり、出て行く**夢には注意を払う必要がある。

一般人と霊の接触は、このケースのように夢を介することが最も一般的だが、特殊な霊能者は統一瞑想による脱魂によってコンタクトを行っている。数々の奇蹟的な念写で知られた三田光一の例を挙げておこう。

大正九年十二月二十六日午前十時二十分、三田は一通の電報を受けとった。かつて深海サンゴ礁の透視の依頼を受けて出張し、多くの知己を得た長崎県五島列島の大宝村からで、大宝小学校の浦健一郎校長が小船でイカ漁に出たところ、波にさらわれて行方不明になった。三田の透視で居場所を探ってほしいという依頼である。

三田はただちに神戸の自宅で透視を行い、結果を電報で知らせた。電文は以下のとおりだ（カナ文を漢字かな文に改めている）。

「津多羅島の南側砂浜の岩に挟まれておる　現場に行けばすぐ知れる　三田」

返電を受けとった島民はすぐさま捜索に動き、捜索の結果をその日のうちに三田に送った。その電文は、こうである。

「お指図の場所にて死体発見した　謝す」

このときのやりとり、およびその後の慰霊等に関する村民との手紙のやりとり、浦校長の記念碑建立（碑文は頼まれて三田が謹書している）の経緯などは、すべて三田の著書で紹介されており、透視によって遺体の在処をみつけたのはまぎれもない事実とみてよい。霊能者はこのような形で霊との交通を行い得るのだが、それと同様のことを、われわれは自覚するしないは別として、日々の夢で行っているのである。

未成仏霊・怨霊などにまつわる夢

100　亡霊が貸し金返済を迫る

たびたび霊夢を見ていた霊感体質の主婦・篠原季子さんが見た夢。日時の記録を欠いているが、戦前の夢である。

官吏だった夫の妹が、能登の小さな町に嫁いで金物商を営んでいた。三十歳頃、夫が二人の子を残して結核で亡くなった。その後、必死で家業に励んだ結果、店は大きくなり、貯金もできた。義妹は非常に経済観念の発達した人で、金銭への執着が並外れていた。その彼女が、四十二の若さで病死した。その後、義妹から金を借りたまま返済せずにいた人たちの夢枕に、亡き義妹が立ったというのである。以下、篠原さんの文章を引く。

「死亡の翌日、または二、三日中に、その家の主人の夢に現れて、死相そのままで、『私は死んだが**貸し金を至急持ってきてくれ**』と物凄い様子をして帰っていったとのことで、もとより死んだことは知らぬ人々であったから、事実死霊であることが分かったら、大急ぎで皆がお金を払いに来たとのことであった。死期迫った時、まだ誰と誰に貸しがあると思った妹の強い観念が、その人等の所へ届いて現象をおこしたものか。霊の働きか」

＊注＝珍しいようだが、似たケースはほかにも少なからずある。死者の執着で最も多いのは残してきた家族へのそれだが、金銭に思いを残すケースもまた、相当数にのぼっている。

101 自殺者の地縛霊による金縛り

日中戦争当時、軍属として働いていた田松政信さんが、昭和十五年九月七日、朝鮮仁川の旅館で体験した**金縛り**と悪夢の例である。

「……何か急に心身が苦しくなって次第にその度合いを増し、体全部が重苦しく禁縛されて悶絶するのではあるまいか、そこから逃れよう、そこから解脱しようとどれ程努力を試みても全然無駄で、狂乱の中から他に救ひを求めに求めたが、この悪夢の中からどうしても抜けだせない……その後であった。近視眼の私に見分ける道理もない筈なのに、非常に遠い距離からかすりの着物を着流した二十四、五歳位の長身色白の青年が次第に私の方に近付いて来る。何か小さい声で私の方に訴えている様な動作を繰返している。……何を話し何を訴え様としているのか少しも解らないだけでなく、その間中も禁縛されている様な心身の苦悶が絶えず続いて……やっとの事でこの一連の煉獄の悪夢から醒め得たのは午前三時を過ぎた頃であった」

翌八日、さらには九日も、同様の金縛りと悪夢が続いた。体調がひどく悪化し、食欲もなくなってしまったので、旅館従業員に尋ねたところ、昭和十三年八月三日、この部屋で客が病死したことはあるが、毎年八月の忌日には旅館で供養をしており、このところは異変もないと答え、気になるなら部屋を替えてはどうかといってきた。

そこで田松さんは別の部屋に移るとともに、この部屋で何があったのか仁川警察の記録を調べてほしいと、軍隊を通して依頼した。警察署に残っていた記録から、以下のことがわかった。

「昭和十三年八月三日午前二時、同旅館松の間（八畳の部屋）から苦悶する声を聞いて、その隣部屋の宿泊客から旅館側にその旨が伝えられたので騒ぎとなり、即時医師と警察に連絡されて判明した所に依ると、朝鮮京城医専の学生某氏二十六歳と、その愛人同医専看護婦S子二十二歳が服毒心中（毒性物不詳）を謀ったが、医師の手当ての結果、S子は数時間後に漸く蘇生する事が出来たが、男の方は痛ましく苦しみ苦しみ、遂に蘇生しなかった。又、男は結核性の疾患が顕著であった事等の詳細が判明した」

＊注＝田松さんを金縛りにしたのは、夢に出てきた自殺者の霊だった。心中を図ったにもかかわ

らず、自分だけがあの世行きとなったため、浮かばれないままその場にとどまっていたのである。

科学の世界では金縛りを睡眠中に起こる一種の生理現象として片づけたつもりでいるが、まぎれもない心霊現象として現れるケースが存在する。金縛りの原因となった自殺者のことは、後日、警察の捜査記録から判明するまで、田松さんは知らなかった。にもかかわらず、彼は自殺者の姿を、金縛りの中で見ているのである。

102 首吊りの亡霊が出る寝台

日中戦争当時、大陸で任務につき、ノモンハン事件で負傷して日本に搬送された鈴木一宏さんも同様の体験をしている。**金縛り**は、鈴木さんが日本に戻されてただちに入院した大津の第三陸軍病院で起こったというから、夢を見たのはノモンハン事件が停戦にこぎつけた昭和十四年九月以降、おそらくは同年末まで期間だろう。

この病院は、京都連隊兵舎を改築して造ったもので、かつての兵舎が入院病棟になっており、鈴木さんは北側兵舎のいちばん隅の二階の一室の、窓際の寝台をあてがわれた。

入院して二、三日たった夜中、鈴木さんはこんな夢を見た。

夢の中で眠っていると、**窓からこちらの様子をうかがっている**男がいる。誰だろうとそちらを見ると、顔を引っ込める。はて、ここは二階なのに変だなと思いながら、また寝ようとしたら、**男が窓から入ってきて**鈴木さんに馬乗りになり、いきなり首を絞めはじめた。「何をするか」と怒鳴ろうとしたが、声が出ない。手足を動かそうとしたが、それも動かない。このままでは息の根が止まってしまうと思い、全身の力をふりしぼると、男は突然、煙のように消えた。そこでハッと目が覚めた。

その夜は同様の金縛りに五、六回も襲われた。翌朝、五十年配の予備軍曹の部屋長が、「昨夜は何かありませんでしたか」と聞いてきたが、「別に何もありません」と答えた。

その後も同様の夢を一、二日おきに見、ときには二、三日も続けて見た。そのつど部屋長に異変はなかったか聞かれたが、軍人たる者が夢に脅かされているなどと口にするのは恥だと思い、何も言わなかった。そうこうしているうちに亡霊に馴れてきて、その夢が現れると同時に全身に力を入れると、男がすぐ退散してしまうことを学んだ。

それにしても、これだけ奇怪な夢が続くのはおかしい。たぶん部屋長が何か知っているのだろうと思い、ついに金縛りのことを話してみた。すると部屋長は、こう言った。

「あんたはあの寝台に寝ている期間がいちばん長い。たいていの者は三日か四日で音を上げて、他の寝台に移ってしまう」

彼の話によると、ここがまだ京都連隊機関銃中隊の兵舎だった頃、軍隊生活に耐えきれなくなったある初年兵が、この部屋のあの窓に紐をかけて首を吊ったのだという。遺体を下ろして寝かせたのがまさに鈴木さんの寝ていた寝台で、以来、寝台を窓辺の首吊り跡の位置に置くと、そこに寝た者は必ず悪夢にうなされる。部屋長が、毎朝、鈴木さんに異変はないか聞いたのは、そのためだというのである。

部屋長は前の部屋長からの申し送りで、自殺の件や、その寝台に寝た者がそろってうなされることを知っていた。けれどもこの部屋の入院者は、たいてい半月か長くても一月ほどで転院するので、そのまま何も知らせず病室として使ってきたと部屋長は言った。こんな話を聞かされては、とてもそこには寝られない。さっそく他の寝台に移してもらい、一月ほどで東京第一陸軍病院に転院したという。

＊注＝前の夢と同じく、これも典型的な地縛霊による金縛りのケースだ。自殺した霊が「窓から入って」きた点に注意してほしい。先に海難死した三浦たけさんの霊が窓から入ってきた夢を紹介しているが、これも同じだ。ただしこのケースでは、窓に紐をかけて首を吊ったということも関係しているだろう。

103
かつての死体安置室で金縛りに遭う

昭和四十三年に『週刊読売』が報じた記事を、民俗学者の今野円輔氏が紹介している。昭和三十八年に埼玉県入間市の航空自衛隊入間基地で起こった怪事件だ。

警備小隊宿舎のT三二四棟の一室に寝ていた三曹某が、金縛りに遭って部屋から逃げ出し、仲間の部屋に飛びこんだ。

「だれかに、いきなりのしかかられた。首を絞められて息が詰まった。逃げようとしても動けない。助けを求めようとしたが声も出なかった」

真っ青な顔で語る三曹を見て、その部屋にいた同僚隊員たちは顔を見合わせ、「やっぱり出たか」とつぶやいた。その部屋は、以前から幽霊が出ると噂されてきたいわくつきの部屋で、これまでにも八人が金縛りに遭っており、今回の三曹で九人目だった。

噂を知った同基地の幹部は、件の部屋を寝室から娯楽室に変えたが、宿舎が手狭になったため、お祓いをした上で再び寝室として使うことになった。ところがそこで寝てやろうという大胆な隊員が、一人もいない。やむなく外来者用の寝室として使い、その後、さらに第一高射群第四中隊の当直室として使われるようになったという。

＊注＝『週刊読売』は、こう報じている。

「この部屋は、旧軍時代、航空士官学校の衛生隊が使った死体安置室。戦後は、米軍のジョンソン基地時代に、朝鮮動乱の戦地から傷ついて送られてくる米兵の病室になっていた。木造の宿舎全体が古びて、昼なお暗く、くぼ地に建っているため、ジメジメとした湿気が床下からはい上がり、オバケのすみ家としては、うってつけのようだといわれている」

これが心霊現象かどうかは、詳しく調べてみないと何ともいえない。死体安置室だったという来歴や、立地の陰気さなどから幽霊が出るという噂が広まり、噂に対する不安や恐怖心から金縛りに遭う者が連続した可能性も否定できない。ただ、九人もの隊員が相次いで金縛りに遭ったというのは、やはりただごとではない。

三曹の体験は、典型的な金縛りの症状そのものだ。一連の症状が生理的なメカニズムによって起る反応だということは確かだろうが、問題は、そうした生理的な反応を起こさせているそもそもの原因のほうだ。ストレス、過労、睡眠不足などさまざまな〝合理的〟解釈が行われているが、そこに心霊の活動も加えなければならないと筆者は考えている。

104 自殺霊の出る貸家

地縛霊にかかわる夢をもう一題。語っているのは読売巨人軍や中日ドラゴンズなどの監督を歴任した往年の名選手・名監督、水原茂氏の夫人だ。

「三十年ほど前、東京のある家を借りて住むことになりましたが、わたしが寝ていると耳のところをスーッと**冷たい風が抜けていき**ますので目を覚ましましたら、ガス燈のような色の**まるい火だま**が、一間半ほどスーッと動きますので、びっくりして電気をつけましたら、あとかたもなく火だまは消えてしまいましたが、それ以後、こわくて二階には寝ませんでした。その後わたくしの二人の弟が二階に寝ましたら、こんどは髪をふり乱した**白い着物**を着た女に、ふとんの上からギュッと押さえられるというようなことがあって、みな気味悪がって、その家を引き払いました。

後で聞いたことですが、その家は有名なお化け屋敷で、その家に住んでいた男の人が失恋して自殺したそうで、その後その家を借りた女の人も自殺した家だったのです」

＊注＝これも民俗学者の今野円輔氏が収集した怪談の一つで、出典は宗教雑誌『大法輪』となっている。発行年が昭和三十五年なので、「三十年ほど前」は昭和五年頃になる。夫人は人魂を見たといい、水原夫人の二人の弟は、寝ていて「ふとんの上からギュッと押さえられ」

たという。おそらく自殺霊によって金縛りに遭ったのだろう。

私も二十代のころ、友人のアパートに泊まっていたとき、だれもいないのに、ふとんが足の方向にぐいっとかなり強い勢いで引っ張られ、驚いて跳ね起きたことがある。ふとんがずれたのではない。ありえないことだが、いきなりだれもいないはずの足下のほうに、真っすぐ引きずりさげられたのだ。友人を起こして話を聞いたところ、その部屋にはそうした怪異な出来事がよく起こるらしく、ほどなく彼はその部屋を引き払った。

105 作家の遠藤周作氏と三浦朱門氏が揃って同じ亡霊の金縛りに遭う

以下に書くのは、著名な作家二人が投宿先で同時に金縛りに遭い、同じ悪夢に襲われていたことを確認しあったという稀有なケースだ。少し長い話になるが、きわめて貴重な実例なので、両氏がそれぞれ雑誌に発表した文章をもとに紹介していこう。

昭和三十二年の十二月二十四日、遠藤周作氏と三浦朱門氏は伊豆にハイキングにでかけ、熱海の待合風の小さな旅館に泊まった。客は彼ら二人のみで、あてがわれたのは竹藪に囲まれた陰気な雰囲気の離れだった。まず風呂に入り、食事後に町に出てビールを飲んだり射的で遊んでから宿に戻った。時刻は夜の十一時半過ぎだった。時間も遅いし、疲れたということで、そのまま蒲団にもぐりこんだ。以下、遠藤氏の文章を引く。

「スタンドの灯を消したのが十二時を過ぎたか過ぎぬ頃でしょう。

闇の中でぼくは、熱海駅からひびく、もの悲しい拡声器の声をぼんやり聞いていましたが、やがて小石のように眠りに落ちていきました。

……**ひどく苦しい。だれかが胸を両手でハガイ締めに締めつけてくる**ような気がする。その上ぼくの耳に口をあてて、嗄れた声で何か言っているのです。『**ここで、ここで、私は首をつったのです。**』

眼がさめました。寝汗で体がグッショリとぬれている。しかも、今の胸ぐるしさとあの嗄れた声とはハッキリと覚えていました」

このときは、胸に手を置いて寝たためにこんなイヤな夢を見たのだろうと自分を納得させ、ふたたび眠りについた。ところがまた同じ金縛りと嗄れ声で起こされた。ゾッとした。横には三浦氏が寝ている。よほど起こそうかと思ったが、話したところで笑われるだけだろうと思い直した。

「三度目の眠りにはいりました。『ここで、ここで、私は首をつったのです。』今度はぼくの胸を締めながら、しきりにその男は体をゆさぶっているようでした。その男と言っても顔も形も見えません。ただそいつがそこにいることだけがハッキリと感ぜられるのです。

『三浦』とぼくは遂に大声をあげて呼びました。『起きてくれ。この部屋には何かあったんだ。誰かが自殺したらしい。』

その時、三浦がパッと跳び起きました。彼は震える手で電気スタンドをひねると、

『ほんまか、……それ。』

『夢ばかり見て、俺』とぼくは呻きました。

『胸を押えつけやがって、首をつったと男が言うんだ。』

しばらく三浦は黙っていました。そして

『おい、俺も見たのや。』

『見た？　何を見た？』（中略）

『さっきから三回、眠れずに眼をあくと』と彼はうめくように云いました。『その部屋の隅にセルを着た若い男が外向きに坐っている、はじめは恥しうて我慢したが、もうたまりかねて起こそうとしていた時、お前が声をあげたんや。』（中略）

『逃げよう』僕と三浦は同時に叫びました。寝床から敷居まで一米もないのですが半分腰がぬけた様で仲々走れません。離れをとび出し母屋の玄関までやっとたどりつきました。恐怖の為でしょうか、僕はひどく吐気がして、木にもたれながら幾度も吐きました」

同じ体験を、三浦氏はこう書いている。

「私は寝そびれてしまったらしい。火事の時はこう逃げて、地震の時は硝子の破片で足を切るから、

ゲタを忘れまい。そんなことをぼんやり考えているうちに、遠藤がブツブツ言い始めた。彼がブツブツ言っている限りは寝つけないような気がして腹が立つ。彼の布団をひっぺがしてやろうと思った。しかし私は半分眠っていたとみえて、身体は動かなかった。（中略）

遠藤はまだうなっている。私はうるさいなあ、といら立ちながら眠っている。

その時私は彼の夜具の足許に人がいるのに気がついた。後ろ向きにうなだれている人影だった。腰から下は遠藤の布団にかくれて見えない」

ようやく目を開けた。人影などはなく、夢を見たのだと三浦氏は思った。便所に立ち、時計を見ると十二時半だった。ふたたび布団に入り、半ば眠った状態で寝返りを打った。そのとき、またしても遠藤氏の足許に「後ろ向きのうなだれた人影がいた」。

はっきりした恐怖に襲われた。眠気は吹き飛んだ。遠藤氏を起こそうと思ったところで、突然、遠藤氏が「おい、三浦」と呼んだ。

「私たちは電気をつけて、お互いの体験を話し合った。遠藤はねたと思うとすぐ、『ここで自殺した。』という声にうなされて、胸に圧迫感を覚えたという。時間から言って、それは私が初めて人影を見た時刻と一致しそうだった。とすれば、遠藤がブツブツ言っていたのは、彼の寝言ではなくて、うなされていたと考えるべきである」

二人はほうほうのていで離れから逃げ出した——。

＊注＝遠藤氏と三浦氏の体験も、地縛霊による典型的な金縛りだ。三浦氏の場合は夢うつつで霊の幻影まで見ている。

逃げ出した二人は、その後、中居さんに頼んで部屋を替えてもらったというが、自殺者の霊については何も聞けなかった。恥ずかしいという意識が働いたらしい。

それから二年後、遠藤氏は『週刊新潮』の記者らを連れて旅館を再訪し、同じ離れに泊まっている。最初、中居さんは、いまは離れは使っていないと断り、わけを聞いても教えてはくれなかった。遠藤氏としては、二年前の体験が事実だったかどうかを確かめるのが目的の再訪だから、離れに泊まらなければ意味がない。無理をいって宿泊の許可を得た。

残念なことに、このとき幽霊は出なかった。けれども、しっかり締めて鍵をかけたはずの小窓が、だれも手をかけていないのに朝になると開いているという怪奇現象があった。

「幽霊は昨夜やっぱりこの離れにいたのだった」と遠藤氏は書いている。

106 つきまとう恋人の亡霊

美智子皇后にもその詩を愛された著名な詩人で、卓越した霊視能力をもつ霊能者としても有名だった竹内てるよさんは、数々の霊夢を見ており、著書等にも記している。それらのうちでも、友人に関する恋愛がらみの霊夢は、数十年という長い期間にわたって苦しめられ続けた珍しい例で、内容にも鬼気迫るものがある。

竹内さんには敬子さんという学生時代からの友人がいた。大きな商家の娘だった敬子さんは、実家の店の番頭B生と恋仲となったが、周囲の反対で引き裂かれ、ほどなくB生は結核で亡くなった。敬子さんの実家はB生の見舞いも許さなかったので、もちろん死に目にも会えなかった。

当時、敬子さんは、B生の子を宿していたが、乳母の家で産み落とされた後、どこかにもらわれていった。ただ、赤ん坊のその後などについて竹内さんが知ることになったのは、以下の夢を見て以降のことである。

病弱な竹内さんは、ずっと病院との縁が切れなかったが、十八歳のときも病気で入院していた。その入院中に、彼女はこんな夢を見た。

「一人の若い男が、生まれたばかりの赤ん坊を抱いて、じっとこちらをみて立っている。見知らぬ人であった」

この日、珍しい見舞客がやってきた。敬子さんであった。彼女の表情は暗く沈んでいた。父が縁談話を進めているが、どうしてもB生のことが忘れられないというのだ。

このとき敬子さんが見舞いの花を活けているほうにふと目を向けると、彼女の背後に、昨夜夢に見た男が、赤ん坊を抱いた姿で「二重うつしの写真のように」立っているのが見えた。それを見てはじめて、竹内さんは二人の恋愛の結末を知った。赤ん坊のことを尋ねると、半年も生きずに亡くなったのよと敬子さんは答えた。夢に現れた男はB生で、抱いていた赤ん坊は半年もたたずにあの世に移った二人の子であった。

それから十五年の歳月が流れた。敬子さんの父は亡くなり、彼女はひとりで店を切り盛りした後、ようやく結婚に踏み切っていた。相手は二人の子をもつ再婚者だった。

当時、竹内さんはまた入院生活を送っていた。そのときもB生の夢を見た。

「敬子の来る日は、きっとその前晩私は、B生の夢をみた。決して口もきかず、何もいわないけれど、じっと何事かを訴えるように私の方をみる。すると私は、次の日、敬子があそびに来ると判るのであった」

敬子さんの結婚生活は、育児の苦労こそあるものの、それすらも自慢げで、順調のようだった。竹内さんは、敬子さんが来る前日には、決まってB生の夢を見続けていたが、そのことは敬子さんには一切話さなかった。話すようなことではないと思っていた。

やがて二人は四十代になった。すでに育児から手が離れ、「しっとりとおちついた」奥様となっていた敬子さんが遊びにやってきた。

そのとき彼女は、「頭部の皮膚に何か小さいふき出ものがして、それがうっとうしい」という話をした。手入れのしすぎよと笑ってすませたが、その後、敬子さんの身に異変が起きた。皮膚のトラブルが「おどろきべき力で」全身に広がっていき、二、三の大病院で診てもらっても原因不明で治療の方法が見つからなかった。

その後、竹内さんは東京から山梨の田舎に引き移ったため、手紙のやりとりはあるものの、じかに会う機会はなくなった。そのためB生の夢も見ることはなくなった。

このころには、竹内さんはB生のことを教えて供養させるべきかどうか、思い悩むようになっていた。敬子さんの病の原因は、赤ん坊を抱いて彼女の身辺にずっとまとわりついているB生の亡霊に違いなかった。さんざん思い悩んだ末、竹内さんは当人にではなく敬子さんの母を訪ね、事情を打ち明けて供養を頼んだ。「老母は涙ながらに、若き日の二人の話をして、B生のふるさとへわざわざ供養に人をやることをきめてくれた」。

敬子さんの病は、一時、やや好転した。けれど長くは続かなかった。一方竹内さんも、脳出血その他でまた長い入院生活に入ったため、敬子とのやりとりは途絶えていた。

その入院生活の二年目のある日、竹内さんは久しぶりにB生の夢を見た。いつものように赤ん坊を抱き、何もいわずじっとうつむいて涙ぐんでいた。

その夜、竹内さんが入院している病院に、自殺未遂の女性患者が運びこまれてきた。薬を吐かせる音、女のすすり泣く声やうなり声が、竹内さんの病室にまで聞こえてきた。注射のために竹内さんの病室にやってきた看護婦と話しているうちに、自殺未遂者の話になった。患者の名は「敬子さん」だと看護婦はいった。瞬間、はっとした。「ああ、敬子が死ぬ」、竹内さんはそう直感した。

その後、竹内さんは悲しい知らせを受け取った。

「敬子は、不治の病と、いろいろの家庭の事情で、投身自殺をしたのである」

＊注＝因縁の背景はわからないが、長期にわたって敬子さんにつきまとっていたB生の霊が、ついに思いを果たして恋人を連れていったものだろう。

敬子さんが竹内さんを見舞う前夜、決まってB生が夢に現れたという部分は注目に値する。別のところでも書いたが、夢における特定の人物（霊）が、特定のメッセージを担って現れるケースは珍しいものではない。この人が現れたら身内に死人が出るとか、自分が病気にかかるとかいったケースが、少なからず報告されている。B生の場合は霊媒能力をもつ竹内さんを介して敬子さんに何かを訴えたくて出てきているようだが、竹内さんは取り次ごうとしていない。そのため、長期にわたって夢に出続けたのである。

107　夢で後ろ髪を掴んだ心中者の亡霊

青森県の伊藤洋子さんが小学校一年生の夏に見た夢。

橋の上から川の流れを見ていると、川の藻を割って、突然、白い手が飛び出してきた。その手が、逃げようとする私の**髪を掴んで離さない。**ぐいぐい川の中に引き込まれそうになったところで目が覚めた。

翌日、夢に出てきた橋の上に行ってみた。じっと見続けているうちに、緑色の藻の中に黒いものが絡まっているのに気づき、何だろうとなおも覗き込んでいると、突然、藻の中から白い顔が「ニュー」と浮き上がってきた。

「やっとの思いでその橋の上を通りかかった人に知らせた。結婚に反対された男女の心中事件だった」

＊注＝昭和五十七年の『婦人公論』九月号に掲載された話を、作家の松谷みよ子さんが収集したものだ。小学一年生のときの夢というから、記憶の改編の可能性も考えられないではないが、事実とすれば夢がらみの恐ろしい心霊体験だ。伊藤さんは、「橋の上から川を眺めるのが大好き」で、よくこの橋で川を眺めていたという。そんな伊藤さんに、心中した男女

いずれかの亡霊が救いを求めて憑り、夢に見させたものと考えられる。

髪を引っ張られるシーンが出てくるが、これは必死で救いを求めていることを表している。身内なり知人が夢に出てきて、**後ろから自分の髪を引っ張って離さない**ようなら、引っ張っている人の身に、病気や困窮など非常な困難が襲いかかるか、すでに襲いかかっている可能性がある。

夢で背後からやってくるのは、あまり歓迎できない霊であることが少なくない。出口王仁三郎は「背後からくる霊は邪霊である」とまでいいきっている。邪霊と決めつけてしまうのは無理があるが、背後から寄ってきたものには注意しなければならない。この夢のように、背後から後ろ髪を引っ張られるような夢は、とくによくない。

108　怨霊の白刃に襲われる

女性の怨みに取り憑かれた家に関する霊夢である。

白髪で顎ヒゲのある老人が、松並木の街道を歩いてきた。老人の顎ヒゲには、四つの**生首**がぶら下げられている。次の瞬間、白刃が老人を取り囲み、襲いかかろうとした。剣を持った人物は見えず、ただギラギラとした白刃の剣先ばかりが見える。

老人は必至に防戦し、囲みを破ってその場から逃げだした。すると今度は、同じ街道に現れた旅姿の若者が白刃に襲われた。必至に防戦していたが、やがて右肩を切られて倒された――。

＊注＝この夢を見た岡田勝良さんが夢解きをしている。いわゆる霊査に基づいた夢解きなので、正否については判断しがたい。岡田さんが得た答えのままに記す。
岡田さんによると、これは会社の同僚のKさんの家の因縁にまつわる夢であるという。老人はK家の五代前の先祖で、生前多くの女性に手をつけ、恨みをかっていた。とくに強く怨んでいる女性（人妻）が四人おり、彼女たちはいずれも自殺していた。その四人の怨霊が、老人の顎ヒゲにくくりつけられていた四つの生首で、白刃は彼女たちの息むことのない怨念を表している。

その白刃が切り倒した若者は、Kさんの男の子孫を表している。K家の男子は「短命で長生きしない」が、その背景にある因縁を、この夢は示しているというのである。

109 亡妻の怨念が後妻に取り憑く

女医の福島裕子さんの、ちょっと不気味な心霊体験だ。

かつて気管支炎で診療したことのあるAさんの妻が、二人目の出産で子どもを残して亡くなったと風の便りに聞いた。それから三ヶ月ほど経って、その奥さんの夢を見た。

夢の中で彼女は、「私が死んでまだ日も浅いのに、Aが新しい奥さんをもらった」と恨み言を口にした。気になったので、Aさんと亡き妻が結婚したとき仲人をした社長を訪ね、夢のことを話した。すると社長は急に真っ青になり、こんなことを語り出した。

「実は小さい赤ん坊もいるので、周囲の勧めもあり、私が仲人になってAに新しいお嫁さんを世話したのです。ところがそのお嫁さんが大変な焼きもち焼きで、二人はケンカばかりしてどうしようもありません。赤ん坊も、他の人に貰ってもらったのですが、その後、先天性脳性小児マヒだと判り、いろいろな問題が出てきて実に困っているのです」

そんな話をしているときに、Aさんが偶然社長宅にやってきた。用件は、まさに後妻のことだった。今の妻が、前妻の写真から何からすべて処分すると言い張ってきかないとAさんはぼやき、「双方の親類が集まって話し合ったが、ケンカになり、死人まで出してしまった。実に困っている」と苦境を訴えた。再婚後、A家がぐちゃぐちゃになっているというのだ。

新しい奥さんの体調も「吐いたりしてすごい状態」になっている。福島さんが往診したが、原因がわからない。なぜか往診時には症状が治まり、夜中の三時になるとぶり返す。時間はいつも夜中の三時と決まっているという。

先に嫌な夢を見ていたこともあり、前妻と関係があるのかも知れないと思って調べたら、前妻が亡くなったのはたしかに夜中の三時で、死因は出産による出血多量だと判明した。

「それから一ヶ月ほどして、先妻が夢に出て来てニコニコしていました」

なぜニコニコして夢に出てきたのか、理由はわからない。ただ、その後、新しい妻はAさんとの間にできた子を連れて家を出たというから、それが理由なのかもしれない。

＊注＝A家や家を出た後妻の消息が報告されていないのが惜しまれるが、福島さんは「先妻の慰霊をしてからはよくなった」とだけ報告している。何かと問題が起き続けていたA家に平安が戻ったものらしい。

110　青桐の神木の祟り

樹木の霊にまつわる奇話で、心霊研究家の夏山新一郎さんが報告している。

昭和十四年七月上旬、老妻と東京近郊に住んでいたKさんが、庭の青桐の大木に上り、大小の枝を大幅に切り落とした。例年七、八月頃には台風がやってくる。その台風で倒れないようにとの配慮からだったが、運悪く足を滑らせて木から落ちた。さいわい打撲程度で済み、それも二、三週間で平癒した。ところがそれから体調がおかしくなった。

老いているとはいえ、元来が頑健な人だった。ところが以後は、すぐ風邪をひいたり、発熱に悩まされたり、胃腸の調子が悪化したりと不調が続き、傍目にも明らかなほど衰弱していった。やがて年を越して十五年二月になると衰弱がさらに進み、とうとう床に伏せるようになった。

はっきりとした病気があるわけではない。ただ、しきりに咳が出て、喘息のように息苦しくなる。心臓も弱ってきたし、腎臓にも問題が出てきた。もちろん医者にも往診を頼み、何人かに診てもらった。けれどいずれの医者も、衰弱の原因がつかめない。あれこれ投薬するのだが、さっぱり効果が現れない。夏山さんが見舞うと、「こんな不甲斐ない体になろうとは夢にも思わなかった」と、今にも泣きそうな顔で嘆いている。

ここから話は急展開していく。Kさんの老妻は真言宗醍醐《だいご》寺《じ》派に属する女性修験者で、家に道場を構えていた。青桐は、その道場の前庭に植えられていたものだ。彼女は宗門から僧都《そうず》の位を授かっており、験力で評判をとっていた。

彼女も以前から夫の原因不明の病に心を砕き、神仏への祈りや加持を続けてきたが、医者も原因がつかめないならもはや神仏にすがる以外にないと思い定め、改めて非常な決心をもって神仏の感応を祈った。それまでも神仏へのお伺いは行っていたが、返事はなかった。ところがここに至って、ようやく神仏からのお示しがあった。

「夫Kの病気は、庭前の桐の木を伐採した為である。あれは神木である。その祟りである」

老女修験者は、この霊示を三月十一日早朝に受け取った。そこでさっそく青桐の前に行き、

「なるほど伐採したのは悪い。幾重にも謝る。だからKの生命だけは助けてくれ。しかし、もしKの命を奪るようなことがあれば、致し方ない。その代わり、おまえも根から切ってしまって、三つに切り炭に焼いてしまうがどうか？」

と必死の覚悟で青桐に向かって談判した。

その日、夫に変化はなかった。そこで十二日も談判し、十三日もまた朝から同じように談判したが、Kは少しも快方には向かわず、かえって悪化したようだった。ところがその夜、寝に就いた妻の夢に、桐の花の簪を挿した美しい女性が現れて、こう言った。

「夫の罪は許しましょう。その代わり、わたしを切ることもやめてください。昨年せっかく花が

咲こうとしている時に、無情にも枝を全部伐りおろしてしまうとは、まことに残酷千万ではありませんか」

これだけ告げると女はかき消え、目が覚めた。このとき修験者は、初めて樹木の精というものとの出会いを体験し、庭の青桐に精が宿っていたことを確信した。

不思議なことに、翌十四日から、夫はにわかに元気づき、寝たきりだった床から起き上がった。あれほど激しかった咳は嘘のように消え、不調だった内臓の調子も以前に戻った。まったくあれよあれよという間に快癒してしまったというのである。

これは夏山さんがじかにその目で見た一部始終の報告である。

＊注＝植物にも霊はある。いわゆる**コダマ**（**木霊・木魂**）が樹木の精霊で、その信仰は古代にまでさかのぼる。植物霊の怪異譚も少なくなく、椿の古木は霊異のもので、人に化してたぶらかすといい、芭蕉の精は美人の姿で現れて妖をなすが、日本刀を帯していると怖れて現れないなどといった話も伝わっている。

女修験者の夢では、木魂は桐の花の簪を挿した女性のなりで現れているが、もちろん男性形もある。沖縄の樹木霊として有名なキジムナーは男女両方いるそうで、主にガジュマルの古木の精霊といわれる。よく聞くのはご神木の祟り話で、日本各地に残されているが、実際に樹木の精が夢に現れて思いを伝えたというこの夢のようなケースは稀なものだと思う。

自分の死を知らせにくる霊の夢

111　亡き霊のお礼参り

神主で心霊研究家だった宇佐美景堂氏が、奉職中の伊勢神宮で見聞した**二人同夢**である。

宇佐美氏の同僚に出口義治という神職がおり、共通の友人に奥谷春三という神職がいたが、この奥谷さんは鉄道自殺で亡くなった。

それからしばらく後、出口さんが伊勢神宮の月夜見宮《つきよみのみや》で中村梅之丞宮掌《くじょう》と宿直をした晩、夢に自殺した奥谷さんが現れ、伏し目がちに枕頭に座った。

夢の中で、出口さんは亡霊に「君はいったいなぜ鉄道自殺などしたのか」と問いかけた。「書置にあった程度のことなら、僕に相談してくれても容易に解決できる問題ではなかったか。今さら言っても仕方がないが、あのとき僕は友人の関係で警察に呼び出されるし、君の後始末を命ぜられるなど、随分と迷惑したよ」と苦情を述べていたが、突然揺り起こされて目が覚めた。起こしたのは中村さんだった。

そこで出口さんは、今見た不思議な夢の話や自殺当時のことを中村さんに話していたが、そのうち宿衛の交替時間になったので、不寝番に就いた。

翌朝、職務を終えて引き継ぎを済ませ、所用があったので外宮斎館に参籠していた松本禰宜《ねぎ》を訪ねた。すると松本禰宜は、出口さんの顔を見るなり、「昨夜、奥谷春三が来てのう。種々と当時の事について礼を言って帰った。当初は狐狸のいたずらではないかと疑ったが、いろいろと問答したら、やはり奥谷に相違なかった」と語り出した。

そこで出口さんも、「実は私も……」と昨夜の夢を話したが、なぜ二人そろってこのような夢を見たのかは不明のままだった。

ところがそれから三日後、思いがけない訪問者があった。自殺した奥谷さんの実兄であった。「弟のためにいろいろとお世話をいただきましたが、当時は農繁期でどうすることもできず、法要もいたさないままだったのですが、ようやく野良仕事も片付き、先日親戚の者も集まって形ばかりの法要を済ますことができました。もっと早くにお礼にうかがわねばならぬと思っていたのですが、このような次第で遅れてしまい、申しわけありません」

実兄は非礼を詫び、お礼を言って帰っていった。それから松本禰宜と出口さんが指を折り折り法要の日を数えてみると、まさしく亡霊の出た夜は、法要の当日であった。

＊注＝出口さんと松本さんが、同じ日、同じ亡霊の訪問を受け、しかもその日は奇しくも亡霊の

法要が営まれた当日であることが後日判明したという心霊奇話である。奥谷さんの霊が、兄より一足先にお礼にきたもので、霊の側に害意がないため、二人とも恐いとか不気味だといった印象を受けた様子はない。場所が伊勢神宮ということも関係しているのかもしれない。

なお、このケースは二人同夢になっているが、二人同夢そのものは、さほど珍しい現象ではない。説話集や軍記物などにも同様の話があり、本書でも他の章で二人同夢を紹介している。霊夢ではないが、ここでは宗教学者のカール・ベッカー教授の例を挙げておく。評論家の立花隆氏が京都大学でベッカー教授と対談した際、教授がこんな話をしている。

「弟と同じ部屋で寝ていたときの夢なんです。夕方、弟といっしょに海岸を歩いているんですね。それで、私がカニを拾っていじめた。すると、弟が、やめろ、やめろ、可哀そうじゃないかという。私がいいじゃないかといって、しばらく議論する。しかし結局、私はカニを海に放してやる。そういう夢なんです。翌朝話をしているうちに、弟も同じ夢を見ていたということがわかった。『どうして兄貴はいつも動物をいじめるんだ』というので、『いつもいじめてるわけじゃない。夢の中でいじめただけだ』といって口げんかをした」

立花氏が、どの程度まで二人の夢は一致していたのかとたずねると、ベッカー教授は会話まで含めて一致していたといい、長いこと同室で暮らしていた友人との間でも二人同夢が起こったと話している。

「なんか日本の柔道場みたいな大きな畳敷きの部屋で、蹴り合ったりして遊んでるんです。ほんとじゃなくて、夢の中ですよ。それで、私が大変強く彼の胸を蹴った。もちろん、まだ夢の中ですよ。ところが、それと同時に二人とも目を覚まして、彼は私の胸をつかんで、『痛いじゃないか』と文句をいった。聞いたら同じ夢を見ていた」

ベッカー教授は、こうした二人同夢が双生児や精神的に親しい夫婦同士の間でよく起こるという説を紹介している。親しい間柄同士では、睡眠状態でテレパシックな感応・交通の道が開け得ることを、二人同夢は示しているが、宇佐美氏が報告している先の霊夢は、それとは異なり、霊のほうが働きかけて複数の人間にメッセージを伝えている。伝えようとしているメッセージが同じだから、結果として同じ夢を見た形になるのである。

少し古い例になるが、一九五四年にデューク大学のホーネル・ハート教授が発表したESP（超感覚的知覚）に関する研究論文では、「あなた及び他の人達が同じ夜に同じ夢を見たことはないか、また、その夢が単なる偶然の一致とは思えないほど互いに類似した夢を見たことはないか」という質問を二百三十七名の学生に行ったところ、二十四％の学生が「イエス」と答え、そのうちの四分の三は、二回以上、同じ体験をしていると答えたという。

112 水死した亡母からの知らせ

昭和三十二年、東京都江東区南砂町在住の若い男性が、お堀端の警視庁鑑識課を訪ねた。この一月以来行方不明になっている母を探している最中で、地元警察に問い合わせたところ、警視庁の変死帳簿を調べるよう言われたので来たというのである。

こうした問い合わせ自体は珍しいことではないが、海苔採取業者だという青年の場合は、普通とは大いに違っていた。母親が夢枕に立ったとして、こんな話をし出したのだ。

『息子や。私はいま〝新田《しんでん》〟というところにいる』というのです。その姿を見ると、髪が真っすぐ上に立っているのです。私は、母が死んで、息子の私を呼んでいるのだと思います」

夢から判断すれば、母はおそらく生きてはいないだろう。亡くなって私を呼んでいる――青年の話に、鑑識課員は「夢など持ち出されても……」と眉をひそめたが、あまりに熱心に食い下がるので、とにかく帳簿を調べようということになった。

変死帳簿には、遺体が発見された場所や遺体の特徴などの記述のほかに、写真も貼ってある。

「やっぱりそんなのは見当たらない」――そうつぶやきながら鑑識員はカードをめくっていたが、残りわずかというところで指がピタリと止まった。青年のいう年配の老女が、髪を真っすぐに立てた姿で横たわっている水死体写真が出てきたからだ。

鑑識課員は、死体の発見場所に目を移した。するとそこには「江戸川区新田二ノ四五六一先海上」と、青年が口にした「新田」の文字が、はっきり記入されていた。思わずぎくりとしながら、鑑識課員はその写真を男に示した。その結果、まさしくそれが行方不明だった老母の変わり果てた姿だということがわかったのである。

警察は、恐らく老母は家の近くの川に身を投げ、それが東京湾に流れこんで、新田付近の海面に浮かんだものと推定した。その遺体を、パトロール中の水上警察署員に発見したのである。

青年の夢に現れた母は、髪を真っすぐに立てていたというが、その理由もわかった。心ある署員が彼女の髪をくしけずってやったため、毛はきれいに立っていたのである。

＊注＝典型的な夢知らせの例だ。母の霊は明確に地名を伝えており、髪をくしけずられた現在の姿まで息子に見せている。親子や夫婦間には、しばしばテレパシックな交通が見られる。私も妻と数多く以心伝心の体験をしてきた。生きている者同士のときは、ふと思い浮かぶなどの形で交通することが多いが、死者との交通は、夢を介在するケースが最も一般的だ。これもそうした例の一つである。

113 軍医の帰還

越前鯖江藩々主・間部詮道《まなべあきみち》の長男の間部詮信《あきのぶ》さんは、熱心な心霊科学研究家として知られた旧華族だ。以下はその間部さんが取材した、医学博士・窪田孝さんの心霊体験である。

窪田さんには小倉豊治という医者の友人がいた。昭和三年から八年まで、福井市の病院で窪田さんが院長、小倉さんが副院長として勤務しており、窪田さんの妻と小倉さんは子ども時代からの友人、小倉さんの親と妻の親は無二の親友という、きわめて親密な間柄だった。

昭和十二年九月、その小倉さんに召集令状が届き、敦賀第十九連隊の軍医として大陸に渡った。それから一年後の昭和十三年九月、小倉さんは漢口攻撃の際に戦死し、同年十月一日付の大阪朝日新聞夕刊にも「ああ忠烈！　軍医の戦死」という記事が出た。当初は連隊から何も通知がなかったので、ほんとうに戦死したのか家人は半信半疑でいたが、そのうち軍から正式に戦死の悲報が届いたので、その死が確認された。

小倉さんの戦死から二ヶ月たった十一月十一日の夜、小倉夫人は子ども四人と眠っていた。すると、横の廊下からガチャガチャと軍刀の音をさせて、だれかがドシドシと歩いてくる。「主人が帰ったな」と、夫人は夢うつつに考えた。すると小倉さんがそばにきて枕元に立ったので、「お出迎えもせず失礼いたしました」と詫びると、無言でうなづいた。その後、小倉さんは四人のわが子の顔を順に眺めていき、とくにいちばん案じていた体の弱い長女の寝顔の上に自分の顔を近づけて、無言でじっと見詰めた。顔と顔の距離は、もう一尺(三十三センチ)ほどしかなかった。

このとき、長女が何かを感じ、「キャッ」と叫んで跳ね起きて床に座った。その瞬間、夫人もハッと正気づき、夢うつつの状態から抜け出た。

その同じ日、小倉さんとともに働いていた病院職員の橋本良蔵さんの枕元に、小倉さんがやってきた。「先生じゃありませんか」と声をかけると頷いたので、「今どこにおられますか?」と尋ねると、「上海にいる」と答えた。「ご無事ですか?」と聞いたところ、右の腰骨に手をやり、「ここをやられた」と言って、ポケットから紙のような手帖を出し、開けようとしていたが、血がべったりとこびりついて、なかなか開けられない。そのうち、姿が自然と消えたところで目が覚めた。時刻は午前四時だった。

翌朝、橋本さんは小倉家に行き、昨夜異変はなかったかと尋ねた。当初、夫人は何もないと答えたが、橋本さんが、「今朝方、先生が来られました」と口にしたところ、「実はうちにも来ました」と昨夜のことを打ち明けた。

その後、小倉さんの戦死の状況が、連隊の大隊長の証言で明らかになった。

戦死の日、連隊は中国軍と交戦しており、大隊長や小倉さんらは塹壕《ざんごう》にいた。敵の追撃砲で前線の味方の兵が四、五人負傷したため、小倉さんは応急手当をするといって、塹壕を出ようとした。

「今行くと戦死するぞ。そうすればあとの手当をする者がいなくなる。もう少し待て」と大隊長が制止したが、「軍医として瀕死の者を見捨てることはできません」と制止を振り切って前線に飛び出し、負傷兵の手当にかかったが、そこで迫撃砲の弾片にやられた。

やられた場所は、まさに亡霊が橋本さんに語ったとおりの右腰だったと、大隊長が証言したことを、間部さんは確認している。

＊注＝自分の死を知らせるために見せた**二人同夢**だが、自宅では最も思いの残っている娘の顔をのぞきこむという仕草を見せ、病院の職員には戦死の状況を知らせている。戦時中は、大陸などに出征した兵士や将校の霊が、夢の中で帰ってきたという報告が数多くある。帰りたいという強い思いが、彼らの魂を瞬時に故郷に飛ばすのである。

114　三人が同時刻に見た学徒出陣兵の亡霊

太平洋戦争当時、静岡県御殿場市に疎開していた芹沢雅子さんが見た夢だ。

芹沢さんには学徒出陣で南方に送られた弟がいた。その弟が、昭和十九年の蛍の飛ぶころ、夢うつつだった芹沢さんのもとに帰ってきた。

「屋敷の回りをかたかたかた、あの特徴のある軍靴でしきりと走り回る音がして、ふと目覚めた私は、何のためらいもなく、『ああ正博が帰ってきたんだわ、入口が解らなくて困っているんだわ』と思い、急いで起き上がると、となりに寝ていた母が大きな目を見開いて、じっと天井を見つめているのに気づきました。

『博ちゃんが帰ったんじゃない？』

と言いますと、

『あんたも？』

　と私をじっと見返し、それからぽつりと、

『あの子、死んだわ！』

　母の説明によると、正博が青ぶくれた顔で出てきて『母さん頭が痛い痛い』と訴えて消えたというのです――」

＊注＝後日、正博さんは急性マラリアで三日間激しい頭痛に苦しんだ末、母が夢見たのと同じ青くむくんだ顔で亡くなったことがわかったという。正博さんの足音を聞いて雅子さんが「入口が解らなくて困っている」と思ったのは、この家が疎開先の家で、正博さんが学徒出陣

したときに住んでいた実家ではないからだ。これも死を知らせるために見せられた二人同夢のケースだが、話には続きがある。芹沢さんの文章を引こう。

「正博が私たち母娘のところへ別れにきた翌朝のこと、隠居所から家主のおばさんがきて、『今朝早くにお宅へ兵隊のお客さんがおいでたか？』と聞くので、びっくりしながらも『いいえ、誰も来ません』と、いいますと、『そんなはずはない。私が小用に起きたとき、甲羅ぶせ（石畳）を上がってお宅へはいって行く兵隊さんを確かに見た』といってきかないんです。母と私は顔見合わせて一言もありませんでした」

母娘は夢うつつで正博さんと会い、家主のおばさんは訪ねてきた正博さんの霊姿を幻視したのである。

115　シベリア出征中の中佐が日本の妻に戦死を知らせる

大正七年、シベリアに出征した小倉師団の中央部隊は、八月三十日に大攻撃を敢行した。このとき自身の中隊を率いて陣頭指揮していた許斐《このみ》中隊長は、白旗を揚げながら手榴弾を投じて逆襲してきたロシア側パルチザンの籠る塹壕に切り込み、胸に弾丸を受けて戦死した。

同じ日、許斐中尉の妻は、夫の夢を見るなど一連の不思議な出来事を体験した。それが同年九月九日付の東京日日新聞に「夫人談」として報じられている。

「八月の三十日の夜、ウトウトしていると、夫が帰って来て、『**私の戦争も済んだ**』と言った夢を見たので、気にかかっていると、翌朝、新しい下駄の鼻緒が切れたので、ああ縁起でもないと思っていると、今度は、鍋のふたが真っ二つに割れました。『マア、どうしたことだろう』と案じておりました夕方、戦死の電報を手にしました」

＊注＝この夢知らせを紹介している作家の三橋一夫氏は、明治三十七年の日露戦争時、乃木希典《まれすけ》大将の次男で、父と同じく日露戦に出征していた保典《やすのり》歩兵少尉が、自身の戦死を父・希典に知らせるためにやってきたという奇話も紹介している。
それは明治三十七年十一月三十日のことだ。乃木は旅順の二〇三高地でロシア軍と戦っていたが、夜、うたた寝をしていたとき、保典の姿を見て、部下にこう語っている。

「今ここに息子が来た。何しに来たのかと聞くと、お父様に会いに来ました、と言う。ところが、副官の記章をつけていないから、いくら父に会いに来たのでも、副官の記章をつけていないのは不都合だから帰れ、と叱って、帰したところだ」

ところがそのとき、保典少尉は海鼠山《なまこ》を偵察中、敵弾を受けて戦死していたのである。

「こうした事実談は、今度の戦争（太平洋戦争）でも、内地の空襲の時でも数多くある。家を離れて、そこで死んだ人が、死ぬ間際に家の人のことを気にしながら死んで、その思いが幽霊となって家に帰って来たという話は、無数に私のてもとにある」

中島氏はこう書いているが、「無数」というのは決して大げさな表現ではない。私自身も同様の実話を大量に読んでいるし、身近に経験もしている。死の夢知らせは、少しも特殊な話ではないのである。

殺人事件にまつわる霊夢

116　亡き娘が遺体の在処を教える

当時大きなニュースとなって世間を騒がせた事件に、「名古屋・女子大生誘拐殺人事件」がある。名古屋市港区に住む女子大生のT・Sさんが、昭和五十五年十二月二日、すし店主の木村修治に電話で呼び出されて殺害された後、ビニールシートにくるまれて木曽川に投棄された。

その後、木村は身代金を要求していたが、翌年一月に逮捕。その自供をもとに、警察は木曽川一帯を捜索した。けれども、被害者の遺体がいっこうに見つからない。

このとき父親が、警察に「もっと東名阪自動車道の上流を捜してほしい」と訴えた。その理由は、「娘があの鉄橋を歩いてきたり、橋（木曽川橋）の下にいる夢を何度か見た」というものだった。

父親の言っている場所は、遺体が投棄された場所からずっと上流になる。遺体が川を遡って流れることは考えられないという常識的な判断から、警察は「伊勢湾に流れた」という推定のもと、下流域の捜索を続けた。

そのためいたずらに時間だけが過ぎ去っていったのだが、事件から半年後の五月五日、釣り人が遺体を発見。それはまさしくT・Sさんのものであり、しかも釣り人が見つけた場所というのが、父親の主張していた東名阪自動車道・木曽川橋の上流一キロ地点だったのである。

＊注＝殺されたT・Sさんの霊が、父に遺体のありかを教えた霊夢で、説明の要はない。不慮の事故や事件によってこの世に無念の思いを残したままでいる霊が、遺族にメッセージを伝えるケースは少なくない。ちなみに被害者の母も、夫が運転する車に乗って用水路に転落し、水死するという事故にあっているという。何らかの水にからむ因縁があるようだ。犯人の木村は死刑判決を受け、平成七年に処刑された。

117 バー・メッカ殺人事件の亡霊

戦後「アプレゲール犯罪」として注目を集めたバー・メッカ殺人事件も、被害者の霊が親族に夢で事件の情報を伝えた例の一つだ。

昭和二十八年七月、株に関する話のもつれから、ブローカーのHさんがめった打ちの状態で殺害され、遺体は東京新橋のバー・メッカの天井裏に隠された。その後、店の営業中に天井から血が滴り落ちてきたことから事件が発覚したもので、元証券会社社員の正田昭とバーのボーイ二名が捜査線上に浮かび、正田は主犯として全国指名手配となった。ボーイ二人は警察に出頭して逮捕されたが、主犯の正田は行方をくらましたままで、必死の捜査が続けられた。

このとき遺族の夢に、被害者が現れて、正田の居場所を告げたという。この夢を紹介した心理学者の宮城音弥氏が、こう書いている。

「被害者の家族は四十九日をすぎて分骨をしたある夜、一家三人、つまり母、妻、弟が、被害者の夢を同時に見たのである。分骨などして、とくに故人をしのんだため、その晩、夢に見たのであろうが、弟の夢には**殺された兄があらわれて『正田は京都にいる』と云つた**。新聞によると、遺族はこの夢を愛宕警察署に伝えたそうである。むろん、科学的捜査をモットーとする捜査本部がこんなことを取り上げるはずはない。全国に手配写真を配布して捜査をつづけたが、十月十二日、密告によって、夢に知らせのあった京都で捕えられるに至ったのである。夢は正夢であった」

＊注＝宮城は「科学的捜査をモットーとする捜査本部がこんなことを取り上げるはずはない」と書いている。たしかに通常はそうだろう。けれども、担当する刑事によっては夢に注意を払う者もいるし（県警刑事課長時代、霊聴で聞こえてきた被害者などの声を捜査に活用した安倍天雲氏のような人もいる）、本書でも、以下にそうした例を挙げている。夢が事件

解決に結びついたケースは、たしかに存在するのだ。この夢は捜査陣には容れられなかったが、死者の霊が必死に遺族にコンタクトしていたことは、母・妻・弟の三人が同じ夢を見たことからも明らかだ。

118 大久保清に憑いた怨霊

殺人事件の犯人が夢枕に立つ亡霊に悩まされるというケースで最も有名なのは、八人もの女性を次々と殺害した連続殺人犯・大久保清の事例だろう。大久保の犯行は昭和四十六年三月から五月までのわずか二ヶ月の間に行われ、ほどなく逮捕された。

取り調べの間、大久保はたびたび殺した女性の亡霊について述べている。

昭和四十六年七月十日の供述。

「夕べ、殺した女が枕元に来て座った夢を見た。眠れなくて困ったよ」

捜査陣は遺体を埋めた場所を引き出そうと大久保に迫ったが、大久保はのらりくらりと言を左右にし、情報を小出しにしては取調官を翻弄した。けれどその間にも、亡霊の夢に悩まされ続けていたらしい。警察の現場検証が空振りに終わったあとの取り調べで、こんなことも口にしている（同年七月十八日）。

「俺は道順を遠回りしても、あの日、K・Hの死体だけは出すつもりでいたんだ。ところがその前の晩に夢を見たんだよ。Kより前に殺した女がおれの枕元に立って『私の方が先だ。私をどうしてくれるの？』と脅かすから、Kのところに案内できなくなっちまったんだよ。実は六月七日に自供しようと思った時にも、同じようなことで自供できなかったんだ。取調官との約束を破ってすまないと思ってるよ。俺なりに反省してるんだ」

翌日には、こうも漏らしている。

「夢に悩まされてろくに眠れない。夢を見て目が覚めてしまうんだ」

取調官がどのような夢かを尋ねると、こう答えた。

「K・Tだよ。枕元に来て黙って座っているだけなんだ。俺が殺したから、K・Tが夢に出てきたんだ。K・Hを殺したのは俺もかわいそうに思っているから、先に死体を出してやろうと思うと、別の女が出てきて『私のほうが古いんだ。もっと苦しめ！』と言って邪魔するから出せなくなる」

彼女たちの遺体は、大久保が自供した場所から次々と発見された。けれどもまだ五人の被害者が残っている。七月二十四日、大久保はこう述べている。

「三人の自供をしたらK・TとI・Tの二人が夢に出てきて、文句を言うので眠れなかった。I・Tの方が『大久保さん、苦しみなさいよ』と俺を苦しめようとするのでまいった。K・Tは県内に、I・Tは長野県に埋めてあるが、場所はまだ言えない」

こうして亡霊の夢に苦しめられながら、大久保は順次遺体の在処を自供していき、お盆の八月十五、十六日が最後の自供となった。

＊注＝殺人者が、被害者の霊に夢で悩まされるケースは多いが、大久保の夢に現れた亡霊が、たしかに被害の霊だと断定することは、もちろんできない。耐え難い心理的負担が、これらの夢となって現れた可能性は十分に考えられるし、心理学者は口をそろえてそう主張するだろうことも重々承知している。とはいえ、霊の存在を肯定する筆者などの立場からいえば、大久保の身辺に殺された女性たちの恨みの霊がつきまとっていただろうということも、十分に首肯できる。判断は読者にお任せし、こうした事例が存在するという事実だけを提示しておく。

119 牟礼事件と新しい仏壇

昭和二十五年四月十二日、渋谷区神南に住んでいた女性Tさんが、三鷹市牟礼《むれ》の雑木林に連れ出されて首を絞められ、頭部を殴られた後、注射器で口に青酸カリを流しこまれて殺害され、遺体は雑木林に埋められるという凄惨な事件が起こった。牟礼事件ともいう。

犯行はTさんが住んでいた渋谷区神南の一戸建ての売却をめぐって起こった。土地建物を詐取しようとしたブローカーらが、計画がスムーズに運ばないため家主であるTさんを殺害して権利書等を奪おうとしたもので、いずれも逮捕歴のあるアウトロー三人組の犯行であった。

当初は殺人事件とは見なされず、失踪事件として扱われたが、母親の訴えなどで世田谷署が捜査を進め、ついに犯人逮捕にこぎつけた。その背景の一つに夢があった。被害女性は内縁関係によってできた子で、独立して渋谷で暮らしており、母親は息子（被害者Tさんの弟）といっしょに世田谷で暮らしていた。事件発生の日、当時十五歳だったその息子が、なんとも不思議な夢を見た。

母親が、**家の仏壇がバラバラになる**ので南側の庭に捨て、**新しい仏壇**を買ってきて「**うんと拝んだ**」

——というのである。

この夢の話を聞いてもしやと思い、母親は渋谷区神南の娘の家に行ってみた。すると娘は不在で、見知らぬ男たちが娘の家財を運び出していた。不審を抱いた母親の訴えがあったこともあり、突っこんだ捜査が進められた結果、ついに犯人は逮捕され、白骨と化した遺体も発見されたのである。

＊注＝この夢は松谷みよ子氏が関係者から夢情報の提供（手記）を受けて『現代民話考』に掲載したものだが、松谷氏の本では、提供者は事件の内実についてはほとんど何も触れていない。事件について触れると、複雑な家庭問題や民族差別問題、当時の進駐軍とからむ問題などがいやでも出てくるため、その点を配慮したものと思われる。

筆者（不二）も機微にわたる部分はすべて割愛したが、松谷氏の紹介だけでは何のことかまったく要領を得ないので、ここでは最低限の情報を補った。

弟が見た夢は、まさしく予知夢になっている。仏壇がバラバラになるのは、姉が殺されたいま、古い仏壇では用を足さなくなったからで、新しい仏壇によって、そこに新仏が入ることを暗示している。さらに驚かされるのは、Tさんが住んでいた「神南」が、夢では「南側の庭」として表現されている点だ。母がすぐ娘の身に何かあったのではないかと感付いた理由は不明だが、あるいはこの「南」が関係していたのかもしれない。

夢の報告は、事件後、相当年数を経てからなされたものだから、当然細部は忘れられていると思ったほうがよい。にもかかわらず、「仏壇を庭に捨てた」ではなく、「南側の庭に捨てた」という記憶がしっかり残っているのは、南側ということに無意識に強い意味を感じていたからと考えられる。予知夢のメッセージには、見た者の記憶に深く焼き付けるとしかいいようのない未知の働きがあるのである。

120 朝鮮の亡霊が惨殺現場を示す

戦前、東京地裁検事だった鈴木重蔵さんが体験した、夢のからんだ捜査奇談である。

当時、日本領だった朝鮮の江原道揚口郡水入面池水量というところに、遺書も遺さないまま失踪した金在龍という青年がいた。金は多額の債務に苦しんでいた。失踪当時、村人が必死に探したが見つからず、十年の歳月が空しく流れた。

金在龍には金和順という妻と、九歳になる金東辰という子がいた。妻の和順は当初は泣き暮らしていたが、やがてなにくれとなく世話を焼いてくれる隣家の趙貞植という男と男女の仲になった。一方、息子の東辰は、父への思慕の念がやみがたく、たびたび夢で父に会っていた。

行方不明だから生死は不明なのだが、夢の中では父はすでにこの世の人ではなく、息子に対し**「俺は自宅の裏山に葬られている」**と訴えた。この夢を、東辰はくりかえし見た。そこで母に心あたりを尋ねたが、顔を曇らすばかりで返事がない。そのうち夢の情景がよりリアルなものとなり、「棒で殴られて顔面頭部を血だらけにした、さも怨めしき顔」で出てくるようになった。

東辰がその話をすると、母の和順は顔色を変え、夢の話は金輪際やめてくれと懇願した。けれども納得のいかない東辰は、その後も父のことを思い続け、父が行方不明になってから十年目の昭和二年、ついに意を決して揚口警察署にかけこみ、「父の死は確かである。それについては趙貞植と母が怪しい」と訴え出た。

当初、警察は一笑に付した。けれども東辰があまりにも必死に訴えるので、ひとまず趙貞植を拘留して調べたが、何ら手がかりもなければ証拠もないので釈放した。

この一件後、趙貞植と母は以前に増して東辰の存在が疎ましくなり、扱いもひどくなった。その間も東辰の夢は続いていた。裏山の雑木林が夢に現れ、父の亡霊はここに葬られていると場所まで指示した。しかも場所については「母にも告げるな」と口止めをした。

そこで東辰は、再び揚口警察署に訴えた。夢に基づく捜査など非科学的すぎるが、その後の調べで趙貞植と金和順が金在龍の在世当時から密通していたとの噂も掴んでいたので、警察署では、念のため東辰が指示する場所を捜索することにした。

すると驚いたことに、その場所から朽ち果てた白骨が出た。とはいえ当時の科学捜査のレベルでは、誰の白骨かまではとうてい突き止めることができない。検死した医師は、行方不明の金在龍の年齢に符合する骨だと検案書に記したが、それだけではまったく証拠にはならない。

ここで警察も、ようやく本気になった。骨の出たあたりを徹底的に捜索したところ、鉄縁の眼鏡一個を発見した。この眼鏡と遺体の関係を調べたところ、金在龍がふだんに使用し、使わないときも腰に下げていた眼鏡だということが判明した。そこから捜査の手は趙貞植と金和順に伸び、ついに隠しきれなくなった二人が自白した。鈴木検事はこう書いている。

「これより先、趙貞植と金和順とは隣家同志の事とて近く往来するうちに、わりなき仲となった。深くなるに連れて夫・金在龍が邪魔になり、女と相談の上、金在龍を殺害し天下晴れての夫婦になろうと決意し、そこで姦夫趙貞植は、その秘密を友人の孟信及び弟の趙俊植に頼んだ。二人は利益と肉親の懇請とに動かされて、大正五年十月三十日午後十時頃、野良から帰って来る金在龍の背後から矢庭に躍りかかり、さんざんにたらん棒でなぐりつけた上殺害し、死体を金氏方裏山に葬り、そのまま何くわぬ顔でいたものであった」

かくして事件はケリがつき、東辰は父の無念を晴らすことができたのである。

＊注＝亡霊が殺されたときの情景について語ることは少なくないが、犯人もふくめた事件の詳細を語るケースは、筆者の知るかぎり、あまり多くはない。惨劇の現場については語っても、犯人はわからないと告げる亡霊もいる。この事件でも、金在龍が犯人の名を告げたとは記されていない。亡き金在龍と、金に感応することのできた息子の共同作業があって初めて、犯人逮捕に至ったのである。

昭和六年、京城地方法院は、趙貞植と金和順に無期懲役、実行犯二人に懲役十二年を言い渡して結審したという。

121　亡父が夢で惨殺犯の名を告げる

前項で書いたとおり、亡霊が犯人の名まで告げるケースはあまり多くはないが、以下に紹介するのは、亡霊が犯人の名まで告げた数少ない例の一つである。

昭和二十二年三月三十日、長崎県南高来郡加津佐町に住むO氏夫妻が、就寝中に賊に襲われ、日本刀で切り殺されて金を奪われるという残忍な殺人事件が起こった。地元の口之津警察署、加津佐警防団および青年団が、ただちに協力して捜査に着手したが、犯人の手がかりは何一つつかめなかった。

被害者のO夫妻の家には、老母と十八歳になる長男が残されていた。一刻も早く犯人の逮捕をと願いながら、二人は悄然と日々を送つていたが、ある日祖母が、ふと孫（O夫妻の長男）にこう言った。

「このところ二、三回も続けて息子の夢を見る。殺されたときの姿で夢に出てきて、『犯人は近くの者だ』と叫ぶんだ」

それを聞いた長男は、奇妙なこともあるものだといって、自分も同じような夢を見たことを祖母に話した。そんなやりとりのあった晩、長男はまた夢を見た。頸部を日本刀で切られたままの姿の父親が現れ、「**犯人を教えてやる**から俺のところに来い」と告げたのである。

夢から覚めた長男は、「俺のところに来い」という言葉の意味を一生懸命考えた。自分が死んで、あの世の両親のもとに行くまでは犯人がわからないという意味かもしれない……そんな考えが脳裏をよぎった。だとすると、こんな悔しいことはない――激しい憤りを覚えたまま朝を迎えた長男は、さっそくその夢のことを祖母に話した。

祖母の意見は違った。彼女は孫にこう言った。

『俺のところに来い』というのは、自分たちが殺された部屋に来いということだろう。今晩あの部屋に寝てみろ」

殺人現場に寝るなど嫌だと最初は拒んだが、父母の無念を思うと怖いなどと言っていられないと考え直し、意を決してその部屋に寝てみた。すると夢に亡父が現れ、今度ははっきりと犯人の名を叫んだ。

「茂政が殺した、茂政が殺した」

パッと目覚めた長男は、すっかり頭を抱え込んでしまった。茂政というのは彼の従兄で、他の人が怖がって近づかないのに、親身になって血まみれの遺体の湯灌などを手伝い、警察といっしょに懸命に捜査に協力して働いていてくれていたからだ。

〝そんな馬鹿な。茂政が犯人なわけがない。でも……〟、長男の心は千々に乱れ、とうとう眠れぬまま朝を迎えた。さっそく祖母に昨夜の夢を話すと、「茂政は親戚だ。そんな馬鹿なことはない」と言下に否定した。長男としても思いは同じだった。そこで彼は、もう一度夢を見直そうと、その夜も現場に寝てみた。すると昨晩同様、血まみれの父が現れ、同じように「茂政が殺した、茂政が殺した」と叫んだ。

茂政が犯人であるはずはない。それなら本当の犯人がわかるまで、俺は昼も夜もこの部屋で過ごしてみよう——長男はそう決意し、さっそく実行に移した。それから二回、彼は同じ夢を見た。亡父は相変わらず「茂政が殺した、茂政が殺した」と叫び続けた。そして迎えた四月十六日の夜のことだ。

その日の夢は、それまで見たものとは異なり、亡父が殺されたときの情景が現れるというリアルなものだった。夢の中で、亡き両親は熟睡している。そこに忍び寄る者の姿を、長男はしっかりと見たが、それはまぎれもなく茂政その人だった。

茂政は日本刀を振り上げ、まさに両親に切りかかろうとした。その強烈な情景に、長男は思わず跳び起きた。恐怖とショックでしばし茫然としていたが、夜明けごろ、再びウトウトと寝入った。そして先ほどと同じ夢を、また見せられたのである。

こうなると、長男もいよいよ夢を信じざるを得なくなってきた。依然として半信半疑ではあったが、翌朝、ほとんど無意識のまま警察に行っていた。

長男から夢の話を聞かされた警察も、まさかとは思いながらも、捜査が行き詰まっていたこともあり、茂政の身辺を探ってみた。すると彼の犯行であることが判明したのである。

茂政はある女性と大阪に出奔するためにどうしてもまとまった金が必要で、金策に駆けずり回っていた。ちょうどそのとき、叔父が牛を売って二万円という大金を手にしていることを知った。そこで叔父を殺して金を奪うことを思いつき、三月三十日の夜半、凶行に及んだのである。

この話を報告している永山大二郎さんは、事後譚としてこう書いている。

「この事件につき興味あることがある。それはT氏（葬具屋）の話によると、棺を取りに来た茂政が『殺した男は相当に度胸のある人間で、隣の部屋の電灯を寝室まで持つて来て、夫婦のフトンの間で片膝ついて日本刀で切っているのですよ』と、いかにも自分がしたことのように話したそうである。……次にこれに関しても一つ興味あることは、火葬の骨を拾いに行って茂政が、骨を拾いながら骨片を一つ一つ棒で叩きこわして壺に入れるので、何故そんなことをするのかと他の親戚に注意されて止めたというが、それは彼が叔父夫婦を殺した時、刀の刃がこぼれたとかで、それを拾い出すためにこんなことをしていたのだという」

＊注＝祖母と息子がくりかえし同じような夢を見ている。別項で「**二人同夢**」を紹介しているが、このケースのように、複数の人物が同じ夢を見た場合、その夢には非常に重要なメッセージが含まれていると考えたほうがいい。

122 殺人事件被害者の霊が刑事の夢枕に立つ

殺人事件の被害者の霊が、犯人を教えた例はほかにもある。

大正四年五月中旬、東京市外寺島に住んでいたT刑事は、イヤな夢に連日悩まされた。若い**血みどろの男**が、何か訴えたそうにしてぼんやりと佇んでいるのだ。

ちょうどそのころ、銀座一丁目・石田家具店の表街路で、油紙や細紐、風呂敷で幾重にも縛った二十三、四歳の男性の遺体が発見されるという事件が起こった。

T刑事は警視庁殺人係主任のY警部、東京地方裁判所のK検事らと現場に急行し、所轄である北紺屋署のS所長以下、係官らとともに検死にあたった。遺体は死後数日経過したものと思われたが、このときT刑事は、少なからず驚いた。被害者男性が、連夜夢に出てきたあの血みどろの男その人だったからである。

遺体の肩口には、べっとりと血に染まった紙片が貼り付いていた。水で洗ってみると、「浅草区駒形町十二　天狗ローソク本舗増田商店」と判読できた。これを手がかりに捜査を進めた結果、被害者は千葉県東葛飾郡のM・Sさんと判明し、増田商店関係者が事件にかかわっているとの目星もついた。

そこでT刑事が増田商店に調べに行き、主人に話を聞いていると、その最中、またしてもあの夢の男が、主人の背後にぽっかりと現れた。しかも家宅捜索に移ると、男は土蔵の二階にずんずん上がっていくではないか。

その後を追って、T刑事も二階に上がった。すると血糊や凶器などが点々と散らばっており、まさしくそこが凶行現場であることが一目で見て取れた。こうして事件は一気に解決へと向かった。被害者のM・Sさんは、亡霊となってT刑事の夢に現れ、真犯人へと導いたのである。

この心霊事件は昭和四年六月五日から七日まで、「T刑事懐旧談」として報知新聞で連載されたものである。

＊注＝戦争、交通事故、殺人事件などで非業の死を遂げた人物の霊は、血みどろの姿で夢に現れることが珍しくない。通常、血にまみれる夢は吉夢なのだが、この種の事件がらみの夢の場合は、文字通り血みどろになって果てたときの姿で現れるケースが間々ある。

123　連続殺人の現場を再現した霊夢

殺人事件にからむ霊夢の中でも、非常にドラマチックで驚嘆すべきケースを、天文学者のフラマリオンが紹介している。フランスの前裁判官で、その後議員に転じたベラルドという人物が、雑誌『レビュー・ド・レビュー』の一八八五年九月十五日号に発表した手記だという。かなり長文にわたるが、正確を期すために手記を引用する。ただし邦訳に難があるので、一部意味が通るように直している。

「十年ほど前、私は一時裁判官をしておった。私は当時、全国を恐怖せしめたある重罪犯の裁判をやったが、それが終わると、数週間は昼となく夜となく、私の前に死骸、血、殺人者といったようなものがちらちら見えて困った。

こんな病的な気持ちに圧せられたまま、私はある山中の小さな湯治場へ行った。そこはいかにも悲調な、陰鬱な、眠気のさすような所で、別荘もなければ、郵便馬車も着かない、樹木の茂った山の麓にあるほんの寒村であった。

私は毎日、柏の林を逍遙した。……あるとき私は森から出て、寂しい道路に出た時には、日は暮れかかっていた。その道というのは、二つの高い山の間にある細道で、そこは急な坂になっている。そして道端の谷間には小川が流れて、それが沢山の滝となって、岩の上を平原の方に落ちて行く。両岸の薄暗い森林は、無限の静寂に包まれていた。道標を見ると、町にはもはや五哩も離れている。すでに六哩も歩いてきた自分は、相当に疲れた上、腹も減っていたので、どこかで休んで、思う存分食ってみたいと思った。

五、六軒先に、極めて貧弱な宿屋があった。店の戸に虫の喰ったような字で『友の集う所へ』と書いた看板が掛けてある。私はそこに入っていった。……亭主はヘラクレスのような逞しい、人相の悪い、黄色な顔の男であった。背の低い、至極陰気な顔の、襤褸《ぼろ》同様な着物を着た彼の妻は、私の入った時に、狡《ず》るそうなやぶにらみをして迎えた。

私は『何か食わしてくれ、そして、なるなら泊めてくれ』と頼んだ。頗《すこぶ》る粗末な夕食を、ほんの少しばかり済ました後で、私は猜疑に充ちた亭主の目付きと、女将さんの持った嘔吐を催すような臭い、そして薄暗いランプの光に送られて、長い廊下を渡り、険しい階段を昇って、ちょうど荒れ果てた馬小屋の上に当たる部屋に案内された。今、遠く村里を離れた森の中の一軒家に、亭主と主婦と私の三人だけしかいないのだ。

私は職掌柄、用心していた。……戸に錠を卸してから、部屋の中を検べた。そこには寝台というよりもムシロ藁床と脆《も》ろそうな椅子とがあった。そして掛け物みたいな物の後ろには、孔ばかりで鍵のない扉が隠されてある。この扉を開けると、梯子段のようなものがあって、それが別の空いた部屋に通じていた。私は外から開けようとする者のための支えとして、扉の前に白木の机を置き、その上に化粧用の破れタライを上げた。この傍に、もう一つの椅子を置いた。こうしておけば、誰が入って来ても音がする。そこで漸く寝に就いた。

こんな日の後には、得てしてすぐ熟睡するものである。私はにわかに跳び起きた。私には誰かが戸を開けて、机を押してくるように思われた。鍵穴から、なんだか火影か、提灯か、ロウソクの光のようなものが見えるようにも思えた。私は突然、目を覚ましたので、著しく興奮しながらも、多少ぼんやりした気味で立ち上がって、『誰だい』と叫んだ。返事がない。四辺は淋しいほどひっそりしている。恐らく夢を見たのだろう。さもなければ変な幻に捕らえられたのだ、と考えつつ、それから長い間、寝もやらず、恐怖に襲われていた。そのうち、段々疲労してくると、昼間の疲れが伴って、すぐまた重い不安な眠りに陥った。が、それも、夜の魔女に、時々夢を破られていたのである。

私は夢の中で、私の部屋に誰かが寝ているのを見たと思った。とたんに秘密の扉は自ら開いて、亭主は短刀を手にして入ってきた。戸の入り口には汚いなりをした主婦が、黒い手で、提灯の光を覆うて立っていた。このとき、亭主は忍び足で、寝台の方に寄ってきた。そして眠っている人の胸に短刀を突っ込んだ。それから、夫は死骸の足を持ち上げ、妻は頭を支えて、狭い階段を降りていった。ここでちょっと異様に感じたのは、亭主が提灯の提げ環を、口にくわえている恰好であった。私は、恐ろしいと思った瞬間に目を覚まして飛びあがった。

額は汗でびっしょり濡れていた。八月の日影のような光が、破れ戸の鍵穴から流れこんできた。それは確かに提灯の光である。私は狡そうに黙っていた主婦を見ただけで、地獄でも抜けだすように、喜んで陰気な宿を逃げ出した」

以上が前段である。話はそれから三年後の、ある行方不明事件に飛ぶ。

ヴィクトル・アルナウドという弁護士が、ある日、散歩にでかけたきり、行方知れずになった。一件を報じる新聞を読んだベラルドは、なぜか唐突に三年前の自身の恐怖体験を思い出し、異様の感に打たれた。それから三日後、紙面に次のような続報が出た。

「ヴィクトル・アルナウド氏の行方の謎は半ば解けかかった。氏は八月二十四日の夜は確かに例の『友の集う所へ』旅館の傍らの馬車小屋に泊まったのは事実である。とかくいかがわしき噂のあるこの旅館主人の正体、今日まで守られた秘密は、早晩その一切を暴露されん。今や審問は開始された。客は同夜泊まらずに立ったと、亭主は主張しているが、近所では不思議な噂が伝えられている。六年間行方不明であった英人旅行者のことも、この家に纏《まつ》わった謎として人の口に上った。さらに、ある小羊飼は、八月二十六日に、宿の主婦が森の蔭の溜め池に、血の付着した布を投棄したのを見たと云う……」

行方不明事件の容疑者として、あの「友の集う所へ」旅館の夫婦が逮捕され、現在、審問が開始されているという。三年前にあの宿で見た夢は、彼らの恐るべき犯行を示す正夢だったに違いないと確信したベラルドは、気持ちをおさえることができなくなって、あの町に出かけていった。

手記の続きを読もう。

「判事の手には未だ明らかな時日の証拠が挙がっていなかった。ただ、世間の評判に従って調査を進めているに過ぎないのだ。私が裁判所に行ったのは、ちょうど元同僚の判事が、宿の主婦を尋問する日であった。私は許可を得て、そこに立ち会った。

女は私の入っていったことにも、そこに立ち会ったことにも、何の注意も払っていない様子であった。恐らく私を全く知らない人と思っていたのだ。

彼女はこのとき、ヴィクトル・アルナウドという名の旅客は、実際八月二十四日の晩に、来たことは確かに来たが、泊まらずに発ったと述べていた。そして宿には、たった二つの部屋しかなく、『両方とも満員でした』と付け加えた。

『三番目の馬小屋の上の部屋はどうした』と、不意に私は傍から口を入れた。

彼女はぎょっとして私を見た。その瞬間に私の顔を考え出した。と同時に、あたかも私が突然の啓示でも与えたように、彼女は驚いたのである。このとき私は大胆に突っ込んだ。

『ヴィクトル・アルナウドは第三の部屋に寝ていた。夜間、お前は夫と一緒にその部屋に忍び込んで来た。お前は手に提灯を、夫は短刀を持って、馬小屋から梯子段を上ってきた。そしてお前の秘密の戸を開け、夫が客を殺す間、自分は入り口の所に立っていた。それから時計や財布を奪ったのだ』

と、実は三年前の夢の記憶をここで言ったのである。女は吃驚《びっくり》して聞いていたが、非常に恐怖を感じたように眼をぱちつかせ、歯をがたがた鳴らして死んだように立っていた。

私は続いて『それからお前は、死骸を抱き上げて、夫はその足のほうを持って、梯子段を降りて行ったろう。そのときお前の行先を照らすように、亭主は提灯の環を口にくわえていたろう』ときめつけた。女はもはや真っ青になって、足を慄わせつつ、『では何もかも御覧になったのですか』と言い出した。けれども彼女は、あくまで供述書に署名を拒んで、ついに黙りこんでしまった。同僚の友は、その覚書を夫に読んで聞かせた。妻が裏切ったと信じた彼は、いかにも呪わしい声で、『ああ、やつ、ただではおかぬぞ』と叫んだ」

この日を境に、事件は急展開した。行方不明だった弁護士の死骸が、馬小屋に積まれた秣《まぐさ》の中から発見され、さらに何者かの人骨まで出てきた。こうして「友の集う所へ」旅館を舞台とした陰惨な旅行者連続殺人事件は解決されたのである。

＊注＝殺人の現場が夢でリアルに再現されている点には注目してほしい。この種の霊夢では、事件現場や被害者が受けた傷などが、事件当時の状況そのままに再現されることが珍しくない。手足を失った場合は手足のない姿で、血みどろになった場合は血みどろの姿で、首が切断されたときは、首なしの姿などで現れる。そしてその時点で、夢見た者は、何が起こったのか、事件については何も知らないのである。

旅館の夫婦にどのような判決が下されたかまでは記されていないが、極刑は免れなかっただろう。馬小屋の上の部屋に残存する念をベラルドの無意識が感知した結果の夢か、被害者の霊が無念を晴らしたい一念でベラルドに送った念によるテレパシックな夢か、あるいはその双方か、もしくはもっと別のメカニズムによる夢か、この手記だけでは判断ができない。

とにかくベラルドは、三年前には夢のおかげで命を救われ、今は夢のおかげで恐るべき連続殺人を暴くことができた。この手記が、元裁判官で、当時は議員という社会的地位も名誉もある人物によって書かれているという点は、銘記しておかねばならない。内容はフィクションじみているけれども、これはフィクションではないのである。

第三章　災害・事故・病気の知らせと夢

災害や事故事件などを予知した夢

124　チリ地震津波を夢で予知

世界中に津波被害を出した史上最大級といわれる昭和三十五年五月のチリ地震を、連夜夢に見続けていたという宮城県の岩崎としゑさんの夢。当時の様子がリアルに伝わってくる貴重な証言なので、方言のまま引用する。

「チリ津波のとき、十日ぐらい前からねえ、私、夢見てたの。なんだか**あわてて騒いで荷物背負ってて**ねえ、逃げることばり毎晩夢に見たの。……（地震の前日）お医者さんさいったの。常に眠いなんて居眠りしたことねえんだけど、**眠くてしょうがねえ**から、お医者さんのたまりでねえ、さっと横になったわけ。

　そすたらねえ、転た寝《うたね》してんのにねえ、わぁーっ、わぁーっ、とみんなで風呂敷背負って大騒ぎして上の方へ走る夢また見たのね、病院で。

　なんだってこんなに荷物背負って走る夢見んだべなあ、なにか変わったことできんでねえか、火事だべか、なんだべかと思ってねえ、その日お医者さんから帰って晩にねえ、娘さこうゆったの、ひょっこら。

『なにごとできっかわかんねえから、腰紐五、六本、枕元さ、あてがって置け』

って。なにか出たとき、自分の布団をくるくる丸めてもええから、腰紐出せ五、六本ってゆったら、

『なに、おばあちゃん、そんなことばり語る』

『黙ってええから出せ、十日ぐれえ前から、とってもおかしい夢ばり見っから』

って……そすて寝たらねえ、（二十三日の）夜の明け方にねえ、**雉が鳴いて**ねえ、夜明けに。うんとほんとに鳴いたのね。ケンケーンケンケンケンって鳴くから、なんだってなあ、地震がゆったんでもねえのに、雉鳴くなあと思って不思議にしてたの、離れ島でも、前の離れ島でも雉が鳴くんだもんね。

　そすて私、黙って聞いてたら、常に水もねえとこのねえ、堀から水がチョーチョと海さ流れ落ちる音すんの。不思議なことあっと思って起きてねえ、勝手の方の戸開けてみたの。したら水が

ねえ、桟橋がこうあっとこのねえ、ずーっと沖までカラッと水引けてあんの。『これこれ、津波くっから起きろよ、あわてんなよ』って、姪が弟子にきてあったから、あんたたち二人して外側さまわれ、裏の方に神さまあって、階段あるわけなの、すぐ裏にね。その階段の四つ五つ上さ、布団運べって、そすて布団運ばせてから箪笥抜いてねえ、箪笥運ばれねえから引出し抜いて、今に津波くっから運べってどんどん運ばせたの。

津波くっとおー、津波くっとおーっ、て聞いた人たつが荷物背負って遠まわりして山さ運んだの。うちは裏の階段上って運んだわけ……」

＊注＝史上最大のマグニチュードと推定されているチリ地震は巨大津波を引き起こし、日本でも三陸海岸沿いの一帯を中心に、死者百四十二人、罹災世帯三十一万余という甚大な被害を出した。この津波が襲来する十日も前から、岩崎さんは人々があわてふためいて避難する状況を、連続して夢に見ていた。

注目されるのは、この時期、ふだんとは違って「眠くてしょうがねえ」状態になっていたという証言だ。これは緊急で何かを知らせなければならないときに心霊側がよく引き起こす現象で、眠らせることによりメッセージを伝えるのである。

ほんの短時間のうたた寝中に見た夢が予知夢になっていたという例は数多くあり、本書でも複数紹介している。急に眠くなる、頭痛がして起きていられなくなるなどで夢を見たら、その夢には何らかの緊急メッセージがこめられている可能性があるので、夢の意味をよく検討してほしい。こうしたケースの場合、目覚めた時点で非常に強い胸騒ぎや不安を感じており、何らかの異変が迫っていることに直感的に気づくことが多い。

夢ではないが、岩崎さんは雉鳴きを聞いている。雉鳴きは地震の前兆という言い伝えがあり、夢においても雉鳴きは異変の前触れの可能性がある。また、雉にかぎらず**鳥が鳴き騒ぐ**夢も凶兆の場合が多い。とくに**鴉鳴き**は不吉の度が強く、死がからむケースがあるので注意してほしい。

なお、平成二十三年三月十一日の東日本大震災や、平成二十八年四月十四日の熊本地震、平成三十年九月六日の北海道胆振東部地震など、巨大災害にかかわる予知夢を見たという情報は、ネットを検索すると数多く出てくる。匿名世界から発せられている情報であり、当事者や報告者の確認が取れないため、本書では取り上げていないが、それらの中には、確かに予知夢の可能性が高いと思われるものも含まれている。興味がおありの方は検索されるといいだろう。

125 タイタニック号の遭難を夢見る

千五百人を超える犠牲者を出した一九一二年のタイタニック号遭難事故は、海難事故の中でも最大級の事故として人々の記憶に深く刻まれている。乗員の約七割が犠牲になっているが、乗船前に夢で危険を感じ、乗船をとりやめたおかげで助かった人々もいる。中でも有名なのが、イギリスの実業家ジョン・オコンナーのケースだ。

三月二十三日、オコンナーはタイタニック号の処女航海の切符を一枚予約した。記念乗船や観光目的ではなく、ニューヨーク出張のための予約だった。

けれども四月に入ってほどなく、彼は恐ろしい夢を見た。タイタニックが転覆し、海に投げ出された多数の船客や船員たちが、船の周囲を泳ぎ回って助けを求めているというシーンを、ありありと見たのである。翌日の夜も、同じ夢が現れ、オコンナーの不安はいや増した。

予定を先に延ばすことはできないかと、オコンナーはニューヨークに電報を入れた。四月十日の処女航海日に乗らなくても仕事は間に合うという返事がきた。そこでオコンナーは乗船を次便にずらし、家族や友人に、夢のこと、出発をずらしたことを打ち明けた。

処女航海の切符は大変なプラチナチケットで、富豪や著名実業家など、ごく一部の選ばれた人しか手に入れられないものだったので、夢などを気にして二度とない貴重な機会を逃すのかと嘲笑する者もいたが、五月を境に彼らの認識は一八〇度逆転した。同月十五日未明、「海の宮殿」タイタニック号が巨大な氷山に激突し、オコンナーが夢で見たとおりの惨劇の末に海の藻屑と消えたからである。

＊注＝オコンナー以外にも、この遭難事故の夢を見た人が複数おり、中には、こんな夢を見たと周囲に話した上で処女航海に乗船し、命を落としたイギリスのジャーナリストもいるという。

このケースのように規模の大きな大惨事では、多くの人がまったく異なった場所、異なった国で、惨劇の映像を夢見るという現象が起こっている。史上最大の死者を出した第二次世界大戦のときも、開戦前から夢で予知していた人が非常に数多く存在していた。

この奇妙な現象を、人々は「夢」の一言でくくっているが、自分の潜在意識の中にある記憶などを材料としてつくりだした通常の夢とは、本質的に異なっている。なぜこういうことが起こるのかは別に考えなければならないきわめて重要な問題だ。

これまで、テレパシー説、幽体離脱説など、種々の仮説が出されているが、これはと納得できる理論はまだ出されていない。戦後の日本心霊科学協会をリードした吉田正一氏は、人間の秘められた能力の一つである霊視からの説明を試みている。

冒頭でも書いたように、吉田氏は霊視を「客観的霊視」と「観念的霊視（主観的霊視）」に二大別する。客観的霊視とは、霊界で具象化されている現象を、文字通りじかに〝見る〟霊視をいい、観念的霊視とは、「客観的具象的現象を霊視するのではなくて、背後霊がその視覚観念を霊視能力者に印象することによって、その霊視能力者の心の裡だけで視覚観念が展開する場合をいう」と定義している。

この説に従うなら、チリ地震津波を予知した岩崎としゑさんや、右に紹介したオコンナーのケースは、客観的霊視ということになる。ただしこの考え方は、霊界の実在や心霊・背後霊などの実在を大前提とした上での仮説なので、現在のわれわれの知識では真偽の判断を下すことはできない。

霊界や心霊を実在するものとして考えた場合、チリ津波やタイタニック号の沈没は、それらが現実の世界で具象化される前に、すでに霊界で具象化されており、岩崎さんやオコンナーは、その映像を〝見た〟というように考えられる。いわゆる予知夢の一部は確実にこれであって、心理学者のいう夢とはまったく意味が異なる。

客観的霊視では、そのものズバリの映像を見ているため、シンボルを解釈する必要はない。実際に起こることそのものを、事が起こる前に霊界で見るからである。本書の事例集にも、そうした例を多数挙げている。ざっくりと区分すれば、シンボルの解釈を必要とする予知夢は観念的霊視、そのものズバリの予知夢は客観的霊視ということになる。ただし、これはあくまでも仮説にすぎないということをお断りしておく。

126　飛行機事故を報じた新聞を夢見る

一九六三年一月二十九日の午前三時過ぎ、アメリカ・ロングビーチ在住のジョン・ウォリク夫人が見た夢だ。

まだ起るには早すぎるこの時刻に、夫人はとてもいやな気分で目覚めた。四発エンジンの大型飛行機コンステレーション号が、着陸寸前に水中に突っ込み、その勢いではねかえって火の玉と化すというリアルな夢だったのだ。

彼女の夫はパイロットで、コンステレーション号は、彼がいつも乗っている飛行機と同型だった。目覚め後、**胸騒ぎが治まらない**まま、とうとう一睡もできなかった彼女は、朝になるのを待ち兼ねて夫の勤務先の航空会社に電話を入れた。幸い夢で見たような事故は起きてはいなかったが、それでも胸騒ぎは治まらない。家族や友人、近所の人などに夢の話をしてみたが、みな肩をすくめるだけで、まともにとりあってはくれなかった。

ところが、夫人は続けていやな夢を見た。それは二月四日付の地元紙の記事の夢で、明らかに前に見た夢の続きであった。

夢に現れた地元紙『ザ・ロングビーチ・インデペンデント・プレス』の見出しには、「夫の飛行機墜落事故を妻の夢で知らす」と記されていた。彼女はその文字を、はっきりと読んだ。心配でたまらなくなった夫人は、二月三日の朝、ふたたび航空会社に電話を入れた。このときも事故は起きてはおらず、夫が操縦するコンステレーション号は、その朝、サンフランシスコ国際空港に到着の予定ということだった。

ところが航空会社との話を終えて受話器を置いた後、夫人は突然、サンフランシスコ国際空港が湾に突き出た所にあることを思い出した。サッと不吉な予感が走り、彼女はあわてていま切ったばかりの航空会社に電話をかけ直した。まさにそのとき、事故が起こっていた。コンステレーション号は着陸寸前に墜落した。夢と違って海には突っ込まず、滑走路わきに墜落したのだが、そこから先はまったく夢で見たとおりで、機体は炎をあげて燃え上がり、搭乗員五名が死亡するという悲惨な事故となったのである。

夫人にとっては幸いなことに、夫を含む四名は無事だった。この事故を報じた『ザ・ロングビーチ・インデペンデント・プレス』紙は、「ウォリク夫人は事故発生の五日朝に夢でそれを知った」と付記した――。

＊注＝みごとな災害の予知夢だが、注意したいのは、夫人の夢に、夫の死にまつわるメッセージが入っていない点だ。第一の夢では飛行機は炎上しているが、夫が火にくるまれたり、死体となって運び出されるなどのシーンはない。こうしたテレパシックな事故の夢で、親族など大切な人が火にまかれたり爆死するようなケースでは、赤という色が見られるケースがよく報告されている。「**一面が真っ赤で、そこに大切な人がいた**」とか、「**視界全体が赤くなっていた**」とか、「**赤いものが浮いていた**」とかいったイメージで、その赤は火を表している場合と、血を表している場合がある。けれども夫人の夢には、そうした不吉なメッセージがない。

　また、第二の夢では、新聞の見出しは「夫の飛行機墜落事故」であって、「飛行機墜落事故死」ではない。意外に思われるかもしれないが、テレパシックな予知夢では、そのあたりの描写が厳密なことが実に多い。実際に亡くなる場合はそれにまつわるメッセージが添えられるし、事故は起きるが死には至らない場合は、死のメッセージだけが除かれるというケースが多数ある。もちろん例外もあるだろうが、これは予知夢を判断する上での重大なポイントになる。

　なお、夢の中で事故にあう当人に死のメッセージがない場合でも、見ているあなたや家族などが「喪服」だったり、「葬儀の準備をしている」、「親族が集まっている」などのシーンが出てきたなら、死の予知夢の可能性を疑わなければならない。

127 ガス爆発による死亡事故を棺の夢で予見

フランスのストラスブールで音楽教授をやっていたM・ヘンリー・ホルストが見た夢を、大甥にあたるジオール・オレという人物がフラマリオンに報告した夢。

「私の大叔父に当たるM・ヘンリー・ホルストが、ある夜、夢に五つの**棺が自分の家から出て来た**のを見ました。その当夜、彼の家ではガスの爆発が起こって、五人の人が窒息したのです」

＊注＝棺が予知夢では死の予兆になることは、86ページ以下に詳しく記してあるが、この夢でも棺が死の象徴として現れている。しかも五つの棺の出棺という情景は、通常ではありえない。同時に五つの棺ということは、通常の死ではない何らかの悲惨な事件による横死を予感させる。それがガス爆発だった。

夢にはガス爆発事故を示すような描写は何もないが、伝聞による報告なので細部まで伝えられていない可能性が高い。詳細な夢の描写が行われていれば、あるいはそれにつながる何か（火や爆発を暗示する何らかのシンボル）がわかったかもしれない。

ともあれ、この夢では死者の数が正確に描き出されており、夢を見たホルストも、それを報告したジオールも、その部分に関心が集中していたことは容易に想像できる。予知夢では、この夢のような驚くべき正確な予告がなされることが珍しくない。

128　火事の予告と火災と死

元伊勢神宮神主で、熱心な心霊研究家でもあった宇佐美景堂氏が、大正十三年三月二十三日に見た夢だ。

夢の中、当時の勤め先だった大社教名古屋分院で事務を執っていた。すると、「見覚えのある異様の風格の人物」が現れて、「**七日は火事だ**」と叫んだ。その声に驚いて目を覚ましたときには、夜具の上に端座し、全身冷汗をかいていた。

夢見後、七のつく日は厳重な注意を払うようにした。三月二十七日は何事もなく過ぎ、四月七日、同十七日も無事だった。そして迎えた四月二十七日、宇佐美氏は大社教名古屋分院の宿直当番だったため、家を留守にしていた。以下、氏の文章を引こう。

「妻は午後九時頃、子どもと下女と共に就寝したそうである。すると間もなく炊事場の方面で異様な物音がするので行ってみると、竈の火の不始末から、その辺に積んであった薪に燃え移って大事になろうとする所であった」

宇佐美氏は、この体験を「家庭の凶変を告げる夢」という題で心霊雑誌に投稿し、記事は六月発売号に掲載された。ところが、夢で告げられた「七日は火事だ」の意味は、単に四月二十七日の火事を知らせるだけのものではなかった。

「何の不幸ぞ、その月（六月）の二十七日には郷里の母が死亡したのであった。夢の中には勿論母を意識することは出来なかったが、母の死のためにうけた衝動は、かの夢現に経験したそれと何ら変わることはなかった」

＊注＝この夢では、火事は文字通りの自宅の火災と、宇佐美氏の母の死の両方が予告されている。夢でお告げを下した人物は、宇佐美氏の守護霊か、宗教上の関係人物だろう。その人物に「風格」を感じている以上、たわいのない雑夢と打ち捨てることはできない。氏が七のつく日に注意を払ったのは当然だ。

この夢はダブルミーニングになっているが、他の数々の実例でも解説しているとおり、夢の多くは、単純に一個のことがらだけを伝えるものではない。ダブルミーニングは通常のことで、私自身、こういう意味の夢だろうと解釈してわかった気になっていても、何年何ヶ月も後になって、別の意味に気づくということが頻繁にある。

夢が一つの解釈に落ち着くのは、時間とともに重要な細部を忘れ去って、自分の解釈に沿った筋だけが記憶として残るからだが、夢ノートがあれば、細部は失われることがない。「神は細部に宿る」といわれるが、夢も同様なのだ。

129　火災を予告した火のようなトサカ

これも筆者の母が昭和六十三年に見た夢で、筆者も深く関係しており、非常に不思議な偶然の一致が見られるケースだ。

昭和六十三年八月三日、母の義父（筆者の祖父で故人）が、大きなビニール袋に何かをいっぱい入れて、あわてた様子でわが家に飛びこんできた。荷物を置き、「タクシー代を払ってくる。ここまで龍彦（筆者）に送られてきたんだ」といって外に出ていった。

そこで母が外を見ると、龍彦がいた。家には入らず、実に不思議な頭をして、外に立っている。頭髪の中央部をモヒカンのように残して、あとはぜんぶ剃り落とし、モヒカン部分を赤く染めているのだ。ちょうど**鶏のトサカ**のように見えたので、こんな頭をしているから家に入らないのかと思ったあたりで目が覚めた——。

＊注＝母がこの夢を見た日、私が送った先祖代々の位牌が母のもとに届いた。東京で私が祀っていたが、事情があって母のもとに送ったもので、夢の中で祖父が「ここまで龍彦に送られてきたんだ」と話しているのは、このことを指していると母は考えた。

それにしても、私の頭がトサカのようになっている理由がわからない。何か変わったことはないかと、東京の私のところに電話をよこした。

私にも、とくに思いつくことはなかった。ただ、トサカはその色や形から、火を意味することがあることを母に告げ、二人で何の夢だろう、実に奇妙な夢だと話し合った。この時点では、夢の意味はまったくわからなかった。

それから六日後、夢の意味が判明した。旅館のように大きかった祖父の家が火事で全焼して死者も出し、たくさんの位牌もすべて燃えてしまった。結局、その時点で残った父方実家の位牌は、私が母のもとに送ったものだけになった。霊界の祖父は、自分の家が焼けてなくなったため、母のもとに緊急避難してきた。あわてた様子だったのは、まさに火急の出来事だったからで、私に連れられてきたというのは、北海道に送った位牌といっしょに来たという意味だったのである。

この夢では、火事という大惨事と、先祖代々の位牌の移動が一つの筋立てに組み合わされている。夢の巧みさには舌を巻くしかない。

私が実家に入らなかった理由は、頭が火の象徴になっているため、家に入れば母の住む家まで火事になる恐れがあるからだろうと、当時は考えた。けれども今回、改めて振り返ってみると、この火のような頭髪は、当時の私の精神状況の表示でもあったと思わざるをえない。当時、私は宗教上・精神上の課題に直面し、一つの転機を迎えていた。その状況が、頭が燃えるというイメージで描かれていたのである。

なお、母はこの夢の三ヶ月ほど前から、シリーズでこの異変に関連する夢を見続けていた。

130　交通事故を未然に察知

ドナルド・C・ハンセンというアメリカ人が一九五九年五月中旬に見た夢だ。

「私たち（自分と妻）は真暗闇の中をドライブしていましたが、車がハイウェイの端から外れて深い穴の中に突込んでしまったのです。その夢の中ではハイウェイの建設工事が進行中で深い穴が掘られ、それがまるで跨線橋が造られてでもあるかの様に見えるのでした。そして交通警戒用としての何等バリケードの設けも無く、掘さくについてドライバーたちに警告する何等の迂回標識も代替道路の指示標識もありませんでした」

夢を見たとき、ハンセン夫妻は実際、ミネソタ州のミネアポリス市から、親戚のいるアイオワ州ナサ市までドライブする予定があった。ハンセンは、夢については妻にはなにも話さず、そのまま予定通り旅行に出発した。やがてアイオワ州とのミネソタ州との境界にさしかかったころ、車は夢で見たような暗闇に入った。夢を思い出したハンセンは、念のためにスピードを落とした。すると、突然、車が穴に突っ込み、危ういところで止まった。その場の情景は、まさに夢で見たものと同じだった。ハンセンはこう書いている。

「もしも私が見たあの夢のお蔭がなかったならば——車をスローに運転する先入観がなかったならば——私と妻とは共にあの春の宵に死んでいたかも知れなかった」

＊注＝自動車事故に関する警告の予知夢は多い。頭から離れないような気がかりな夢を見たときは、交通手段を変えるなり、予定をずらすなりしたほうがよい。杞憂に終わればそれに越したことはない。

131　夢のとおりの落石事故

昭和五十七年の夏、実家に帰る前日の晩に、岡田美保さんが見た夢。

カーブの多い山道を車で走り、五番目のカーブを曲がったら、そこが工事中になっており、白い車が止まっている。見ると落石のため、車の屋根がボコボコになっていたので、「わあ、ひどい屋根」と車から身を乗り出したとたん、突然の落石があり、頭にガッンときたところで目が覚めた――。

その後、車で帰省中に夢と同じ場面に遭遇し、すんでのところで助かった。

＊注＝車で外出する前の夢としては明らかに不吉だが、岡田さんは、当初はあまり気にしなかったらしく、予定通り夫と一緒に車で実家に向かった。実家は長野県松本市からかなり奥まったところにあり、カーブの多い山道を走る。その山道を走っているうちに、美保さんはだんだん夢が気になってきた。そこで夫に昨晩の夢のことを話し、「五つ目のカーブを曲がったら工事中で、白い車が止まっているわよ。落石が多いから気をつけて」と注意した。「何をバカな」と、夫は取り合わず、そのまま運転を続けていたが、やがてハッとして車を止めた。美保さんが夢で見たという白い車が、ほんとうに止まっていたからだ。しかも

工事中の札まで立っている。美保さんは反射的に、「落石があるの、逃げて！」と叫んだ。夫が車を急発進させてからほんの一瞬後、バラバラという土砂の音に続いて、直径一メートルあまりもある大きな岩が、ついさっき夫妻の車がいた場所に落ちてきた。

青くなって実家に着いた二人は、すぐに落石のことを話した。すると、両親がこう言ったという。

「○○おじさんがその現場で落石にあって、全治三ヶ月の大けがをしたんだよ。つい一週間前のことで、まだお前たちには知らせていなかったんだが……」

132 時空を超えて伝えられた自動車事故

アメリカ・カリフォルニア州のサンノゼ市に滞在していた佐藤定吉工学博士（東北大学教授）の自動車事故を、軽井沢にいた妻と、ハワイにいた義妹が重ねて見たという**二人同夢**だ。

大正十四年八月、佐藤博士は三人の同乗者とともに、サンノゼから車でリック天文台に向かっていた。同天文台は世界で初めて山頂に造られた天文台で、標高一三〇〇メートルのハミルトン山頂にある。急勾配を避けて道路を建設したためカーブが異常に多く、天文台に到着するまでには三百六十五個所のカーブを経なければならない。

この厳しい山道を車で上って行く途中で、佐藤博士らの乗った車は谷底に転落した。佐藤氏の著書から回想を引こう。

「ドライバーは『ハッ!』と叫んだなり、その瞬間大型の自動車は急速度のまま四十五度以上の急な深い深い断崖絶壁の渓間へと突進しつつ墜落した。私は『危ない!』と思って急に窓から飛び出す用意をしたが、とっさの間で果たして半身出たか否かさえ意識されない。恐ろしい音を立てて、まっ逆さまに墜落したと思う次の瞬間に、急激な力で私は衝き飛ばされる感じがした。と思うと私の身体は真逆さまに、丁度柔道で投げすえられた時のように七、八回も、ころりころりとひっくり返りながら谷底へと転げ落ち……大きな樹に衝突して止まった」

まさに万事休すの大事故で、乗員全員が死んだとしてもおかしくない。しかも佐藤博士は、事故の際には最も危険性が高い助手席に乗っており、車は大破していた。にもかかわらず、埃まみれになっているだけで、博士にはかすり傷一つなかった。同乗者の他の三人からも死者はでなかった。ただ、流血まみれの者、骨折した者など、それぞれが大怪我を負っていた。

事故後、博士は不思議な確信を抱いた。「妻の夢か、子どもたちの夢に(自分が)現れたとの直覚」がそれだった。そしてそれは、まさしく的中した。心配をかけたくないという思いから、博士は事故のことを知らせなかったにもかかわらず、ハワイのホノルルに住む義娘からの電報が届いた。

「春子は両兄の罹災を正夢で見た。奇蹟的な恩寵を感謝す」という電文で、二日連続で車が谷底に転落する夢を見ていたことがわかった。

さらに帰国後、博士が話をする前に、妻から二晩続けて見た夢の話を聞かされた。再び博士の文章から引用する。

「軽井沢に避暑中であった私の妻には、遭難当時、即刻彼女の夢幻に私が現れている。……妻は来客があって夜遅くまで話をなし、一時頃就寝した。その後間もなく目覚めて、子どもたちに布団をよくきせて再び床に就いたが、その時、夢幻のうちに私が枕辺に立って呼ぶ声がする。

はっきりと私が立っている姿が見え、いつもの如く元気にしている。……その後彼女は再び夢を見た。それには**囚人の乗る黒い箱車**に四人の人々が乗せられて**死刑場へと運ばれている**。見れば**まだ小さい子ども**たちである。その中に自分の可愛い子どもが一人おる。『罪のないこれらの子どもたちを、どうしてそんな恐ろしい死刑場へ連れていくのです』と驚いて大声を張り上げたと思ったら目が覚めた」

＊注＝この大事故と夢の話は当時の大阪毎日新聞にも掲載されており、「単に奇蹟的などという言葉で片づけてしまうには余りに深いものを、私は体験した」という記者会見における博士の言葉も紹介されている。

博士は洗礼も受けた熱心なキリスト教信者で、五女の死後、「全東洋を基督へ」という神からの召命を受け、キリスト教系の信仰団体を創設した人物だ。それだけに、これだけの大事故を無傷で乗り越えたのは天なる父の恩寵だという絶対的な確信を抱いている。

妻と義妹が見た夢は死の可能性を告げる予知夢で、たんに事故と同時刻の夢というだけではなく、車に乗っていた人数まで正確に予知している。妻の夢で四人が「子ども」として描かれているのは、遭難者の無力さを表す。どうあっても避けられない事故だということが、子どもという姿によって描かれているのである。その中の「可愛い子ども」は、いうまでもなく夫のことだ。

四人の身に非常な危険が迫っていることは明らかだだが、妻は死刑が執行されるシーンは見ていないし、義妹も転落シーンは見ているが、死のシーンは見ていない。ここに一縷の望みがあることが暗示されている。

心霊主義者の間では、夢は時空間を超越して過去・現在・未来に飛び、距離の隔たりも障壁にはならないと考えられている。佐藤博士の遭難は、まさにその実例の一つなのだ。

133 霊界の親族会議

心霊科学協会会員の渡辺登美さんが見た、霊界の親族会議に招かれる夢だ。

空を飛んで実家の**屋上の物干し場**に行くと、すでに多くの人が集まっていた。私にわかるのは死んだ母親だけだが、みな親しい関係にあるようだ。

末座に座ってかしこまっていると、母親が立ち上がり、「いい所もあるが悪い所もある」と兄嫁の批評を始めた。私が恐る恐る「中の弟と仲違いをしております。困ったことです」と言うと、わかっているというふうに大きく二、三度うなづいた。

やがて親族会議が終わり、屋上の先祖たちは次々と去っていった。私も帰ろうと立ち上がり、景色を見ると、さきほど話題になっていた兄嫁が、木々の生い茂った**谷底の細く暗い道**を、小田原提灯をたよりにブラリブラリと**下っている**姿が見えた。私は空中から、「**あぶない、そちらは谷だ、あぶない**」、と叫んだが、いくら叫んでも兄嫁には**声は届かなかった**。

この夢から十日ほど後、実家の得意先である繊維問屋が倒産し、大きな被害を被った。

＊注＝霊界で親族会議が開かれ、身内の危機を告げたという珍しいケースだ。
霊界から下りてきた祖霊の集会場所として、家の中では最も天界に近い場所である屋上

の物干し場が用いられているのは、夢の巧みな象徴テクニックの一つだ。**高い場所**は浄化の進んだ霊が集まると考えられてきた場所の一つで、その典型に**山岳**がある。山岳が共同体や宗教の霊場になっている重要な理由の一つがここにある（未浄化の低級霊は、逆に**低い場所、暗く陰湿な場所**に集まりやすい）。まだ浄化の段階に入っていない死んですぐの霊が、四十九日の間、家の屋根のあたりにいるという俗信も、理由のないことではない。

この夢に描かれているとおり、守護霊など指導的立場にある霊や浄化が進んだ霊は、通常、人を傷つけたり悲しませたりするようなきつい言葉づかいはしない。帰神などの神憑りの場でも同じだ。他方、低級霊は刺激的で激しく汚い言葉を、感情にまかせて発する傾向がある。

渡辺さんの夢に現れた母の霊は、兄姉について、「いい所もあるが悪い所もある」と穏やかに教示しているので、高いレベルの霊だと想像される。ただし、このケースからもわかるとおり、表現があまり強くない場合でも、祖霊などからの警告は重大な障害を示していることが多いので、見た人は深く注意を払う必要がある。

続く夢に出てくる**谷底の暗く細い道**は、先で待ち受けている障害や困難を表す。**道が下りになっている**ことや、それが**夜道**だということも、障害の接近を表している。下り道は、次第によくない状況に入っていくことの、夜道は先が見えないことの表示だからだ。

兄嫁が手にしている小田原提灯は、足下をしっかり照らさないといけないという警告なのだが、夢では慎重に進んでいる様子がうかがえない。ブラリブラリとろくに注意も払わず下っているという夢の印象が、それを物語っている。また、渡辺さんの声も届いていない。夢のすべてが、避けがたい障害を暗示している。

134 沼にはまる

秋田県の女性が昭和五十年代に見た夢。

離れた土地で商売をやっている息子が**沼にはまり**、もがきながらズブズブと**沈んでいく**。自分一人の力では救いあげることができないので、助けを呼びに行こうとしたら、今は亡き父親が、ロープを持ってこちらに駆けつけた。「ああ、これで助けてもらえる」と思ったら目が覚めた。

目覚めたあとも非常に後味が悪く、恐ろしかった。それから数日後、息子が自家用車で人身事故を起こし、相手が亡くなったという連絡が来た。息子ひとりの力ではどうにもならなかったので、自分の土地を売り、他の子どもたちにも助けてもらって、先方の遺族に慰謝料を払った。

＊注＝沼にはまる夢は、はまっている者が身動きの取れない状況に陥る知らせである。非常な困難の前触れなので、厳重な注意を要する。この夢では亡父が駆けつけて助けに入っているので、どうにか事後処理できた。それでも親はじめ親族は大変な犠牲を払っている。同じ「はまる」夢でも、沼の場合は深刻さの度合いが深い。

135　血まみれで玄関に立つ

昭和五十七年、岩手県の女性が見た夢。

学校の帰り道、遊んでいる妹をみかけた。暗くならないうちに帰るようにいったが、夜中になっても帰ってこない。誘拐でもされたのではないかと心配になり、探しに行こうとしたら、突然、玄関の開く音がした。母と急いで行ってみると、**全身血だらけ**になった妹が立っていた。震えわななきながら、母が「どうしたの」と聞くと、妹が「**さようなら**」といって消えた――。

この夢を姉が見た翌日、妹は交通事故に遭って顔に傷を負ったという。

＊注＝その後の状況を知らないままでこの夢を聞かされたら、筆者は死の予知夢の可能性をまず

第一に考えただろう。玄関に立ったこと、さようならという言葉、消えたことなど、死の象徴であふれている。血まみれという情景は、通常の象徴的な夢では、吉夢となるケースも少なくないが、交通事故などの予知夢では、文字通り血まみれになることを表している。

恐らく死の一歩手前の際どい状況だったのだろうが、事故で済んだのはまったく不幸中の幸いだった。

136 出張旅行中の夫が海で溺れる

民俗学者の今野円輔氏が、民俗学の先輩である岩崎敏夫氏から聞いた、岩崎氏の妹夫婦にまつわる「正夢」の聞書だ。

ある晩、妹は、真っ暗な海で夫が溺れている夢を見た。このとき地理教師の夫は研究旅行で九州に行っていたが、海岸に行く予定は入っていなかったので、安堵の胸を撫で下ろした。それでも旅行から帰ってきた夫に、「あなた、いつかの夜、海で溺れたでしょう」と聞いてみた。するとと夫は「誰にも一言もしゃべらなかったのに、どうしてお前にわかったんだ」と目を丸くして驚いた。そこで、妹が自分の見た夢を話したところ、まったくそのとおりで、夫の体験とぴたりと符合した。その後、夫はこう語ったという。

「そのときは、予定を変更して海岸の旅館に泊まったが、あまり暑いので海にはいって泳いでいるうちに、ぐんぐん流されて二時間半も海にひたっていた。流されているうちに落着きを取り戻し、潮の流れを利用してやっと岸にたどりついたが、しばらくは岸から動けないほど疲れきってしまった。しかし、地理の教師になる前は体育の先生をしていたので、溺れたなどというのは外聞が悪いので、誰にも話さず隠していたことだった」

＊注＝**溺れる**夢は危険だが、溺れて沈む情景が出てこなければどうにか危地を脱する可能性が高い。そのあたりの夢の情景が描かれていないのが惜しまれる。これはたぶんテレパシー夢の一例だろう。

こうした現象は夫婦や親子の間で起こることが多い。岡田美保さんのケースや佐藤定吉博士のケースでも、妻が夫の危険を察知している。夫婦のもつ意味の重さが、これらの事例にはよく表れている。出口王仁三郎がこう書いている。

「夫婦は（霊界では）一体であり、一心である」

137　生死を分けた水難事故の夢

前項の岩崎氏は、溺れかけたが助かったケースが、次に紹介するのは、一人が助かり、一人は波にさらわれて亡くなることを予知した夢だ。

昭和三年十一月、アルゼンチン駐在日本公使館付武官として妻・輝子さんとともに赴任の途にあった井上陸軍中佐が、乗船していたイギリスの客船ベストリス号の沈没（同月十二日）により、大西洋上で亡くなった。輝子さんは奇蹟的に助かり、中佐の遺体は十二月二十一日、横浜に送還されてきた。

遺体は輝子さんの父である原口初太郎中将（後に衆議院議員）ら陸軍幹部によって出迎えられたが、このとき原口中将が列席者を前に、遭難の悲報到着の前夜、自身の妻（輝子さんの母）と長男の原口一郎さんが見た夢について語り、その記事が翌日の大阪毎日新聞に掲載された。

一郎さんは、井上中佐と一緒にブエノスアイレスの市中を歩いていると、どこからともなく**波がひたひたと押し寄せてくる**という夢を見た。

輝子さんの母も、井上夫妻の足元に波が押し寄せるという情景を夢に見たが、さらにつづきがあった。輝子さんは波から逃げのび、夫の井上中佐だけが**波にさらわれた**というのである。

＊注＝井上夫妻が死に別れすることを、夢は、妻が逃げのび、夫だけが波にさらわれたという情景で表現している。夢の描写の巧みさが、よく表れたケースだ。

138　凶事を告げるイモムシ・毛虫

私の母は、**毛虫**や**イモムシ**のたぐいを毛嫌いした。とくにイモムシはダメで、姿を見ただけでひどい悲鳴をあげた。キャベツなどは葉の陰からひょっこり虫が姿を現すことがあったから、料理の際にはビクビクしながら腫れ物にさわるような手つきで扱っていたことを思い出す。その母が、かつてこう語っていた。

「毛虫の夢を見ると必ずイヤなことが起るんだよ。妹が離婚したときには、土の中からコガネムシのような色をした大きなイモムシが出てきて、胸が苦しくなって目覚めた。弟がお金を借りにくるときも、必ず夢に見た。イモムシや毛虫が大きかったり、数が多いときは、決まって金額も大きかった」

＊注＝本書のあちこちで書いているとおり、母はかなり鋭敏な霊感質で、よく予知夢を見ていた

が、その予知夢の中で、これらの虫は彼女を脅かすもの、不快な出来事、災厄などの象徴として用いられていた。

予知夢に出てくるシンボルは、それに対する自分の好悪によって、意味が判断できる場合がよくある。これはその典型例だ。虫好きが見る虫の夢と、虫嫌いが見る虫の夢では、意味が違うという当たり前の事実を銘記していただきたい。シンボルの意味は、個々人によって異なってくる。

139 観音菩薩からの戒め

作家の松谷みよ子氏が報告している、東京都練馬区の少女の夢だ。

夢の中に、まぶしく輝く**観音様**が出てきた。気がつくと、自分の手に紙が握られている。すると観音様が、「その紙の内容を知りたいでしょ」と尋ねてきた。「はい、見たいです」と答えると、「あなたは最近行いが悪いから、今日は見せられない。もし行いがよくなれば、その紙を見ることもできる。ご利益のある紙なのだよ」といった。

それでも見たくて手を動かそうとしたが、手が開かない。そこで目が覚めた。

＊注＝松谷氏によると、「少女はその頃本当に行いが悪かった」。この夢のように、神仏や祖先霊などが出てきて諭したり、無言で厳しい顔を向けるなどのパターンの夢がある。

筆者も二十代のころ**地蔵菩薩**から無言の戒めを受ける夢を見たことがあり、非常な恐怖感とともに目が覚めた。地蔵菩薩は無言で私を見おろしていただけだったが、恐怖感はすさまじく、何を戒められたかは、目覚めたとたん即座にわかった。ほとんど大学にも行かず、浴びるほど酒を飲んでは友人や女性と気儘な日々を送るという、かなり乱れた生活をしていることに対する戒めだったのだ。

また同じころ、夢に母が出てきて、**私の名を呼ぶ**という夢を見た。明瞭に声が聞こえた。ただそれだけのことなのだが、なぜか強いショックを受けて跳ね起きた。目覚めと同時に、母が私の身を案じ、戒めているのだということが直感的にわかった。

その直後、母から手紙が届いた。内容は、まさしく夢に対応していた。こうした夢を見たら、日ごろの自分の行いをふりかえらなければならない。必ず思い当たることがある。

病気を予告する夢

140　転落事故を暗示した頭のない鯛

昭和六十一年春、筆者の父が地下鉄の階段から落ちて頭蓋骨を骨折するという大事故に遭った。病院に搬送されてただちに手術を受けたが、その後も危険な状態が続き、意識が戻らないまま集中治療室での日々が続くことになった。

当時、私は東京で家庭をもっていたが、母から緊急の連絡を受け、手術の翌日、あわてて北海道に飛んだ。その足で病院にかけつけると、医者から「助かるかどうか五分五分で、助かったとしても植物状態になる可能性が高いので覚悟しておいてほしい」と告げられた。

この大事故の前に、母が連続して夢知らせを受けている。以下、当時母が見ていた夢を、順に書いていく。

事故にからむ母の一連の予知夢、その一。

日暮れに北海道江差町の知人女性から小包が届いた。中には**大きな鯛**が入っていたが、**頭部が**

ない。そばにあった桶に鯛を**逆さにして立て掛けた**。夢の中で、鯛は「目出度い」で縁起のいい魚なのに、どうして頭を切って送ってきたのだろうと不思議に思いながら目覚めた。

＊注＝母はのちに「鯛に頭がなかったのは、このこと（頭蓋骨骨折）かと思った」といっていたが、そのとおりだろう。鯛は、尾頭があってはじめて縁起物になる。頭が切り取られている鯛は明らかに凶兆だ。桶に逆さにして立て掛けたというシーンにも、夢の描写の巧みさが現れている。桶は地下に向かう地下鉄の半円状のドームの形状を連想させるし、頭から階段の下に突っ込む事故の状況は、逆さに立てた鯛によって暗示されているからだ。

けれどもこの夢の、より驚くべき暗示は、別のところにある。

夢の鯛は北海道の江差の知人から届けられている。その知人は、かつて私たち一家が江差に住んでいたときのすぐ近所の方で、非常に親しく行き来していた。建設業を営み、旅館も経営していたと記憶するが、そこの御主人も、脳血管障害か何かで脳をやられて倒れ、父と同じ状態になっていたことを、後日、母が思い出したのである。

このように、夢は一つのシーン、一つのシンボルで、いくつもの意味を複合的に表現することが非常に多い。解釈にあたっては、いろいろな方面から意味を探らなければならない。

141 部屋の中に松が生える

事故にからむ母の一連の予知夢、その二。

家のかなり広い**部屋に、松の木が鬱蒼と茂り**、天井をはうように枝が伸びて、**部屋の中が薄暗くなっていた。**

目覚め後、嫌な夢だと直感的に感じたが、夢の意味は、見た当初はわからなかった。夫の夢だと気づいたのは、事故後である。

＊注＝松は通常は吉樹と解してよく、健康・長寿や好調な運気などを表している。けれどもこの夢のように、松やその他の**樹木が家の中に生える**のはよくなく、一家の主人などの病気の予兆の可能性が出てくる。ほんらい外に生えているべき木が家（＝人体）の中に〝根付く〟という情景で、家が意味する人物（この場合は戸主）が病気で〝寝付く〟ことが暗示されるのである。

しかも、夢の松は鬱蒼と繁っている。松は成長が遅く、非常にタフな樹木なので、吉兆として現れた場合は、長い時間をかけて安定的に、また着実に成果が上がっていくという嬉しい知らせとなるが、凶兆として現れた場合は、長い期間、頑固な病や不幸などに当人も家族も苦しめられるという意味に変わる。夢の松は鬱蒼と茂っているので、悪い状況は長引くと考えなければならず、その結果、家族（このケースの場合は世話をする母）が辛い思いをしなければならないことが暗示されている。天井まで伸びた枝で部屋の中が暗くなっているという情景も、そのことを暗示している。

このケースのように、病人を抱えている人、あるいは自分自身が病気と闘っている人が家の夢を見たら、大いに注意する必要がある。とくに要注意なのが、本来あるべきでないものが家の中にある夢だ。座敷に木が生える夢のほかにも、**家の中に馬や犬が闖入してくる**、**家の中に土がある**などの夢は凶意が強い。

私の妻が入院中に見た夢の中に、座敷の中央に置かれたコタツの下が四角に掘られて、**部屋の中なのに土が剥き出しになって**おり、**野犬**のようなものが部屋をうろついているというものがあった。どういう意味かと妻に尋ねられた。妻は末期の癌で、治療方法がないと医者に言われていた。何といやな夢だろうと困惑し、返答に窮した。

無理やりよい方向に解釈して聞かせたが、このときのつらさは今でも鮮明に覚えている。

142　切られた桜の枝

事故にからむ母の一連の予知夢、その三（事故直前に見た夢）。

夢の中で、地下を歩いて地下鉄の公安室の前まで来た。そこに一メートルたらずの**切り取られた桜の木**があり、花が咲いている。私（母）は花のついている小枝を手にした。ふと見ると、公安室の窓から人がにらむように私を見ている。それで公安室の中に入り、「二度としません」と**謝ったら許してくれた**。

目が覚めてからも胸騒ぎが続き、いやな夢だと非常に気になっていた。すると、ほどなく夫が酒に酔って地下鉄の階段から落ち、頭蓋骨を折って病院に搬送されたとの連絡がきた。救急車その他の手配は、すべて公安室の方がやってくれた。

＊注＝この夢では、母は父が転落した地下鉄の通路を歩いており、実際に事故後の対処や救急車の手配などをしてくれた公安室も出てきて、危機が目前に迫っていることを暗示している。以前の夢に比べ、情景がよりリアルになっているのだ。
夢に出てきた桜は、桜の季節に起こる事故という暗示に加え、花七日といわれるとおり、パッと咲いてパッと散る寿命の短さ、はかなさなども同時に暗示しており、また父そのも

のの象徴ともなっている（樹木はしばしば人物象徴となる）。しかも刃物が入った切り枝という非常に不吉な形で出てきているので、相当危うい状況にあることは間違いない。

ただ、夢では桜の小枝を手にして、つまり父の分身をともなって、その伴侶である母が公安室の係員に二度としないと謝り（この謝罪は、酩酊して大怪我を負うような過ちはもうしない、させないという意味だろう）、係員が「許して」くれたおかげで、最悪の事態は免れることができたと考えられる。許すのは、救うことの別様の表現なのである。してみると、公安室の係員は守護霊の化身かもしれない。

143　二体の地蔵尊が現れる

事故にからむ母の一連の予知夢、その四。

緊急手術後、父は危篤の山場は乗り越えた。けれど二週間たっても意識が戻らないままだったため、母は看病に付きっきりで、夫のベッドの後ろにうずくまって、眠れない夜を続けていた。そのころに見た夢だ。

明け方、ウトウトとまどろんだら、何か胸の上が重く冷たいように感じられた。手をやってみると、小さな**お地蔵様**が胸に一体、左の腕の上にも私の腕枕で横になっているような形で一体、あわせて二体のお地蔵様が乗っかっていた。びっくりして目が覚めた。

目覚め後、これはきっと仏様やご先祖様にすがれということだろうと思い、眠れないにまかせて、連夜、心の中で南無阿弥陀仏、南無阿弥陀仏と念仏を唱え続けた。そうしていたところ、父はみるみる元気を取り戻し、意識も回復して、ついには退院できるところまでこぎつけた。当初「命はとりとめても植物人間になる可能性が高い」と言っていた医者は、「奇跡としかいいようがない」と驚いた。まったく奇蹟的な回復だった。

＊注＝夢の地蔵尊は、おそらくこの男を頼むといって母にすがってきている父の先祖霊の化身だろう。胸の上に重くのしかかっているのは、母の霊（胸の上というのがその象徴）に必死に訴えている状況を表しており、切実さがひしひしと伝わってくる。冷たいと感じているのは、それがすでに亡くなっている人の霊だからである。

左腕のもう一体の地蔵尊は、おそらく父の化身に違いない。腕枕という状態は、わが身を信頼する人に託す形で、このときの父が置かれた状況と合致する。昏睡状態の父にとって、頼れる者は母しかいないのである。

胸の上の地蔵尊は重く冷たいと母は感じているが、腕枕の地蔵尊にはそうした感じはとくに受けていない点も注目される。父は生きて寝ている状態だからで、腕枕というイメージは、そのことも表している。

目覚め後、神仏やご先祖に祈らなければと母が感じたのは、そのように思わせる霊側らの働きかけがあったからだろう。奇蹟的な回復が、地蔵菩薩やご先祖の加護だったかどうかは分からない。ただ、医者の見立てをすべて覆すような驚異的な回復ぶりだったことは確かだ。

144　癌を知らせた僧侶と亡き兄

事故にからむ母の一連の予知夢、その五。

退院して夫が家に戻り、数年後の平成元年に母はこんな夢を見た。

夫が広い部屋の片隅に**布団を敷いて寝ている**。廊下には、**亡くなった義母**と**僧侶**がおり、僧侶が**仏具を忘れてきた**というので義母が探してきて渡したが、僧侶は「宗派が違うから、これではだめだ」と言っている。そうしているうちに、すでに亡くなっている夫の兄が部屋に入ってきて、夫の布団を足のほうからめくりあげ、のぞきこんだ。それから私に対し、「**寝かせてばかりおいて**

もだめだろう」といったあたりで目が覚めた。

夢が気になって、翌日、夫を病院に連れていくと、「膀胱癌だから明日にでも入院させるように」と言われた。

＊注＝冒頭の広い部屋で布団を敷いて寝ているシーンは、前に紹介した「事故にからむ母の予知夢、その二」と対応している。あの夢では広い部屋にあったのは松だったが、ここでは夫（筆者の父）が布団を敷いて寝ており、誰の身に生じる問題かが明らかに示されている。布団を敷いて寝ているという情景は、しばしば病気やトラブルの示しとして現れる。道路に布団を敷いて寝ていた女性の夢（61ページ）を参照していただきたい。
次に夢は、二つのエピソードで、この問題の対処法を教えている。

まず最初の義母と僧侶のシーンは、夫の病が死に至るものか、そうでないものかを伝えている。夢の僧侶は、仏具を忘れてきている。これでは葬式は営めない。義母（三十数年前に亡くなっている父の実母）が仏具を探して僧侶に渡すのは、彼女が自分の息子をあの世に連れていこうとしていることを表しているように思えるが、僧侶は受け取り（法事の執行）を拒んでいる。だから病が命取りになることはない。

多くの場合、僧侶は仏事＝死に関する事柄や、病気など何らかの心配事のメッセンジャーとして現れる。**玄関を開けて僧侶や尼僧が家の中に入ってくる**夢は、とくに凶意が強い（ただし、夢の中でこのお坊さんは**徳の高い高僧**だ、ありがたい方だと感じているなら、その僧は何らかの気づきや精神的な喜びをあなたにもたらす援助者である可能性が高い）。母は、自分の母が亡くなる一週間前、**玄関に立った尼僧を家に招き入れる**夢を見ている。

続くエピソードでは、亡くなった兄が出てきて、父の布団をのぞきこんでいる。**足のほうからのぞいた**ということにも意味がある。危険は知らないうちに〝足もとから〟忍び寄ってくる。まだ気づいていない問題があることを、亡兄はこの仕草で教えている。また、この夢に関しては、父の下半身に問題があることも併せて示していると思われる。

亡兄は弟である父をあの世に連れていこうとはしていない。弟の身の上を案じており、「寝かせてばかりおいてもだめだろう」と、対処法を教えている。そこで母は、夢を見た翌日、さっそく父を病院に連れていき、そこで膀胱癌が判明した。

夢の示しのとおり、膀胱癌は無事処理できて、命にかかわる事態には至らなかった。僧侶が法事を拒んだとおりの結果となったのである。

145　父の死を告げる看護婦

事故にからむ母の一連の予知夢、その六。

膀胱癌の手術を終えたあと、母はまた夢を見た。

病院に行くと、看護婦が二人で「Fさんは**死にました**」とタオルケットに包み、エレベーターから降ろして下に置いた。困ったなと思っていたら、自分の弟がやってきて、「俺の車で連れていくから」と言い、病室の後始末を終えて帰宅するという夢であった。

気持ちの悪い夢だったが、幸い逆夢で、父は無事家に戻った。その後は再発することもなく、術後も良好だった。

＊注＝悩ましい夢だが、病気などで入院している人を夢見た場合、**死んで家に帰る**ほうが吉夢で、無事退院できることを表し、**元気になって退院する**夢のほうが、死の前触れになっていることがしばしばある。そうした夢の例も挙げてあるので参照してほしい。
この夢では、母の弟が「俺の車で連れていく」と話している。現実もそのとおりになり、父は弟の車に乗って、無事退院してきた。夢はそこまで教えていたのである。

146　警官が捕まえにくる

事故にからむ母の一連の予知夢、その七。

平成四年、母はこんな夢を見た。

古くて狭い家に引っ越ししている。大工さんがあちこち**修理をしている**らしい。そこに夫が**酔って帰宅した**。だれかが「**刑事**が来た」と告げる。玄関に出てみると、婦人警官と男の刑事が立っており、婦警が**書類**を取り出して、私に見せた。そこには「三日間の拘留、**罰金三万円**」と書いてある。私は心の中で、「夫は酔ってはいるが、喧嘩をした様子もないのだから、罰金だけでもよさそうなものなのに……」と**不満に思っている**。

＊注＝当時、父は入退院をくりかえしており、父のめんどうをみていた母は疲労が蓄積して、体調が思わしくなかった。膵臓炎も発症しており、不快な印象の夢が続いていた。平成四年のこの夢は、こうした状況およびこれから先のことを、正確に予告していた。

冒頭の古くて狭い家は、母の体調を表している。家は典型的な身体の象徴だが、それが「古くて狭い」と感じているのは、くたびれて、十分に機能しなくなっているということだ。それゆえ大工が出てきて、家の修理をしている。修理は治療、家を直す大工は医者を意味している。

次に刑事と婦警が登場する。彼らは人を捕まえて拘束し、取り調べを行い、刑務所に送ることを仕事としている。この仕事は、医者および病院の仕事の隠喩にほかならない。医者も、患者を診察・検査をし（＝逮捕・取り調べ）、状況次第で入院させる（＝収監）。婦警と刑事は、そうした処置を受ける必要があるということを告げにきている。

それを端的に表しているのが、婦警の取り出した書類だ。そこには「三日間の拘留、罰金三万円」と書かれている。三日間の拘留は、そう長い期間ではないが、通院する必要があるということを示しており（拘留は検査を意味する。入院となれば、刑が確定して刑務所に入るという表現になる）、罰金三万円は、この検査に多少まとまった出費があることを表している。

ここで母が「夫は酔ってはいるが、喧嘩をした様子もないのだから、罰金だけでもよさそうなものなのに……」と思っているのは、自身の体調悪化の原因が父にあると思っていること、また父も何らかの新たな検査を受けなければならないことの二重の意味を表している。夢の冒頭に、父が酔って帰宅したというシーンがあるが、酔うと足取りもおぼつかなくなり、〝まとも〟ではなくなってしまう。脳にダメージを受けた父の姿が、酔うというイメージで描かれ、帰宅したというのは、退院して家に戻っていることを表しているのである。

その後、母は実際に大きな総合病院で検査を受け、大きく腫れているという膵臓の手術を強く勧められた。手術は極力避けたいと思っていた母は、再検査までの間、一心に信仰している神仏に救いを求めた。それで奇蹟的に膵臓の炎症が消えて手術は不要になり、驚嘆した担当医が、一年後に再検査させてほしいと頼んできたそうである。

これら一連の夢でおわかりのとおり、母は一家に大きな出来事がある場合には、必ず夢に見てきた。それも現実化する寸前に見るのではなく、数ヶ月、ときには数年も前から続き物の予知夢を見ることが多かった。夢というものは、最初は何のことかわからなくとも、そのうちだんだん意味の輪郭がはっきりしてくることがよくある。だからこそ筆者は、枕元にノートを置き、夢をすぐに書き留めることが重要だということを、これまでたびたび書いてきたのである。

残念なことに、母はその一々を記録していなかった。気になる夢を見たあとは、必ず家人に夢の内容を話す習慣があったから、家人も母の夢を共有し、その夢が確かにいついつ見られたものに間違いないということは分かっていたが、細部は忘れ去られるため、後の検証ができない。これが実に残念だった。

そこで母に頼んで思い出すかぎりの夢をノートに記載してもらったものを、筆者は保存している。本書で紹介している夢も、そのノートに多くを負っている。

なお、右に挙げた夢の一部は、旧著では父母への配慮から匿名者の夢として紹介したが、本書では事実のままに記すことにした。もちろん旧著でも夢の内容等は事実そのままで、改編・脚色等は一切していない。ただし、解釈については、当時と変わっている部分があることをお断りしておく。

147 陸地で鯨に追われる

長い闘病の末、父は平成十二年四月に亡くなった。ここで思い起こされるのは、父が転落事故に遭う直前に母が見た桜の枝の夢だ（316ページ）。桜の意味についてはそこで書いておいたが、あの桜には、事故に遭うということに加えて、亡くなる季節の知らせという意味もあったのではないかと、夢を整理していて気がついた。北海道の桜は遅く、四月から五月がその季節になる。父はまさにその時期に亡くなったからである。

父の死から一年ほど後、筆者はこんな夢を見た。

巨大な鯨が陸地に乗り上げて、自分を追ってくる。その背には、**見知らぬ黒っぽい服装の男**が乗っている。山道を抜け、必至で逃げているところで目が覚めた。

＊注＝鯨もいろいろな意味をになうシンボルだが、「呑み込むもの＝母」として夢に現れるケースがある。これもその例の一つで、鯨は母を表し、その背に乗っている黒っぽい服装の男は病気を暗示していた（この種の男は、夢見た人の状況や夢の描かれ方によっては死のメッセンジャーとも死神ともなるので、厳重に注意しなければならない）。

当時、母は夫が亡くなって精神的に不安定になっていた。鯨が海から陸に上がってきているのは、本来あるべき状態からの逸脱を表している。鯨の住む世界は海で、海は霊界や人間の無意識世界の典型的な象徴だ。本来そこにいるべきものが、陸地（自我世界、現実世界）にまで上がってきているのは、心身の危機的状況、とくに精神的な危機を表している。

私を追っているのはＳＯＳのサインにほかならない。実際、母は喪失鬱の状態で、その状態から抜け出るのに長期間を要した。この夢を見た時点で、私は母の喪失鬱を知らずにいた。

148　庭が陥没する

平成二年に筆者が見た夢。

妻の長野の実家の前にいる。実家の**庭**が**大きく陥没**して、四角い**巨大な穴**があいた。私は穴のそばに駆け寄り、縁から穴をのぞきこんだ。**穴の底には義父が入っていた**。

＊注＝非常に気がかりな夢で、目覚め後も胸騒ぎがして夢のことが頭から離れない。目覚め後、妻に、お義父さんは大丈夫か電話で聞いたほうがいいと話し、妻はすぐ電話をかけたが、その時点で異変はなかった。ところが夢からさほどたたないうちに、義父が重度の内臓疾患で入院し、一時はかなり危ない状況に陥った。見舞いに行くと、腹水で腹が太鼓のように膨れあがっており、最悪の事態も心配されたが、数ヶ月の入院治療後、無事に退院できたのでホッとした。

庭はその人にとって大切なもの——家族、愛、魂、内的生活などを象徴する。庭の状態によってその時々の心の状態が示されるほか、家族や自分自身に起こる重大な変化も示される。この夢では、庭が大きく陥没し、義父がその穴の底にいる。目覚め後、胸騒ぎが続いたのは、それが生死に関わる夢だと無意識にわかっていたからである。

幸い、最悪の事態は免れたが、非常に危険な状況だったことは、四角という穴の形状（四角は棺の形を暗示している）や、穴の大きさが示していた。

149　脳の障礙を知らせた火災の夢

筆者が平成二十七年三月に見た夢。

七、八階建てくらいの横に長い学校か団地のような建物二棟が、つながって建っている。そのうちの向かって右側の棟が、夜、黒煙と炎をあげて燃えていた。あの棟には母がいると思い、私はあわてて建物の中に飛びこみ、一階の奥まった一室にいた母を急かして外に連れ出した。あたりは一面の闇で、**火事の火だけが赤く闇夜を焦がしている**が、不思議なことに燃えているのは右側の棟だけで、左側はまったく燃えておらず、シンと静まりかえっている。

棟の前は広い芝生の公園のようになっていた。母を公園の安全なところまで連れていって芝生に座らせてから、私は母のいた部屋にあった仕事用のパソコンを取りに行かなくてはと思い、もう一度燃えている棟の中に入った。なぜかパソコンが何台もあり、周辺器機やコード類がゴチャゴチャと散乱していたが、パソコンのどれかを持ち出して外に避難して振り返ると、右側の建物は依然として激しく燃えていたが、左側はまったく燃えていなかった――。

＊注＝この夢を見たあと、北海道に住んでいる母から、脳内出血（硬膜下血腫）で入院し、手術しなければならないという知らせを受けた。夢はこのことだったのかとショックを受けたが、改めて冷静に分析してみた。

二つの棟が、大脳の両半球を表しているということはすぐ直感的にわかった。右の棟が燃えているのは、右半球側の脳内出血に違いなく、母に確認するとまさにそのとおりだった。左側の棟はまったく燃えていなかったから、左半球に損傷はないはずだと思ってこれも確認したが、こちらもそのとおりだった。

闇夜を焦がす紅蓮の炎は、脳内の出血を表していた。その棟にいた母を、夢で私は救出できていたから、この脳出血で命を失うようなことはなく、手術は成功すると判断し、電話口で不安そうに話す母に、絶対大丈夫だということをくりかえし強く伝えた。

このときパソコンの意味はわからなかったが、いまにして思えば、あれは手術およびその後の入院生活の様子を示したものだったとわかる。母は頭蓋骨に穴をあけて脳内に溜まった血液をチューブで体外に流すための手術を受けた。夢で見たコード類はあのチューブであり、パソコンは母につけられた医療器機を表していたのだろう。術後も溜まっていた血がなかなか引かず、入院が長引いたが、最終的には問題なく治癒した。

この予知夢では、**火事**は突発的・急性的なトラブルの勃発を表している（火事が意味するものは広い。２９１ページの宇佐美景堂氏の夢も参照してほしい）。興味深いのは、脳の両半球が二棟の建物によって描かれている点だ。建物や家にはさまざまな意味があるが、そのうちの一つに、自分の身体そのものがある。たとえば、**家の中に不審な闖入者が押し入る**、**家の中に馬や豚などの獣が闖入する**といったシーンによって、体内への病気の侵入や侵入の危険を示した例が少なくない。この二棟の夢も、夢の卓越した表現力を示す好例だ。

この予知夢では、自宅ではなく七、八階建の大きな建物が出てきている。心身の活動の司令塔である脳の、複雑で大きな働きが、建物の規模の大きさによって描かれている。

150　水を欲しがる霊

昭和二十四年十二月、秋田に住む主婦の飯島君子さんが見た夢。

夢の中で、**喉が渇いて**おり、**水を求めてさまよっている**。実家の父が**白濁した水**を大きなコップに入れてもってきてくれたが、**いくら飲んでも渇きが癒えない**。目の前に**きれいな小川**が流れていたので、その水を飲もうとしたが、なぜか**飲むことができず**、ただただ苦しい。

そうこうしているうちに、自分の背後が稲妻のように黄色く光った。驚いて振り向くと、暗い部屋の真ん中に時計が置いてある。時計は実家のそれのように思われた。

その後、二、三度**稲光**があったが、「時計の中に実家の母の顔だけが浮かび出、光の中から『君子』と叫ぶように**私を呼んだ**」。急いで時計に駆け寄ったとたん、母の顔は消えた。

私は時計にしがみついて母を呼んだ。するとまた二、三度稲光がし、母が黄色い光の中から「君子」と叫んだ。時計にしがみつくと、その瞬間に光も顔も時計も消え、あたりは静かな雪の夜更けになっていた――。

この夢から十日後、実家から母の重病を知らせる便りが届いた。先方が出した日付を見ると、まさに夢を見た日だった。

＊注＝夢から推すと、命にかかわる危機のようだが、記事には続報がないので、母親がその後どうなったのかまでは知れない。この夢では、母が娘の名を呼んでいる。ＳＯＳを告げる夢には、よくこのパターンが見られる。
夢の前段、君子さんが水を求めてさまよっているのは、ＳＯＳを発している母の現状に君子さんが感応していたためと思われる。この喉の渇きは、母自身のものだろう。**喉が渇**

く夢や**水を求めてさまよう**夢は、病気や死の予兆になる。きれいな小川の水が飲めないというのも、先行きの困難を示している。

戦前は満州におり、戦後日本に引き揚げてきた長野県の桜井小菊さんは、敗戦後に入れられた満州の難民収容所の夢を見ると必ず病気になるといい、こうも語っている。

「みんな死にかかったようなもんに、水をくれたような夢を見るとね、病気ぃなりよったが」

劣悪な収容所では、毎日死者が出た。ハルビンの新香坊難民収容所に収容された方の体験談を、神戸新聞が連載記事の中で紹介しているが（二〇一五年二月二十八日）、そこでは「毎日、三十人くらい葬式ですわ。多い日は七十人くらい。と言っても、畑に穴を掘って放り込むだけですね。生き残ったもんも、ほとんどがチフスやら病気にかかっとりました」と語っている。生死と関係することが水によって表されることは少なくない。要注意のシンボルだ。

次のエピソードに出てくる稲妻は、差し迫った突発的な危険を示している。全体として、この時点で、お母さんがかなり危険な状況にあることはまちがいない。夢で大切な人に名を呼ばれたら、ただちに連絡をとり、できることがあれば迷わずそれを行わなければならない。

151　猫がまとわりつく

札幌市白石区に住む女性の、夢にまつわる不思議な体験談だ。

夫が拾ってきた猫を家で飼い始めたが、彼は酒に酔うと猫を虐待した。女性は哀れに思い、一生懸命かばっていたが、そのうち猫は痩せ衰え、どこかに行ってしまった。間もなく夫は病死した。その後、夢にその猫が現れるようになった。昭和三十五年から始まり、今日に至るまで続いている。その夢とは、次のようなものだ。

「私は病気を何度もしましたが、夢に**猫が出て来てしつこくまとわりつく**のです。やっと猫を離してほっとすると目が覚めます。そして、その日から病気は快方に向かうのです。いつでも同じです。そのうち気がついたのは、**猫がだんだん大きくなり、色つやもよくなってきた**ことです。五十五年の夏、私はひどい熱に悩みました。それが治る前に夢に出てきた猫はすばらしく堂々と大きくて横向きにすわっていました」

＊注＝死んだペットが飼い主の夢に現れ、飼い主の身に起きる異変を教えることがある。この夢の猫も、家を出たあとおそらくどこかで死んでおり、その後、飼い主にまとわりつくことで病気を知らせるようになったものだろう。だから飼い主の病気が治れば、離れるのである。

こうした知らせをくりかえしているうちに、夢の猫が次第に大きく色艶もよくなってきたというのは、一つは霊界における猫の境遇が向上しているためであり、もう一つは、飼い主の体調が以前より良好になってきたということを知らせるためだと思われる。中国の占夢書に「獅猫」というものが出てくる。獅子（ライオン）のように堂々とした大きな猫のことで、「この夢は幸福門に来たって生涯安楽の兆し」を告げる大吉夢としている。女性の夢の猫が横向きに座っている姿は、この獅猫を連想させる。

猫の夢は、このケースのように何らかの異変の知らせとなっている。病気のほかにも、金銭的な損失、盗難、火事などを夢の猫が知らせる例がある。ただし、夢の猫などペットの動物霊には、人を救うような力はない。彼らは気がかりな知らせの担い手なのである。

152　猫が海を渡ってやってくる

平成十二年十一月に筆者の妹が見た夢。

この年、妹は子宮の手術を受けるために入院した。すると夢に亡き愛猫が現れ、「お母さん、ぼく**海を渡ってきたんだ**」と語りかけてきた。

この猫は、以前にも妹が病気や怪我をすると妹の夢に出てきたので、目覚め後、彼女は、今回も自分を手術を見守ろうとして出てきたのだろうと考えた。手術は無事に終わり、その後、病気の再発等もなく無事に暮らしている。

＊注＝猫の「お母さん」という呼びかけは妹のことで、「海を渡って」というのは、あの世からという意味だ。飼い主のことが心配で、霊界から見守りにやってきたのである。

母も生前とてもかわいがっていた猫が夢に出ることを、何度か経験している。骨折して入院したときも、「また出てきたよ」と話していた。病状が重いときは、ひどくやつれてグッタリとした姿を見せるという。「あの世でも心配してくれているのだね」と、母と話し合ったことが何度かある。なお、こんな形で現れるペットは、猫にかぎらない。愛犬などでも同様のことがあるが、家とつながりの深い猫のケースが多いようだ。

153　生死のはざまで猫が主人を救出

もう一例、猫の夢を挙げておく。長野県埴科郡の多田ちとせさんが昭和六十年に見たもので、飼い猫が主人の救済のために働いた珍しいケースだ。

病気で三日間、意識不明になっていたとき、多田さんはスミレやタンポポが咲いている春の野原の真ん中を流れる「**白いミルクの川**」を、タライの舟に乗って流れていた。そこに「**黒いタールの川**」が流れ寄ってきたところ、猫が百匹ほど出てきて、タールの流れを止めようとした。それでも流れは止まらず、どんどんミルクの川に近づいてきたので、猫たちは大量のヤスデを連れてきて、力を合わせてタールの流れを堰き止めた。その後、**うららかなミルクの川を楽しく下っていった**ところで目が覚めた。

そこで意識不明から脱することができたのである。

＊注＝非常にシンボリックな夢だ。白いミルクの川と黒いタールの川は、生と死を象徴し、スミレやタンポポが咲いている春の野原は、そこが霊界であることを表している。

黒いタールの川がミルクの川に合流したら、多田さんは危なかった。猫が仲間を引き連れて黒い流れを堰き止めたという描写によって、助かることが示されている。退院後のことだろう、多田さんは「家の猫に、お前が助けにきてくれたんだね、といって頭を撫でました」と語っている。これはまだ生きている猫が冥助に現れたという珍しいケースだ。

ムカデに似た節足動物のヤスデの意味ははっきりしないが、大量発生して線路を埋め尽くし、潰れたヌルヌルの体液で列車を止めるトラブルが、たまに報告されることがある。そこでヤスデが、列車のように巨大な力で流れるもの、つまり黒いタールの川を堰き止める力の象徴として出てきたものかもしれない。

この夢で注目されるのは、猫の数と助っ人のヤスデの数の多さだ。猫単独では霊力は弱い。病気や異変を知らせることや、心配して見守ることはできても、救うような大きな働きは難しい（救済者のシンボルには通常はならない）。けれどもこの夢では、百匹もの大量の猫が動員され、それでも足りなくて大量のヤスデまで動員している。その結果、黒いタールの川の混入を防ぐことができたわけで、なるほど理にかなっている。

夢における救済者で古来最も多いのは、**神仏・神仙**や**高級な先祖霊**などだ。それらの例については一章で紹介しているので参照してほしい。力強い救済者が夢に出てきた場合は、奇蹟的な治癒が現実に起こっている。

第四章　幸運・財運と夢

金銭財物を得る夢

154　夢の米俵と慰謝料

昭和六十年頃、新潟県の女性Tさんが見た夢。

彼女の娘が離婚し、子どもを連れて実家に戻ってきた。その後、元夫からの慰謝料の支払いが滞り、母娘で気をもんでいたころに、Tさんがこんな夢を見た。

台所に**米俵**が立っている。中をのぞくと、中身が少し減っていた。

目覚め後、Tさんは「米俵が現れたのだから、きっとお金は入るに違いない。ただ、中身が減っていたから、約束通りの金額はたぶん無理で、多少減った額が振り込まれるだろう」と夢解きした。それからほどなく、慰謝料の支払いがあった。案の定、約束した額より少なかったが、それでもまずまず納得のいく金額だったので、それ以上要求するのはやめた。

＊注＝大黒天像が米俵の上に立った姿で造形されることからもわかるように、米俵は典型的な吉兆で、願い事の成就の前触れとなる。この女性のように金銭的な行き詰まりのときに見れば、入金の前触れとなるし、試験の合否で気をもんでいるときに見れば合格の知らせと解釈してよい。米俵は、その人が切に願っていることが、よい方向に運ばれるということを告げる幸運のシンボルなのである。

成就の度合いは米俵の描写で推測できる。**多くの米俵が積まれている**なら、大願成就となるが、**米俵の中身が少ない**ならそこそこの成就にとどまる。**米俵の中身が空**ならヌカ喜びに終わる。

155　天女のお告げで損失を免れる

平成二年ごろ、筆者の妹が見た夢。

バブル当時、妹は証券会社の勧めで債券を買い、金利のよいときだったため、かなりの利益が出ていた。けれども平成二年ごろになると、経済情勢こそよくわからなかったものの、そのまま保有していることに漠然と不安を感じるようになった。そこで寝る前に、どうしたらよいのか教えてくださいと神に祈った上で眠りについた。

夢の中で、妹は海にいた。岩場のところに**白い羽衣をまとった天女**が現れ、「すぐに手放しなさい」とお告げをくれた。

目覚め後、妹はただちに売却の手続きをした。それから二、三週間後、株式の大暴落が起こり、バブルは崩壊に突き進んだ。妹は危ういところで助かったのである。

＊注＝どうしても教えてもらいたいことがあるとき、寝る前に神仏に祈るというのはよい方法だ。霊界側が急いで知らせる必要があると判断した場合、祈りに感応して、アドバイスを送ってくれることがある（ただし、欲のからんだ不純な祈りには感応しないのが通常で、感応があった場合は低級霊によるイタズラの可能性があり、むしろよくない）。

羽衣を着た天女は、救済者を象徴している。神仏、神仙、聖賢、高級霊なども、こうした救済者として現れる。

156　水桶と漬け物桶

昭和六十年ごろ、筆者の母が見た夢だ。

井戸端に桶が四、五本置いてある。どの桶にも**満々と水が張ってある**。一本の桶には**茄子**の漬け物が入っており、一つつまんで味見をすると、**とてもおいしかった**。

この夢を見た後、何かよいことがあるのではと思っていたら、その日のうちに入金が遅れて心配していた大金が銀行に振り込まれた。

＊注＝**水**には多くの意味があるが、そのうちの一つに金銭がある。３７３ページに水道の蛇口をひねっても水が出ないという夢の例を挙げているが、この夢はそれの反対で、四、五本の桶のいずれにも、たっぷりと水が入っている。大きなお金が入ることを示しているのである。

さらに茄子というシンボルによって、吉兆が増幅されている。茄子は大きな喜び事を表す。茄子が結婚の暗示になっていた例も挙げてあるので、３７６ページを参照してほしい。

なお、水も茄子も、それが幸運の知らせになるのはよい状態で夢に出た場合に限る。右の夢であれば、**桶の底に少ししか水がない**、**桶のタガが緩んで水が漏れている**などの映像なら、入金は予定を大幅に下回るか、ほとんど入らないし、**水が濁っている、水が悪臭を発している**などなら、金銭にまつわる何らかのトラブルが懸念される。

茄子についても同様で、この夢の茄子が吉兆と判断されるのは、食べたら「とてもおいしかった」からである。食べたらまずい、腐っているなどの夢になると、反対の意味の凶兆となる。

157 自動車事故で慰謝料が入るという夢の知らせ

岡山県児島郡に住む主婦のYさんから筆者に届けられた報告だ。

平成二年、「雨が降りしきる夜の高速道路で、自分が乗っている**乗用車が事故に遭う**」という夢を、Yさんは見た。夢の中で道路にべったりと座りこんでいると、黒い背広を着た男がやってきて、Yさんの**膝の上に札束を置き**、助けるでもなく、彼女を置き去りにしたまま立ち去った。とほうにくれているところで目が覚めた——。

目覚め後、彼女は強い胸騒ぎを覚えた。というのも、その日Yさん一家は、車で夫の実家に出かけることになっていたからだ。朝、Yさんは夢のことを夫に話し、「車ではなく汽車で行こう」

と提案した。けれども夫は「車で行く」といってゆずらず、結局一家は予定どおり車で実家に向かった。ここから先は、筆者に送られてきたYさんの手紙から引用する。

「……私もすごく神経をピリピリさせていました。高速に乗ったくらいでしょうか、雨が降ってきたのです。主人も青い顔になっていましたが、そのこと（夢のこと）には触れませんでした。午後九時ぐらいだったでしょうか、大雨注意報が出て、高速に乗ってはいたのですが、スピードを落として走っていました。休憩をとりながら走っていると、十二時になっていたでしょうか、突然、後ろからトラックにぶつけられました。車を止めた時、子ども二人は外に放り出されていました。車から出た時、あの夢の中とまったく同じ状態だったのです。広い道路も、暗闇も、雨の降り方も。

さいわい気をつけていたせいか、子どもも私たち夫婦もたいしたけがでもなくて、日々過ごしております。あのときの黒い背広を着た人は、車の保険屋さんで、私の膝の上の金は病院などの慰謝料ではなかったのかと、私自身、思いめぐらしております」

＊注＝黒い背広の男は、Yさんの推察どおりだろう。自分が被害者で、しかも損害が補償される場合には、こうしてお金が入る形が夢で示されるケースはほかにも例がある。逆に加害者側なら、お金が出ていく何らかのシーンになる。また、病気などで出費がある場合にも、

夢にお金が出てくることがある。

出費にせよ入金にせよ、額は夢に出たお金の嵩でほぼ判断がつく。Yさんの場合は「札束」とあるので、相応の補償があったのだろう。もし夢で数千円しか置いていかなかったなら、ほとんど補償が得られないという意味になる。

また、事故や災害の夢で、**通常ではありえない額のお金が入る**場合は、生命保険や死亡に対する見舞い金などの可能性が出てくるので、厳重な注意が必要になる。たくさんお金が入ったから吉夢とはならない。死の予知夢の可能性が出てくるのだ。

158 夢で当り馬券の馬名を見る

一九四六年三月八日、イギリスのベイリオル・カレッジに在学していた貧乏学生のジョン・ゴドレーは、夢でビンドルとジュラディンという名の馬の夢を見た。

友人と競馬新聞を調べてみると、その日、ビンドルはプランプトン競馬場、ジュラディンはウェザビー競馬場に出走する予定になっている。そこで二人は、ダメでもともとという軽い気持ちでロンドンの馬券取引業者に電話を入れ、まず最初に走るビンドルの馬券を買ったところ、みごと的中して一・五倍になったので、次にジュラデインを買ってみたところ、こちらも当たって一〇〇ポンド以上の利益を上げることができた。

勝ち馬の夢は一週間後に、さらには七月末にも現れた。ゴドレーは、そのいずれも勝った。それからしばらくは馬の名の夢を見ることはなく、一九五八年までにあと数回、この種の夢を見たが、その年のグランドナショナル大障害レースでウォット・マンという馬の名前を夢に見、それに似た名前のミスター・ウォットに賭けて勝ったのを最後に、勝ち馬の夢をプッツリ見なくなった。

＊注＝こんな話を聞くと、ゴドレーはさぞ大きく儲けただろうと思うだろうが、実際はそうではなかった。この夢を紹介しているコリン・ウイルソンは、こう書いている。

「一九七七年にＢＢＣ（イギリスの公共テレビ放送局）でこの話をしたとき、……見過ごしていた二つの点に私は気づいた。第一は、ゴドレーが彼の夢からほとんど利益を受けなかったということである。普通に考えれば、最初の重ね賭けに成功した以上、次の夢の競馬には多額の金を準備しそうなものだが、彼はそうしなかったのだ。もう一点は、意識を激しく集中し、夢の中で演じた儀式を入念に繰り返す――馬を新聞で見つけ、夢と同じ電話ボックスから馬券屋に連絡する――ことで、その馬の勝利を『導く』ために何とか努力しなければならないと、ゴドレーが感じていたという事実である。……その背景には、こんな風に何の努力もしないで金を得るのはあまり『よい』ことではない、という無意識の感情があったとも考えられる。

さらにこれは、ゴドレーが馬に少額の金しか賭けなかった理由をも説明するだろう。多くの心霊家は、その力で金儲けをしようとすると不幸を招くと信じており、それ故に、彼らは概して報酬を受け取らないのである」

この夢と関連する次の夢も参照していただきたい。

159　夢で当り馬券の数字を見る

一九六〇年代だからもうだいぶ昔の話になるが、筆者の母も当り馬券の番号を夢で見たことがある。当時、母は競馬好きの知人Hさんの影響で競馬の楽しみを覚え、わずかなお金を賭けて楽しんでいた。といっても自分で買いに行くほど熱中していたわけではない。Hさんが買いに行くとき、自分の分も一緒に買ってきてもらうのだ。

前夜も競馬新聞を見ながら眠りにつき、その後に二つの**数字が出てくる**夢を見た。目覚め後、数字は連勝複式の勝ち馬券の番号だろうと、すぐにピンときた。

　そこで、その日のメインレースに夢で見た数字の馬券を買ったところ、みごとに的中して数十倍の配当を得た。このとき筆者は高校生だったが、夢の数字が的中したときの驚きと母の喜びぶりは、いまもはっきり覚えている。

　こうした夢は、その後も現れた。知人らも母が夢で何度か的中させたのを見て、母の夢の数字に乗ろうとしたのだが、それはうまくいかなかった。母はこう言っていた。

「欲がからむようになるとうまくいかない。たとえば今度は大きく賭けようとすると、夢を見なかったり、数字が出ても連勝のうちの片方だけで、もう一つの数字がどうしてもわからない。あるいは、せっかく夢を見てもなぜかトラブルが生じて、馬券が買えないのよ。夢を見させてくれる神様は、どうやらこうした夢の利用の仕方は嫌うようね」

　これが母の結論だった。事実、母はささやかな喜びで満足していたが、その後ほどなく、競馬そのものに興味を失い、馬券を頼むこともなくなった。

＊注＝母のケースはゴドレーのケースとよく似ている。コリン・ウイルソンが書いているとおり、「何の努力もしないで金を得るのはあまり『よい』ことではない」のだ。ただし、背後で彼らを見守っている霊的な存在者のはたらきは、まちがいなくあるということ、霊的な守

護には僥倖はないということ、苦しい状況になっても見守っているのだから、まじめに努力すればよいということを、この夢は教えているのかもしれない。

160 福引で大金を得る

メイヤーという男性が、フランスの天文学者フラマリオンに報告した父親の夢。

「一八二七年か、二八年でした。私の父がナンシーに行ったとき、そこに福引の会があって、何でも自分の引きたいと思う番号を選ぶのです。父は大いに好奇心をそそられていたようでしたが、それでも思い切って手も出さずに帰ってきたのです。

その夜、睡眠中、父の部屋の壁に、**燐光の数字が現れました**。これに深い印象を受けた父は、早速（福引の）切符を売る所に出かけて、夢で見た番号を求めました。しかし内心はなお頗《すこぶ》る不安でいたのです。いよいよ結果が発表されると、意外といおうか、当たったといおうか、番号は夢で見た順序で出て、父は七万五千フランをもらったのです」

＊注＝フランスでも福引（仏語でトンボラ）は、商店街などのイベントやチャリティの一環とし

てさかんに行われている。メイヤーの父はその福引で夢に見た数字を買い、みごと的中したわけだ。筆者の母が当り馬券の数字を見たのと同じ類いだが、額が異様に多い。門外漢なので正確な換算はできないが、概算でも当時の七万五千フランは現在の一億円以上に相当するだろう。この額は報告者の記憶違いかもしれないが、埋蔵金を夢で掘り当てたケースもあるので、こうした高額の僥倖《ぎょうこう》もないとはいえない。いずれにせよ驚異的な事例である。

161　値上がり株の銘柄と上がり幅を夢に見る

夢の馬券ではなく株券で成功した人の例を、作家の松谷みよ子さんが採録している。

昭和三十三年頃、株式評論家の曽根啓介さんは不思議な夢を見た。

家人が寝静まった真夜中、戸を叩く者がいる。こんな夜中に何事だろうと出てみると、**電報**だといって一枚の紙切れを渡された。「ハヤカワサンガ七〇〇」――電文にはそう記されている。ハヤカワとはだれのことだ、そんな名の友人も知人も思い当たらないが……、と思いながら発信人を見ると、**死んだはずの弟からの電報**だ。死んだ弟がなぜこんな電報をよこしたのだろうと思ったところで目が覚めた。

目覚めてからも、曽根さんは奇妙に鮮明なその夢が非常に気になった。ハヤカワ—早川……、夢からくる第六感があって、曽根さんは新聞の株式欄を開き、早川という名の銘柄がないかどうかを調べた。すると「早川電機」という銘柄がただ一つだけあり、株価は一八〇円だった。

夢では「早川が七〇〇」というのだから、これが七〇〇円になるということなのだろうか——半信半疑ながらも、曽根さんは午前の相場が始まったところから早川電機株を買ってみた。ところがこの株が、まもなく二〇〇円になった。何かあると本気になって調べたところ、早川電機が十四インチ家庭用テレビの製造に乗り出すらしいとわかった。

そこで曽根さんは初めて本格的な買いに乗り出し、集中して早川電機株を買った。すると、わずか三カ月あまりで、株価は夢に見たとおり、七〇〇円近くまで上がったという。

＊注＝この話は松岡照夫さんという方が松谷みよ子さんに伝えたものだが、少々合点のいかないところもある。早川電機（シャープの前身）がテレビの試作機を完成させたのは昭和二十六年。同社が国産初の量産十四型テレビを売り出したのが昭和二十八年だから、曽根さんが夢を見たのは前年の二十七年頃ということになる。その時点で、曽根さんはすでに月島機械や鐘淵機械工業などの株を買い占め、経営側に高値で引き取らせるグリーンメー

ラーとして相場の世界で生きており、名は知られていた。

その曽根さんが、「ハヤカワ」の名を、新聞の株式欄を見て初めて知ったというのは、ちょっとありえそうもない。これは話者である松岡さんの記憶違いか、記憶の改編ではないかとも思うのだが、話のもとになった夢そのものは、大いにありえるものだ。とくに亡き弟が電報を持ってきたという部分には、予知夢特有のリアリティがある。

電報、電話、手紙などは、予知夢では他界や遠隔地からの霊的な通信手段として現れる。曽根さんの場合は電報なので、至急の知らせであり、勝機を掴むのは今だと教えている。

162

亡夫が埋蔵金の場所を教える

イギリスのスローエ夫人の祖母が、夫の遺産の在処《ありか》を夢で教えられた話だ。

「アフリカの英領地に銀行が出来た始めの頃、土地の人々は銀行を信用することが出来ず、有り金を土中に埋める風習が盛んに行われていた。それゆえ急死の場合等には地下の金はそのまま日の目を見ることが出来なくなる場合もあったことであろう。

スローエ夫人の祖母も夫に死なれて、埋めた財貨の所在が判らず大困りをした人であった。そして数年の歳月が流れたが、ある夜、彼女は亡夫の夢を見た時、彼の口から埋蔵金の場所を教えられ、早速翌朝掘り出すことができたそうである」

同じくイギリスのモルガンという女性が、知人の体験として報告している夢——。

「第一次大戦の直後、彼女の知人が田舎の家を買って移転した。ところが最初の晩から変な夢を見た。白髪の老人が現れて、台所の暖炉の台石を叩いて見せた。しかもこの夢がハッキリ三晩も続いた。然しこの人はその夢を念頭に置かず忘れてしまった。

それから数ヶ月経った頃、彼は台所の改造を思い立って、近代的の設備をするために、前からの暖炉を取り除けることとなったが、その時持ち上げた台石の下から二つの、金貨が一ぱいつまった、革袋が出て来たのであった。

近所で聞き合わして見た結果、判明したことはその家には数年前、吝嗇な老爺が住んでいたということ。その老人の容貌は彼が夢に見た白髪の老爺に酷似していたと」

＊注＝いずれも夢解きの必要のない、そのものずばりの正夢だ。金銭に対する人間の思いは非常に強烈なため、死者が生前遺した金銭にかかわる霊夢は多い。
『へっつい幽霊』という落語がある。古道具屋で買った竃《へっつい》にお金が塗り込められており、所有者の亡霊がそのお金を取り戻したくて、竃を買った者の前に未練たっぷりに現れるの

だが、モルガンの知人が見たという夢もこれと同じものである。

163 夢で遺言を訂正

一九二五年、遺産相続を夢を根拠にやり直したという信じられない事例が、アメリカで報告されている。

報告四年前の一九二一年九月、ノースカロライナ西部の農夫ジェームス・チャフィンが事故死した。二ヶ月後に一九〇五年の日付の遺言書が検証された結果、チャフィンの全財産は三男のマーシャルが相続することとなり、未亡人、長男、次男、四男には何も遺されなかった。

近隣でも評判の仲睦まじい家族だったから、相続から除外された四人は、なぜ自分たちが相続から外されたのかまったく理解できなかったが、遺言書がある以上、仕方がないとあきらめた。それから一年後、全財産を相続していたマーシャルが亡くなった。そこで財産はマーシャルの一人息子が相続することになったのだが、ここで一騒動がもちあがった。

きっかけは、一九二五年七月に次男のジェイムズが見た不思議な夢だった。彼の夢に黒い外套を着た男が現れ、右手で外套の前を開き、左の人差し指で、口が裏に縫い付けられている内ポケットを指さしたのだ。男の顔は判然としなかったが、外套は父が生前着ていたものとまったく同じで、手も父のそれとよく似ていた。

それから二、三日後、また黒い外套を着た男が夢に現れた。今度ははっきりと顔が見えたが、それはまちがいなく亡父ジェームス・チャフィンその人だった。亡父はまたしても内ポケットを指さし、もの言いたげに唇を動かしたが、やがてはっきりと「お前たちはわしの遺書をポケットの中に見出すだろう」と言葉を発した。

そこで翌日、次男は件《くだん》の外套の現在の所有者である長男のジョンを訪ね、夢の件を話して二人で内ポケットを調べた。内ポケットの口が縫い付けられていたので縫い目をほどき、中を探ると、確かに小さく折りたたまれた紙片があり、こう書かれていた。

「父の聖書の創世記二十七章を読むべし」

二人はただちに手持ちの聖書（父の聖書ではない）の該当個所を読んだ。その章に書かれているのは、ヤコブが兄をさしおいて父イサクの遺産を受け継いだ物語であり、自分たちの不法な遺産相続事件に類似していると二人は思った。

ひょっとしたら、亡き父は不法な遺言を取り消す機会を得られないまま死んだのではないか。臨終のとき、何か言いたげにして果たせないまま亡くなったが、あのとき言いたかったのは、遺言の訂正だったのではないか――二人はそう考え、夢で指示された父の聖書を開くのは、証人立ち会いのもとに行おうと話を決めた。

七月六日、すなわち最初の夢から一ヶ月後、数人の証人立ち会いのもと、兄弟は全財産を相続した亡き三男の家で、父が愛用していた聖書の該当個所を開いた。すると、二枚のページが二重封筒のように半分に折られ、まごうことなき父の筆跡で、こう記されていた。

「創世記二十七章をひもとくに及び、余ジェームス・L・チャフィンは次の如く最後の遺書を認む。余の遺産は四人の息子に平等に分配せらるべし。もし息子たちにして、死せるものある時は、その息子に分け前を相続せしむべし。母なお生存せる場合は、息子たちは母親の老後をみるべし。これ余の最後の遺言なり。ジェームス・L・チャフィン　一九一九年一月一六日」

結果、この遺言にもとづいて遺産相続がやり直されたというのである。

＊注＝ジェームス・チャフィンが、なぜこんな手の込んだ遺言の遺し方をしたのかなど、この話には理解に苦しむ部分が多々ある。ただ、この奇話を紹介した瀬川愛氏によれば、新発見の遺言書は司法関係者によってきちんと検証され、間違いなく亡きジェームス・チャフィンのものと認められた。さらに後日、この一件に疑いの目を向けた弁護士による調査も行われたが、不審な点は見出せなかったという。事実とすれば、特異な心霊現象ということになる。

164 枕元に立った亡霊が遺言を伝達

明治から大正にかけての警視庁の刑事で、捜査に写真を応用することを始めた宮崎力堂さんによる、霊夢に心霊写真がからんだ非常に怪奇な心霊報告である。かなり長い話になるが、興味深い事例なので、詳しく紹介する。

明治四十年十一月中旬、東京市京橋区新栄町に住む元警視庁刑事課員で、その頃は周旋屋をやっていた松村繁見さんが、就寝中、ふと気づくと、枕元に老女が座っていた。老女は江原ひさ子という名の新橋日吉町の芸者屋の六十歳になる老女将で、松村さんとは古い知り合いだった。

こんなに早い時間にどうしたのだと尋ねると、「ハア、実は松村の旦那様、わたし**いま死にますの**」と答えた。松村さんは、ひさ子が冗談でも言っているものと思い、「バカバカしい」と一蹴した。けれどもひさ子は真剣で、どうしてもお願いしたいことがあってやってきたと訴え、身の上話を始めた。

ひさ子には養女がいた。当初は大いに可愛がって大切に養育していたが、あきらめていた実子を授かって以降、養女に財産を分けるのが惜しくなり、手の平を返したような邪険な扱いをしだした。それでも養女はよく養父母に仕え、芸者で得た稼ぎも家に入れていたが、とうとう耐えきれなくなって家を出、米吉という源氏名で独立して芸者屋を営んでいた。

養女を追い出して以降、吉野家には不幸が続いた。実子の由次郎には重い知的障害があり、いかに治療しても治らない。夫はまだ働き盛りの若さで亡くなり、自分が店に引き入れた番頭（ひさ子の若いツバメであるという）は、店の金に手をつけたり吉野家の名義で借金をつくるなど、数々の非行に手を染めている。どうしたものかと人にも言えずに悩んでいたところ、ついに自分があの世行きとなった。ついては――。

「私の財産は全部を四つに分け、そのうちの二つを愚かでも伜の由次郎に譲り、誰かしっかりした後見人をつけて、後の暮らしに困らぬようにしてやっていただきたいのです。そして一つは、済まないことをした鍋町の先の養女（米吉）に遺って戴き、残りの一つは、皆様の運動の御費用にして欲しいのです。こんなことをお願い出来るのは、わたしには松村の旦那しかありませんから、どうか御願いします……」

松村さんが了承すると、ひさ子は安心して「**急ぎますから、これで失礼いたします**」と席を立った。そのとき松村さんは、財産分けの件はさておき、まずはひさ子が死ぬのを止めるのが先決だと気がつき、大声で「おい婆さん、死ぬ、死ぬって、そりゃ不了見だぜ」と叫んだ。その声で、ハッと目覚めた。すべては夢であった。

目覚め後も、もやもやした気分が離れない。跳ね起きて階下の座敷に降りていくと、誰かが表格子戸を叩いた。開けると、さきほどひさ子が話していた養女が立っていた。驚いた松村さんが、とっさに「いま吉野家の……」と言いかけると、養女も「あら、松村の旦那。吉野家の婆さんが死んだ知らせがもうあったのですか」と驚きの表情を浮かべた。

米吉からひさ子の死を教えられた松村は、ついいましがた見た夢の話をした。すると養女がこう答えた。

「わたしもね、今朝五時頃でした。**枕元でわたしを呼ぶ人がある**ので眼を覚まして見ると、吉野家の婆さんが枕元に座って笑っているのですよ。そして『おまえにもさんざん苦労をかけて気の毒だったね。わたし、今日死にますから、おまえさんのことも松村の旦那にお頼みしてあるから聞いてくださいね。急ぎますから失礼しますよ、**さようなら**』と言って、さっさと行ってしまったのですよ。そこで『お婆さん』と大きな声で呼び留めようとすると、その自分の声で眼が覚めたのです。眼が覚めても、どうもへんな気持ちがするので、うちの者を吉野家の近所へやって聞かせたら、いましがた婆さんが死んだと言って、大騒ぎしているというんです……」

この日の早朝、ひさ子の霊は松崎さん宅を訪ね、次いで養女の枕元にも立って死の報告をし、どうしても心にかかる問題――遺産の分割について依頼を済ませたというのである。

葬儀後、松村さんはひさ子から依頼された遺産分けのために動いた。番頭の不正は、元警視庁刑事課員だったことから簡単に調べがつき、しかるべく処分をした。遺産分割については熟知の間柄だった弁護士で東京市会議員の斉藤孝二氏に任せたので、こちらも問題なく処理が済んだ。

レポートの筆者である宮崎力堂さんとこの件のかかわりは、ここから始まる。

すべてのカタがついたころ、宮崎さんが松崎宅を訪ねると、ちょうどよいところに来たといって、こんな話をした。

「遺産の処分も済んだので、それに関係した一同で一夜宴会を催したのだ。その席で、吉野家一家の大供養会を発議したところ、みな大賛成で、日時もそこで決めてしまった。そのとき、吉野家の養女だった米吉が突然立ち上がり、合掌の形をして全身を震わせながら、大声で『わたしは吉野家のひさ子です。この子の体を借りて皆様にお礼申しあげます。またわたしどもの供養法会を催してくださるとのこと、まことにありがとうございます。ついてはその法会の席に、わたしも姿を現します』と言い出したのだ。そこで僕が、『では写真師を連れていって婆さんの写真を撮るが、どうだ？』と聞くと、『はあ、きっと写ります』と答えたまま、その場にばったりと倒れた。あわてて養女を介抱したが、本人は何も覚えていないのだ」

過日こうした取り決めがあり、明日はその法会という今日になって、たまたま警視庁の捜査に写真を使うことを始めた宮崎さんが訪ねてきた。明日はぜひとも写真の係を担当してほしいと、松崎さんは言うのである。

宮崎さんは了承し、翌日午後三時、小石川原町の本念寺での法会に出席した。大須賀玄遊住職が導師を勤め、式はとどこおりなく進んで、ようやく読経も終りかけたとき、親族席の中央から、突然、本尊を祀る須弥壇《しゅみだん》に跳び上がった者がいた。

羽二重黒紋付姿の四十年配のその女は、まぎれもなく養女の米吉だった。彼女はいささかのためらいもなく住職の後ろに回り、直立合掌して、「さあ、写真を撮ってください、きっと写ります」と言った。

そこで宮崎さんは、持参のキャビネ写真機で養女を撮った。そのときの写真というのが、左ページに掲げたものだ。明治四十二年頃の銀板写真で、映像は曖昧模糊としてしており、ひさ子の姿は写っていない。ただ、画面中央よりやや右に立って直立合掌している養女の手のところから上に向かって、煙のようなものが立ちのぼっているのはぼんやりと見える。

撮影者である宮崎さんは、こう述べている。

「これは原板の銀に、直接作用したような深い跡があるのであって、決して、撮影や現像の際の手違いからは出来《しゅったい》し得ないものであることを、確《かた》く保証して置く」

この法会には、もう一つ、なんとも不思議なことがあった。ひさ子の霊が、憑依中の養女の口を借りてこう言ったというのである。

「わたしはこれで満足です。ただ一つ、お願いしたいことがあります。この人（養女）がわたしたち夫婦の霊を回向《えこう》供養してくれますことは、ほんとうに嬉しいことですが、ただ読経の終りのほうを替えてほしいのです。この人は、『自分の先祖代々の精霊様頓証菩提《とんしょうぼだい》、供養回向の為南無妙法蓮華経』と唱えた次に、『ポチ畜生頓証菩提、供養回向の為南無妙法蓮華経』と唱え、その次に『吉野家夫婦頓証菩提、供養回向の為南無妙法蓮華経』と唱えてくれております。回向してくれるのはほんとうにありがたいのですが、どうかポチより先にわたしどもを回向してくれるよう、皆様からこの子に頼んでくださいませ」

「ポチ?」と不思議に思った松村さんが、神憑り中のひさ子に「それはなんだね」と訪ねると、「この人が飼っていた犬ですよ」と答えた。霊が離れたあと、松村さんが養女に聞くと、その犬は彼女が特別に愛情を注いできた家族ともいうべき飼犬だったことがわかったが、それでも養女はひさ子の頼みを受け入れ、自分の先祖代々の霊の次に吉野家夫婦のために唱題すると約束した。

これら一連の経緯について、報告者の宮崎元刑事はこう書いている。

「私はこれをこの席上で見聞して、実に奇異の感興を催したのであった。勿論今ここでは、こうした問題を解決するのが、私の目的ではない。ただ私の見聞したことを、ありのままに伝える次第である」

＊注＝先の欧米の例と同様、生前、遺産分けが果たせず心がそこに残り、縁ある者の夢枕に立って処分のやりようを依頼した霊夢で、怪奇としかいいようのない心霊現象だ。金銭財物に対する人間の執着がいかに深いものかが、よく伝わってくる。

なお、右の経緯は宮崎さん本人が筆をとって『心霊知識』の二号に寄せたレポートをもとに紹介したものだが、それとは別に、心霊科学協会の浅野和三郎の『心霊と人生』誌にも、同じ怪話を扱った記事がある（執筆者は夕陽楼）。発表年は『心霊と人生』誌のほうが早く、大筋もまったく同じだが、人名その他に若干の相違がある。今となってはいずれが本当か確かめるすべもないけれど、直接間接にこの件にかかわり、問題の心霊写真を撮影した当事者が宮崎さんその人だから、宮崎さんのレポートをもとに紹介した。掲載写真も、もちろん宮崎さんの撮影である。

165 「その夢は買うた」

高知県の男性が報告している祖母の夢。

「私の祖母は八十六歳で昭和二十六年に死亡しましたが、生前、**火事**とか**火**の夢をみると必ずその日にはお金が入るといい、家族の者が火の夢をみたといってその事の話をすると『そりゃえい夢、えい夢。その夢は買うた』といって自分の夢にした。すると不思議に誰かがお金を払いに来るとか、物を買いに来るとかしました。なお、職業は農業でした」

＊注＝火事や火には吉凶さまざまな意味があるが、吉夢の場合、何らかの喜び事、幸運、利得、繁栄などの予兆となる。これはその例である。この夢でおもしろいのは、中世から行われてきた「夢買い」が、昭和まで民間で行われていたという事実だ。夢買いとは、この例に見られるとおり他人の夢を買うことで、金銭なり物品なりの夢代を払い、自分のものにするという夢にまつわる習俗をいう。鎌倉幕府を開いた源頼朝の妻・北条政子が妹の夢を買った話は有名だ。

政子が二十一歳のとき、妹が、**高い峰に登って日月を左右のたもとに入れ、三つの実がなった橘をかざす**という夢を見た。これは皇子を生むと伝えられる大吉夢だと判じた政子は、妹に「あなたが見た夢は非常に恐ろしい夢だが、悪夢は売れば災いを転じることができるというから、私が買ってあげましょう」ともちかけ、怯える妹に唐鏡と小袖を渡して夢を買い、鎌倉幕府の実権を握るまでになったと『曽我物語』は伝えている。高知県のおばあさんは、これをやっていたわけである。

166 難破船の夢で損失を免れる

しばしば霊夢を見ていた開業医の福島裕子さんが報告している夢。

ある病院経営者から、お金を貸してほしいと頼まれた。以前、毎週土曜日に仙台のその病院まで往診に行っていた関係もあり、自分も開業時にはさんざんお金で苦労してきたので、貸してあげようと思い、小切手を書いた。ところがその頃、貸してはいけないという警告の夢を立て続けに見、その中に**難破船**の夢もあった。

借金で苦境を脱しようとしても、最後には難破船になるという意味のお告げかもしれない――福島さんはそう判断した。そこで、心を鬼にして断ったが、夢を見てからわずか二カ月後、借金を申し込んできていた病院は数十億円の負債を抱えて倒産した。

＊注＝難破船はもはや先には破綻しかないことを表している。もしお金を貸したら、福島さんも巻き添えを食らっていた。冷たいようだが、断って正解だった。

167　夢で金策ができたことを知る

元伊勢神宮の神主で、熱心な心霊研究家・霊術実践者でもあった宇佐美景堂氏の母が、大正七年夏に見た夢だ。

当時、母は盲腸の手術で入院していた息子の付き添いで、名古屋にいた。術後の経過は順調で、退院予定が二、三日早まったのだが、手持ちのお金では支払いが足りなさそうだ。さてどうしようと考えているところに、たまたま郷里である三重県朝上村の藤井さんが見舞いにきれくれたので、明朝までにお金を用意して届けてくれるよう、家の者に伝言してくれと頼んだ（今と違い、当時は田舎の村民の家に電話などなかった）。

その後、よくよく考えてみると、名古屋から朝上村までは、汽車で四、五時間はかかる。藤井さんの帰宅は順調にいっても夕方になるが、それから家の者に伝言してくれたとしても、銀行の営業時間はすでに終わっている。お金の工面にさぞ困っているだろうが大丈夫だろうかなどと、息子と話しながら寝に就いた。そこで見た夢である。

「郷里の奥の座敷の一隅で妹と姉と父が鼎座《ていざ》して何処から集めて来たのかは知れないが、五円紙幣を一枚一枚並べながら『これこそ神様のおとりなしだ』と言っている。そして『明日は早く行かねば名古屋で待っているから早く寝るとしよう……』と先刻並べた紙幣を集めている夢を見た」

目覚め後、母はまだ起きていた息子に夢のことを話して聞かせ、明日は必ず父が一番列車でお金をもってきてくれるはずだと伝えて、安堵して眠りについた。

するとと翌朝、まったく夢のとおりに父がお金を持って病院にやってきたという。

＊注＝宇佐美氏によれば、母は「不思議なほど予告的夢を見て、しかもそれが的中する人」だったといい、兄弟姉妹は幼い頃から母の夢見の能力に敬服していたという。このときもみごとに的中したわけだが、さらに不思議なのは、金子がいかにしてできたかという点だ。このお金は、他に貸してあったものが、前触れもなく突然、返済されてきたものだというのである。

その後、名古屋に見舞いに行っていた藤井さんが宇佐美家を訪ねて、伝言をつたえた。宇佐美氏はこう書いている。

「藤井氏の伝言を聞いて喜びの余り前記三人が鼎座して、紙幣を並べて喜び合ったので鼎座の様子は勿論、座敷の模様などは事実と全然一致していたとの事であります」

母の夢の中で父が語ったという「これこそ神様のおとりなしだ」は、右の経緯を意味していたのである。

168
亡父が夢で金策の依頼

心霊研究家の平保定さんが、実父の十三回忌にあたる昭和三十年八月十八日朝方に見た夢。私と兄と弟の三人が、長崎県平戸口の沖合に漁に出ていた。母の別室がある江迎町あたりまで来たところ、ある見知らぬ家の中で、父が兄を前にして「昇よ、お母さんのことでお金が入用だから、なんとか**お金を用達しなさい**」と話をしていた。私はその側にいて、父は妙なことを話しているなと不審に思っていた。すると突然その場に実母が現われ、私に向かって「お父さんはあんなに申されますが、実は姉のことでお金がいるのたい」と言った。その瞬間、ハッと我に還り、目が覚めた――。

目覚め後、十三年来、ほとんど夢に出ることもなかった亡父が夢に現れたことに感激し、さっそく蚊屋の中で夢をノートに記した後、仏前でお礼の合掌を捧げた。その後、この夢は母親と姉との間に、兄には話しにくいお金が入用だという意味だろうと判断し、すぐに五千円を同封し、夢のことも詳しく書きつけて、手紙を送った。すると、二十日付で姉から返事の手紙が来た。文面は以下のようであった。

「……それから貴方の夢のことですが、大変に驚きました。実は私もいろいろと考えた末に……の商《あきない》を思いたっているところですよ。この事を兄に話をすると兄からしかられると思うので、実は誰にも話さずお母さんと二人で話し合っていたのに、その事が貴方に死んだお父様を通じてお知らせがあるなんて、不思議この上もない事であると実に驚きの外はない事です。成功するか否かは未知数ですが勇気を出して実行したいと思います」

その後、二週間ほどは何の音沙汰もなかったが、今度は「二万円ほど資金が不足ゆえ、用達してほしい」と姉から相談の手紙がきた。そこで折返し送金をすると、ふたたび実父が夢枕に立ち、さも満足そうによろこんでいる様子の夢を見た。しかもその当日は十四日で、亡父の命日の日にあたっていた。

＊注＝平さんは、長年、祥月命日や月命日、年忌などと心霊現象の相関関係について研究していた人で、霊夢によるお告げなどの心霊現象は、親族故人の命日と深く結びついて発現するという確信を抱いていた。これもその例の一つである。

一家の財産の管理者である父親は、霊となっても家族の金銭問題に心を砕いているというケースがあることが、この夢から知れる。同様の例を次に挙げておく。

169　父が息子に代わって金策の依頼

戦前の国家主義者で、戦後、佐藤栄作首相が政治の指南役として仰いでいたという橋本徹馬氏は、また熱心な心霊主義者でもあった。その橋本氏の知人の姉の夢がらみの話である。

橋本氏の知人の中に、身が定まらずしばしば生活に窮している男がいた。彼は金銭面で行き詰まると、決まって姉の嫁入り先に行って金の無心をしたが、弟が来る前日、姉の夢にはいつも決まって亡き父が現れ、「××が行くから頼む」と懇願した。この夢を見たら、ああ、明日は弟が金の無心に来ると分かったというのである。

＊注＝実例168と同様、このケースでも亡き父がわが子の金策の心配をしている。夢に現れる人物には、一定の役割がある。この人が出てきたら、何か喜び事がある、この人が出てきたら身内に亡くなる人が出る、この人が出てきたら病気の前触れになるなど、姿を見ただけでメッセージが伝わるケースが、多数報告されている。

この姉の場合は、夢の亡父が弟の金の無心とつながっていた。フラマリオンの収集夢の中には、私が夢に出たらあなたを霊界に誘うときだと告げて亡くなった女性の例があり、事実そのとおりになっている。私の母にもメッセージを担って現れる特定の故人がいた。

とくに重要なメッセージをもたらしていたのが亡き祖父（母の実父）で、母の守護霊のような働きをしていたように思う。

往年の大歌手、淡谷のり子も、亡き父の夢知らせについてこう語っている。

「不思議なのは、父の夢を見た翌日は定まって悪いことが起る。税務署の督促とか、家の誰かが病気になるとかする」

淡谷の場合は、橋本氏の知人と同じく亡父が凶事を知らせる役割を負っている。その筆頭に「税務署の督促」を挙げているので、やはり金銭関係のお告げが多かったのかもしれない。別のところでも書いたが、金銭問題は人間生活を最も大きく左右するもので、時に人の性格から運命までを一変させ、破壊してしまうこともある。その怖さやえげつなさは、とても幽霊などの比ではない。

霊界そのものは金銭とは無縁の世界のようだが（ただし低級な霊界は別）、現世で生きている子孫のことを気にかける祖霊が、夢で金銭にまつわる警告などをもたらすケースは、東西を問わず多いのである。

170 水が出ない水道

戦前、十四歳で父に連れられてブラジルに渡った移民の子・安達健生さんが見た夢。

安達家はブラジルで綿作りをしていた。ところが父親の失策から、来季の綿作りの資金がショートしてしまい、借金するほかなくなった。友人に融資を頼みに行こうと腹を決める前の日の夜、安達さんは、未知のブラジル人男性から「お前は**喉が乾いているな？　水のある所に連れていってやろう**」と告げられる夢を見た。

彼の道案内で進んでいくと、道の真ん中に**水道栓**がある。ブラジル人はコップを右手に持ち、左手をあげ、大袈裟に神に祈って栓をひねったが、**水が出ない**。今度は両手で祈りを捧げてから詮をひねったが、やはり水は出なかった。

「今回はどうしても**水がでないから諦めろ**」――ブラジル人にそう告げられたところで目覚めた。

夢が描いているとおり、安達さんの融資申し込みは失敗に終わった。

＊注＝夢の中で喉の乾きを感じているのは、必要なものが手に入らず窮迫していることを表している。安達さんの場合は綿作りの資金がそれにあたる。夢に現れたブラジル人は、安達さんの金策を助けるために現れた。水道栓は、資金の出所（融資を頼む予定の友人）、水道

水は資金そのものを象徴している。蛇口から水が出たなら、資金調達の願いは叶っただろう。けれどもこの夢では、いくらひねっても水は出なかった。そこで夢の援助者である男性は、「今回は諦めろ」とアドバイスしたのだが、現実もその通りの不首尾に終わったのである。

水は幅広い意味を持つ象徴で、その一つにこの夢に描かれている金銭がある。ほかにも、知恵、情報、援助、健康、生命などの象徴として現れるので、夢解きに際しては、何の象徴なのかを慎重に判断しなければならない。

夢の**水が澄んでいる**、**流れが滞らない**、**豊かな水量がある**などプラスイメージで出てきた場合は、願い事や物事が順調によい方向に進む知らせとなる。逆に**水が濁っている**、**流れが滞る**、**水が涸れそうになっている**などマイナスイメージの場合は、前途の多難さの前触れとなる。金銭問題であれば調わず、健康問題なら病気、仕事なら行き詰まりの恐れがある。また、**水の上を歩く**ような夢は、運気が非常に好調だということを示す大吉夢となる。

なお、夢に出てきたブラジル人の男は、安達さんの守護霊の一種で、この夢を見た時点では何者とも知れなかったが、その後たびたび夢に現れ、ついにジョン・デ・カマルゴという名の、現地では有名な心霊治療家だったことが後日判明している。

この名は、後の夢でカマルゴ当人が名乗ったものだというが、当人は右の水道栓の夢の数年前に死去しており、生前、安達さんとの面識はなかった。どのような因縁で安達さんの守護霊となっているのかはわからない。

幸運・慶事を告げる夢

171　息子の結婚を予告した金のアクセサリーと茄子

平成二十八年一月七日に筆者が見た夢。

妻の実家のようなところにいる（夢を見た時点で妻は故人）。私が布団の中で妻といちゃついていると、息子の一人が入ってきた。紙袋か何かを探しているらしい。にやにやしながら私たちの寝ている布団の足下のあたりを探し、隣室のタンスの横などを捜してから出ていった。

場面が変わり、同じ家の中で、**私が正装している**。どうやら祝い事があるようだ。私が買ったかもらったかした**アクセサリー**（耳につけるものらしいが、イヤリングではなく長い鎖がついている）を管理していた義母（彼女も故人）が、「どこにいったかわからない」と言うので、私が家の中を探すと、食器棚に入っていた。さらにもう一点、義母所有の**ネックレス**も同じ場所にあったので、それらを手にして「あったよ」と家人に見せた。

義母のものはチェーンが金色っぽく、宝石も付いていて豪華だが、私のものは銀色で、義母のそれより価値が落ちると感じている。妻が義母のアクセサリーを指して、「これのほうが高いものだから**これをもらっておきなさい**」と言う。私は、それは義母のものだからとためらっていたが、妻はかまわないという感じで、義母も何も言わない。もらったかどうかははっきりとした記憶がないが、**自分のものになった**という感覚はあった。

その場には義父（同じく故人）もいた。最初は居間の座卓でともに食事をしており、次のシーンでは台所で洗い物をしていた。私も手伝った。シンクに山のように食器があり、洗剤で泡だった水につけられていた――。

すでに故人となっている義父・義母・妻がそろって夢に出てきたのは初めてなので、目覚めてから、いかなるメッセージなのか考えた。祝い事があると夢の中で感じているし（**シンクの中の山のような食器**も多くの人々の集まりを示している）、金色に輝くネックレスも霊界からの何らかの贈り物のように感じたので、なにかはわからないが、いずれにせよ吉夢だろうとぼんやり夢を反芻しているうちに、また眠りに落ちた。

朝方の六時四十分頃、また夢を見て目覚めた。こんどは**箱いっぱいの茄子**の夢だ。つやつやしたみごとな茄子が、容器にたくさん入っている。一個を手にとって匂いをかぐと、ほのかにコーヒーの香りがしている。どうやって食べたらおいしいだろうかと長男と会話した。**煮てもいいし、焼いてもおいしい**だろう、コーヒーの香りが飛ぶこともないはずだという結論になった。

＊注＝この日の夢ノートには「夢は正月から見ているが、メッセージ性のある夢はこれが最初。今年の初夢になるかもしれない。茄子の夢を見たのは初めてのこと。幸運の兆しか」と書かれている。しかし夢のことはじきに忘れてしまい、頭からすっかり消えていた。

夢の意味がわかったのは、それから数ヶ月後、第一の夢に出てきた息子から「結婚しようと思っている女性がいる」と告げられてからだ。亡き妻や義父・義母が夢に出てきたのは、結婚に対する祝福であり、私の正装もそれを示すものだった。

アクセサリーは、わが家が迎えることになる慶事の象徴だろう。銀色と金色、二種のアクセサリーが出てくるのは、息子に以前、結婚を考えた別の女性がいたことを示したものに違いない。その女性とは別れたが、そちらが銀色で、今回の女性が金色という対比になっている。なおかつ金色のアクセサリーを妻に勧められ、私がそれを得たように感じているということは、これが良縁だということを示している。霊界の妻や義母が、こちらのほうがよいと勧めているのだ。

アクセサリーは、予知夢では結婚、別離、死の象徴として出てくることがあるが、私の夢の場合は息子の嫁という意味と、結婚の二つの意味が表現されている。

第二の茄子の夢は、まぎれもない慶事の予告だ。箱いっぱいという部分に喜びの大きさが示されており、煮ても焼いてもおいしいという表現で、恵まれた結婚生活が予祝されている。仮に茄子が腐っているとか、量が少なくて皆で食べられないとか、まずくて煮ても焼いても食えないなどと感じているようなら、意味は正反対になる。茄子だからめでたいというわけではない。どんな状態で夢に出てきたかが問題なので、これは夢解きの際、必ずおさえておかなければならないポイントになる。

平成二十八年の初夢は夢のとおりに実現し、翌年二月、結納を済ませることができた。亡き妻や義両親は結婚式に参列することはかなわないが、夢の中で予祝の宴をすでに行ってくれたのである。なお、第一の夢の冒頭、私が妻と布団の中でいちゃついているのは、私と亡き妻がいまも霊的に深く結びついて交流していることを表している。

172
大雪の夢で縁談がまとまる

昭和二十七年、長野県須坂市の女性が見た夢。

「それはすごい**大雪に遭う**。身動きもできない雪ふりであった。その夢の話をすると、近所の人は、『なにかいいことのある前触れでしょう』といった。本当に一年もたたないうちに娘の縁談がまとまって、結婚式が無事に終わった」

＊注＝雪は、障害の除去や運気の好転の知らせになる。また、春が近づいているという知らせでもある。とくにこの女性が見た夢のように、身動きもできないほどの雪降りなら、やってくる喜びは大きい。結婚にかぎったことではなく、何らかの喜び事の知らせと解してよい。とくにそれまで苦しい状況が続いていた場合は、喜びも大きくなる。

173　運命の人と夢で出会う

夢で見た未知の人と結ばれたケースを、フランスの天文学者フラマリオンが報告している。

フラマリオンの同僚だったエミール・ド・ラ・ベドリエールという男性は、夢が縁で結婚したという。相手はフランスの小さな町、ラ・シャリテシュル・ロアルのパン屋のアンジェラで、美しく優雅な女性として知られていた。ベドリエールはたまたま友人とこの町に旅行に行き、舞踏会に参加して、彼女と出会った。二人はたちまち恋に落ち、数ヶ月後に結婚した。

その前年、アンジェラの両親は、彼らの眼鏡にかなった若者と娘を結婚させようとしたことがあった。娘は強く拒んだが、両親が執拗に結婚を迫るので、たえきれなくなって教会に行き、聖母マリアに救いを求めた。

すると翌日の晩、「旅行服を着て、大きな麦わら帽子をかぶり、眼鏡をかけた」若者を夢に見た。目覚め後、娘は両親の勧める相手とは絶対に結婚しないと告げ、未来の夫が現れるのを待つと宣言した。その夢で見た若者が、まさに旅行者としてやってきたベドリエールだった。二人は電撃的に〝運命の人〟と出会ったのである。

＊注＝未来の伴侶を夢に見たというケースは意外と多いようで、フラマリオンは、「こんな結婚の物語はいくらでもある」と述べ、当時著名だった天文学者ジャンセンの妻や、法制局文書管理官Ｐの例を挙げている。ジャンセンの妻は、ジャンセンに出会う前に未来の夫を夢に見、文書管理官のＰは、夢に現れた見知らぬ女性と現実世界で結ばれたと記している。

174　熊の夢を見て妊娠

昭和五十六年、筆者の妻が見た夢。

妻が**熊の子を火事から救い出す**夢を見た。何のことだろうと二人で首をかしげていると、今度は**熊の絵が描かれたおくるみ**（赤子の防寒衣）の夢を見た。

それからほどなく、懐妊がわかった。

＊注＝熊が「母なるもの」を表すユング心理学の「グレートマザー」の典型的な象徴だということを筆者が知ったのは、それより後年のことだ。熊が母＝妻なら、夢に出てきた子熊は母＝妻の子の意味になる。これはまさしく妊娠の予知夢であった。

火事は一般的には不吉なメッセージをともなう象徴だが、利得や幸運の象徴（火の浄化による新生・再生など）として使われるケースも少なからずある。火事によって描き出された出産という難事業は、そこから子熊を救い出すというイメージと、連続夢の熊の絵のおくるみによって、無事に行われるということが示されていたのである。

なおこの火事には、もう一つの意味も含まれている。当時、筆者は収入に乏しく、家計は文字通り火の車だった。そんな中での妊娠・出産の予告なので、火事のイメージが出てきたのである。

この夢の翌年、妻は無事長男を出産した。

175 死んだ娘が夢で再生を予告する

妊娠・出産にまつわる夢のうちでも、とびきりミステリアスなケースが、イギリスで報告されている。亡くなった娘が、ふたたび同じ母から再生したのではないかと考えられている、驚くべき実例だ。個人に関するデータが不足しており、不明な点が多々あるのだが、捨てるには惜しい興味深いケースなので、参考として紹介しておく。

一九一〇年三月十五日、イタリアの科学者サモナ博士の愛娘アレキサンドリンが急性脳膜炎で亡くなった。母は気が狂わんばかりに嘆き悲しんだが、死の三日後、生前と少しも変わらぬ娘の夢を見た。その夢で、娘はこう語りかけた。

「お母様、もう泣かないでちょうだい！　私はお母様を離れたけれど、いなくなったのではないですもの……。ね、お母様、**私こんなに小さくなって帰るのよ**」

そういって、アレキサンドリンは「**胎児の如きもの**」を母に見せ、こういった。

「だけどお母様は私が入るとまた苦しいでしょうね」

母は同じ夢を三日目にも見た。けれども、亡き娘が生まれ変わって自分のもとで再生するという話を、母親当人はもちろん、周囲も信じなかった。彼女は半年前に流産のために手術を受け、その後もときどき出血があったし、健康状態も悪かった。とても妊娠できる身体とは思われなかった。そのためこの夢は、深い悲しみが生みだした迷夢に過ぎないと考えられた。

ところがその後、サモナ博士の家で行われた交霊会に、アレキサンドリンが現れてこう告げた。

「お母様！　もう泣くのはやめてね、私またお母様から生まれるのよ……クリスマスにはお母様と一緒よ……。お父様！　**私帰るのよ**。兄さん、私帰るのよ。おばあ様、私また生まれるのよ。あのね、キャザリン叔母さんや、他の人たちにもそのことを話してね」

この再生の宣言は、交霊会でくりかえし行われた。さらに驚くべき言葉もあった。

「お母様、お母様の中に他の人もいるのよ」

アレキサンドリンの霊は、双子での出産になるとまで告げたのである。

彼女によると、この交霊通信は死後三ヶ月までしか行えず、「その後は（アレキサンドリンが）だんだん物質に引付けられて行き、遂にその中に全く眠ってしまう」のだという。その言葉どおりに交霊会は終了したが、夫妻らは依然として再生に半信半疑だった。霊の予告が成立するためには、まず妊娠しなければならず、かりに妊娠したとしても、懸念される流産の危機という難関を乗り越えねばならない。そのうえで双子を産んで、はじめて予告は成就するのだ。そんな奇蹟的なことがありうるはずはない――彼らはそう思った。

ところが、死後五ヶ月目の八月になって、念のために産婦人科で診察を受けたところ、医者から妊娠しているようだと告げられた。しかも、双子らしいという。夫婦は驚愕し、歓喜した。

途中、流産の危険があったがそれも無事乗り越え、十一月二十二日、母は無事出産した。娘が語っていたとおり、母子はそろってクリスマスを迎えることができた。しかも双子の姉妹として、新たな生をスタートさせたのである。

双子の姉妹のうちの一人は、まさしくアレキサンドリンの特徴をみごとに受け継いでいた。成長するにつれて、再生の娘（彼女もアレキサンドリンと名づけられた）はますます亡きアレキサンドリンと生き写しとなり、性格も、顔つきも、左利きなどの肉体の特徴も、口ぶりまでもそっくりそのままで、ついには亡きアレキサンドリン時代に家族で行った旅行の記憶まで語るようになったというのである。

＊注＝これは多くの分野の学者が集まって結成された英国の権威ある心霊現象研究協会（SPR）の機関誌に発表された記事で、アレキサンドリンの父サモナ博士自身のレポートも含まれているらしい。らしいというのは私が現物を見ていないからで、ここに紹介したのは浅野和三郎の右腕として初期の心霊科学研究会を支え、その後、同協会の重鎮として活躍した粕川章子氏が紹介している「再生の実例？」という記事をもとに書いているからだ。

粕川氏は、「記事の出所は絶対信頼してよいもの」だと断言している。もしこれが事実だとすれば、夢の働きだけではなく、心霊活動や輪廻再生などについて、重大な知見をもたらす事例ということになる。

176　**籠いっぱいの鰹と合格の知らせ**

戦時中、海軍飛行療養士（鍼灸《しんきゅう》によって飛行士の治療に当たる専門職で、待遇等は一般の徴用兵よりよかった）の試験を受けた鍼灸学院の生徒・尾栄大寛さんの夢。

合否の発表は昭和十九年七月二十五日だった。首を長くして電報を待っていた二十六日の夜、二十歳くらいの二人の青年が威勢よく鉢巻きをしめ、**籠にいっぱいの鰹を入れて持ってくる**夢をみた。翌日も連絡はこなかったが、その夜も吉夢を見た。

「所は解らないが、何百人も集まって運動会をしている。私はゴールインの綱を引く所へ立って見ていたところ、大人の人が数十人走った。ふと見ると一番先に走っている紳士が右手に一人だけ赤提灯を持っている。真ん中に鍼灸と書いてある。私は驚いた。その時、赤提灯を持った紳士が私の所に来て、『君、これを持って走れ』……と云った。『走る力はありません』と云ったら、無理に私の右手に提灯を握らせて、私のお尻を力強く叩いた。私は調子に乗せられて無我夢中で走った。知らぬ間に群を抜いて**一等でゴールインした**。その時、私の後ろの方で、大きなハッキリした声で『信仰の力って偉いもんやな』と云ったので、後を振り向いた時、眼が覚めた」

その日の午前、合格の知らせが届いた。

＊注＝鰹は「勝男」に通じ、「勝男武士（鰹節）」にも通じるところから、武家などの間で珍重する風習が古くからあった。また「鰹の初物を食べると七十五日寿命が延びる」という俗信もあった。この夢では、その縁起のよい魚が届けられており、籠いっぱいという量の多さは喜びの大きさを表している。届けた青年も、鉢巻きをしめて威勢がよい。合格の連絡をジリジリしながら待っていたところに、そんなピチピチの〝勝男〟が届けられているのだから、これは合格の夢と解してまちがいない。
さらに続く夢では、文字通りのレースで一等賞をとっている。赤提灯は夢のテーマを強調するための目印で、そこに彼が受験した「鍼灸」の文字が明示されている。つまりこのレースは、鍼灸の試験そのものなのだということが示されている。そこで一等を得たのだから、やはり明瞭な合格の知らせである。

夢で尾栄さんに提灯を渡したのは、彼の援助者と見てよい。援助者は現実の人物の場合もあるし、霊界人の場合もある。このケースでは尾栄さんが「信仰の力って偉いもんやな」という声を聞いているので後者の可能性が高いだろう。

夢の世界では、霊もふくめた人間関係が非常に重要な意味を担っている。人間は社会的動物であり、独りで生きているものではない。夢の解釈に際しては、自分と社会との関係を念頭に置く必要がある。

177　夢中の文字によって知らされた金運

女医の福島裕子さんが見た夢。

先祖から**奉書**をいただいた。その奉書には**「裕福」の二文字**があった。

病院の開業に際して大きな借金をし、返済と病院維持のために休みなく働いていたころの夢だという。その後、病院経営は軌道に乗り、借金も返済した。

＊注＝先祖の守護があることを教えるために見せられた夢で、とくに最大の重荷だった金銭面での心配はいらないということを、「裕福」の二文字で教えている。
文字が奉書に書かれていたという点も重要だ。奉書は位の高い者が下位の者に発給する文書形式なので、福島さんにこの夢を授けた者が、高位の先祖霊であることを示している。

夢の中で、福島さんが、文字は「紙に書かれていた」ではなく「奉書に書かれていた」と感じたことに注意しなければならない。

夢に文字が現れるケースは、そう多くはないものの、さほど珍しいことでもない。その文字は夢のメッセージそのものだ。ふたたび寝入って起きたときには忘れているということが非常に多いので、目覚めたらすぐにノートに記録しておいたほうがいい。

なお、文字でメッセージを伝える夢の多くは、死や急病、事故など緊急のものであり、この夢のようによい知らせをもたらすものはあまり多くはない。

178
入り船で合格を知らせる

昭和四十七年、息子の大学入試発表を翌日にひかえた日の夜に、息子の母親のKさんが見た夢。

夢の中で、私は海辺にある伯母の家に行っている。伯母が**赤飯**を出してくれたので、食べながら沖を見ると、**大きな船が荷を満載して港に入ってきた**。

気分のよい夢で、明るい気持ちで目が覚めた。夢見後、「いい夢を見たから試験は合格するな」と思っていたら、その日のうちに合格通知が届いた。

＊注＝**赤飯**は吉事の前触れ、**黒飯**は凶事の前触れである可能性が高い。**入り船**の夢も喜び事があることを告げている。とくに「**荷を満載**」している船は大吉とみてよい。ただし、たとえ入り船であっても**積み荷のない空船**なら、期待外れに終わる。

179 白蛇で合格を知らせる

就活中の息子をもつ女性が見た夢だ。

新卒で社会人となった息子が、入社後、半年で会社を辞め、また職探しを始めた。バブル前の就職難の時代だったため、心配していたが、昭和五十八年十一月の某日、**白い蛇が体に入る**夢を見た。何かよいことがあるのではないかと思っていたら、その日の午後、ある大会社から息子の内定通知が届いた。

＊注＝白い蛇は神の使い（最も有名なのは弁財天の神使としての白蛇）であり、幸いや金銭をもたらすものの象徴である。この夢では採用の前触れとして現れているが、多くの場合、夢の白蛇は金銭財物にかかわる。南方熊楠はこう書いている。

「インドで今も伝うるは、財を守る蛇はすこぶる年寄りで色白く体に長毛あり、財を与えんと思う人の夢にその所在を教え、その人寤《さ》め往きてこれを取らば、蛇たちまち見えなくなると。また身その分にあらざるに、暴力や呪言もてかかる財を取った者は、必ず後嗣亡しと」

この例の白蛇のように、何か霊異のものが自分の体に入る夢は、吉兆と考えてよい。古代の偉人の母が、この種の夢を見て子を宿したという神話が世界各地に見られる。わが身に入るということから、妊娠の予兆となるケースが多いのだが、金銭財物や精神的な価値あるものも、この種の夢で描かれることがある。

ただし、吉兆となるのは**白蛇**、**白象**、**太陽**、**月**など霊異のあるものに限る。毒虫や不気味な生物など**醜く不快なものが身に入る**のは、病気や災難、損失、事故などの前触れとなるので注意しなければならない。

第五章　発明・発見・啓示にまつわる霊夢

武芸にまつわる霊夢

180　夢で授かった秘太刀

流派の奥義を夢で授かったという驚嘆すべき霊夢がある。心霊科学協会の理事で、医師・鍼灸師、剣道家、心霊治療家でもあった赤川今夫氏が、昭和四十四年一月に見た初夢だ。

夢の中で、赤川氏は誰かと立ち会っている。相手は木銃を持った黒法師のようだが、はっきり見えるのは剣先のみで、他はよく見えない。そこからの展開を、赤川氏はこう回想する。

「フンワリと『ソ』の字を踏みしめて太刀を『無』に構えた。鹿島神流では『無構え』のことを『音無』とも称して、峯を返して右入身下段に近い構えで、重心を七－三に前に落とす。ここで声な

き気合を打ったように思う。（中略）

誰れか知らないが、黒衣上背の人が『大丈夫か。充分注意しなさい』とささやくのが聞こえる。これは亡師ではないが同流系の人ということだけは判っている。

『判りました』といったように思う。

それより自然に右前肩を軽く緩めて、竹刀を平に中段にグッと突出して、『虚』のままするら歩み足に間に入って、右腕を『グッ』と締め手の裡を返しつつ右入身割突に『エトウ』の気合も含みのまま、『実』に突き入ろうとして『ハッ』と目がさめた」

＊注＝この不思議な夢について、赤川氏はこう書いている。

「私はこれが亡き国井善弥《ぜんや》師の口伝の『波切り』の秘太刀であることをはっきりと知った。……（相手が長い木銃を手にしていた理由も）今にして考えると、『波切り』は長物破りに絶対必要な秘技であることをはっきりと悟った。

私は近年はすっかり他用に明けくれして修行を怠っているので亡師のお叱りかも知れない。

越えて一月中旬、折柄の寒風とみぞれ混じりの雨を冒して鹿島神宮へお礼詣りをした」

鹿島神流第十八代宗家の国井善弥は生涯不敗と伝えられる現代屈指の剣聖で、「今武蔵」

とも称えられた。赤川氏はその弟子だったが、生前、鹿島神流の秘太刀を伝授されていなかった。その秘太刀を、夢で教えられたというのである。

奥義や秘伝を夢で授かったという話は、実は古来少なくない。天真正伝神道流の免許皆伝で、剣豪として名を馳せた塚原卜伝《ぼくでん》は、武神として名高い鹿嶋神宮に参籠し、夢で「一の太刀」の秘太刀を授かったと伝えられているし、剣術中興の祖と称えられる上泉伊勢守《かみいずみいせのかみ》は、京都の下鴨社に参籠中、霊夢によって鞍馬流の刀術秘伝書を感得した。柳生新影流と並び称された一刀流の開祖・伊藤一刀斎にも「夢想剣」という秘太刀があったが、これは愛宕山《あたご》参籠中に愛宕の霊神から夢で授かった秘剣であるという。

剣道だけではない。吉田家弓術の祖となった達人・吉田上野介重賢《こうずけのすけしげかた》が、吉田八幡宮に参籠中の霊夢で「日本一の弓の上手」のお告げを受けたなど、武術と夢には、古来深い連関がある。心身を極限まで研ぎ澄ますことが要求される求道の世界では、夢が高みへの飛躍の突破口になるケースが間々ある。さらに視野を拡げれば、芸道や宗教の世界でも認められる現象なのである。

181 夢で槍術の允可を授かった高橋泥舟

剣と武道の話をもう一つ紹介する。

勝海舟《かいしゅう》、山岡鉄舟《てっしゅう》とともに「幕末の三舟」と並び称され、槍をとっては海内《かいだい》無双と謳われた高橋泥舟《でいしゅう》が、安政四年（一八五七）二月に不思議な夢を見た。

泥舟の槍は、二年前に死去した槍術達人の兄・紀一郎（山岡静山）によって徹底的に鍛えあげられたものだが、その紀一郎が夢枕に立ち、おまえの槍がどれほど進歩したか試すためにあの世からやってきたと告げた。泥舟は自分を化かすために現れた狐狸の類いかと疑ったが、夢中の紀一郎に促されて、半信半疑で立ち会ってみたところ、その槍捌きは兄にまぎれもなかった。

かつては手も足も出なかった兄だが、試合ってみると、今は勝るとも劣ることはあるまいと思われた。結局その日は決着がつかず、「翌日また来たらん」と言って、紀一郎は飄然と天に昇り去り、泥舟は敬慕のあまり、兄を呼び叫ぶ自分の声で目が覚めた。起きてみると、全身汗びっしょりになっていた。

翌日、寝に就くと、はたして紀一郎がやってきた。十本勝負と決めて立ち会い、九本まで泥舟がとったが、残り一本は兄に勝ちを譲った。愛しい弟であり、おのが槍術の無二の継承者でもあった泥舟が長足の進歩を遂げていることに満足した紀一郎は、欣然として言った。

「よくもここまで鍛錬したものだ。もはや私の及ぶところではない。これでようやく安心を得ることができた。お別れだ」

昨夜のように雲を踏んで天に昇っていく兄のさまを見て、離別の情に堪えきれず、「兄上、兄上」と声を限りに叫んだところで、またしても目が覚めた——。

＊注＝明治三十六年刊の『泥舟遺稿』に出る逸事で、時代小説家が小説の題材にもしている。剣の奥義が夢で伝えられるとか、夢の立ち会いで允可《いんか》を受けるなどというと、そんなばかなと否定する者が圧倒的に多いだろうが、前項でも書いたように、修業によって心身を極限まで追い込み、いま一歩で行く手を塞ぐ壁が消えるという段階に達した武道家には、こうした現象が実際に起こっている。夢の偉大な力の一つが、己の殻を破るところへと導くこの働きなのだ。

学問・芸術にまつわる霊夢

182 夢で文学作品を創作

文芸部門に目を転じよう。夢における創作で有名なのは、イギリスの詩人コールリッジのケースだ。彼の代表的な幻想詩「クブラ・カーン（忽必烈汗）」は、一七九七年夏の一日、夢の中でつくられた。

その日、イギリスの寒村のコテージで詩作に没頭していたコールリッジは、持病を抑えるために阿片を吸引した後、パーチャスの旅行記の忽必烈汗が宮殿を造営するくだりを読んでいるうちに眠りに落ちた。

夢の中で、彼は不思議な音楽や歌声を聞き、中国風の宮殿をありありと幻視し、泉のように溢れ出る詩句を感受した。

およそ三百行からなるその詩を、目覚めたあともはっきり憶えていたので、彼はすぐに書き留め始めた。ところがその最中、不意の訪問客があった。客が帰ったあとふたたび続きを書こうとしたが、残りの詩句はすでに忘れ去られており、どうしても思い出せなかった。

結局、彼は五十四行までの断片であきらめることにし、それを「クブラ・カーン」として発表した。この詩は、コールリッジの代表作の一つというだけではなく、英文学史上の最高傑作の一つに数えられている。

＊注＝作家ボルヘスによれば、イギリスの著名な詩人で批評家のスウィンバーンは、この作品を「英語で書かれた最高の音楽であり、それを分析することができる人は虹の織り目を解きほぐすことができるだろう」と最上級の賛辞を贈ったという。

夢で作品の啓示を受けた例はほかにもある。ロバート・ルイス・スティーヴンソンは夢で見た人物の変身から、あの有名な二重人格のファンタジー『ジキル博士とハイド氏』を一気に書き上げた。彼の短編小説『オラーラ』も、ストーリーは夢から授かったという。

メアリー・シェリーの『フランケンシュタイン、或いは現代のプロメテウス』も、夢で見たシーンが核となって生まれた小説として有名だ。

英文学史で「ディオダティ荘の怪奇談義」と呼ばれる出来事がある。一八一六年、スイスのレマン湖のほとりのバイロンの別荘に、不倫スキャンダルから身を隠す五人の男女が集まった。芸術談義をするために集まったわけではなかったが、退屈をまぎらわすために芸術談義や哲学談義、怪談の朗読などに興じ、その後、一人一編ずつ怪談をつくろうという話になった。そのメンバーの中に、身重の妻を捨てて駆け落ちしていた詩人のパーシー・ビッシュ・シェリーと、駆け落ち相手のメアリー・シェリーがいた。

怪談話に興じた後、寝に就いたメアリーは、夢の中で博士（後のフランケンシュタイン博士）が何らかの機械仕掛けによって怪物に生命を与え、怪物の横で跪いているシーンを見た。この夜の悪夢から、『フランケンシュタイン』が生まれた。

日本でも人気の高かったアントン・チェーホフもまた、夢による創造をなし遂げている。一時期、チェーホフは神経を病んで悪夢に悩まされ続けた。その一つに、キリスト教の修道士の夢がある。黒衣をまとったその修道士はチェーホフを激しく脅かしたが、弟の証言によれば、この夢が核となって『黒衣の修道僧』が書かれたのだという。

ボルヘスが紹介している驚異的な例に、七世紀のキャドモンのケースがある。彼は文盲だったため、聖書を読むことはできなかった。ところが某日、夢で神から歌うように命ぜられ、夢の中で「被造物の起源」の歌を教えられた。

目覚め後、キャドモンは近くの聖ヒルドの僧院の修道僧たちにそれを歌って聞かせた。その後も天地創造や人間の創造、出エジプト、主の受肉と受難、復活と昇天、最後の審判などを夢によって教えられ、歌にし続けた。「イギリス最初の宗教詩人」は、夢における神の声との出会いによって生まれたのである。

183 夢で医学の深奥を教わる

武道や芸道だけではない。学問の世界でも、ときとして同様のことが起こる。江戸時代後期の医者で、産科学の大家として名を成した片倉鶴陵《かくりょう》（名は元周《げんしゅう》）がその一人で、以下は寛政二年（一七九〇）二月に片倉が見た夢だ。

当時、鶴陵は漢方医学の不朽の古典『傷寒論《しょうかんろん》』の研究に取り組んでいたが、どうしてもわからない部分にぶつかり、日々呻吟していた。そんな一日、こんな夢を見た。

一人の童子を伴った高貴な人が現れ、「われは張仲景《ちょうちゅうけい》である」と名乗った。張仲景とは『傷寒論』の著者とされてきた中国の医聖だ。その仲景が、「おまえが日夜考えあぐねているところは、しかじかの意味である」と丁寧に教示してくれた。あまりの感動に、仰ぎ見ることもできずにいると、いつの間にか神霊は消え去った——。

目覚め後、鶴陵は夢の内容を反芻した。張仲景と名乗った神霊の教えは的確であり、内容は、たしかにまったく事実と合致していた。かくして鶴陵の長期にわたる疑団は春の雪のように消え去った。夢で受けた教えは、まぎれもない張仲景の霊示だと確信した鶴陵は、それまでの無神論を捨てて、深く神を信ずるようになった。

＊注＝『傷寒論』(三世紀初頭)は、漢方の世界で絶対的な医経として尊重され、臨床の場で活用されてきた。その状況は今も変わっていない。筆者が長年、お世話になってきたある女性漢方薬剤師は、驚くべき診断能力の持主で、政治的理由から今の日本では漢方医はやってはならないことにされている脈証の見立ても正確であり、急性病ならほんの数回の服用で治癒に導くことも珍しくなかったが(私自身が何度も経験した)、彼女が若いころから老年に至るまで取り組み続けたのも、『傷寒論』の研究と臨床だった。

若き日の鶴陵もこの『傷寒論』に取り組み、全文を暗記するまで徹底的に研究を重ねた。けれどもこの医書は、古来数多くの医家によって筆が加えられ、また削られたり改変されてきた経緯があり、理解に苦しむ条文が多々あった。鶴陵は苦心惨憺して読み進めてきたが、途中で壁にぶつかった。お手上げ状態でもがき苦しむうちに、もはや著者である張仲景に尋ねるほかに道はないと思うようになった。そのもがきの果てに見たのが、この夢なのである。

鶴陵はのちに『傷寒啓微』という医学書を著しているが、巻頭には彼を教え導いてくれた張仲景の肖像を置かずにはいられなかった。鶴陵にとって、張仲景は時空を超えて自分を教え導いてくれた恩師だったのである。

184　霊界の樋口一葉に聞く

前掲の鶴陵のような例は、意外と少なくない。以下に紹介するのは夢の話ではないが、夢のメカニズムとも深く関連する話なので、掲げておきたい。

昭和三十年の『週刊朝日』で、近代文学を専門とした国文学者の塩田良平と、トーキー弁士出身の作家・漫談家の徳川夢声が対談している。この対談で、塩田が樋口一葉研究で知られた直木賞作家で文学研究家の和田芳恵について、こんな秘話を披露しているのだ。

「ぼくと中学の同期の男の弟で、和田芳恵というのがいます。これはすばらしいですよ。いざとなりますと、深夜、目をつぶって、一葉を呼び出すんだそうです。……『一葉さん、ここんとこはこうでしょうか』ってきくと、一葉が『ちがうわ』っていうんです（笑）。研究もここまでくるとたいしたもんですね。ぼくはそこまでは、とてもいたらなかった」

和田には『樋口一葉』『樋口一葉の日記』『樋口一葉研究』など一連の一葉関係著作があるほか、『樋口一葉全集』の編集も行っている。文字通り一葉研究の第一人者だった人物だ。その和田が、不明点を霊界の一葉にじかに質問していたというのである。塩田が、「ぼくはそこまでは、とてもいたらなかった」と語っているのは、塩田も著名な一葉研究者の一人だったからだ（吉川弘文館・人物叢書の『樋口一葉』は塩田が書いている）。

もう一例、塩田が秘話を披露している。当時、清少納言研究の権威だった国文学者の田中重太郎に関するものだ。田中の場合は、不明点があれば霊媒を用いて質問していたという。

「自分では呼べないんだそうです。日本にたったひとりしかいないというミコがいるんですが、これに呼んでもらって、ミコの口を通じて話をするんですね。『いったいなにを聞いたんだ』と(田中に)いったら、『宮づかえをなん年位してたのか』という質問をしたら『十年位だ』という答をきいただけで、自分がうれしくて夢中になってたんで、あとはなんにもきけなかったそうです。国文学の研究もそこまでくると、非常に神秘的になりますね(笑)。……田中君の話によれば、かれは清少納言の手相まで知ってますよ」

＊注＝塩田良平も和田芳恵も田中重太郎も、ごくまじめな学究の徒であって、商売霊能者や新興宗教の一部の教祖や弟子らのように〝神秘を創作〟する必要はない。それどころか、学者や研究者としての立場に傷がつく。にもかかわらず、研究対象への心霊的なアプローチまで実践していたという秘話は、十分に信頼がおける。

このように、霊からじかに教えを受けることは、さまざまな形で行われてきた。夢もその一つであり、片岡鶴陵もそうした機会に恵まれた一人だったのである。

185　夢で作曲された名曲

一九六五年、ポール・マッカートニーは夢の中で素晴らしいメロディを感得した。目覚め後もはっきり覚えていたので、すぐにピアノで再現したが、ひょっとして無意識に誰かの曲をコピーしているのではないかと不安になった。

後にポールは、インタビューでこう語っている。

「睡眠中に夢の中でメロディが浮かんだので、急いでコードを探してスタジオで完成させた。作ろうと思って出来るメロディではない。あまりにも自然に浮かんできたものだから、誰かの曲ではないかと思い、みんなに聞かせて回った。でも、誰もこのメロディを知らないようだった。それで僕のオリジナル曲だと認識した」

こうして生まれたのが、ポピュラーソングの不朽の名曲として知られる、かの『イエスタデー』なのである。

＊注＝楽曲を夢の中で得るというケースは多い。ネットを検索すると、夢で素晴らしい楽曲を聴いたので口ずさんでいるとか、夢の啓示によって作曲したという方が数多くいることがわかる。夢の中にメロディや詩句などが流れるのは珍しいことではない。筆者も何度か経験

している。

イタリアのバイオリニストで作曲家のタルティーニは、夢の中で召使いの悪魔が演奏するバイオリンソナタに魅了され、目覚め後、記憶を頼りに『悪魔のトリル』を書き上げた。音楽史上、最も有名な夢にもとづく作曲の例がこれだ。

ロシアの作曲家ニコライ・リムスキー＝コルサコフも、夢が創造の源泉となって歌劇『雪娘』を作曲したという。

一八八〇年の夏、ステリョヴォ村で作曲に取り組んでいたコルサコフは、このときかつて体験したことのない音楽の洪水に見舞われた。本人の述懐によれば、「寝ているときも意識下でメロディーが湧き出し」続け、ほとんど苦労なしに『雪娘』ができあがったのだと。

現代中国の哲学者・劉文英は、こうした現象が生じるメカニズムについて書いている。

「科学者はいつもある問題を考え、芸術家はずっとある作品に打ちこむという姿を目にすることができるが、その時間が長くなると、彼らの知慮や思考は蓄積されて潜在意識の領域に沈みこむ。たとえ彼らが別のことをしていても、その問題あるいはその作品は、そのまま彼らの心にまとわりつく。実はこれこそがコンプレックス（観念複合体）なのである。……夢の中では、それらは最も活発で、実は、活動の『中心』を構成しているのである。こうしたわだかまり（コンプレックス）が解けて初めて、人の精神は真の解脱を獲得することができる。……唐の明皇（玄宗皇帝）は夢の中で天の音楽『紫雲廻《しうんかい》』を耳にし、タルティーニは夢の中で悪魔の指揮によってバイオリンを弾いたが、実はこれも潜在意識のコンプレックスの解放なのである」

発明・発見にまつわる霊夢

186　夢で周期律を発見

化学の分野にも驚くべき発見話が伝わっている。ロシアの化学者ドミトリ・メンデレーエフのケースだ。

メンデレーエフは、二十年の長きにわたって元素の原子量（原子の質量）と元素の化学的特性の関係について研究を行っており、元素を原子量の順に並べると、性質ごとの周期性を表すという着想を得ていたが、肝腎の配列をどうするかで足踏みを続けていた。

ところが一八六九年二月、研究中に眠りに落ちたことで、化学史上不朽の業績となったあるビジョンを、ありありと夢に見た。「元素たちがしかるべき形に配列されている」周期律表そのものを見たのである。

メンデレーエフ本人によれば、「目を覚まし、紙切れに書きとめ、また寝た。あとで修正が必要とわかったのは、ほんの一箇所だけだった」、かくしてこの年、われわれが化学の授業で必ず習うあの周期律表が、人類のものとなったのである。

＊注＝当初の周期律表には、多数の空白部分があった。まだ発見されていないが、その番号に当てはまる元素が存在するはずだという周期律に基づく科学的予見から導き出されたもので、空白は後日、他の化学者たちによって次々と埋められていった。原子番号１０１のメンデレビウム（ウランの一種）は、メンデレーエフの功績を称えて名づけられたものだという。

同じく化学の分野におけるベンゼン環の構造発見も有名だ。

ドイツの有機化学者アウグスト・ケクレは、一八五四年に大きな原子が小さな原子を率いて飛び廻り、連結していく夢から、炭素の鎖状構造を思いつき、一八六一年には自分の尾にかみつく**ウロボロスの蛇**の夢を見てベンゼン環の着想を得た。二度にわたる夢が、理論を完成に導いたのである。

科学者の中には、この話は創作ではないかと疑問視する者もいるが、このことはケクレ自身が書き残していることであり、「諸君、夢から学びたまえ。そうすれば、きっと真実を見つけることができるだろう」とも語っている以上、否定の論拠は薄い。否定論者の頭の中には、夢による発見などという非科学的な話はありえないという潜在的な偏見があるのかもしれないが、そうした例は決して少なくないのである。

187
近代原子物理学の基礎を生みだした夢

量子力学の父と称えられるデンマークのニールス・ボーアは、学生時代、奇妙な夢を見た。夢の中で、彼は燃えるガスでできている太陽の上にいた。太陽の回りを惑星が巡っており、それら惑星は太陽と細い紐で結ばれていた。その後、突然、ガス体だった太陽が冷えて固まり、惑星が粉々になった――。

この夢からインスピレーションを得て、ボーアは原子モデルのメカニズムに関する従来の説を完全に覆す革新的な原子模型（一九一三年）を完成させたと伝えられている。

＊注＝かのアルベルト・アインシュタインも、橇に乗って雪面を猛スピードで下る夢から、相対性理論（一九〇五年）を発想したというが、そこに至るまでの間、アインシュタインは極限まで考え抜き、悩み抜くという日々を送っていた。潜在意識は、整理がつかないまま蓄えられ続けてきた「知慮や思考」で、まさにパンパンになり、どうにもならないところまで追い詰められていた。そうして、夢を舞台とした解放の時が、ついにやってきたのである。「私にとって、夢を見るという能力は、自覚した知識を習得する私の才能以上に重要なものだった」というアインシュタインの言葉は、理性ではなく直感的・無意識的な活動によ

り、一気に核心を映像化し、夢見るものに天啓をもたらす夢の働きの重要性を、よく言い表している。

ほかにも、フランスの世界的に著名な数学者で、直感を重視したことでも知られるアンリ・ポアンカレは、枕元にノートと鉛筆を用意しておき、夢で問題の解決を見出すとそれを書きつけて、数々の問題の行き詰まりを打開したというし、インドの天才数学者シュリニヴァーサ・ラマヌジャンも、夢に現れた数式で数々の問題を解く鍵を見出したという。

188　人間世界にミシンをもたらした夢

「今日のあらゆる産業は、エリアス・ハウがある夜見た夢のおかげをこうむっている」――夢の科学的研究で知られる米国マイモニデス医学センター・夢研究所のウルマン博士らは、こう書いている。

エリアス・ハウは十九世紀のアメリカの発明家だ。彼はミシンの発明、厳密には革命的な改良によってその名を不朽のものとしたのだが、そのアイデアをもたらしたのは、まさしく夢そのものだった。

その夢は、ハウがミシンの開発で壁に突き当たって苦しんでいたある夜に現れた。夢の中で野蛮人に捕らえられたハウは、群集の前に引きずり出された。やがて目の前に王様が現れ、「二十四時間以内にミシンを完成できなければ、おまえを槍で処刑する」と宣告した。けれど、時間がきてもミシンは完成しなかった。兵士たちが手にしている処刑の槍が、ハウ目がけてジリジリと近づいてきた。そのときハウは、槍の先端のすべてに、目のような穴が開けられているのを目撃し、「これだ！」と思ったところで目が覚めた。

雷のように閃いた天啓の夢の情景から、ハウはミシンの縫い針の先に穴を開けるという画期的な方法を生みだし、一八四六年に特許が認められた。こうして現代に至るまで踏襲されているミシンのスタイルが、世に送り出されたのである。

＊注＝「二十世紀を創造した」と称えられる発明家のトーマス・エジソンも、ハウと同様、夢の恩恵を蒙って天才的な発明を行ってきた一人だ。エジソンの「天才は一％の閃きと九十九％の汗（努力）」という有名な金言は、どれほど真剣に努力を積み重ねても、最後の一％のインスピレーションがなければ成果にたどりつくのは困難だということと、一％の閃きを得るためには、九十九％の努力が不可欠だという二つの真理を語っている。

この「一％の閃き」は、ギリギリまで追い詰められた状態で、白昼電撃的に訪れることもあれば、夜、エジソンの夢の中に現れることもあった。右に紹介してきた科学者や芸術家、武道家たちは、まさに夢で最後の「一%の閃き」を掴んだ人たちなのである。

189 南方熊楠の発見を霊界から助けた亡父

博覧強記の世界的博物学者で、卓越した粘菌学者、民俗学者でもあった南方熊楠《くまぐす》は、のべつ身辺に実在して活動している霊を見、夢や瞑想裏に霊とコンタクトしていた心霊家としても知られている。その南方が、かつては日本に自生していたが、いまでは野生種は滅びたのではと懸念されていたナギランという蘭の一種を、父の霊に導かれて発見したと記している。

夢による教示ではないが、深い瞑想状態と夢は、しばしば霊魂の活動フィールドを共有しているものなので、ここに紹介しておこう。

「予、那智にありて、一朝早く起き静坐しいたるに、亡父の形ありありと現じ、言語を発せずに、何となく予に宿前数町の地にナギランありと知らす。……翌朝も、翌々朝も、続けて十余回同じことあり。件の地は宿に近けれども、予がその時までかつて近づきしこともなかりしなり。さて縁戚の家の手代来たりしゆえ、このことを話し、共に往いて右の地を探るに、ナギラン一株を得たり。その日いかに捜すも一株しかなかりしに、翌日予一人行きて十七株を得たり」

＊注＝こうした体験は一再ならずあったようで、ピトフォラ・ヴァウシェリオイデスという難しい学名の藻も、幽霊に教えられて発見したと書いている。夢で、あるいは白昼の幻視や瞑想で南方にメッセージを送っていた霊には、亡父や亡母のほかに、亡き父の生家・羽山家の長男と次男もいた。彼らの教示に従って教えられた場所に行くと、たいていは教えられたとおりの珍しいものが発見できたという。

南方は知人にこう書き送っている。

「今日の多くの人間は利慾我執の事に惑うのあまり、脳力くもりてかかること一切なきが、(自分のように) 全く閑寂の地におり、心に世の煩いなきときは、いろいろの不思議な脳力がはたらき出すものに候」

190　夢の騎士が古代ローマ植民都市の発見に導く

ノンフィクション作家の庄司浅水氏が紹介している英国女性の見たテレパシー夢だ。

一八九二年のある夏の夜のこと、英国シュロープシャーの貧しい老鍛治屋の妻ベティ・フォックスは、鎧かぶとで身をかためた昔の騎士のいでたちをした数人の男たちが、人目をはばかりながら道のかたわらを大急ぎで掘り返し、何かを埋めるという夢を見た。

これ一回で夢が終わっていれば、彼女は大きな幸運を逃すことになっただろうが、夢は翌日も続いた。次の夜、ベティは夢の中で昨夜見た道を歩いていた。すると、昨夜の騎士たちが、急いで立ち去るところに出くわした。彼女は道路標識などから、その場所がウッキントンとロセスターの中間地点であることを知った。そしてそのあたりのゴミの中に、一握りの貨幣がまき散らされているのを見たと思ったところで目が覚めた。

翌朝、ベティは夢のことを家人に話したが、彼らは笑って取り合わなかった。

それから数日後、彼女はふたたび夢を見た。騎士のうちの二人がとある草むらで何かを埋め、残り二人が見張りをしている。埋め終わると彼らの姿は消えたが、掘り返していた場所に、いくつかの貨幣があるのが見えたのだ。

三回も続けて同じような夢を見たのは、自分に何かを伝えようとしているためだろうとベティは考えた。たんなる雑夢とは思われなかった。そこで彼女は、夢に出てきたウッキントンとロセスターの中間地点あたりに出かけることにした。

周囲に注意をはらいながら、クワを片手にテクテク歩いているうちに、彼女はどうやらここらしいというポイントを発見した。そこでさっそく、持ってきたクワでその場を掘り返した。夢はまさしく正夢だった。古代の金貨がザクザクと地面の下から現れ、さらにその下から、密閉された壺につまった見たこともない古い金貨や銀貨が、ゴッソリと現れたのである。それらの金貨や壺を、彼女は家に持ち帰った。もうだれもベティをあざ笑う者はいなかった。これでフォックス一家は、いちやく大金持ちになったのだが、この夢はさらなる大発見の序曲にすぎなかった。

話を発掘時に戻そう。遺宝を発掘したのはいいが、それがだれのものになるのかという所有権の問題が、まだ彼女には残っていた。フォックス一家は慎重だった。発掘の話は厳重に秘密にして、まず金貨一枚を近くに住む資産家で貨幣収集家でもあったオートレーのところに、「自分の店の裏のほうを掘っていたら出てきた」という触れ込みで持ち込んでみた。

金貨を見たオートレーは「古代ローマ金貨」だと鑑定し、相当の高額で買い取った。そこでフォックス夫妻は、「絶対秘密を守る」とオートレーに約束させた上で、発掘のいきさつを打ち明けた。オートレーは、法律的にその発掘物はフォックス家のものになると教え、安心させた上で、発掘した貨幣を考古学者のトーマス・ライト博士に譲渡するようアドバイスした。夫妻はアドバイスを受け入れ、引き換えに大金を手にした。

また、ライト博士から話を聞いた仲間の考古学者らの手によって発掘場所の調査が行われた結果、そこが一五〇〇年の昔、古代ローマ軍が駐留していた植民都市ウリコニウスの跡だということも判明し、一つの夢が、夢見た婦人には富を、学者には発見の名誉と史学上の新知見を与える結果になったというのである。

＊注＝フラマリオンによる予知夢の収集例の中にも、夢にまつわる発掘例の報告がある。発掘者であるアルフォンス・ラベルというのがいかなる人物かは不明だが、フラマリオンに書き送った手紙の文面からいって考古学関係の研究者のように思われる。手紙を引用する。

「(その一) 昨年四月のある日、私が白亜の研究をしていたとき、ベルノット付近のボロクルの白亜坑の中に艶のある珍しい礫を発見した夢を見ました。翌日、この坑を検べてみると、夢に見た通りの礫が見つかりました。こんな石が白亜坑にあるのは、実際ごく稀なことです。

(その二) 二、三日前、私はシッシイの林の付近に、ゴール、ローマ人の一団を発見した夢を見たのです。この地点は新墓地に選定されていた所でしたが、最初の坑を掘ったとき、人夫たちは一つの壺を発見して、私の許に持ってきました。それは確かにゴール、ローマ人の遺物で、それから段々調べてみると、そこはゴール、ローマ人の古墳墓があった所だと分かりました」

このように、夢の知らせが発明や発見、あるいは創作と結びついた例は非常に多い。これらは睡眠時の脳の活動と関連している可能性があり、とくにシータ波が発現するまどろみの状態と関連している可能性が高いと筆者は考えているが、それについては近い将来、科学の分野が説き明かしてくれるに違いない。

附章　宮地水位の『夢記』と脱魂による正夢

『夢記』（宮地水位）現代語訳

夢には七つの種類がある。その中に、自分の分魂《わけみたま》が肉体から離脱して天上世界を逍遙するというものがある。（天界の女神の一柱である）玉女《ぎょくじょ》が夢中脱魂の法の一端をかすかに漏らしており、明代の『状元図解』にも、夢の善悪に関する記載がある。

目覚め後に夢をふりかえると、果てしない無の広がりの中に、恍惚としてわが身が入りこんでいたことに気がつく。ないはずのものがたちまち存在していることを恍といい、たちまち消えて無くなることを惚という。夢は、見るのに目を用いず、聴くのに耳を用いない。心静かに夢の世界を観じれば、そこではすべてが有るようにも無いようにも思われて、まさしく恍惚のうちにあるのだが、しかも隠然としてものの象《すがた》が存在しているのだ。

私が夢中に脱魂すると、魂がほんらいその徳として備えている自在を得て、万里の遠くであっても一瞬の間に往来する。そのときの魂は、まるで水上を行くがごとく、地に入っては水中に入るごとく、巌《いわお》に入れば何一つ遮るものがないもののごとくであり、水に溺れることもなければ、火に焼かれることもない。魂は自在に形を変えて、ありとあらゆる世界に入りこみ、そこにいる禽獣虫魚の言葉も自然と理解している。言葉が理解できないのは、魂が世俗の肉体身にとどまっているときだけなのである。

入眠すると、私の魂は、どこまで深いとも知れず、測り知ることのできない世界に入り、薄暗い沈黙と虚無のところを通り過ぎて、天界の神々が住まう三つの清らかな世界を超え、裁判などを掌る最上級の天の役所（天曹《てんそう》）に至った。

この世界は寒暖がなく、神々の宮殿門前に設けられた望楼は青空の中に聳え立ち、清らかで透き通った光明が満ちあふれている。宮殿群に懸け渡された長い橋は、八雲のように幾重にも折りかさなって、まるで臥した龍のようだ。

肉体を現世に置いてき私の魂は、その橋を独り何のためらいもなく渡った。

薫風がどこからともなく吹いてきて、私の紫袂を捲くっていく。歩きつづけて、ついに冥府の玉門をくぐった。この世界が、地球からどれほど遠く隔たっているか、私は知らない。玉楼や台閣が八十二重にも聳え立っており、建物が自分のほうに落ちかかってくるように感じられて、思わず動揺する。五色の雲と霧が、すべてのものに降り注ぐようにして、あたりを漂っている。

宝玉で飾られた扉を叩くと、役人が現れ、私の来意を奥まったところにある天の役所に報告した。

その場で待っていると、むこうから老仙がやってきた。頭にはたくさんの鳳の尾をつけた冠をいただき、身には銀河の模様に織り成された雲霧紫彩の絹の衣をまとい、腰には消魔の剣をぶらさげ、虹を縫い合わせた大綏（未詳）を引いている。

伏してその姿を拝見すると、頬から顎にかけて伸びた白く清らかなひげが、膝にまで達している。年齢は三千歳ほどにもなろうか。顔色は憔悴し、身体の肉はこそげ落ちて、ほとんど骨だけのように見えるが、眼光は星のようだ。

その老仙に叩頭して申し上げた。

「私は日東天皇の臣下であります。つねに道を志し、脱魂の法を得て風を御し、この地に至ることができました。この国は何という国で、あなたの御名は何とおっしゃるのでしょう。どうか私のこの問いにお答えください」

　老仙が答えた。

「我は白雲卿である。雲上卿とともにこの司命の府に仕え、府からの命令を北辰《ほくしん》（北極星）に伝えることを職務としている。この国の真神は、だれもが三年に一回だけ呼吸をして、すでに千歳をへている。見た目は痩せ細っているが、顔色はますます鮮やかだ。つねに天陽九光七明の芝を食べ、大玄符を飲んでいるので、生命が滅することはなく、自在に姿を変えている。ある者は老仙と化《な》って、髪は白く、ひげは長く、歯は脱落している。またある者は童子と化って美しい花のような形をとり、飄然と飛翔下降し、海波を渡り、険しい地を行き交ってもくたびれるということがない。あるいはまた自身を数百数千の分身となし、あるいは鳳凰や龍に駕して世界を逍遥すること一日三千里。あるいはまた台風・風雲・雷雨や霧を自在に生み成し、水に入っても濡れず、単衣の着物で氷上に臥しても顔色は常と変わらず、炎火の中に座しても衣装は燃えない。ここはまさしく真の天府である」

　このとき頭を上げて白雲卿を拝すると、卿は左手に『混沌五成図』、右手には龍鳳飛天紫筆の『天鑑書』を持っていた。その顔色は先ほどとは違っており、さっきまでかぶっていた鳳冠がはずされて、腰のあたりに垂れている。その卿に向かい、ふたたび質問した。

「天鑑の真書とはいかなるものでございましょうか」

白雲卿が答えた。

「これは天帝の親筆になる書で、八会（高級神が用いるとされる書法）中の第一開にあたる霊文五元合結三十六通変化の書法によって記された妙典である。そなたのような五濁《ごじょく》の輩の目に触れさせることのできるものではない。天上の至宝である」

私は頭を地にすりつけんばかりに伏し拝んで、『天鑑書』の拝覧を懇請したが、許しはなかった。そこで道士という存在の意義を述べることにした。

「私は人間という形を受けて、神孫の国日本に生まれました。長じてのちは神仙の道を志し、その深遠な道の奥義を探り求めてひたすら修業を重ね、調気胎《ちょうきたい》息《そく》、玄胎《げんたい》化作《けさ》、脱魂、使魂、感視の法に通じるに至りました。それゆえ夢を通ってこの境界に来ることもできたのでございます。卿のおっしゃる五濁とは、母胎から生まれ出るときに帯びてくる胎生の暴・淫・酷・賊のことであります。

むかし上元夫人《じょうげん》（西王母《さいおうぼ》）が漢帝の宮殿に降臨して劉徹《りゅうてつ》（漢の武帝）を誡めたときのお言葉であり、栄衛《えいえ》（飲食物からとりこまれる陰の生気＝栄、および呼吸によってとりこまれる陽の生気＝衛気）の両気中にあって五臓にやどるものを指しております。つまり五濁とは、肉体とともにあるものにほかなりません。けれどもいまここに来ておりますのは、わが三魂《さんこん》（胎光《たいこう》・爽霊《そうれい》・幽精《ゆうせい》の三種の魂）のみでございます。身中の濁気である七種の魄《はく》や、頭と腹と足に潜む三尸《さんし》の霊虫は肉体に潜りこんだままで、魂に随ってくることはございません。魂は、いわゆる天霊と同一のものであります。その天霊と同一の三魂である私に、なぜ妙典を拝ませてはいただけないのでしょうか」

白雲卿がいった。

「そなたの魂がこの地に住って五濁の身体に還らないというのなら、宝典を見せてもやろう。かりに宝典を見たのちに肉体に還るようなことがあれば、至尊至大の妙典が穢れた五濁の肉体に持ち込まれることとなり、必ず神仙の咎をこうむって、身命ともに亡び去ることとなる。恐るべきことではないか。また、魂をここに止めて宝典を見るときには、魂を失った肉体はよるべないものとなり、人としての行いは何もできなくなる（魂の抜けた廃人となること）。そなたは人として生きる楽しみと、高貴な神々があまたおわするこの天界に住《とどま》り、人苦を離れてこの世界を楽しむことのいずれを選ぶのか」

私は答えた。

「私は強いて天上至尊の境地を願う者ではありません。人身を得た者として君王への忠節の思いは尽きることなく、父母に仕えて孝敬を尽くす道も、いまだ終えてはおりません。どうして天皇をないものとし、父母を捨てて、自分ひとりだけが無量至尊の境地で楽を極めることができましょう。あえて言挙げするまでもなく、いかなる世界であっても、この理は一つであると確信しております。たとえ一家が貧しくて粗末な苫屋《とまや》に臥すのほかなく、草根を掘って食を求め、木の根を枕とし、道端に屍《かばね》を晒すことになろうとも、忠孝の二字を曲げて神人の道を全うするなど、できようはずはございません。この天庭におかれましても、君たるものの踏むべき道と、臣たるものの踏むべき道はございましょう。白雲卿におかれましては、どうかわが意《こころ》をお察しくださいますよう」

するると白雲卿が、応えていった。

「その志があるのなら、そなたはあえて神仙の道を慕い求めずとも、その心魂に神が感応して、おのずから神仙の境地を得るときがくるであろう。また、そなたには神仙界との縁があるに相違ない。ならばこの霊書をじかに披見させることはできないが、そなたのために経典のあらましを語り聞かせてやろう。

この書は元始天皇と大元聖母が世界に出されたもので、至真至重至宝の霊典である。濁穢《じょくえ》の人間がこの書を所持し、その者が不正で信仰心もない場合は、家も自身も必ず滅亡に至る。この宝鑑は、天地が開けたときのありさまを図画し、神仙七十二界のすがたを真形《しんぎょう》に写したもので、下の巻には神仙の要術が説かれている。人間界に伝えられている『玉女隠微』、『淮南満畢術記』、『枕中五行記』、『五岳真形図』などと比較しても、術の偉大さにおいて比べものにならない。その概略を述べよう。

座して風雨を呼び、立っては雲霧を起こし、大地を区画しては江湖に変え、土をとっては山岳を生みなし、高所を崩しては淵を塞ぐ。虎豹を養い、龍蛇を駆使し、鬼神を使役し、形を分かち、顔を変え、座ればそこにあり、立てば消え失せる。よく虚に乗じて空中を歩み、海におもむき、淵に臨むも自由自在で限界がない。一呼吸の間に千里を進み、火に入っても焼けず、水に入っても濡れることがない。刃物に攻められても傷つかず、矢を射られても当たらない。極寒にもその身が凍えることはなく、夏の熱気を受けても汗一つかかない。

千変万化は思いのままで、術を駆使すれば禽獣草木もたちどころに生成する。山川陵岳を転徙し、災いを防ぎ、厄を無厄に変え、寿命はあくまで長く、泥を煎って金となし、鉛を焼いて金に変え、水を煉って財宝とし、飛翔しては珠を流し、龍に乗り雲に駕して清らかな神々の世界に遊ぶなど、天下の百術、実現しないものはないのである。時がきたあかつきには、そなたの性命を玉札に記して大玄宮の鑑台《かんだい》（神界の戸籍台帳のようなもの）に封じ、この書を授けるであろう」

語りおえると、卿は鳳冠をもとのように正して最初に現れたときの老仙の姿に戻り、扉を背にして天曹の中に帰っていった。

あたりは急にひっそりと静まりかえった。私の魂も、夜が明ける前に帰らねばと天庭を離れ、天地をつなぐ天線を伝い、気に乗って人間界に戻った。そうして、蘆の草むらに堕ちたと思ったところで、忽然と目が覚めた。覚めてみればそこは自分の寝室で、身体はくたびれていた。これを思えば、私の分魂が天庭で白雲卿にまみえたことも、夢のつくりごとではなかろう。よってその要訣を述べて、この夢記をつくった。

明治十八年六月二十六日

『夢記』と脱魂による正夢

宮地水位《みやじすいい》（嘉永五年〈一八五二〉～明治三十八年）は四国の神道家・神仙道家として知られた人物で、近現代の霊術家たちに多大の影響を与えてきた。神霊や方術・霊法に関する膨大な著作があるが、その中に右の『夢記』一篇がある。実例の注では詳しく書くことができなかったある種の夢を、ここでまとめて解説しておきたい。

夢の中には、現に実在するもの、近未来に起こることなどを、そのままの情景で見てしまう種類のものがある。この現象に対する科学のメスはまだ入っていないが、古人はこれを「脱魂」による現象として説明してきた。実例として紹介したものの中にも、この種の夢が多数含まれているが、神仙道家の宮地水位もこの種の夢を脱魂による夢と考えている。

この種の夢は、夢の常套手段である隠喩を必要としない。隠喩とは、あることを言い表すために、別の象徴を用いて表現することで、たとえば白い着物や白い花、黒馬、烏、蝶などを用いて死を表現したり、米俵や大黒天などを用いて財運の訪れを表現するたぐいをいう。

序章で吉田正一氏の「客観的霊視」と「主観的霊視」の別について書いておいたが、客観的霊視というのがここでいう脱魂による夢に相当し、それ以外のさまざまな象徴を用いた夢が主観的霊視に当たる。このことを、出口王仁三郎は以下のように説明している。

「正夢は時間、場所、事柄等、見た通りすこしも違わず実現するものである。霊夢は比喩的に見せられるから、その判断を誤ると間違ってくる。

たとえば、空にお月さまが二つ出た夢を見たとすると、二月ともとれるし、またあるべからざる事実として凶兆ともとれないことはない。ゆえに正しい判断をせねばならぬ」（『三鏡』）

ここで王仁三郎がいっている「正夢」が、吉田氏のいう客観的霊視にあたり、「霊夢」が主観的霊視に該当する。正夢は事実そのものの情景を見るので、特別な解釈はまったくいらない。たとえば実例１２６で書いた、夫の飛行機が事故に遭って墜落する情景や、それを報じる新聞大見出しの夢は、現実とぴったり重なり合っていていて説明の要がない。小笠原長生が見た日清戦争における海戦の夢（実例73）や、秋山真之が見た日露戦争における海戦の夢（実例74）

などもそれであり、見たことがそのまま現実となっているのだ。

宮地水位も、『夢記』において、自分の見た夢が脱魂による夢、つまり王仁三郎のいう正夢だという確信を述べている。ということは、水位が見た世界や仙人の白雲卿、卿が手にしていた『天鑑書』などが、夢のつくりごとではなく、現実に霊界（霊界は現界も含む）に存在する実在物だという意味なのである。

夢中脱魂と同じことが、死に瀕した人々の幽体離脱時にも起こっている。彼らの報告の一部に、病室内外の医者や親族などの様子・発言や、遠く離れたところにいる親族の様子などをリアルに見てきたという報告があり、それらが現実とみごとに重なり合っていることが確認されている。これも脱魂による夢――王仁三郎のいう正夢と同じメカニズムで生じていると考えられ、小笠原や秋山の夢なども、同じジャンルに属すると考えられる。

本文で何度かとりあげた南方熊楠は確実に霊感者の一人で、脱魂も経験している。そのときの体験について、彼はこう書いている。

「予、那智山に孤居し、空腹で臥《ふし》たるに、終夜自分の頭抜け出て家の横側なる中部屋の辺を飛び廻り、有り有りと闇夜中にその状況を詳しく視る。自らその精神変態（変成意識状態、一種のトランス状態）にあるを知ると雖も、繰返し繰返しかくの如くなるを禁じ得ざりし」

南方は屋外の中小屋の周辺を飛びまわったと述べており、飛行範囲はごく至近の空間にとどまっている。偶発的な脱魂の場合は、あまり遠くにはいけず、自分の周囲の見聞にとどまることが多い。一つには脱魂後の行動の仕方がよくわからないということもあるが、もう一つの理由に、突然生じた脱魂という「変態」的な事態に対する不安もしくは恐怖感があるのだと思う。

私も夢で脱魂と思われる現象を体験したことがある。私の場合は、それまでまったく体験したことのない不思議な明るさと爽快感があったが、飛ぶというのはあんがい簡単ではなく、水泳の平泳ぎのような恰好で大気を掻くことで飛行が維持できた。その際、重さというほどではないのだが、肉体とは異なる何らかのボディの微かな重さが確かに存在しており、空気を掻くしぐさがきちんとできていなかったり、飛んでいるそのことに対して不安感が生じると、すうっと地上めがけて下降してしまうので、そのときは焦りに似た気持ちが生じた。

脱魂の状況は、夏目漱石が巧みに描き出している。彼が胃潰瘍で伊豆の修善寺に転地療養に行き、そこで大吐血して危篤に陥ったときの臨死体験だ。

「穏やかな心の隅が、何時か薄く暈《ぼか》されて、其所を照す意識の色が微《かす》かになった。すると、ヴェイルに似た靄が軽く全面に向って満遍なく展びて来た。そうして総体の意識が何処も彼処も希薄になった。それは普通の夢のように濃いものではなかった。尋常の自覚のように混雑したものでもなかった。またその中間に横たわる重い影でもなかった。魂が身体を抜けるといっては既に語弊がある。霊が細かい神経の末端にまで行きわたって、泥で出来た肉体の内部を、軽く清くすると共に、官能の実覚から杳《はる》かに遠からしめた状態であった。余は余の周囲に何事が起りつつあるかを自覚した。同時にその自覚が窈窕《ようちょう》として地の臭を帯びぬ一種特別のものであるという事を知った。床の下に水が廻って、自然と畳が浮き出すように、余の心は己の宿る身体と共に、蒲団から浮き上がった。より適当にいえば、腰と肩と頭に触れる堅い布団が何処かへ行ってしまったのに、心と身体は元の位置に安く漂っていた」

これはまさに脱魂をしかけたときの状況描写だ。肉体の繋縛から解放されかけているときの気分は、まさしく「地の臭を帯びぬ一種特別のもの」で、これは臨死体験者があの世に入りかけたときに感じる不思議な喜びと、清々しさと、眼前の霊界の自然の美に対する感動に共通する。

冒頭で読んだ『夢記』は、この脱魂が、さらに練達の域に達したときに見えてくる情景を描いたもので、自覚的な脱魂能力者が、世界の過去・現在・未来を「見てきた」と主張するのも、同じ体験を別な言い方で表現したものなのである。

ただし、通常の脱魂は不随意的・突発的に起こる。大事故や危篤など、破滅的な危機を脱しなければならないギリギリの状況で見せられるテレパシックな正夢は、これに属する。

正夢は、いうまでもなく寝ているときに見るのだが、そのとき情景を見ている目は、肉眼ではない。われわれには、肉眼以外にものを見ることのできる目の働きがあり、耳や舌などの感覚器官にも同様の働きがある。そしてそれは、睡眠時以外でも働くことが可能であり、睡眠中ではなく覚醒した意識において自覚的に駆使することのできる特殊能力者も存在する。

出口王仁三郎はまさしくそうした一人だったし、本文で紹介した三田光一も、やはり飛び抜けた能力者だった。そうした人を挙げていくと際限がない。私が親しくお付き合いしている高知の霊媒女性（神職）も、肉体以外の目によって、ありありと「情報」を見ている。

正夢で起こっているそのものズバリという現象は、じつは夢という狭い世界に限定されたものではない。この現象は、もっとはるかに宏大な、人間に蔵された能力および未知の自然界のネットワークに関わる問題なのだということを確認しておきたい。

第二部　夢シンボル事典

吉夢

【青色・藍色　あおいろ・あいいろ】

藍色のオーラについて、霊媒ローズマリーは「純粋に霊的なもの」で、人が霊界と密接につながっているときや、祈りを捧げているときには、「オーラは藍色を呈する」と述べている。

夢における霊的な青は、非常に鮮烈な印象を残す。それはこの世の青とは異なっており、何か非常に偉大なものにまるごと抱かれている感覚があり、大きな安らぎや静かな高揚感に貫かれる。そうした**青空**や**海**の夢は、霊的な守護があること、運気が好転していくことを告げている。

【頭　あたま】

王冠など栄誉や権威のシンボルを乗せる場所としての頭は、仕事の状態、地位、出世などに関する象徴になる。また、精神や知性の座であり、神仏の宿る場所でもあるため、知識の習得などの精神的な成果に関する予告も、頭によって表されることもある。

頭が大きくなる、複数の頭を持つなどの夢は、先々の発展を告げており、仕事の拡大や展開、地位の向上、収入の増大などを意味する吉夢となる。**他者の頭を食べる**夢は、不気味で不快な夢だが、食べた相手がもっている能力や地位、権力などを自分のものにするという意味になるので、怖れる必要はない。**頭が痛む**夢は、何らかのよい知らせが届く前兆。一見悪夢のようだがこれも吉夢なので、心配はいらない（ただし、純然たる予知夢の場合は文字通りの頭部の疾患の可能性があるので、高血圧など思い当たる持病を持つ人は専門医の診断をあおぐべきだ）。

凶夢としての頭については５７２ページ参照。

【案内　あんない】

どこかに案内されたり、連れていかれる夢は、死の予知夢でなければ、現状の自分に必要な気づきを促している。連れていかれた場所には、その人にとって、いま必要な何かが隠されているので、場所のイメージの意味をじっくり考えなければならない。人生に行き詰まったり、問題解決の道が見つからずに苦しんでいるときなどに、この夢が現れる。

夢の案内人は非常に重要だ。死の予知夢の場合は、亡くなった肉親や白装束の人物、死神など、死と関連する人物が登場する（↓死の予知夢を参照）。尊敬する人物、老賢人、仙人、何者かはわからないが高貴な人物、白い犬、白い鹿、美しい鳥、鷹などが案内してくれたなら、それらの人物や動物はあなたを教え導くために現れた援助者と解してよい。

【家　いえ】

家は生活状況、精神活動、健康状態、運気など、その人自身を表す非常に重要な象徴なので、しっかり分析しなければいけない。

家の中に光がある、光が差し込むなどの夢は運気の好調さを表しており、仕事などに行き詰まっている人は道が開ける。職を探している人は職が見つかり、病人は回復へと向かう。また、子どもを求めている人には子どもが授かる可能性がある。

光が差し込んで暖かく感じたら最も吉。光は差し込んでいるが、冬の陽光で肌寒い印象なら、開運までにはまだ多少の時間がかかる。

新しい家を建てる、棟上げを見るなども吉夢で、運気がよい方向に向かっていることを示しており、とくに現在トラブルを抱えている人には、状況の好転を告げる吉夢となる。また、結婚の予兆ともなる。

家の夢で何より重要なのは、家の状態だ。新築の家であっても、暗くてみすぼらしい印象なら、意味は逆転する。たとえば引っ越しの夢で、**薄暗く冴えない印象の家から、明るく気持ちのよい印象の家に引っ越す**なら運気がよい方向に向かっていると解釈されるが、**引っ越し先が以前の家より狭くみすぼらしい**ようなら、運気は下り坂で、病気や行き詰まりなどの知らせとなる。

注意を要するのは、死の予知夢との関連だ。**家を掃除している夢**は、通常はそれまでの厄介事や悩みなどがきれいに解消されることを告げる吉夢だが、夢見た人の身近に長患いで寝たきりの人がいるような場合は、その人物の死の予告となっているケースがあるので、解釈は慎重に進めなければならない。

【医者《いしゃ》】

医者は、あなたに救いの手をさしのべる援助者を象徴する。**あなたに好意的だったり、腕が確かな医者**が出てきたなら、その医者は頼りになる援助者だが、**藪医者や冷淡で相談できない印象の医者**なら、頼りにならない援助者の影がちらつく。ひょっとしたら間違った相手に救いや助言を求めているのかもしれない。

夢の中の医者の発言は、何らかのアドバイス、打開策、注意しなければいけないことなど、現在のあなたに必要な警告になっている可能性があるので、よく耳を傾ける必要がある。**医者から薬をもらう**夢は、近々、問題や悩みを解消するための道筋が見えてくることを告げる吉夢となる。

医者の担当科目にも意味がある。**眼科医**の夢は、知性や理性、洞察力、判断などに関する問題や課題を抱えていることを暗示する。**内科医**の夢は、無意識領域に抱えている問題・課題を指摘している可能性がある。**外科医**の夢は、問題を解決するためには、外科的な処置（思い切った対処法）が必要だという知らせか、問題の解決には痛みや苦しみをともなうという知らせの可能性がある。**精神科医**の夢は、自分の心を見つめ直すこと、ないし見つめ直さなければならないということを教えている。

【椅子　いす】

地位や配偶者など、その人が手に入れる（手に入れている）ものものを象徴する。**ゆったりとして立派な椅子**なら、それに見合った高い地位や恵まれた境遇、素晴らしい配偶者などを手に入れる。**窮屈でみすぼらしい椅子**なら、不本意な地位、苦しい境遇や生活、劣った配偶者などの暗示となる。

【遺跡　いせき】

実例で紹介している予知夢（413ページ以下）は文字通りの古代遺跡（遺宝）を示しているが、象徴的な夢では、無意識からの情報、ヒント、助言、または過去の体験を象徴する。

現代文明と古代文明が対置されるような夢の場合、現代文明は意識世界を、古代文明は無意識世界を表している。

遺跡で人に遇う場合、その人物が老人なら無意識の中の知恵を象徴し、女性なら援助を象徴する。遺跡で会った人の発言には、今の自分に必要なアドバイスが込められている可能性が高いので、よく思い出して分析したほうがよい。

【犬《いぬ》】

人類の古い友である犬は、守護者や援助者として夢に現れるケースがある。

とくによいのは**白犬**の夢で、現在苦境にある人は、何らかの救いの手が期待できる。**犬が庭を掘る**夢も、何らかの幸運の知らせである可能性がある。夢の犬は、あなたの気づいていない何かを教えている。掘った場所から価値あるものが出てきたら、大きな幸運を掴むことができる。ゴミなど無価値なものしか出てこない場合は、ぬか喜びに終わる。

なお、凶夢としての犬の夢については575ページ参照。

【衣服《いふく》】

普段とは違う服装をしている夢は、境遇の変化の可能性がある。**衣服を新調する**のは、新しい仕事や地位につく知らせだが、すべてが吉夢というわけではない。よい変化かそうでない変化かは、現状から推理する必要がある。現在、逆境にあれば、この夢は吉夢になるが、順境で変化を望まない状態にあれば、この夢は凶夢と解される。**衣服を脱ぎ捨てる**夢も同様に解釈してよい。

なお、衣服の夢は意味が広い。多くのケースを他の【衣服】の項目で挙げているので、索引によってそちらも併せ読むようにしてほしい。

【馬《うま》】

馬は自分を乗せて運んで行く運命の力やパワー（馬力）を象徴し、牛と同様、金銭財物の象徴ともなる。

よく手入れの行き届いた馬、毛艶のよい馬、爽快な乗馬など、良馬がらみの気持ちのよい夢は、昇進や栄誉・名声の獲得、商売の成功など、大きな開運の前触れと解釈してよい。とくに**馬に乗って高い山に登る**夢は、大きな成功や成果を意味する大吉夢だ。また、**暴れ馬を押さえつけて従わせる**夢も、努力が実って運が開けることを告げる吉夢となる。

ただし、これら解釈が成り立つのは、あくまで自分が馬をよく制御できている場合にかぎる。いくら良馬でも、**自分に従わず手綱を無視する馬**なら成功を掴むのは難しい。**落馬**の夢や**暴れ馬に手を焼いている**夢も同様で、逆に大きな失敗やトラブルに巻き込まれる可能性がある。

【膿《うみ》】

膿は、それまで抱えていた問題や苦労・困難・心労、もしくは清算されなければならない過去を象徴する。したがって、**膿が出る**夢は、それらの問題が、これから徐々に解消されていくという吉夢となる。悪いもの、病んだものが腐って排出さるのだ。気持ちのよい夢ではないが、膿はたくさん出れば出るほど、運気の好転の度合いも大きくなる。

【梅　うめ】

春の訪れを告げる梅は、運気が冬から春に向かうことを表している。まだ春浅い寒中に花が咲くことから、今まで苦労していた人が**梅の木や梅の花の夢を見ると、とくに大吉となる。梅の実が成る夢も吉夢で**、これまでの努力が実を結ぶ時期を迎えている。また、梅にかぎらず果実の夢は子を授かる予知夢ともなる。

【海老　えび】

脱皮して成長するところから生命の更新、発展や窮地からの脱出を、曲がった腰や長いヒゲが老人を連想させるところから長寿を、海老で鯛を釣ることから幸運の獲得を象徴する。

いずれも吉夢と結びつくが、海老の状態によって吉凶に分かれる。**大きく立派な海老**なら吉夢として解釈するが、**ほとんど食べるところのない小海老や腐った海老**など、状態のよくない海老の夢は期待外れの落胆の夢となる。

【恵比寿　えびす】

恵比寿は農業・商業・漁業の神として、きわめて広く信仰されてきた代表的な福神だ。あらゆる福を司るが、とくに商売の成否に関連したメッセージを担っている。

恵比須が現れる、恵比寿を祀る、恵比寿から鯛や釣竿・宝物などを授かる、恵比寿に教えを受けるなどの場合は吉夢で、何らかの福を授かる。**怖い顔の恵比須を見る、恵比須像が消える、恵比須が立ち去る**などの夢は凶夢で、福を失い、商売や契約事はうまく運ばない。

【御神酒　おみき】

神に献じる御神酒は、夢では一種の霊薬に等しく、神徳・加護・喜び事を与えてくれる。**直会《なおらい》で御神酒を飲む**、**御神酒を神棚に供える**などの夢は、近いうちに喜び事がある。闘病中の人にはとくによく、病は快方に向かう。悩みを抱えている人は、解決のための道筋が立ってくる。婚姻関係にも吉夢。

ただし、**献じようとした御神酒が空**、**御神酒をこぼす**、**御神酒徳利が割れる**などの夢は凶。言行に何らかの問題があり、加護を得られる状態にないことを示している。

【おみくじ】

おみくじを引く夢や**おみくじを読む**夢は、現在あなたが抱えている問題に対するアドバイスと考えてよい。そのアドバイスはあなたの内なる声であり、ときには神霊や祖霊からの諭しの声の場合もある。

おみくじの文言をしっかりと思い出し、意味を汲みとらなければならない。吉や凶の表示は逆夢の場合もあるので、それだけにこだわると解釈を誤る。吉凶の表示ではなく、くじに記された諭しの文言のほうを重視して解釈を進めること。

【オーラ】

肉体と重なって存在しているエーテル体と呼ばれる霊的なボディから発せられているエネルギーの一種を、心霊学方面ではオーラと呼んでおり（動植物にもオーラはあるとされる）、夢においても登場人物や神霊のオーラが感得されることがある。その典型は、仏像や聖人像に見られる光背や頭部に描かれる光輪だ。オーラはだれもが発しており、その人の個性や感情、思考、健康状態などが、オーラの色によって読み取れるとされるが、解釈はさまざまで、必ずしも一定していない。ここでは複数の霊媒の霊視をもとに、オーラと色の関係を紹介しておく。

●黄色・金色系のオーラ　幸福な人々のオーラは、見えざる太陽によって照らされたように心地よく輝いて見え、金色に輝くともいわれる。また、高い知性の持主のオーラは、黄色もしくは鮮やかな金色を呈するとも報告されている。この黄色は、あくまで濁りのない清冽な黄色でなければならない。

●赤系のオーラ　赤が意味する範囲は広い。健康な人のオーラは淡紅色を発する。また、社会的な勢力が強い人、活動力のポテンシャルが高い人は輝いた赤色のオーラを発するとされる。いずれも濁りや黒ずみがあってはならない。暗く濁った暗赤色は憎しみや妬みそねみなど、ネガティブな感情に支配されていることを表す。また、バラ色のオーラは純粋な愛から発せられるとされる。

●青系のオーラ　深く澄んだ藍色は、敬虔で霊的な境地にあるときに発せられる。ある霊は霊媒を通じた通信で、「あなたたちが我々霊界と密接な関係にあるときは、オーラは藍色を呈する。多くの人が祈っているときには藍色の雰囲気が見える」と述べている。青は豊かな情愛や感情、精神性などを表す色だが、濁ると感情面や精神面で問題を抱えている表示となる。

●緑系のオーラ　恐怖で急に打ちのめされた人は、鈍い発作的な緑色の光を放ち、恐怖が過ぎ去ったときには不健全な黄色味を帯びた緑色になるといわれる。緑のオーラは安定した精神状態や協調性、調和、平和などと関連するが、濁りが入ると不安定さや非協調性が増大する。感情のバランスの崩れが、もろもろのマイナスを引き寄せ、セルフコントロールを見失ってしまう。

●**茶系のオーラ**　利己的で残酷な性質の人は、鈍い茶色がかった光や、汚れた黄色い光を放つといわれる。また、不健康な肉体状態にある人は、鳶《とび》色（茶褐色）か暗緑色のオーラになるという。あまり歓迎できない色なので、このオーラの人物の夢には気をつけなければならない。

●**黒・灰色系のオーラ**　黒は夢においては死と深く結びついている色だが、オーラの場合も望ましくない。ある霊媒は、「悪意を抱いている者のオーラは黒い」と述べている。また、厭世家は濃い暗灰色の靄をつくるという。

●**オーラの明暗**　黒や灰色、褐色は例外だが、一般に**明るいオーラ**、**輝くオーラ**は心身・運気が良好な状態にあることを表している。逆に**暗いオーラ**を発しているなら、心身・運気がよくない状態にあるので、病気やトラブルに注意しなければならない。また、**オーラの一部が暗い**場合は、暗くなっている部位に病変がある可能性がある。夢に現れた人物の体の一部が妙にくすんでいたり、黒っぽく感じるようなら、関連部位の障害や病変に注意したほうがよい。

【解体　かいたい】

やり直しや出直しを意味する。**家の解体**の夢は、人生や仕事、夫婦関係や家族・親族関係などを根本からやり直す（やり直そうとしている）ことを表しているが、その家の持主の死を意味しているケースも稀にあるので、慎重に夢解きを進めなければならない。出直しには、あの世でのやり直しの意味も含まれるからである。

解体の夢の吉凶は、解体した後、夢の中で新たな家を建てることができるかどうかで判断できる。**新しい家を建てる**なら、人生はより豊かで満ち足りたものになる。解体したが、**新築のメドが立たない**なら、厳しい境遇が待ち受けている。

【蛙　かえる】

蛙を嫌う人は多いが、夢の世界ではしばしば福神、守り神、財神として現れる。水（＝無意識、霊界）と陸地（＝意識、現実世界）という二つの世界を股にかけて生きる蛙は、両世界を往来するメッセンジャーとしての意味が与えられているためと思われる。

蛙を見る、**蛙を捕まえる**、**蛙が激しく鳴いている**など、蛙にかかわる夢はおおむね吉夢と解してよい。境遇や状況の好転、意外な利得など、何らかの喜び事がある。

ただし、**蛙を殺している**夢は不吉の前触れなので注意を要する。とくに火の不始末には気をつけなければならない。また、**蛙が自分の身体に飛びつく**夢は、福運を授かるという吉夢の場合もあるが、飛びつかれた部分に関する病気の予告のケースもある。

【顔　かお】

顔は、その人の運気を映すブラウン管のようなもので、色艶の善し悪しなどの状態が、現在から近未来にかけての運気の表示になっている。

自分の顔色が健康色で輝いているなら、好調な財運、喜び事、運気の充実、隆盛運などが期待できる。

また、顔が輝いている人を見たり、接したり、近づいてくる夢は、近い将来、よい知らせや喜び事がやってくる兆しとなる。**顔が目立って大きくなっている夢**は、仕事の発展や人間関係の広がり、勢力の拡大、地位の向上などを意味し、夢で**顔を洗っている**なら、心配事や悩み事が解消されて運気が改まる兆しと解してよい。

顔色は、**健康そうなピンク色**がよく、**紫色の顔色**も、一見不吉そうだが、何らかの喜び事、幸運、開運のチャンスなどの知らせとなる。

不調を表す顔色その他、凶夢となる顔の夢については578ページ参照。

【垣根　かきね】

垣根は自分の世界と外の世界を区切るものを象徴する。垣根の内側は、外界から自分を守っているもの（親、家族、家庭、自分の心、内的生活など）を象徴し、垣根の外側は世間、職場、公の生活、社会のルールなどを象徴する。

垣根が壊れる夢は、古い価値観や人生の枠組みが壊れたり変わることを表すが、吉凶は現状との関係で変わってくる。現状が発展性のないものなら、垣根を壊すことはやり直しや更生など人生の転機の予兆なので未来の可能性を感じさせる。逆に現状が好ましいものなら、垣根が壊れることは困難や苦難の暗示となる。

垣根をつくる夢は、対人関係のトラブルが起こる可能性がある。ただし、垣根が新しい家庭の象徴として出てくる場合もあるので、その場合は結婚、もしくは妊娠・出産の予告となる。

【肩　かた】

仕事や家族など、あなたが担っているものが肩によって表されている。

急に肩の肉付きがよくなる、肩が耳のあたりまで聳えて首がないように見える、肩の上に人が立つ、肩に荷を負うなどの夢は、今まで以上に多くのものを担えるようになるという意味の吉夢で、昇進、商売・事業の拡大、独立など、主に仕事面での喜び事がある。また、それに附随して、収入が増える、金回りがよくなる、財産が増える、扶養家族が増える、結婚する（男性の夢の場合）などの二次的な意味も派生してくる。

肩を切り裂かれる夢や、凶夢のようだが利を得る吉夢なので心配はいらない。中国の夢書では、この夢を見た病人は神によって救われると述べている。また、**肩を打たれて激しく痛む**夢も吉夢で、頼もしい援助の手がさしのべられ、成功・発達する大吉夢とされる。

【門松　かどまつ】

門松は、新年にあたって神を家に迎えるための依代《よりしろ》を意味する。神の象徴の一種なので、**立派で堂々とした門松**なら一家の隆盛を、**みすぼらしい門松**なら一家の衰退を意味する。**門松を立てる**夢は一家の発展の知らせであり、とくに心機一転で取り組むことには福がある。

門松が倒れる、門松の松などが折れる、門松が泥水などで汚されるといった夢は、いずれも家運の衰退を暗示しており、注意を要する。神仏や祖霊に対する不孝の戒めの可能性がある。

【神　かみ】

神の姿で現れた人物が実際に神であることはまずなく、神の姿によって描かれた魂の本体、心の奥底に秘められている輝かしい自分自身、もしくは祖霊や守護霊などの象徴的な姿で、真の救済者を意味する。多くの場合、神が現れるのは、現在あなたが人生の重大な転機に立っているか、重病など何らかの非常な困難に直面しているかのいずれかだ。

神からの救いの手がさしのべられるのは、**神を礼拝する、神を祭る、神から祝福の言葉を授かる、果実・お札・飲食物・薬など、何らかのものをもらう、神とともに食事をする**などの夢で、障害が解消し、事態は好転していく。

神に呼びかけられる夢も吉夢だが、自己の過ちを認識して正道を踏むのでなければお蔭は期待できない。**神に無言で睨まれる、神が背を向ける**などの夢は、現在の人生の処し方に対する厳しい警告である。

【髪　かみ】

夢の髪は、男女を問わず、その人のもつ生命力、パワー、エネルギーを表す重要な象徴になっている。髪の状態がよければ旺盛な生命力や強い運気を意味するが、髪の状態が悪いと、損耗、損失、失敗、病気などマイナスの運気を意味することになる。

良好な運気を表すのは、**頭髪が生える、髪が再生する、髪を梳《くしけず》る、髪を洗う**などの夢で、仕事などで人生の転機を迎えている人がこの夢を見たら、先行きは明るく、大いに発展性がある。また、病人がこれらの夢を見たら快方に向かい、対人関係でトラブルを抱えている人は、関係がおのずと好転していく。

白髪の夢や**白髪が黒髪に変わる**夢は長寿や福徳、蓄財の知らせ。**切れた髪がつながる、髪と髪をつな**

ぎあわせるなどの夢は、窮地を脱する知らせで、病人は九死に一生を得る。**頭髪の中に蛆虫がわく**夢は、一見不気味な印象だが、巨利を掴む、家が富み栄えるという意味の吉夢なので、心配はいらない。また、**自分の後ろ髪を見る**夢は、優秀な子孫によって家がますます富み栄えるという大吉夢。ただし、**他人に後ろ髪を見られる**夢は反対の意味になり、わが子によって苦しめられ、家が衰退する兆しとなるので注意を要する。

髪が凶夢になるケースについては579ページ参照。

【雷　かみなり】

ヨーロッパなどでは、神罰の予兆その他の凶夢と解釈することが多いが、日本や中国では、雷は思いがけない幸運、大きなチャンスの予兆と見なし、おおむね吉夢と解釈する。

稲光がして雷鳴を聞く、雷がわが身を照らすなどの夢は、何事も通達するという瑞祥。サラリーマンは出世し、商人は商売がうまくいき、投資家は勝機を得、学者は名を挙げ、学生は志望の道に合格し、結婚を考えている者は速やかに結ばれ、子を求めている人は優秀な子を授かるなど、大きな幸運が訪れる。この夢を見たら、何事も手早く進めること。グズグズしているとチャンスを逸する。

なお、雷がとくに金銭関係の象徴となっているケースについては530ページ参照。

【亀　かめ】

「鶴は千年、亀は万年」という成句があるように、古来、亀は長寿や福を司る霊獣と見なされてきた。夢の世界でも亀は瑞祥で、とくに**海亀**の夢はよく、男性は立身の道が立ち、女性は素晴らしい夫や子を授かる吉夢とされてきた。**亀の甲羅干し**の夢も大吉で、万事によい。

亀が家に入ってくる夢は、一家に喜び事が訪れ、亀が大きいほど得られる福も大きくなる。女性の場合は結婚相手が見つかる予兆でもある。ただし、**亀が縁の下に入る**夢は家に入る夢とは反対で、一家によくないことが起こる予兆の可能性がある。とくに火の災いに注意しなければならない。

【体　からだ】

体の夢は、現在から近い将来にかけての運気の状態を表していることが多い。

体が大きくなる夢は、文字通り盛大な運気の表示で、万事に吉祥である。大きさが盛運の程度を表すので、大きければ大きいほど強運と解釈してよい。**体が肥る**夢も吉。とくに金運がつく。

体に翼が生える夢は、援助者・協力者が現れて仕事や事業などが大いに進展する。未婚者の場合は結婚の予兆の可能性もある。**体が鬼の姿になっている**夢は不吉なようだが、運気の盛大さを表している。有能な部下や仲間を擁して勢力を拡大する姿なので、仕事面ではとくに成果が上がる。**体に甲羅が生える、体に鱗が生える**などの夢もよく、立身出世や開運、健康長寿などを暗示している。

体に腫れ物ができる夢も同様だが、腫れ物ができて爛れているのに、少しも血が出ないと夢で感じている場合は一転して凶夢となり、万事によくない。とくに病気に注意したほうがよい。

体から光を発する夢も開運や立身、一家繁栄などの吉夢で、病人は回復に向かう。それが黄色い光なら、財運がつく。ただし、**老人や重い病人の体が光っている**夢は、死の予兆になっているケースがあるので、慎重に解釈してほしい。

【川　かわ】

川は人生や運命そのものを象徴し、川の流れは人生の流れを象徴する。そこで、**川がよどみなくスムーズに流れる、河水がきらきらと輝いている**などの夢は、好調な人生や良好な運気を表し、**荒れた川、雨などによって増水した暴れ川、濁流、よどんで暗い水が流れている川**などは、人生における障害や破綻、トラブルなどの表示となる。

川の夢は、川の状態でおおむね吉凶の推理がつくので、どのような川だったかを細部までよく思い出すことが重要だ。

なお、川が死と結びついているケースがあるので、解釈は慎重に行ってほしい（実例46などを参照）。

【棺桶　かんおけ】

非常に気になる嫌な夢だが、棺桶や早桶が文字通りの死の予知夢となるケースは稀で、多くは人生の転機や大きな変化の象徴として棺桶が出てくる。

新しい棺桶がわが家に運び込まれる夢は、転機の訪れが近いことを表しており、以前の自分が死んで新しい自分に生まれ変わる気配や予兆を意味している。

棺桶に死人を入れる夢も不気味で嫌なものだが、文字通りの死の予知夢でない場合は、長い間、心にこびりついていた問題から解放される、財運を掴むなどの吉夢と解してよい。納棺される人物が高位高官や財産家であれば、得られる福は一層大きくなる。

【神主　かんぬし】

現実の神主の世界は、政治経済や俗世の権力などと深く結びついており、神聖さを失っているケースが非常に多いが、夢における神主はいまだ聖なる属性を保っており、無意識のメッセージや魂の言葉、インスピレーションなどをあなたに伝える仲介者として現れる。

神主から物品をもらう夢は、開運の訪れを告げている。**神主から言葉をかけられる**夢は、言葉の内容によって吉凶が分かれる。吉にせよ凶にせよ、今の自分にとって重要なメッセージとなっているので、しっかり思い出して意味を考えてほしい。

【観音菩薩　かんのんぼさつ】

観音は救済を司る愛の菩薩として信仰されてきた。それだけに、あらゆる悩み事の解消、癒しの象徴となる。

観音が現れる、観音を祀る、観音から宝物を授かる、観音から教えを受けるなどの夢は大吉夢で、観音の福を授かる。**観音の叱責を受ける、観音が遠ざかる、後ろ向きの観音を見る**などの夢は凶夢。自分の行いを改めないと、大きな苦境に陥るので注意してほしい。

【木　き】

木は非常に多くの意味を担う、とても重要で古代的・根源的な象徴なので、注意深く解釈を進めてほしい。木の解釈にあたっては、まずそれが「何かの全体」を表したものだという視点から見ることが重要だ。自分の心身の全体像となっている場合もあれば、家族の全体像を意味している場合もある。また、自分がかかわっている組織や運営する会社の全体像になっているケースもある。いずれにせよ、自分にとって非常に重要な何かの全体像なので、軽く考えてはならない。

　木が何の全体像を象徴しているかは、個々の夢について推理していくほかないが、いかなるものであっても、**葉の繁った青々とした木**の夢は好調な運気を意味する大吉夢と解してよい。家族にかかわる夢なら喜び事が期待できるし、仕事関連なら今手掛けていることは、何によらず発展性、将来性がある。努力すればするほど成果は大きい。また、病人がこの夢を見たら快方に向かう。**枯れ木に花が咲く**夢も吉夢で、意外な発展や成功が見込まれる。あきらめかけていたことは、もう少し粘って取り組み続けたほうがよい。**大木によじ登る**夢も吉夢で、うまく登ることができれば幸運を掴む。**大木に登って四方を見渡している**ようなら、大いなる隆盛運に乗る。事業の発展、立身出世など、洋々たる未来がひらけるという予兆だ。

　そのほか、**木が芽吹く、木が健やかに成長する、木が繁って林になる**など、木の順調な生育を感じさせる夢は、いずれも大吉夢となる。**庭に木の種を蒔く**夢も大吉。家運隆盛、子孫繁栄の予祝である。

　木が凶夢になっているケースについては６４３ページ参照。

【兄弟姉妹　きょうだいしまい】

　予知夢では実在の兄弟姉妹、もしくは敵対者・妨害者・自分の中にあって自らの発展や成長を妨害しているネガティブな感情や記憶などを象徴している。

　兄弟姉妹が死ぬ夢は目覚めの悪い不吉な夢に感

じられるが、これが実際の死の予知夢になっているケースは稀で、多くは運気の好転や問題の解決、仕事の進展、財物の獲得などの吉事の知らせとみてよい。この兄弟姉妹は、自分の中にあって自らの発展や成長を阻害しているネガティブな感情や記憶の象徴の可能性が高い。それが死ぬことで、運気が切り替わるのだ。

同じく**兄弟姉妹を埋葬する**夢や、**同性の兄弟姉妹と喧嘩をしている**夢もよい。そう遠くないうちに障害が取り除かれ、運が開けてくる。

【金（ゴールド）　きん】

人間社会で普遍的な価値と認められているところから、**金が燦然と輝いている**夢は大吉と見てよい。仕事の成功と評価、学問の発展、地位・財産の獲得など、万事に福がある。**金を溶かす**夢もよく、これから成すことの結果が金のように価値のある、輝かしいものとなるという知らせになる。**金を撒き散らす**夢や**金を人にあげる**夢は、一見、散財損失のように感じられるが、身に付いている技能や能力・知識などを使って周囲に喜ばれ、感謝されるという意味の吉夢で、声望や、そこから派生する利得、収益、業務の拡大、昇進などが期待できる。

金製の物品では、**金杯**の夢が大吉となる。**金杯を手にする**、**金杯をもらう**などの夢は、地位や栄誉の獲得、利得、願い事の成就など、万事によい。適齢期の男性の夢では、素晴らしい伴侶を得る予兆の可能性もある。**金製の釣り鐘**、**金の鍵**、**金のアクセサリー**、**金の靴**、**金の帯**などの夢も同様だ。

ただ、金は高貴さや得難さを表すので、あまりに分不相応な夢だと、かえって凶夢になる。地道な努力も精進もせず、漫然と日々を送っている者がこれらの夢を見た場合は、かえって困苦や失敗・破綻の意味になるので注意してほしい。

【口 くち】

身を養う食べ物を入れる場所ということから、財産、生活力、収入などの象徴になるのが一般的だが、金銭以外の喜び事も、口によって表されることがある。

口を漱ぐ・浄める夢は、争いや訴訟などが和解して悩みが去る予兆となる。**口が二つある夢**も吉夢で、幸運が訪れる。音楽家には最もよい兆しと中国の古い占夢書にある。**自分の口の中に毛が生える夢**は願望成就の大吉夢。**他者の口の中に毛が生える夢**も同じように解釈してよい。

口の中に蓮華が生える夢は、災いが去って幸運が訪れる吉夢だが、病人や高齢者の場合は注意を要する。魂が肉体から抜け出るという暗示（＝死の準備）の可能性がある。蓮にかぎらず、**口から花が生じる夢**は、いずれも同じ。

【靴 くつ】

靴は典型的な女性の象徴だが、ほかにも社会的地位や暮らし向きの象徴として出てくることがある。

美しい靴、立派な靴を履く、手に入れるなどの夢は、男女関係の夢でない場合は地位の向上、昇進、増収、生活の好転などの意味になる。**履き物が糞尿で汚れる夢**は、金銭的な喜びがある知らせで、収益が上がり、収入も増える。この夢は、汚れの程度がひどいほど得られるものが多くなる。また、開運出世の知らせでもある。**鉄など金属製の靴を履く夢**もよい。地道な努力によって成功を掴むという知らせである。

【首・喉　くび・のど】

首や喉は健康や仕事の状態などを表す。

首が急に太くなる、肥るなどの夢は、盛運に向かい、次第に富み栄える知らせだが、病人には凶事が来る前兆と中国の占夢書にある。**首が長くなる夢**は高い地位に上る吉夢で、病人は病が快方に向かう。**他者の首が切られる夢**は不吉なようだが、争い事や競争に勝つという知らせで、商人は大きな商機を掴む。

胴体のない首を見る、首を手にするといった夢も、心配事や問題が解決して状況が切り替わり、幸運を掴むという知らせなので、心配する必要はない。**自分の首が二つに割れる**夢も大吉夢で、運気が切り替わり、新しい境遇で成功を掴む。また、病人は癒える。

【雲　くも】

雲は運気の状態や自分をとりまく仕事環境・生活環境の状態などを表しており、とくに色が重要だ。また、雲と連動した天象にも注意する必要がある。

大吉なのは**青・赤・黄・白・黒の五色の雲**の夢で、仕事の順調な発展、商売の繁盛、収入の増大などが期待できる。**赤い雲**の夢や**白い雲**の夢も吉。願望成就の知らせと解釈してよいが、赤色に不気味さを感じたり、濁った赤に不快感を覚えたり、雲を見たときの気分が寂しかったり、不安な印象だった場合は、災いの接近を告げる凶夢になる。

黄色い雲の夢は、農業者には大吉。豊作で潤う暗示となり、一般人が見た場合は、収入増大など喜び事がある。**雲が四方に起こる**夢は、勝機の到来を告げている。このチャンスを逃してはならない。ぐずぐずしていると好機を逃す。
凶夢の雲については583ページ参照。

【毛　け】

多くの場合、毛はトラブルや障害物の象徴だが、吉兆のケースもある。毛が旺盛な生命力を表している夢がそれだ。

全身が毛で覆われる夢は、エネルギーの充実、豊かな財運、強運などの意味になる。**体毛などが長く伸びる**夢も吉。ただし、口の中や舌など本来毛が生える場所ではないところの毛が伸びる夢は、障害がより強く大きくなることを意味するので注意してほしい。

毛の凶兆については584ページ参照。

【玄関　げんかん】

玄関は境界の象徴で、予知夢では生と死や社会と家庭、公的生活と私的生活などの境界として現れる。重要な象徴なので、見落とさないよう注意してほしい。

玄関から出る夢は、どこか別の世界や境遇に向かうこと、**玄関から入ってくる**夢は、別の世界からの訪問者（幸運、不運、病気など）を意味する。また、玄関によって口や女陰などが象徴されていることもある。

玄関先が明るい、**玄関から光が差し込む**などの夢は開運の知らせで、何らかの喜び事がある。**玄関の扉が頑丈な石でできている**夢は、万全な備え、もしくは健康長寿の知らせであり、病人がこの夢を見たら快方に向かう。

玄関に立っている者や入ってくる者も重要だ。

神仙など尊貴な人がにこやかに立っている、めでたい物を手にしているなどの夢は大吉で、一家に幸運が訪れ、病気は癒える。

玄関が凶夢になるケースについては586ページ参照。

【鯉　こい】

鯉は「化して竜になる」といわれるように、次第に成長・栄達していく人物、または栄誉・栄達を象徴する。

鯉が勢いよく泳いでいる、鯉が滝を登る、鯉を掴むなどの夢は、非常に好調な運気に乗っていることを表している。少々の障害があっても、そのまま目標に向かって突き進めば、将来、大きな名声・名誉を掴むことが期待できる。

【財布　さいふ】

財布は金銭の入れ物だが、金銭はその人にとって大切な何か——生命を司る血や精液、親や恋人や家族などからの愛情、自分を活かしてくれている仕事などを象徴する。そこで、予知夢における財布の夢は、それら大切なものの行方に関するメッセージとして解釈していく。

財布にたくさんのお金が入っている夢は、それら大切なものが手に入る、より満足のいく状態になる、より充実するなどの意味を表す大吉夢となり、**財布が空になる**夢や**財布をなくす**夢は、反対の意味の凶夢となる。**財布を拾う**夢も幸運の訪れの知らせだが、若い男女の場合は恋人を得る予兆の可能性もある。

破れた財布、ボロボロの財布、汚れた財布などの夢は、徒労、迷走、勘違い、つまらないものへの執着などによる失敗や損害などの予兆なので、自分にとって本当に大切なものは何かを、改めて見つめ直したほうがよい。これらの夢によって失恋や大切な人との離別が表されている可能性もある。

【酒　さけ】

酒は祝い事や喜び事を象徴する。吉夢となるのは**酒を造る、酒をもらう、飲んだ酒がうまい**などの夢で、幸運、健康長寿、結婚・妊娠・昇進など何らかの慶事の予兆である。とくによいのは**天から降ってきた酒**（**甘露**《かんろ》）**を飲む**夢や、**神仙などから酒をもらう**夢で、大きな幸運の訪れが期待できる。とくに病人がこれらの夢を見たら吉で、快方に向かう。また、勤め人は昇進の好機が訪れ、商売人は利を掴み、事業家は事業が大いに発展する。

ただし、いずれの場合も良酒でなければならず、また夢で泥酔するようなら凶夢に転じる。それらについては588ページを参照してほしい。

【左右　さゆう】

夢のシーンで右か左かがとくに印象に残った場合、その左右に象徴的な意味がこめられていることがある。一般に右は正しい選択・方向、明るさ、能動性、積極性、意識的なふるまい、男性などを表し、左は誤った選択・方向、暗さ、受動性、消極性、無意識的なふるまい、女性などを表している。夢における左右は、吉凶や善悪の判断に非常に役立つ。人物は左右いずれから出てきたか、手はどちらの手を使ったか、物品は右にあったか左にあったか、道は右を進んだか、左に進んだかなどを、できるだけ思い出して解釈の参考にしてほしい。以下、顕著な例を示す。

●**手の左右** 右手ないし左手が印象に残った場合、右手は正しい選択、常識的・理性的な考えや判断、援助する手などを象徴し、左手は、誤った選択、非常識で感情的な考えや判断、裏切りの手などを象徴している可能性がある。

●**人物の左右** 右の人物は、正しい意見、援助者、理性的な判断などを象徴し、左の人物は、誤った意見、妨害者、感情的・本能的な判断などを象徴している可能性がある。

●**道の左右** 右の道は発展に通じる道、正しい選択に通じる道、明るい道などを表し、左の道は、可能性を狭める道、誤った選択に通じる道、暗い道を表している可能性がある。

●**霊的な問題に関する夢における左右** 右はこの世に通じ、左はあの世に通じている可能性がある。たとえば死にまつわる夢で左側の道を進んだ場合、死の世界に入ろうとしている可能性がでてくる。また、左側から語りかけてくる人物が祖霊ないし何らかの霊的な存在であることを暗示しているケースもある。

【塩 しお】

高血圧などで塩分を制限されている人にとっては、塩は歓迎できないもの、災いをもたらすものの象徴になっている可能性があるが、それ以外の人にとっては、生活に欠かせない大切なもの、貴重なものを意味する。

塩を舐める夢は喜び事の訪れ、**塩をもらう**夢は、利得や嬉しい知らせの予兆となる。ただし、**塩辛い水を飲む**夢は凶夢で、やろうとしていること、現に取り組んでいることの結果が思わしくないことを知らせている。病人がこの夢を見たら悪化に注意してほしい。

【死産　しざん】

不吉な印象だが、もう用済みになったものが体の外に排出されることを表しており、不要なものの清算や滞っていた問題の解決を意味する吉夢と解してよい。

お産という難事業を経なければならないので、それ相応の苦しみや悲しみをともなうが、最終的にはよい結果に至る。

【死者　ししゃ】

死者の夢は、心理学的には「故人に対する哀惜や執着の思いの表れ」と説明されるが、夢解釈の世界では、幸運を告げる典型的な吉兆のシンボルとみなしており、通常は再出発、事業や学問の進展、新境地の開拓、財産・利益の獲得、困難な状況からの脱出など、何らかの喜び事を告げる夢として解釈を進めるのがセオリーだ。

中国の占夢書も、「すべて死の夢は死にあらず、官録を得る兆しなり」「すべて生きている人の死する夢は文人官途につき、商人大利を得、病人、病去り、常人衣食足る前兆」と断じている。死者の夢が死の予知夢になるのは病人がからむなど一部のケースに限られる。それらについては644ページを参照してほしい。

吉夢のバリエーションは非常に多い。**死者と語らう、死者とともに飲食する、死者が笑う、死者が家に入ってくる、家の中に死者がいる、死者から物をもらう**などの夢は、何らかの大きな喜び事がある。とくに金銭面での喜び事か、仕事に関する喜び事の可能性が大きい。また、病気の人は快方に向かい、悩みを抱えている人は悩みが解ける。**死骸を抱く**夢もよく、願いが達せられる。死骸は男女年齢を問わない。**赤ん坊の死骸を抱く**夢は、気持ちがよくないが、これも願望成就の吉夢と解してよい。

死者が甦る夢では、**亡き父母が甦る**夢や、**亡き配偶者・子女が甦る**夢が吉夢となる。いずれも喜び事の知らせだが、後者の夢は再婚の知らせの可能性もある。

自分自身が死ぬ夢も吉夢で、志望は達成する。これについては【殺す】【殺される】も参照してほしい。**自分が死んで生き返る**夢はさらによく、万事よい方向に向かう。

【地蔵菩薩　じぞうぼさつ】

子どもの守り神、地獄の苦しみから人類を救いあげてくれる菩薩として信仰されており、子どもに関する事柄、お産、病気、精神的なトラブル、生活の乱れなどに関するメッセージとなっている可能性が高い。

地蔵が現れる、地蔵を祀る、地蔵から宝物を授かる、地蔵から教えを受けるなどの夢は吉夢で、地蔵の福を授かる。**怖い顔の地蔵、地蔵に叱られる、地蔵が立ち去る**などの夢は凶夢。誤った生き方、考え方をしているという警告なので、生き方や考え方を根本から見直したほうがよい。

【舌　した】

舌は、心で思っていることや弁舌、表現力、口約束などの象徴として用いられる。

舌が長く伸びる夢や**長い舌をもつ**夢は、巧みな弁舌や優れた知力によって開運する知らせで、万事に吉兆となる。**舌に蓮が生える**夢もよく、とくにクリエイターには大吉夢となる。**舌が二枚ある**夢は、一般には人との争いが絶えないという意味の凶夢だが、これもクリエイターにとっては豊かな創造力を意味する吉夢となる。**舌が三枚ある**夢は、巧みな弁舌で成功や人望を獲得する。

【娼婦　しょうふ】

男性の夢では、娼婦は洋の東西を問わず福をもたらす吉兆のシンボルとなる。古代ギリシアのアポマサリスは、「知己の女より娼婦のほうがよく、世知にたけた男なら（夢で）**売春婦と関係すること**が多ければ多いほど、多くの富が得られる」と説いている。

【神社　じんじゃ】

神社は内的な叡智を表す。また、魂のふるさと、心の中の聖域の象徴であり、癒しや救済、浄化などの意味もある。神社の境内にあるもの、そこにいる人やそこで出会った動物などには大切なメッセージが込められていることが少なくないので、よく思い出して意味を考えてほしい。

神社の施設の意味は以下のとおり。

●**鳥居**　聖域への入り口。鳥居の内部が「内的な叡智」を秘めた場所になる。鳥居から先に入れない場合は、まだそこに入る心や行いの準備ができていない。

●**手水場**《ちょうずば》　夢の中で手水場が目についたなら、あなたの言動や行いに、改めなければならない部分、清めなければならない部分があることを意味する。そこで手を洗い、口をゆすいでいるなら、穢れは祓われ事態は好転に向かう。

●**御神木**　あなたの運命や人生などの全体像。神木の状態によって、吉凶やメッセージが判断される。【木】の各項を参照。

●**瑞垣**《みずがき》　お宮を取り巻いている垣根で、聖域の中でも、さらに一段と神聖な場所であることを表示している。招かれないかぎり、その中に入ることはできない。瑞垣の中に入る夢は、非常に高い（深い）意識レベルに入ることを意味する。

●**影向石**《ようごうせき》　影向石とは、神がそこから顕現した石、もしくはその場所に祀られた石のこと。その石の周囲で出会った人物は、神霊の化身、もしくはそのメッセージを携えた人物の可能性がある。ご神体の石も同じ。

●**おみくじ**　無意識ないし神霊からのメッセージになっている。おみくじの文言の意味をよく考える必要がある。

●**拝殿**　魂そのものに触れ合う場所。自分の祈りや願望などが、ここに描かれている可能性がある。

●**宝蔵**《ほうぞう》　あなたの心に秘められている宝や叡知、才能、発展性などが蔵されている。宝蔵が開くのは、その宝が手に入る予兆である。

●**神鏡**　あなたの心の全体像。魂のシンボル。もし曇りがあれば、それはあなたの心の曇りを象徴している。神鏡がまぶしくて正視できないなら、心にやましいところがある。神鏡が歪んでいるなら、心の歪みが反映されている。真円の澄んだ神鏡を拝しているなら、運気はどんどん開けていく。**御神体**《ごしんたい》も同じ。

●**奥の院**　目にすることのできない魂の本質。奥の院の中に入ることは、通常はありえない（非常な恐怖感をともなう夢となる）。ここに入るのは、夢見ている者がまったく特殊な状況や意識状態に立ち至っているからである。

【心臓・胸　しんぞう・むね】

一義的には自分自身や自分の心そのものを表すが、予知夢では自分にとって非常な価値のあるものを象徴する。何に価値を認めているかによって意味するものは変わってくるが、人であれば最も大切な人、恋人、配偶者、家族などの象徴となり、仕事第一の人にとっては仕事や地位、高位の官職など、事業家では事業、商人には利益、芸術家では作品、競技選手では栄冠など、さまざまなものが心臓によって表現される。

刀で胸や心臓を開くのは幸運を掴む大吉夢で、不運が去り、願望成就の好機が訪れる。**心臓や胸を開いて薬を入れる**夢も同じ大吉兆。仕事は発展し、問題は去り、病人は快方に向かう。**心臓を梁の上に掛ける**夢は、高い目標や理想を掲げて頑張ってきた者には大吉。理想が達成の方向に向かう。**胸を撫でさする**夢もよく、問題は解決し、喜びが訪れる。

他者の心臓を抜き取る夢や**心臓に雷が落ちる**夢は、立身出世の予兆。ライバルと競っている者には大吉で、勝利を掴み、受験生は合格する。また、**胸に逆さ鱗が生える**夢は、この上ない富貴の知らせとされる。

心臓・胸が凶夢になるケースについては592ページ参照。

【森林　しんりん】

森林は、この世とは隔絶した異界の象徴だ。あるときは癒しの場となり、あるときには魔物の住む危険な領域となる。

癒しの場所としての森林には、懐かしさや穏やかさ、温もりなどの感覚がともなう。そうした**森林で寝る、座っている**などの夢は、現在エネルギーを蓄えている最中だということを示す吉夢で、これから運気がよくなっていく。病人の場合は回復に向かう。**森林で神霊や妖精から物をもらう**夢もよい。現状打破に必要なアドバイス、援助、インスピレーションが得られる。また、援助者が現れる可能性もある。

なお、**陰鬱で不快感のある森林にいる**夢の場合は、意味が逆転して凶事が近寄ってくるので注意してほしい。

【水死体　すいしたい】

水死体は、用済みとなった生き方や考え方、捨て去った人生、過去の自分などを象徴する。気持ちの悪い夢ではあるが、基本的には開運の吉夢として解釈を進めてよい。

陸に打ち上げられた水死体は、あなたの心の中での処理が済んでいるので、とくに吉。運気がよい方向に切り替わる。**波間を漂っている水死体**は、心の中での処理が済んでいないので、運気が切り替わるにはもう少し時間がかかる。なお、水死体は腐敗や損壊が進んでいるほど喜ばしい知らせとなる。（【死産】参照）

【杉　すぎ】

杉は土台のしっかりした順調な発展を象徴する吉木で、古来、枯れる、切り倒されるなどのことがないかぎり、すべて吉夢と解されてきた。

真っすぐ伸びる杉、繁茂する杉などの夢は、一家繁栄、業務の発展、堅実な進展などを表し、**杉の**

若木は豊かな将来性を象徴する。ただし、現代では杉は花粉症の元兇の一つとなっているため、花粉症で苦しんでいる人が杉の夢を見たら、何らかの災いの接近を告げている可能性も考慮したほうがよい。かつての吉兆が、時代の変化とともに凶兆に変わるケースの一つであり、解釈は自分の現状と照らし合わせて行う必要がある。

【背中　せなか】

背中それ自体は、その人の生きる姿勢やバイタリティを象徴している。

大きく広い背中、ピンと伸びた姿勢のよい背中は、正しい道を歩んでいることを示しており、好調な運気に乗っているが、**曲がった背中や狭く小さな背中**などは逆で、人生を切り開く活力、担う力、責任能力などを失っている。

何かを背負ったり、背中に何かが生じる夢も重要だ。**重い石を背負う、背中にコブができる**などの夢は、重要な仕事や役割を任されたり、大きな期待を受けて成果を出し、声望を高め、収入が増加するという吉夢。**背中に草が生える**夢は、旺盛なバイタリティや活動力を意味し（背中の草は毛に通じる）、運気の好調さを表している。

虫が背中を這う夢は不気味だが、これも運気の好調さを表しており、諸事に吉兆となる。ただし、病人の場合は病状の悪化などの予兆となるので注意してほしい。

背中を刃物で刺される夢は凶夢のように思われるが、大吉夢で、中国の占夢書では「良君良臣を納れ、良夫良妻を得、一家和合」としている。背中を刺されるのは【死】や【死体】とも通じる夢であり、大きな運気の好転につながっている。

【聖人　せいじん】

何をもって聖人というかとなると難しいが、夢の中でこの方は聖人だと感じたら、聖人と見なしてよい。聖人は自分の心の深い部分に宿っている叡智の象徴の場合もあるし、何らかの神霊の仮の姿である場合もある。いずれにせよ、**聖人と出会う、聖人に声をかけられる、聖人と語り合う、聖人から何かを授かる**などの夢は吉夢で、何らかの喜び事がある。

聖人の夢は、文筆など芸術方面の仕事をしている人にはとくに大吉。目に見えない力が自身の創造に加わる。また、妊婦がこの夢を見たら優れた子を授かり、受験生が見たら合格する。現在、何らかの問題を抱えて苦しんでいる人は、解決の糸口を掴む。

【晴天　せいてん】

天候は運気の状態を表し、晴天は運気が好転して悩みや疑問、障害が解けることを表している。とくに、**悪天候から晴天になる**夢はよく、事態の好転や物事の進展、展開が期待できる。

ただし、**雲一つない異様に晴れ渡った空**は、心の虚ろさ空しさや、一種の自閉状態を示すケースがあるので注意してほしい。その場合の青空は、どこか寂しい印象をともなう。

【精液　せいえき】

精液は血、乳、汗、唾液、膿、体液などと同じで、生命力や生命エネルギーを象徴しており、そこから転じて権勢、勢力、栄誉、金銭、財物などの象徴ともなる。

精液が水晶のように透明で輝いている夢や、**精液中に血を見る夢**は、気力や精力に満ちあふれていることを示す夢で、仕事にせよ創作にせよ競争にせよ、大いに成果が上がる。**性交して精液を漏らす夢**もよく、志望達成の兆しとなる。

【洗濯 せんたく】

何かきれいにしなければならない課題や問題があり、その作業にとりかかる必要があるという知らせである。

洗濯をしている夢は、自ら動くことで、近い将来、状況が好転することを告げている。**きれいに洗濯された洗濯物を見る夢**は、抱えていた問題が解決に向かうことを告げる吉夢。心身の不調に悩まされていた人は、健康を取り戻す。

洗濯物にシミが残っている夢は、中途半端なやり方では問題は解決しないと教えている。

【仙人 せんにん】

仙人は長寿、健康、立身、幸運などの鍵を握っているが、解釈の仕方は神仏や聖人とほぼ同じなので、それらの項目を見てほしい。

【象 ぞう】

夢の象は非常に大きな幸運を司る。

象が家に入ってくる、象の背に乗る、白い象を見る、象が田を耕すなどの夢は大吉で、大いなる隆盛運がそこまでやってきている。求職中ならよい就職先が決まり、勤め人や役人は出世の好機が訪れる。事業家や商人は大きな商機を掴み、妊娠中の女性は優れた子を授かり、病人は快方に向かう。**だれ**

かが象の牙を抜いている夢は、抜いている者が大利を掴む知らせであり、自分が抜いているのなら自分が大利を掴む。

【掃除　そうじ】

埃をかぶっている部屋や汚れた部屋は、心身の不調、病気、憂鬱、不安、仕事や勉強の行き詰まりなど、何らかの障害を表している。掃除は、それらの状態を改善すべく動き出していることを表すので、**掃除をしている**夢を見たら、運気の好転や問題の解決が期待できる。

【葬式　そうしき】

不吉なイメージの強い葬式の夢だが、ほとんどの場合、吉夢なので苦に病む必要はない。葬式は不要なもの、清算したいと思っているものを処分すること（断捨離）に通じており、そこから新たなステージに入ることや、生まれ変わる、再出発するなどの意味で出てくるケースもある。

とくに**自分の葬式**の夢や**喪に服している**夢などは、よい方向への変化の兆しなので、昇進、独立、良縁に恵まれた結婚、利得などが期待できる。自分ではなく**他者の葬式に参列している、他者の葬式を見る**などの夢もよい。予期せぬ利得や遺産の相続など金銭的な喜びや、開運出世などの兆しとなる。

亡くなった人の体を清拭する**湯灌**《ゆかん》の夢も、状況が一変することや生まれ変わることを表している。変化が訪れるのは湯潅されている人物だ。その変化がよい変化か悪い変化かは、それまでの状況によって異なってくる。それまで順境にあった人は悪い変化の前触れとなるが、逆境にあった人にはよい変化を告げる吉夢となる。

なお、葬式が凶夢になるケースについては594ページを参照のこと。

【僧尼　そうに】

僧尼は一般には凶兆だが、**徳の高い高僧・老僧**の夢はよい。それらの僧尼は、魂の指導者であり、救済者、導き手としてあなたの進むべき道を指し示し、力を貸してくれる。**僧尼に教えを乞う**夢や、**僧尼からお札や鈷杵、法輪、経巻などをもらう**夢も吉。救いの手が入る、よいアイデアが閃く、問題解決の糸口を掴む、現在の苦境から脱するなど、何らかの事態好転が期待できる。ただし、何もアクションを起こさず棚ぼた式の幸運を待つという姿勢だと、せっかくの好機を失う。自ら道を求め、切り開くアクションが必要だ。

【鯛　たい】

鯉と並ぶ吉祥魚で、喜び事全般を象徴する。何か心にかかる問題をもっている人が鯛の夢を見たら、問題は解決に向かい、病気は快方に向かい、金策は調い、願いは達せられる。とくに**尾頭付きの立派な鯛**の夢は大吉で、得られるものは大きい。

逆に、**鯛がとても小さい、鮮度が悪く悪臭を放っている、鯛の頭がない**などの夢は、ぬか喜びの可能性が高い。鮮度が悪いのは、時間をかけるとせっかくの好機を逸するということを知らせているので、懸案や計画はぐずぐずためらわず、ただちに着手したほうがよい。

【大黒柱　だいこくばしら】

一家を支えている人、通常はその家の主人を象徴している。

太く立派な大黒柱や木曽の檜など**銘木の大黒柱**は、一族の繁栄や好調な運気を表しており、大黒柱を建てる夢は、独立、事業の発展、生活の安定、結婚などの知らせとなる。

【大地《だいち》】

仕事、職業、家庭、肉体など、自分がよって立っている地盤の全体を象徴する。

どっしりとした安定した大地や、**一望千里の大地**などは、自分がよって立っている地盤が盤石であるという意味となり、志望通達や病気の治癒、健康回復などの吉夢となる。**湖水中に地（島）がある夢**もよく、自分が所属している職場や部署、自分の家庭などが同僚・部下・妻などの協力によってよく治まり、安定した実績を上げるという吉夢になる。

意外の感があるのは**自分が大地に埋められている夢**で、不吉なようだが金銭財物の獲得を意味する吉夢になっている可能性がある。この場合の大地は、蔵された宝を象徴している。自分が、その宝の中に入り込んでいるのだ。ただし、**生き埋め状態でもがき苦しんでいる**場合は身動きのとれない困難に陥るという意味の凶夢となるので解釈には注意してほしい。

これらは大地がプラスの意味で出てくるケースだが、多くの場合、大地は警告がらみの夢として現れる。それについては６４６ページ。

【太陽《たいよう》】

権威・権力、大いなる隆盛運、盛んな活動力や精力などを象徴する。太陽が人物を表している場合は、権威や権力を握っている人、父、派閥の領袖、恩師、尊敬する指導者（たとえば自分を育ててくれた監督、コーチなど）などを表し、女性の夢では、しばしば（未来の）夫やすぐれた子どもの象徴として用いられる。

太陽が昇る、太陽がわが身を照らす、太陽が家の中に射し込む、日の出を拝むなど、太陽の光の恩恵を受けるたぐいの夢は、いずれも素晴らしい吉夢と解してよい。男性は立身出世や仕事の成功、名誉・賞讃・評価、記録達成、事業の成功・拡大など、何らかの明確な社会的評価と結びつく喜び事が期待できる。妊活中の女性には優秀な子を授かるサインとなり、子作りから離れた女性は夫や家族の栄達、キャリアウーマンは強い引き立てを受けて出世するなど、仕事上の大きな喜びの暗示となる。また、婚活中の女性は素晴らしい男性との出会いが期待できる。

太陽の夢でとくに大吉なのは、**太陽を抱く**夢や、**太陽を背負って進み行く**夢、**太陽が中天で輝く**夢、**太陽を呑む**夢など。非常な盛運がすぐそこまでやってきており、願ってかなわないことはない。ただし、非常な盛運には、しばしば大きな落とし穴がついて回る。調子に乗らず、あくまで謙虚に、実直にということを心掛けてほしい。

苦難の後に幸いが訪れるパターンもある。**太陽が沈んでまた昇る**夢は、一度は苦境に陥るが、その後挽回して地位・栄誉・利益を取り戻す知らせであり、**雲間に太陽が見える、雲が開けて太陽が出る**などの夢は、それまで社会的に埋もれていた者が援助者や理解者の出現で日の目を見るという知らせなので、現状が苦しくても腐らずにあきらめず、現在の仕事や課題に地道に取り組んでほしい。**夕焼け**の夢も、先で開花することを告げている。

太陽が凶夢になるケースについては597ペー

ジ参照。

【鷹・鷲　たか・わし】

鷲と鷹はいずれもタカ目タカ科に属しており、大きいものを鷲、小さいものを鷹と呼んでいるが、夢では同じシンボルとして解釈してよい。

「一富士、二鷹、三茄子」を初夢の三大吉祥夢とすることからもわかるように、鷹は大いなる幸運のシンボルで、とくに開運、飛躍、立身を象徴し、鷲も同様に解釈する。鷹や鷲の鋭い目は、はるか彼方の獲物をキャッチするし、鋭い爪はつかんだ獲物を逃さない。その鷹や鷲と同じように、運をがっちり掴むという知らせなので、大いに発奮してほしい。

なお、女性の夢に出てくる鷹や鷲は、地位や権力ある男性の象徴になっている可能性が高い。妊婦がこの夢を見たら、素晴らしい子を得る。

【竹　たけ】

竹は天に向かって真っすぐに伸びる力を表している。また、地下茎でどんどん増えるところから、一族の繁栄の意味もある。大吉の夢シンボルで、**竹林**の夢、**竹を植える**夢、**筍**の夢など、竹が出てきたら大いなる喜び事が期待できる。

ただし、**竹の葉が黄ばむ**、**竹が枯れる**などの夢は損失の兆しなので、財産を損じる前に速やかに守りに入ったほうがよい。

【田畑　たばた】

田畑は自分の財産を象徴する。

田畑の実りが豊かな夢や、**田畑から収穫する**夢は、収入や財産の増大が期待できる。とくによいのは**豊かに五穀が実っている**夢で、大きな喜び事がある。**水田が水で満たされている**夢もよく、収入の増加のほか、病気が癒える知らせともなる。

男性の夢における田畑は、ときに女性の象徴となることもある。**家の中に田畑がある**夢や、**田畑の収穫物を刈り取る**夢などは、金銭的な意味でなければ結婚もしくは妻の妊娠の予兆の可能性がある。

なお、**田畑が荒廃する、凶作の田畑を眺める**など、田畑の状態が悪い場合は、すべて逆の意味になるので注意してほしい。

【卵 たまご】

卵は女性の象徴であり、幸運、才能、可能性、結婚、受胎などの意味もある。非常に幅広い意味をもつシンボルなので、夢全体から判断する必要があるが、おおむね吉夢なので、判断がつかない場合は喜び事や幸運の知らせと見ておけばよいだろう。

卵を食べる夢は一家や夫婦の和合を意味し、ときに妊娠の知らせともなる。また、男性が**卵を買う**夢を見たら、結婚の兆しの可能性がある。

【茶 ちゃ】

茶は幸運のシンボルで、利得や交友、福徳などを意味する。

茶を飲む夢は、物事が希望の方向に進むという知らせであり、**茶を贈られる**、**茶を贈る**などの夢は、利得や幸運、結婚、交友などの喜び事がある。とくに**高位の人から茶を贈られる**夢は大吉で、願いがかなう前兆となる。

【椿　つばき】

椿は長寿や慶事を象徴するめでたい樹木であり、椿の夢は、枯れたり折れたりしなければ、おおむね吉夢と解してよい。

家の庭に椿が咲く夢は、家内に喜び事がある知らせである。**椿の下にいる**夢は、人から援助を受ける。また、健康面で不安を抱えている人は、健康を回復する。

【燕　つばめ】

よい便りや幸運の訪れを意味する。

燕が軒に巣をかける、燕が軒先からから出たり入ったりして飛びまわるなどの夢はとくによく、結婚、嬉しい知らせ、病気からの回復など、何らかの喜び事がある。

一方、**燕が林に巣をかける**夢は、家から燕が逃げ出す意味を含むので、損失、火災、争い事など、一家が災いに見舞われる恐れがある。

【鶴　つる】

神仙の乗物とされる鶴は、通常は幸運を象徴する。

鶴が懐中に入る夢を女性が見たら、婚姻もしくは妊娠の可能性がある。**鶴が庭に来ている**夢もよく、一家に喜び事がある。**神社で鶴を見る、自分の田畑で鶴を見る**などの夢も同じ。また、**鶴に乗って飛ぶ**夢は、昇進や名声獲得の吉夢だが、重い病気に臥せっている人には凶夢となる。

鶴が凶夢になっているケースを実例で挙げているので参照してほしい。（１４６ページ）。

【手　て】

手の大きな役割に、物を掴むことがある。そこで予知夢では、その人の財運・物質運・配偶者運・仕事（職業）運などが、手の様子によって表されることがある。

より多くのものを掴める**大きな手、長い手**などはプラスの意味になり、あまり多くは掴めない**小さな手**はマイナスの意味になるというのが解釈の基本になる。

夢における手が明らかに普通より大きいなら、願い事がかなう大吉夢とみてよい。結婚を考えている人は素晴らしい伴侶を得、大きな仕事に取り組んでいる人は成功を掴み、商人は大いに利益が上がるなど、万事に吉。長い手の夢もこれに準じる。長い手は遠くのものまで掴めるからだ。

手が一本多い夢は、味方や援助者からの強力な援護が期待できる。**手を洗う**夢を見たら、積年の悩みやトラブルが解消に向かい、病人は癒える。ただし、**洗っても洗っても手の汚れが落ちない**ようなら、意味が逆転するので注意。

手に花が生える夢もよい。何か喜ばしいものを手にする予兆で、適齢期の男女には素晴らしいパートナーとの結婚の可能性がある。**握手**の夢も、新しい出会いがあることを告げている。ただしこちらは異性とは限らず、仕事上のパートナーの可能性もある。

手に腫れ物ができる夢は一見不気味だが、利得、増収、出世など万事に通じる吉夢と解してよい。

きれいな手の夢は、その人の仕事によって吉凶が分かれる。事務職や芸術、芸能などに従事している人なら、何らかの栄誉や地位を掴むという吉夢となる。けれども、農業や現場作業員、陶芸家、職人など、手を酷使する仕事の人がこの夢を見たら、仕事をしなくなって手が荒れないという意味になるので、収入の減少、仕事の行き詰まりなどを暗示する凶夢の可能性が出てくる。

右手と左手が対比されている夢や、とくに手の左右が印象に残っている夢は、その左右にもメッセージがこめられている。右手は正義、父、息子、誠実な友人、正しい選択、これから手にする財産などを表し、左手は不正、母、娘、悪友、誤った選択、すでに手にしている財産などを表している可能性があるので、解釈の際の参考にしてほしい。

なお、手指については【指】の項目、また、手を振る、手を引かれるなど、手が死の予兆になっている夢については【手の仕草】の項目を参照。手が凶夢になるケースについては601ページ参照。

【天　てん】

天というのは、夢の中で天上界だと感じている場所を指し、理想や憧れの世界、神仏の世界などが象徴されている。たんなる空ではなく、地表の世界とは別次元の、軽く澄んだ明るい世界、清い世界、霊的な世界といったイメージをさすものとして解釈してほしい。

天の光を身に受ける、天が開ける、天が輝くなどの夢は、それまで抱えていた悩み事や心配事から解消され、運が開けることを告げる大吉夢。今まで苦しい状況にあった人は運気が切り替わって開運し、商人は巨利を得、病気の人は快方に向かう。女性の場合、玉の輿の可能性もある。**天が紅色に染まっている**夢は、何らかの喜び事の訪れを告げている。

天に昇る、天に昇って物を掴む、天上を歩むなどの夢は、高位高官に昇るなど志望達成を告げる大吉夢で、勤め人には地位や高給を、学者やクリエイター、技芸家などには名誉や財運を、商人には巨利を、主婦には一家の繁栄や家族の成功もたらす。天上で掴んだものが宝物など価値の高いものであればあるほど、得る地位や富も素晴らしいものになる。

また、天上で掴んだものは、現在の自分に最も必要なものを象徴しており、自覚を求めている夢でもあるので、その意味をしっかり分析すること。

天に昇って配偶者を得る夢や**天の川を渡る**夢は、文字通りの結婚の予知夢、それも人もうらやむ素晴らしい結婚の予知夢の可能性が高い。既婚者の場合は、自分の子女が高い地位や身分につくか、玉の輿に乗る。

【塔・台閣・高楼 とう・だいかく・こうろう】

塔などの高い建造物は、自分が築いてきたもの、築こうとしているものを象徴する。また、権威・権力の象徴でもある。

塔の上から下界を見下ろす夢は、高い地位に昇ったり、大きな権力を握ることに通じ、豊かな発展性や将来性の予告ともなる。**高い塔に登る**夢も同じ。**立派な塔を見上げている**夢は、見込みのある仕事や計画、将来性などを表しており、これからの努力次第で大いに成功することを告げている。

塔から落ちる夢は、意味が逆転し、権威の失墜、破綻、降格などの意味となる。

なお、死期が迫った人や重病人が高い塔に登る夢を見たら、死が間近になっている可能性があるので注意してほしい。

【特別な衣服　とくべつないふく】

輝かしい未来を象徴する衣服がある。**袞衣**《こんい》（**天子の御礼服**）、**羽衣**、**金縷玉衣**《きんるぎょくい》、**錦衣**《きんい》、**麻衣**などがそれで、名を揚げ、財産を積み、良縁を得て、一家子孫が繁栄するなど、大いなる喜びが待ち受けている。

なお、衣服の夢は意味が広い。多くのケースを他の【衣服】の項目で挙げているので、索引によってそちらも併せ読むようにしてほしい。

【土地　とち】

土地は自分のよって立つ地盤を表す。そこで、何らかの問題がある土地は、地盤の不安定さや発展性の乏しさを意味し、安定した豊かな土地は盤石の地盤の象徴になる。

地盤が指し示す内容はさまざまだ。ある人にとっては地盤によって仕事が描かれるだろうし、ある人にとっては家庭が地盤となる（とりわけ専業主婦にとっては家庭が人生の地盤となる）。また、資本家にとっては資産が、アスリートにとっては自分の肉体が、学生にとっては学業が地盤として描かれるだろう。自分の立場から、地盤の意味を探らなければならない。

宏大な平野の夢は、安定して発展性に富んだ地盤を表しており、豊かな将来性を表している。**海や湖の中に島がある**夢は、人の上に立って働く頭領運の表示で、仕事面でとくによい。また、病人がこの夢を見たら、快方に向かう。**低地で湿気があり苔が生えている土地**の夢は、商売で利益がある兆しとされる。また、農業関係者には豊かな収穫の知らせとなる。**海から宏大な陸地を見る**夢は、地盤の拡大、発展、大きな利得などの知らせなので、いま取り組んでいることは積極的に進めてよい。

土地が凶夢になるケースについては６０５ページ参照。

【虎　とら】

威厳、権威、孤高、絶大な力などを象徴するが、あなたの無意識が「虎のような人物だ」と思っているだれか、たとえば父親や企業などのトップ、権力者などの象徴になっているケースもある。

予知夢の場合、**堂々とした立派な虎**は大いなる隆昌運や発展運を、**老いた虎**、**弱った虎**などは権威・権力の衰えなどの衰運を表している。人生には、危険を冒さなければそれより先には進めないといった局面がある。虎は、そうした局面の象徴でもある。虎の影に脅えて逃げ回る人生には、勝機も大発展も望めない。虎の夢を見たら、人生に対する勇猛心を奮い起こす必要がある。

虎を見る夢は通常は吉夢で、開運の兆しととらえてよい。虎が頼もしく有力な後援者を意味している可能性もある。また、未婚女性の場合は、虎が未来の配偶者を表している可能性もある。**虎の子を捕まえる**夢は大吉夢で、とくに金銭面や仕事面での収穫がある。妊活中の夫婦がこの夢を見たら、優れた子を授かるという知らせかもしれない。

虎に咬まれる、**虎の肉を食う**などの夢は、引き立てを得て抜擢や昇進、昇給などがある。不吉なようだが吉夢なので、心配する必要はない。

虎の背に乗っている、**背に乗って疾駆している**などの夢は万事に通達する大吉夢。非常な好機が訪れているので、勇猛心をもって大いに前進してほしい。**自分が虎に変身する**夢も吉夢で、これから大いなる隆盛運に入ることを告げているが、人によっては尊大さや傲慢さが災いしてトラブルを招くという警告の可能性もある。いずれの意味か、よく判断してほしい。

【鳥　とり】

空を飛ぶ鳥はイメージの世界で天とつながっており、神霊の化身や霊魂の化身などとして夢に出てくることがある。

鳥が気持ちよさそうに飛んでいる、美しい鳥を見る、鳥が何かを教えてくれる、鳥がくわえていたものをもらうなどの夢は、鳥がよいメッセージを伝える使者として登場している可能性が高く、何らかの喜び事や慶事が期待できる。

鳥には他にも重要な意味がある。死や災いに関わる鳥は668ページ、男女関係や妊娠出産に関わる鳥は565ページを参照のこと。

【泥棒　どろぼう】

夢に出てくる財物は、多くの場合、つまらないもの、無用のもの、捨て去ったほうがよいものを象徴している。泥棒は、そうした無用物（夢の中ではお宝）を家の外に運び出してくれる。

そこから、**泥棒に入られる**夢は、困難や障害が去る、物質的もしくは精神的な整理がつき、事態が好転する、幸運が訪れるなどの意味となる。江戸時代の占夢書や中国の占夢書なども、この解釈が多い。ただし、**泥棒が家に居座る**夢はよくない。無用物がそのまま居座り続けることになり、物事が停滞する、悪い状態が長引く、家が衰退するなどの意味になる。夢の泥棒は、盗んで逃げ去ってくれるのが吉なのである。

これと同様の解釈で、**泥棒を追いかけて取り逃がす**夢はよく、**泥棒を捕まえる**夢はよくない。追っている最中に目覚めた場合も吉。何らかの利得がある。捕まえる夢が悪いのは、泥棒が盗み出した不要物を、再び取り返すことになるからである。

自分が泥棒になる夢もよい。自ら動いて無用物や障害物を取り除くことに通じる。**泥棒に衣服を盗まれる**夢は、病気が治る、健康が回復するなどの吉事がある。この場合の衣服は、自分の身体に着いた病気を象徴している。

【内臓（臓腑）ないぞう（ぞうふ）】

体の中にある内臓は、そっくり家の中にあるものの象徴となる。内臓については、古代ギリシアの夢占師アルテミドロスが非常におもしろい見方を書き残しており、解釈の参考になるので引用しておく。

「**心臓**は全身を統括するところだから、夢を見たのが男ならその妻を表し、女ならその夫を表す。さらに夢を見た人自身の情動と精気を意味する。……**肺**は心臓と同じように解釈される。**肝臓**は子ども、生命、苦悩を表し、**胆のう**は怒り、金銭、妻、**脾臓**は快楽、笑い、家財道具を意味する。**胃と腸**は、まず子ども、次に金貸しを意味するが、その理由は、これらの器官が強引に栄養を取り立てるからである。**腎臓**は兄弟、親族、……子どもを表す。夢に現れたこれらの各器官に異常がなければ、それの表すものにも変化はないが、もし各器官が二倍になれば、それの表すものも二倍になる」

アルテミドロスの解釈はあくまで参考の一つで、内臓の解釈は多岐にわたる。もう一例、中国の古代占夢書から臓腑の吉凶を紹介しておく。これもあくまで参考として考えてほしい。

盆に載せられた臓腑が五色に見える夢は大吉。文人は高官に上り、常人は利福併せ至る前兆。**自ら**

臓腑に水を灌ぎ入れる夢は吉。外から金銭が入ってきて、家が大いに富む。**体内に五臓がない**夢は大吉。高い地位にある者は尊ばれ、一般人も喜び事がある。また女性は才能あり名のある男性と縁が生じる。**臓腑を洗う**夢は吉。災い変じて福となり、すべて事を新たにする兆し。**臓腑を拾う**夢は吉。自分の臓腑を拾うなら家運が回復し、他人の臓腑を拾うなら外から財産を得る。

臓腑が腹から出て地にある夢は凶。肉親離散の兆しである。

【苗　なえ】

発展性や可能性の芽の象徴で、好調の波が近づいていることを表している。

苗を植える、苗がすくすくと育っているなど、苗の順調な生育を思わせる夢はすべて吉兆。逆に、**苗が枯れる、折れる**等、苗が毀損されると意味が逆転して凶夢となる。

【泣く　なく】

泣く夢は、問題の解消、苦境からの脱出、病気回復など、何らかの喜び事がある知らせで、それまで人生の行く手を塞いでいた障害が涙とともに流れ去ることを表している。つまり、夢の涙は嬉し涙と考えていただければよい。**笑う**夢（636ページ）が悲しみを意味するのとは正反対であり、典型的な逆夢になっている。泣き方は激しいほうがよく、**大声をあげて号泣している**夢は大吉夢。より大きな幸運や喜び事が期待できる。

ただし、**泣いているのに涙が出ない**夢や、**涙に血が混じっている**夢は凶で、大いに悲嘆にくれるような事態に直面する恐れがある。また、死の予知夢ではそのとおりのことが起こる事例が多数あるので、実例をよく読んで慎重に判断してほしい。

【殴る・殴られる　なぐる・なぐられる】

夢における殴る行為は、親愛の情や好意、愛情を表している。そこから転じて、新たな友情、援助者や助力者による援助、協同による成功や利得などを示す吉夢となる。

自分が人を殴る夢は、他者から援助や助力を得るという知らせの可能性がある。**人に殴られる**夢も同様だが、殴るより殴られるほうが、幸運の度は増す。自分が殴るのは、自分自身が積極的にアクションを起こさなければ事態が動かないことを示しているが、人から殴られる場合は、先方から好意を寄せられ、力を貸してもらえる形になるからだ。

なお、**人と罵り合う**夢も親愛の情や愛情表現の一つで、友人や援助者が期待できる。そこに仲裁者が入れば、さらに幸運の度が増す。

【茄子　なす】

縁起のよい夢の代表である「一富士、二鷹、三茄子」に入っていることからもわかるように、夢の茄子は幸運のシンボルと解してよい。幸運の具体的な中身はさまざまだが、子宝や利得が代表的なものだ。

茄子を人からもらう夢は、部下や使用人を得る兆しとされるので、勤め人なら昇進、事業や商売をやっている人なら新規事業や店舗の増加などが期待できる。**茄子を人に与える**夢は、物を売ったり交換して利益を得る暗示だが、いやいや与えていたり、茄子がなくなったことを惜しんでいるようなら、自分が困窮する、損失をこうむるなどの暗示となる。

茄子を食べる夢については、中国の占夢書が面白い解釈をしている。**あまり熟していない茄子を食べる夢**なら男子を産み、**よく熟している茄子を食べる夢**なら女子を産むというのだ。この解釈の成否は不明だが、茄子を食べる夢が結婚や妊娠の予兆であるのは確かだ。これについては実例の171を参照。

【涙　なみだ】

夢の涙は、心の内面で固まっていた問題が溶け去ることを表している（【泣く】を参照）。氷が溶けて水になれば春が訪れる。それと同じように、心の内面で固く凍りついていたトラブルが溶けると涙となって流れ出し、事態は好転して人生の春が訪れる。【泣く】のところでも書いたように、嘆きや悲しみが激しければ激しいほど、大きな喜びが期待できる。

【肉　にく】

とくに何の肉か示されていなければ、肉は自分の中に取り込んで栄養にするもの（典型は財物）を象徴している。**何の肉かわからないが、焼き肉などを食べている夢**は、おおむね喜び事を表す吉夢と解釈してよい。特定の肉の夢は以下のとおり。

牛を殺してその肉を食べる夢は、何らかの利得や問題解消などの知らせとなる。**馬肉**もこれに準じるが、旅行の兆しの可能性もある。

鶏・鴨・雁・鳩・烏などの鳥肉を食べる夢はよく、声価、徳望、一家の和合、利得など万事に吉。鶏を食べる夢を酉年の人が見ればとくによいとされる。また、**烏を食べる**夢は災いを除去する夢とされており、争い事は平穏に治まる。

人肉を食べる夢は不気味だが、富や財産の獲得、商売や商談の成功など大幸運の訪れの予兆である。人肉を食べるのは、食べられている人のもつパワー、権力、呪力などを自分のものにすることを意味する。ただし、この夢によって身内の不幸が示されるケースもある（遺産相続の意味の人肉喰いがある）。

肉を食べる夢はおおむね吉夢だが、**血なまぐさい肉や生肉を食べる**夢はよくない。凶事の起こる前触れであり、失敗や人との争い、失財などが生じる恐れがある。**腐った肉**もこれに準じる。

【入浴　にゅうよく】

心身の垢を洗い流すこと、また、それによって生まれ変わることを表す。人は誕生するとすぐに産湯につかり、死体になったら湯で体を拭かれて（湯灌《ゆかん》）、あの世に移る。**浴槽**は産湯桶や湯灌場と同じく、生と死の境界を象徴している。夢での入浴が〝産湯〟と同じ意味を担っているのなら、これから人生が開ける吉夢となる。

きれいな湯に入る、人が体を洗っているのを見る、入浴して気分が爽快になるなどの夢は、健康回復、治病、問題の除去、運気の好転などを意味する吉夢となる。**風呂で自分の体を洗う**夢も、右と同様の意味の吉夢と解してよい。誕生時も死亡時も、自分で自分の体を洗うことはできない。自分で洗えるのは、その人の内に、生きる力、汚れを落とす力があることを表している。

なお、入浴の夢は、前述のとおり死や病気とも深く関連している。それらについては６４９ページ参照。

【鶏　にわとり】

卵を産む**雌鳥**《めんどり》は、豊かさ、創造力、母性愛などを象徴する。また、母や妻、女兄弟など、女性そのものの象徴としても現れる。**雄鶏**《おんどり》は、その凶暴性から何らかの危険を、トリ頭といわれる物覚えの悪さから短慮や性急さなどを表すが、雌鳥ほど明確な意味はもっていないようだ。

雌雄いずれの場合でも、予知夢における鶏は、家に起る慶事や凶事を事前に告げるメッセンジャーとして現れやすく、とくに鳴く鶏は何らかのメッセージを告げている可能性が高い。

鶏が朝一番に鳴く夢は、何らかの喜び事があるという知らせとなる。**鶏が樹上にいる**夢は、財物を得る予兆であり、**鶏が水浴びしている**夢は、仕事上での喜びがあることを告げている。**雌鳥が卵を生む、雌鳥が卵を抱いている**などの夢もよく、仕事上の成果が期待できる。また、妊娠の予兆の可能性もある。

【脱ぐ　ぬぐ】

状態や境遇が変化することを表している。**衣服を脱ぐ**夢は、脱いだ服によって意味が違ってくるので（幸運を意味する服を脱げば凶夢となり、凶兆の服を脱げば事態好転の吉夢となる）、【衣服】の各項を読んで意味を探ってほしい。

自分の皮を脱ぐ夢は、古い自分を脱ぎ捨てて、新しい自分に変わる吉夢と解してよい。方針転換、転職、転居、新しいパートナー探しなど、新たに始める事は吉。以前と同じことを続けるのは凶となる。**蛇の脱皮、海老の脱皮**などの夢も同じで、新規の事業には発展性がある。また、開運の予兆でもある。

【猫　ねこ】

猫は解釈の難しいシンボルの一つだが、予知夢では、福の神としての猫と、災厄神としての猫に大別できる（ペットとして猫を飼っている人が見る猫の夢は、個人的な意味合いで見ている可能性が高いので除外し、ここでは予知夢や霊夢に限定して書く）。

前者の福神としての猫は、日常の世界とは別次元の世界からやってきて、人々に福をもたらす一種の客神と見なしたところから出てきたもので、背景には猫を霊異のものと見なす宗教心がある。野良猫が家に居着くのは吉とか、迷い猫が入ると家に喜び事がある、一家の運が開けるなどの俗信も、そこから生み出されている。

福神の可能性がある夢には、**猫が鼠をとる、猫を飼う**などがある。いずれも金銭的な喜び事が期待できる（鼠は金銭・財物の象徴）。**外から猫が入ってくる**夢も、何らかの利得や、嬉しい便り、幸運の訪れなどの可能性がある。ただし、みすぼらしい猫、不吉な印象の猫だと逆の意味になるので、入ってきた猫がどのような猫だったのかを、よく思い出してほしい。

すでに死んでいる飼い猫が出てきてまとわりつく夢は、主人の病気やトラブルの発生などを知らせている可能性がある（334ページ以下）。これは危険を教えて助けようとしている夢なので、注意を払う必要がある。

災厄神としての猫については608ページ参照。

【野原　のはら】

広々とした野原は、予知夢では明るい展望や大きな可能性、幸運の訪れなどを表す。**野に出て菜を摘む**夢は、一家や子孫の繁栄の吉夢。**野焼き**の夢や、**野が燃えているのを見ている**夢は、立身出世や名声の獲得、増収増益など、幸運の訪れを告げている。**野から気のようなものが立ちのぼっている**夢もよく、利得や財産の増加など、金銭的な喜びがある。

【歯　は】

歯は自分に帰属するものの象徴で、妻子等の家族や親族、家財、財産、仕事やその成果などが、しばしば歯によって表される。口の中に並んだ歯が、家の中に並べて置かれているさまざまな家財に見立てられ、そこから転じて、家の財産・資産の象徴に変化する（会社経営者の場合は、会社の資産、人材、在庫なども歯によって表され得る）。

また、妻子や親族の人物象徴になっているケースでは、歯が口という一家の中にある構成員の象徴として用いられる。そこから、**歯がない、歯が抜ける**などの夢は、家族の誰かの身に何らかの災いが起こるという古典的な解釈や、貧窮・困難の予兆という古典的な解釈が導き出されているのである。

占夢書では、上の歯は父母や祖父母、下の歯は兄弟姉妹や子孫などという説明がなされることが多いが、こうした親族配当は、筆者の経験上、あまり当てにはならない。参考程度に考えておき、それよりは目覚め後にあの人のことではないかと最初に思い浮かんだ人物を軸に、夢解きを進めたほうがよい。

歯が自分に帰属するものを表しているところから、よい歯の状態の夢は総じて吉夢と解される。**白く美しい歯並び、長い歯、大きな歯、歯の数が増える、抜けた歯がまた生えてくる**などの夢は、好調な運気を表しており、家族の慶事、利得、資産の増大、仕事の発展、立身出世、健康長寿など、何らかの喜び事の表示となる。とくに自分の歯が長くなっている夢や大きくなっている夢は大吉で、喜びが大きい。

歯の抜ける夢は、前記のとおり凶夢のケースが多いが、**虫歯が抜ける**夢は例外で、頭を悩ませていた問題の解決、障害の除去、運気の好転など、プラスの意味となる。この夢に関して、ギリシアの占夢者アルテミドロスが、興味深い事例を挙げている。彼が調べたケースでは、「この夢ののち、老人をなくした人が多い」。つまり老人が虫歯や黒い歯、破損した歯にたとえられているのだ。残酷なようだが、夢の象徴にはこのような形で夢見る者の〝本音〟が現れることが少なくない。

口の中の歯がすべて抜ける夢は、単純には解釈できない。これまでひどい苦境に陥っていた人がこの夢を見たら、苦境から抜け出るという意味の吉夢の可能性が高い。この場合の歯は、抱えていたたくさんの困難を象徴している可能性があるからだ。一方、とくに生活に問題がない人がこの夢を見たら、家族がばらばらになる予兆の可能性がある。また、それまでの仕事や営みが無に帰すという意味かもしれない。歯が何を象徴しているかを慎重に分析していく必要がある。

意味がとりづらい歯の夢もある。**人の頭に噛みつく**夢は、願いの成就を告げる大吉夢なので、心配する必要はない。**偉人や王や貴族などから歯をもらう**夢は、思いがけない喜び、僥倖などが期待できる。**歯を呑み込む**夢は、女性の場合は妊娠の予兆の可能性がある。ただし、その可能性がない女性や男性がこの夢を見たら、何らかの問題につきまとわれる暗示となる。

歯が凶夢になるケースについては609ページ

参照。

【墓　はか】

墓は、「古いもの」が滅んで「新しいもの」が生まれることを表しており、新生・再生・転機・結着などの、夢におけるモニュメントとして現れる。古いものの中には、自分自身や自分の仕事、家庭などさまざまなものが含まれる。実際の死を表す夢ではないので、怖れる必要はない。なお、死にまつわる予知夢では、実際の墓を意味しているケースもあるが、それはレアケースなので、他にも死の予知夢の象徴が出ていないなら、除外して考えてよい。

墓を見る夢は、一家の繁栄、仕事の成就、出世、よい転職などの兆しとなる。**墓に入る**夢も、多くは吉夢で、とくに今まで困難な状況にあった人は、これから運気が好転していく。**墓から棺が出る**、**墓の掃除をしている**、**墓の上の樹木が花咲く**などの夢は、いずれも開運の予兆で、予期せぬ喜び事が期待できる。**墓を掃除する**夢は、先祖への感謝を忘れないようにとの教えでもある。

【橋　はし】

橋は、ある状況と状況を架け渡すものを表しており、状況・境遇の変化を告げている。たとえば健康から病気へ、病気から健康へ、不調から好調へ、好調から不調へなど、状態のチャンネルが切り替わるのだ。橋そのものに吉凶はなく、橋が夢でどのように描かれているかによって吉凶が分かれる。

橋が吉夢となるのは、**新しい橋を架ける**、**橋を修復する**、**高くて立派な大橋を見る**などの夢で、状況好転の兆しとなる。願望成就の好機なので、この機会を逃してはならない。

橋の周辺の景観も重要だ。明るく見晴らしのよい景色なら吉夢と解釈してよいが、暗く陰惨な雰囲気の場所に架かる橋なら、困難がつきまとう。

橋が凶夢になるケースは611ページ参照。また、橋の予知夢でとくに注意しなければならないのは死に関するものだが、それについては670ページを参照。

【柱　はしら】

柱は何かを支えるものを象徴する。人物なら一家を支える稼ぎ手や本家の当主、会社や店を支える経営者や所属部署のトップなどの象徴になりうるし、人体なら脊柱や健康、物質なら金銭・財産、精神的なものなら理念・信念・主義思想などが柱として描かれる。

堂々とした立派な柱や**みごとな大黒柱**の夢は、柱によって象徴されているものが盤石であることを表している。逆に、**折れたり曲がったりしている柱**、**傷ついた柱**など、何らかの欠陥のある柱の夢は、意味が逆転する。

【蓮　はす】

精神性と物質性、意識と無意識、心と体など、異なった二つの原理の統合を象徴する。蓮の花の夢は全般に吉夢で、好調な運気や開運、健康回復、何らかの慶事などの兆しとなる。

蓮の花を手に取る、**蓮の花が体のどこかに咲く**などの夢は、立身出世や名声、開運を告げる大吉夢。**池に咲く蓮**の夢や**蓮根**の夢も同様だが、妊活中の女性がこれらの夢を見たら、優れた子を授かる予知夢の可能性もある。

　なお、蓮は極楽浄土の花として知られているが、死の予知夢で蓮が報告される例はきわめて稀なので、あまり気にする必要はないだろう。

【肌　はだ】

　顔と同様、肌は自身の運気の状態を映し出す。**若々しい肌**、**色艶がよい肌**、**美しい肌**は、好調な運気の知らせと解してよい。ただし、夢の世界では、美しい肌だけが幸運のサインというわけではない。**皮膚がただれて膿が出ている夢**は、一見凶夢のようだが、現状の好転や大きな財運、金運、名声、評価などの兆しとなる。**肌が鱗や甲羅で覆われている夢**も印象は不気味だが、集団のトップに立ち、名誉も利益も掴むという大吉夢と解してよい。

　運気の状態は、肌の色によっても表される。**紫色の肌の人**の夢は、有力な援助者が現れる知らせであり、**きれいな赤の肌色の人**の夢は、主に物質的な喜びの訪れの知らせとなる。いずれの場合も、その人が自分に触れるなら、それらが現実化するのは早く、遠くにいるか、ぼやけているようなら、まだかなり時間がある。

　肌が凶夢となるケースについては611ページ参照。

【花　はな】

　非常に多くの意味をもつ古典的な象徴であることに加えて、その花に対する個人的な思い（好き嫌い、花と結びついている思い出、花と結びついている特定の人物など）の象徴にもなるので、単純に意味や吉凶を述べることはできない。典型的な意味を挙げると、以下のようになる。
①開花することの象徴……それまで蓄えてきた知識、経験、努力などが成果となって花開くことを表しているケース。この場合は、仕事、学問、技芸など、すべての分野で吉兆になる。
②誘引するものの象徴……花はその香りで人や虫を引きつける。それと同じように、人を魅了し酔わせる人物、異性などの象徴になっているケース。恋愛や結婚の暗示になっていることもある。また、誘引して獲物を捕え、吸収してしまう食虫植物のように、他者を誘惑する人物（多くは異性）、またその人物を原因とする危険な状況を表している可能性もある。その場合、夢に出てくる花は、どこかにその誘惑者とのイメージ上のつながりがある（たとえば非常に派手な異性を、派手な色彩や毒々しい形状の花で表す、など）。
③盛りの短さの象徴……地位、権勢などを花の命の短さに喩えているケース。盛りが過ぎればあとはしぼむだけなのだから、今奮起しないと後悔することになるという戒めの可能性が高い。
④特定の人物の象徴……愛する人（恋人）、華やかな人、成熟した人など、自分の周囲の目立つ人、気になっている人、惹かれている人などが花によって表されているケース。意味や吉凶は、誰に喩えられているかによって判断していくことになる。
なお、花の夢の中でもとくに注意しなければならないものに、死の象徴としての花がある。それについては６７１ページ参照。

【鼻　はな】

鼻は典型的な自我の象徴だが、財運や発展運、仕事運が如実に表れる場でもある。

立派で堂々とした大きな鼻の夢は、その鼻の主が富や権力や地位や声望を掴むことを表している。未婚女性がこうした鼻の男性を夢見れば、経済力が豊かで精力も強く、頼りがいのある夫を得る予兆となる。また、既婚女性がこうした鼻の夫の夢を見れば、夫は大いに出世し、家族を繁栄に導く。

鼻の上に角が生える、鼻先が唇の下まで垂れている、鼻先が光を放っているように輝いて見えるなどの夢も大吉で、大いなる財運、発展運をもっているしるしとなる。さらに努力を重ねることで、利福並び到る。

鼻血が大量に出る夢は、大きな金運を掴む前兆。**鼻水が口中に入る**夢は、家族間の諍い口論がおさまり、一家和合して酒食の喜びがあるという知らせとなる。**鼻の中に長い毛が生える**夢もよく、壮健、安穏、富貴、願望成就などを意味する。似たような夢に、**鼻の上に毛が生える**夢があるが、こちらは万事不如意で志望が達せられない凶夢なので注意してほしい。

なお、鼻が凶夢のケースは613ページ、健康問題に関わるケースは650ページ参照。

【腹《はら》】

腹はその人の気力・胆力・地力などを象徴する。それらがそなわれば自ずと仕事もうまくいくので、転じて成功、発展、立身、資産などの意味で使われる。

張りのある立派な太鼓腹や、**垂れ下がるほどの巨腹**の夢は、気力・胆力の充実を表しており、現在、大いなる発展運に乗っていることを示している。仕事、学問、研究、開発、商売など、いずれにも吉祥なので、自信をもって前進するとよい。自分が太鼓腹になっているなら、自分自身が右の幸運を掴み、夫が太鼓腹になっているなら、夫が幸運を掴む。未知の男性なら、自分のことと解釈していい（女性の太鼓腹は651ページ）。

腹を鼓のように打ち鳴らしている夢は、大きな喜び事が期待できる。満腹で腹鼓を打ち、足で地面（壌）を踏み鳴らして拍子をとるという意味の、鼓腹撃壌《こふくげきじょう》という成句がある。人々が満ち足りて暮らす太平の世を表したものだが、その状態を再現しているのがこの夢で、豊かな生活、慶事、増収増益など、何らかの喜び事がある。

腹の上に本を置いている夢は、文筆に携わっている作家や学者、研究者などには大吉で、仕事が評価されて名声を掴む。それ以外の人も吉事が期待できる。

腹は金銭財物とも密接に関係している。**腹に刀剣が刺さる、腹を刀剣で刺される**などの夢は、身の内に金物（金銭財物）が入るという意味の吉夢で、利得や増収の兆しとなる。**腹に毛が生える**夢も、財産や所得の増加を表す吉夢だが、一説に人から危害を加えられる、不慮の災害に遭うなどの兆しという見方もある。毛が象徴するものの一つに増収増益があるので、前者の意味のほうが可能性が高いが、夢全体の調子や他の象徴からいずれの意味か判断してほしい。

腹が凶夢となるケースについては614ページ、腹が病気を表しているケースについては651ページを参照。

【火 ひ】

火のように根源的な象徴には、多種多様の意味があるので、個々の夢の文脈に沿って考えていく必要があるが、火の夢はおおむね吉夢で、予知夢では、しばしば富や財産の獲得、栄達、発展などの象徴として表れる。

家から火が出る夢は不吉なようだが、金銭財物で潤うという知らせなので心配いらない。ただし、実例（329ページ）にも書いたように、急いで処置しなければならない病気などの凶事を示していることがあり、とくに老人が火事に遭う夢は病難の知らせなので、解釈は慎重に行ってほしい。

隣家からのもらい火（延焼）の夢も、幸運や利得を告げる吉夢だが、そのものズバリの火難・災難の予告のケースもある。また、もらい火が利得を表している場合でも、くすぶって焼け残るようなら、得られるものが乏しいか、かえって損失をこうむり、期待外れに終わる可能性が高い。

木から自然に火が出る夢は願望成就の大吉夢で、万事によい。**天が焼ける夢**や**物品が焼ける夢**も、それぞれの地位や立場に応じた喜び事が期待できる。**だれかから火をもらう**夢は、利得や援助の知らせとなる。**手にした火で物を照らす**夢もよく、その火を家に持ち込めば家に喜び事がある。また、家に金銭が入る知らせともなる。**火をおこす**夢や、**火を焚く**夢は、恋愛の予兆の可能性がある。また、妊娠を告げる夢でも、火が出てくることがある。

火が凶夢となるケースについては615ページ参照。

【東　ひがし】

東は生命が萌え出でる方位、万物が生まれ発展する方位であり、これから運が開けることを表している。**東に向かう**夢や、**東に家を建てる**夢、**東から来た人や動物と遇う**夢などは、人生がこれから発展に向かう兆しと解してよい。

なお、東方の土地や家が肝臓を象徴している可能性もあるので、**東の土地や家が荒れる・傷む**など、よくない状況になっている夢を見たら、肝臓機能の衰えに注意してほしい。

【額　ひたい】

額は、神霊や自分の無意識が意識に何かを伝えるときに象徴的なイメージを映し出す、一種のスクリーンの役割を果たす。

広い額、光り輝く額、五色に輝く額などの夢は、運気が大いに上昇していることを表しており、地位の向上、能力・技芸の伸長、仕事の成功、資産の形成、治病などの幸いをもたらす。

額に点を打つ夢や**額に点を打たれる夢**は、あなたが衆人の中から選び出されたことを意味しており、昇進してよりよい地位に就く。職探し中の人はよい職を得、受験生は合格し、選抜や競技に関することでは勝者となる。とくに赤い点なら喜びは一層大きくなる。**自分が自分の額を打つ夢**や、**他者に額を打たれる夢**も同種の夢で、何らかの喜び事が訪れる。とくに後者の場合は、あなたに力を貸してくれる有力な援助者、協力者の出現が期待できる。ただし、**自分が他者の額を打つ夢**は、逆の意味の凶夢となる。

額に一眼を生ずる、額に長い毛を生ずるなどの夢は、知恵や才能を発揮して大いに開運することを告げる大吉夢で、クリエイターにはとくによい。長寿の知らせでもある。

額が凶夢になるケースについては616ページ参照。

【皮膚病　ひふびょう】

新生、復活、再興などを意味する。自分の古い殻を脱ぎ捨てるためには、一度、現在の殻（＝夢の中の皮膚）を打ち壊す必要がある。皮膚病の夢は、まさにこの生まれ変わりの準備を象徴している。夢としては不愉快で不気味なものだが、その不愉快さも生みの苦しみと考えれば納得がいくだろう。

皮膚病は症状が重く激しいほど開運のときは近く、変化も大きい。皮膚病が癒えた後には、新たな自分に生まれ変わる。

また、皮膚病は、自分に対する注目が集まることも象徴している。そこから名声、評価の意味が派生し、名声や評価が集まれば地位も上がり、収入も増えることから、立身、財運などの意味も生じてくる。芸人、演奏家など人に見られる職業の人、商品開発やセールスなど、人の注目を集める必要のある職についている人には、皮膚病の夢はとくに吉夢となる。

【病人（実在の）びょうにん（じつざいの）】

実在の病人が夢に現れて何らかの行動をとっている場合、予知夢の可能性がある。

快方に向かうことを告げているのは、**病人が薬を飲む、病人が顔を洗う、病人が嘔吐する、病人が治る、病人が死ぬ**などの夢だ。死ぬ夢は不吉なようだが、この種の夢は逆夢の可能性が高く、実際に亡くなることは稀なので、あまり悪い方向には考えないほうがよい。嘔吐の夢は、体内にある悪いものを吐き出している知らせで、夢における神秘的な治療の一種である。

実在の病人の夢が凶夢となるケースについては672ページを参照。

【富士山　ふじさん】

富士山を見る夢は、「一富士、二鷹、三茄子」と吉夢の筆頭に数えられているとおりの大吉夢だ。富士山にかぎらず、**姿の美しい山**の夢は、人生の目標や到達点を象徴している。その山がくっきりと見えるなら、正しい方向に進んでおり、未来の展望は明るいことを示している。

なお、富士山は遠くから眺める夢のほうがよく、実際に登る夢はそれ相応の苦労をともなう。

【豚　ぶた】

多くの意味を持つ難しいシンボルの一つで、豚に対する個人的な思い、連想内容が夢を解く鍵になる。一般的には、怠惰さ、愚鈍、食べすぎ、飲みすぎ、不潔な生活、無駄などマイナスの意味を担うことが多いようだが、金銭財物の象徴として描かれることもあり、一概にマイナスシンボルということもできない。参考までに古代中国の占夢書の説を挙げておく。

豚が人間に化す夢は、仕事や物事の成就、一家の確立、治病、不和の和解などの兆しで、物事がよい方向に転換していく。**豚が泥浴びをしている**夢は、家族の安定など、万事に吉。**豚が川を渡る**夢は、災難、病気、心配事などの一切が除かれ、幸運が訪れる。**豚を射る**夢もよく、志望が達成される。

豚の凶夢については６１８ページ参照。

【葡萄　ぶどう】

葡萄の木は妻や女性の典型的な象徴であり、房になった**葡萄の実**は子孫ないしは女性の乳房を象徴する。イスラム教の経典『タルムード』には、「葡萄の木を見た者の妻は決して流産しない」と説かれているほどだ。

子どもに無縁の人の場合、葡萄の実は金銭、財産の象徴になる。**葡萄を収穫する**、**豊かに盛られた葡萄を見る**、**葡萄を食べる**などの夢は、恋愛・結婚の予兆、もしくは妊娠を告げている。また、妊娠に無縁の人にとっては何らかの利得の知らせとなる。

なお、葡萄は幸運のシンボルなので、万人に吉だが、病人には不吉とされる。また、**ひどく不味い葡萄**、**腐っている葡萄**などの夢は、意味が逆転して凶夢となる。

【船　ふね】

船は人生を運ぶもの（＝運命・運気）の象徴で、船に乗る夢や船旅の夢は、人生行路を暗示している。非常に重要なシンボルなので、しっかり解釈する必要がある。自分が乗っている船の良否や大小、新古などで人生行路の順・不順が、積み荷によって人生の中で手にするものが、一緒に乗っている人によって運命をともにする仲間や関係者、援助者、敵対者などの様子が描かれている可能性があるので、夢解きにあたっては細部までよく思い出してほしい。

船に乗って海を渡る夢は千金を儲け、**船に乗って川を渡る**夢は志望が達成される。**船に乗って空を飛ぶ**夢はさらによく、非常な隆盛運に乗って高位高官に上り、名誉や財産を掴む大吉夢とされている（ただし老人や重病者が船に乗って空を飛ぶ夢は、死の予知夢の可能性があるので注意してほしい）。**船の新造・修繕**の夢や**進水式**の夢も洋々たる未来が待ち受けている知らせで、立身出世、増収増益など大きな喜びが訪れる。

漁船の夢は、漁で収穫があれば利得など喜び事がある。獲った魚が鯛など高級魚であれば、得られるものも大きく、雑魚が多く混じるようならあまり大きな利得は期待できない。**船から網を入れて魚がかからない**夢は、期待外れに終わる。**船から釣り糸を垂らしている**夢も同じで、釣れれば成果があり、釣れなければ成果は得られない。

船に動植物を乗せている夢は、乗せているものによって吉凶が分かれる。**龍・亀・孔雀・金鶏・鴛鴦・犬・猫・草花・稲麦などを船に乗せる**夢は吉夢で、何らかの喜び事がある。龍は非常な有力者や権威者とともに大きな仕事を為すという知らせ。亀は健康長寿、孔雀・金鶏・鴛鴦は夫婦和合や一家円満、犬猫は守護、草花は慶事、稲麦は利得や願望成就などが期待できる。**牛や羊を船に乗せる**夢は、先行き苦労があるという知らせなので注意を要する。

船に家屋を載せる夢は、引っ越しや転職などを告げている。引っ越し後や転職後の状況は、航海の様子に描かれている可能性が高い。船が順調に進むなら先は明るいが、シケなどに遭って苦しい航海なら、先に困難が待ち受けている。また、船に比べて家屋が大きすぎ、バランスが崩れている場合も、先行きは厳しい。

他人と同船する夢も、転居や転職の知らせの可能性がある。転居や転職後の状況は、同船者を好ましいと感じているか、嫌だと感じているか、元気で活動的な人か、病人など元気のない人かなどで違ってくる。好ましいと感じている人物や元気で活動的な人物なら、一般に先行きはよく、嫌な感じを受ける人物なら、先行きに注意が必要だ。

船が港に入ってくる夢は、積み荷の内容や量で得られる利得や幸運に違いが出る。その船が大きく立派な船であったり、荷を山積みしているようなら、得るものも大きいが、逆なら利得があっても小さい。この夢は、待ちわびていた人がやってくる知らせのケースもある。

船が凶夢となるケースについては618ページ参照。

【臍　へそ】

臍は古代的な象徴の一つで、解釈が難しいが、自分という存在や事物などの中心・核心という意味を軸に考えていくと、メッセージが見えてくるかもしれない。

臍から物が生じる夢を、古代中国の占夢書は吉夢と解し、**臍から水が出る**夢は気力旺盛の象で、婚姻、財産の蓄積、治病の知らせとし、**臍から煙が出る**夢も婚姻の兆しとする。社会生活の核である家庭は婚姻から始まるし、財産も家の基として中核的な意味がある。**臍がない**夢は、飢餓困窮の夢とするのも、右の解釈と対応している。

【鳳凰　ほうおう】

鳳凰は、龍・亀・麒麟と並ぶ四霊の一つで、天子や天下人が出現するときにのみ現れる霊鳥とされてきた。きわめて稀だが、鳳凰が出てくる夢は、飛んでいるにせよ、高い場所に止まっているにせよ、鳴き声を発するにせよ、すべて所願成就の大吉夢と解してよい。とりわけ**自分自身が鳳凰に化身する**夢は最高の吉祥夢で、天下を握るしるしとされている。

ただし、あまりにも分不相応な場合は、かえって凶兆になる。

【宝石・宝玉　ほうせき・ほうぎょく】

宝石・宝玉の夢は、基本的に吉夢と解してよい。とくに**五色の玉石**、**ダイヤモンド**、**真珠**、**水晶**、**サファイア**、**ルビー**などは、歪みがなくてよく輝いていればすべて吉兆で、願い事の成就や金運、幸運の訪れの兆しとなる。

宝玉の曇りは、何によらず障害を表すので、石などがどんな状態だったかをよく思い出して解釈してほしい。

【北斗七星　ほくとしちせい】

古代人は、北斗七星が個人の運命や寿命を司ると信じてきたが、夢においても同様の意味をになっている。

明るく輝く北斗七星を見る夢や、**北斗七星の下に立つ**夢は盛運に乗っていることを示している。入試や入社試験などは合格し、サラリーマンは出世のチャンスが訪れ、クリエイターは仕事が認められて名を上げ、妊活中の女性は優秀な子を授かるなど、万事に吉。また、**北極星と北斗七星がともに夢に現れた**場合、北極星は自分を支配している高位の人、父親、権力者などを意味し、北斗七星は自分自身や自分を含む家族、自分と自分の部下などの象徴となる。**北斗七星が整然と北極星の周囲を回っている**なら、仕事で成果が上がる、大きな援助を受ける、組織が順調に発展する、一家一族が繁栄するなどの吉夢となる。

なお、北斗七星は非常に明るく見える星であり、夢においても明るく輝いていれば吉兆となるので、**北斗七星が暗く見える**夢は、運気の衰退や体調の悪化などを告げる凶夢となる。解釈に際しては、輝きがどうだったかをよく思い出す必要がある。

【星　ほし】

予知夢では、星は仕事や人生の目標、生きがい、到達点などの象徴であり、それが視野に入るところまできていることを告げている。**美しく輝いている**星の夢は、ほとんどの場合、吉夢と解してよく、地位の向上、富の増大など、大きな喜び事の表示となる。

星がきらきらと輝く、**星の芒が美しく光る**などの夢は、勤め人には出世の予兆であり、妻が見たときは夫やわが子の出世の知らせとなる。中国では星と文章の密接な関係を認めており、輝く星の夢が文章道の進展を意味すると解釈しているが、この場合の文章の道とは、いわゆる文人のほかに、行政文書などを扱う官吏のことも指しており、やはり出世や栄達の知らせと見ている。

星が天を動く夢は、昇進してより高い地位に上る、よりよい会社に転職する、新規事業を興す、結婚相手が現れるなど、新たな道が開ける前触れである。ただし、妊婦がこの夢を見たときは、胎児の安定が乱されるという知らせの可能性があるので、流産などに注意しなければならない。

神仙から星を授かる、**晴天に星が現れる**などの夢は、抜きん出た活躍で大きな仕事を成し遂げるという大吉夢。積極果敢に進んでいい。称賛、栄誉、地位などが後からついてくる。**星を捕えて手にする**、**巨星が懐に入る**などの夢は、名誉名声や富、素晴らしい配偶者、優れた子などを得る知らせであり、素晴らしい配偶者を得る。**星が列をなして連なる**夢は、多くの部下や使用人をもつか、一家一族の繁栄の知らせの可能性が高い。

星が凶夢になるケースについては621ページ参照。

【曲がり角　まがりかど】

人生の転機を象徴している。

曲がり角で声をかけられる夢は、話の中に重要なアドバイスが含まれている可能性が高い。何を言われたか、よく思い出す必要がある。

曲がり角では、どの方向に進もうとしたか、あるいは進んだかに重要な意味がある。一般に、**右に曲がる**ならよい方向に向かっているし、**左に曲がる**なら間違った方向に進んでいる可能性がある（→【左右】参照）。

【松　まつ】

松の夢は大吉で、息の長い繁栄、健康、長寿、土台の堅固さなどを象徴する。**松を植える**、**立派な松の木を見る**、**青々とした松の木を見る**など、順調に生育している松の夢はすべて大吉夢と解釈してよい。願い事はかなない、何らかの大きな喜び事が訪れる。

ただし、**枯れた松**、**松の木から落ちる**、**松の枝が折れる**など、松がマイナスのイメージとともに出てきた場合は意味が逆転する。また、親戚の庭の松、知人の家の松など、特定できる松の故障なら、その家の住人の身に心配事や不幸が起こる恐れがある。

なお、**松が室内に生える**夢は病気の暗示になっている可能性があるので注意。３１４ページの実例を参照してほしい。

【窓　まど】

窓は心の目を象徴する。また、家庭と社会、心の内と外、プライベートな生活と社会人としての生活など、「内と外を区切る境界」を意味しているケースも少なくない。

窓が明るい、窓から陽が入る、窓が輝いているなどの夢は、先行きの明るさを暗示している。現在、何らかのトラブルを抱えているなら解決の見通しが立ち、今までツキがなかった人は運気の好転が期待できる。

なお、女性が**窓から陽が入る**夢を見た場合、妊娠の可能性もある。

窓を開ける夢は、目を外に向けること、心をオープンにすることを意味しており、対人関係がよい方向に向かう知らせとなる。また、行き詰まった状態、煮詰まった状態から抜け出るという知らせでもある。

窓が凶夢になるケースについては622ページ参照。

【眉　まゆ】

髪や毛、ヒゲと同じで、その人の生命力を象徴する。また、一対になっているところから、夫婦の象徴として描かれることもある。

眉が太くなる、眉が長く伸びる、眉が豊かになるなどの夢は、運気の上昇を表しており、地位や暮らし向きの向上、仕事の発展、健康増進、長寿、治病などの暗示と解してよい。**眉が長く伸びて耳の穴まで達している**夢は百二十歳まで生きる前兆だと、中国の占夢書は断じている。

またこれらの夢は、素晴らしい恋人やパートナーを得る前兆の可能性もある。**目の下に眉が生える、眉を描いている**などの夢も、よい伴侶を得る知らせで、とくに女性が見た場合はその可能性が高い。老人が見たなら長寿の知らせとなり、病人が見た場合は快方に向かう知らせとなる。

眉がたちまち白くなる夢は、一見、不吉なようだが、大いなる成功や子孫の繁栄、長寿などを告げる大吉夢なので心配には及ばない。**眉毛とまつげがつながっている**ように見える夢も大吉。立身出世、成功、名誉名声など、人生の勝者となることを告げている。

眉が凶夢になるケースは623ページ参照。

【道　みち】

夢の道は、現在から未来に通じる道を象徴している。道の状態がよければ未来は明るく、道の状態が悪ければ厳しい未来が待ち受けていることになる。

また、道の前方は未来、後方は過去を表し、左右に分かれる道は人生の分岐点（人生の選択）を、道で出会う人は人生行路で出会う味方や敵対者を表している可能性がある。このように、道は人生の縮図ともいうべき重要な象徴なので、見落とさずに解釈する必要がある。

真っすぐにのびた大道を進む夢は、運気が尻上がりによくなっていくという大吉夢なので、自信をもって迷わず進めば志望は達成する。**先に行くほど太くなっている**道や、**広々として見通しのよい道、先に行くほど高くなっている道**などの夢もよく、明るく希望に満ちた未来を暗示している。とくに後者の道は、立身出世の予兆であり、地位や名声を掴む。また、**道に草木が繁茂している**夢も豊かな発展性を表しており、金運と縁が深い。

これらは吉夢としての道だが、夢の世界では道によって危険や障害を警告するケースのほうが多い。それらについては625ページを参照。

【南 みなみ】

南は旺盛な活動力、隆盛運、物事の過剰、人生の盛りなどを象徴する。そこで、プラスの意味で南が意識されている場合は、成功、名誉の獲得、権勢、豊かな財運などの象徴になるが、マイナスの意味で用いられると、絶頂に達した後の転落、孤立、衰退の暗示に変わる。

なお、南方の土地や家が心臓を象徴している可能性もあるので、**南の地方で苦しんでいる**、**南方の暑さにまいっている**などの夢を見たら、心臓機能のトラブルや衰えに注意してほしい。

【耳 みみ】

〝聞く〟という機能から、耳は他者の評判、評価の象徴として現れる。また、音信など何らかの知らせの予兆でもある。そこで、よく聞こえる耳だということを表している夢は、すべて吉夢となる。

たとえば**大きくて立派な耳をもつ**夢は、人から評価されて地位が向上するか、素晴らしい情報を得て成果につながる前兆と解される。地位が上がれば必然的に収入や資産も増える。胸あたりまで垂れるほど長くて立派な耳であれば、得られるものはさらに大きく豊かになる。

耳を掃除する、**大きな耳垢を取る**、**耳を洗う**などの夢も、よく聞くための作業を行っていることを表しており、うれしい知らせや素晴らしい情報が届く前兆となる。**耳垢が美しい砂に化す**夢ならとくによく、中国の占夢書は「その身は栄え、家は富み、寿命は延び、子孫繁昌、災いなく病なく万事みなよろしき兆し」としている。**耳が増える**夢も同様で、耳が増えるのは、今まで以上に多くのことを聞く、多くの仕事をこなすなどの変化を表している。そこで、昇進、社会的地位の上昇、新たな仕事仲間や仕事先の増加、自分に対する評価のアップなどの前兆となる。

また、男性がこの夢を見たら、多くの愛人や女友達ができるという古典的解釈もある。フロイトは耳を「女性の膣の象徴」と見なしたが、その解釈の古代版といってよいだろう。

耳に米や麦がたくさん入っている夢は、何らかの利得が期待できる。**耳から蛇が出る**夢は長寿や盛名の知らせで、とくに両耳から蛇が出たら大いに名が上がり、地位権力を掴む。**耳に長い毛が生えている**夢もよく、健康長寿や幸運の訪れを知らせている。

変わった夢の一つに、**耳の中に舌が生える**という夢がある。舌は評判や評価を表しており、それらが自分の耳に達することを知らせている。また、素晴らしい伴侶を得る前兆でもある。

耳が凶夢になるケースについては６２６ページ参照。

【麦《むぎ》】

困難を乗り越えて手にする成果を象徴する。米は夢に現れただけで吉祥になるが、麦は成果を得るために苦労や忍耐を必要とする点が異なる。

麦を蒔く夢は、努力の積み重ねによって成果が得られることを告げている。**麦が豊かに実る**、**麦を刈り取る**などの夢は、これまでの努力が報われて、利得など喜ばしい収穫を手にする。**麦飯を食べる**夢も同様で、とくにこれまで困苦にあえいできた人には、運気の大きな転換を告げる吉夢となる。

【目め】

人生を勝ち抜いていくために必要なすべての精神的要素――知力、洞察力、判断力、直感力、集中力などが目によって象徴され、結果としての成功・不成功、貧富、幸・不幸など人生の果実も目によって表現される。目は、人体の中では、いわば〝神の力〟に相当する部分なので、目の状態がよければ吉夢となり、目の状態が悪ければ凶夢となる。ただ、それがよい状態か悪い状態かの判断がつきにくい夢も多々あるので、解釈は慎重に行う必要がある。

美しく澄んだ目、力のある目、輝きの強い目などの夢は、運気の好調さを表している。自分の目がそうなっていれば、成功や発展のレールに乗っており、自信をもって前進せよというアドバイスと解してよい。他者の目がそうなっていれば、有力な援助や引き立てが期待できる。**目から光が出る**夢は、一段と強い好調の波がきているという知らせで、大出世や巨利など大いなる成果を掴む前兆と見てよい。事業家や営業マン、商売人にはとくに大吉となる。

自分が一眼になっている夢は、無意識の中で非常に高い集中力をもって課題に取り組んでいることを表している。ありきたりの成果を超える何かが生まれる前兆であり、豊かな将来性があることを告げている。また、霊的なインスピレーションや創造力の高まりの表示でもある。**目が四つある**夢は、大いなる発展運の夢で、四眼は四方を表している。くまなく四方を見渡す、もしくは四方を照らすことで、着実に成功を掴む。

失明者を見る夢は、自分には好機や幸運が訪れるが、ライバルや商売敵は失明者のようになっており、利がないという知らせで、他者の不幸が自分の利益につながるという暗示。**失明者の目が開く夢**は、一切の障害が除かれて開運する前兆である。

他者の眼球を抜き取って自分の目に入れる夢は、吉凶がわかりにくいが、得られるものが倍増するという吉夢とされる。予想を超えた成果、利益、名声、ツキなどが期待できる。似た夢に、**眼球を交換する夢**がある。こちらはだれと交換するかで吉凶が分かれる。自分より高位の者、富んでいる者、才能ある者などとの交換なら、予想を超える成果が上がり、大きな利益を掴む。とくに龍虎などの霊獣と交換する夢は大吉兆。逆に、自分より下位の者、貧しい者、劣っていると見なしている者などとの交換は、衰退・零落の恐れがある。

目に花が咲く夢もよい。身体のどこかに花が咲く夢はおおむね吉夢だが、これもその一つで、悩み事が去り、願望成就の時を迎えるという知らせになる。ただし、老人がこの夢を見たら眼病を患う恐れがある。

目が凶夢になるケースについては628ページ参照。

【眼鏡　めがね】

眼鏡は目の働きを補うものなので、目の意味から類推できる。目は人生を勝ち抜いていくために必要なすべての精神的要素——知力、洞察力、判断力、直感力、集中力などの象徴であり、結果としての成功・不成功、貧富、幸・不幸など人生の果実も目によって表現される。それらをよりしっかり自分のものにするために、夢の中で眼鏡をかけるのである。

眼鏡を買う夢や**眼鏡をかける夢**は、無意識の中でよりはっきり〝見る〟作業をしているか、しなければならないというアドバイスになっている。よい眼鏡を買えば運気は上昇し、今まで曖昧だった課題がはっきり見えてくる。**眼鏡をもらう**、**眼鏡を拾う**などの夢は、適切な助言など救いの手が入るか、よいアイデアや打開策が思い浮かぶなどの意味になり、**眼鏡を探している**夢は、進むべき方向を模索していることを表している。探して見つかれば、道は開けるが、いくら探しても見つからなければ、現在、間違った努力や、間違った選択をしているという忠告になる。

眼鏡が凶夢になるケースについては629ページ参照。

【桃　もも】

古代から邪を祓い福寿を招く仙果（仙人の食べ物）として珍重されてきた桃は、健康長寿や幸運、邪気祓いなどの典型的な象徴だ。**桃を食べる**、**桃を手にする**、**桃をもらう**などの夢は、すべて健康長寿の知らせか、幸運の訪れの知らせと解してよい。

とくに大吉なのは**仙人から桃をもらう**夢で、中国の占夢書では「功名富貴が思いのままになる兆しで、女性がこれを見れば大貴人を生み、病人がこれを見れば薬を飲まずして全快し、その他、長寿の兆し」と称揚している。

なお、これだけ貴重な霊果だけに、**桃をなくす**、**桃を奪われる**、**桃が腐っている**などの夢は、逆転した意味の凶夢となる。

【もらう】

夢で何かをもらうのは、必要なものが手に入ることを表しており、**神仏や仙人**、**高貴な人などに物をもらう**夢は、運気の転換を告げる大吉夢となる。

逆にまったく**無用の物をもらう**夢は、あなたのほしがっているものが、あなたの成長にとって役に立たないことを告げているが、現実世界における無用の物と夢の世界における無用の物の価値は、大きく異なる。たとえば**糞便をもらう**夢は、金銭財物を手にすることを表す吉夢で、大いに価値がある。何をもらっているかで意味が大きく変わってくるので、もらった物の象徴的な意味をしっかり確認する必要がある。

【門　もん】

予知夢では家族や一族の運気、もしくは自分の社会的地位や成功の度合いを象徴する。

わが家の前に堂々とした立派な門が建っている夢は、一家一族の繁栄や社会的な成功の予兆。子や孫ができたころにこの夢を見たら、その子や孫が一族を繁栄に導く。**新たに門を造っている**夢は、転職・転業・異動など、境遇が変わるか、子を授かる。門が立派であれば、新たな境遇での活躍や発展が期待できる。また、一族繁栄の予兆でもある。

門が凶夢となるケースについては629ページ参照。

【屋根　やね】

自分の頭部・脳・意識活動、もしくは主人や組織のトップを象徴する。

そこで**屋根に上って四方を見渡している**夢は、屋根に相当する地位への昇進の兆しとなる。ただし、屋根に上ることに不安を感じていたり、屋根が抜けそうで恐怖を感じている、悪天候の中で屋根に上っているなどの場合は、分不相応な地位について苦労する、困難に遭遇する、人からの非難を受けるなどの凶夢に変わる。

屋根に上る夢が吉夢になるのは、爽快な気分になっている場合にかぎられる。**屋根を葺き替える**夢は、状況の変化や運気の好転を暗示する。

屋根は凶夢と関係する可能性のほうが高い。それについては631ページ参照。

【山　やま】

山は現在取り組んでいる仕事や人生上の課題と、それにともなう困難、理想、目標などを象徴する。**山に登る**夢は課題に取り組んでいる現状を表しており、意味や吉凶は登っているときの状態などから判断していく。たとえば、**気持ちよく順調に山を登っていく**夢なら、目的に一歩一歩近づいているという吉夢となるが、途中で障害に遭うようなら、それ相応の困難がつきまとう。**山を登って見晴らしのよい場所に出る**夢は、運気が開けてくることを告げている。

山中のシーンでは、**山中で宝を得る**夢が大吉で、努力が実って成功する、財産や地位を得るなどの知らせとなる。**山中に畑を作る・畑を耕す、山林に入っていく**などの夢もよく、利得がある、生活が潤い、衣食が豊かになるなどの意味になる。**何かを抱いて山に登る**夢は、優れた子を得る予兆の可能性がある（この場合、山は人生を象徴し、抱いている物は子宝を象徴する）。

山を外側から眺める夢では、美しい翠《みどり》の山を遠望する夢が吉。遠方からよい知らせが届くか、援助者が現れる可能性がある。また、女性がこの夢を見たら、望ましい結婚相手が現れる兆しの可能性がある。遠望する山は険峻でないほうがよい。高く険しい山は、困難を表している。

山が凶夢になるケースについては631ページ参照。

【雪《ゆき》】

雪の白という色には、清浄や浄化といったプラスの意味と、病気や死というマイナスの意味がある。吉凶の判断が難しいシンボルの一つなので、解釈は慎重に行う必要がある。

雪が降る夢は、美しいと感じていたり、嬉しい、喜ばしいなどと感じていた場合は、思いもよらぬ幸運の訪れを告げる吉夢の可能性が高い。**雪がわが身に降りかかって難渋する**夢は、運気の低下や病難、障害などの恐れがある。**庭先に雪が積もる**夢は、一家に喜び事があることを告げている（稀に死の予兆の場合もある）。**雪が融ける**夢は、問題の解決、障害の除去などを表す。ただし、**雪融けで道がぬかるむ**、**衣服などが汚れる**などのシーンがあれば、問題が消えるまでに時間がかかるか、多少の苦しみや困難がある。

通常の白い雪ではなく、**紫色や赤い雪**の夢は、一見不気味なようだが、健康長寿や幸運の訪れを告げている。それらの雪がわが身に降りかかるなら、喜びの訪れは近い。

雪が凶夢になるケースについては633ページ参照。

【指《ゆび》】

指は身の回りの大切な人、とくに家族の典型的な象徴だ。子どもがいる人は、指によってわが子が表されるケースが少なくない。また、**親指**で両親や夫、**小指**で恋人や愛人が表されることがあり、結婚指輪をはめる**薬指**で配偶者が示されることもある。

また、家族はしばしば財産の意味にも変化する。そこで、指によって財産、資産が表されるケースもあるが、その場合、親指、**人差し指**、**中指**はとくに大切なものを表し、薬指と小指は相対的に重要度が下がる。ただ、家族にせよ財産にせよ、各指が象徴するものは固定的ではないので、あくまで夢解きの際の参考とし、指の意味は夢の文脈全体から判断してほしい。

美しく長い指、**大きくて太い指**などの夢は、運気の好調さや一家の繁栄、豊かな財運、利得などを表す。ただし、**異常に長い指**の夢は、不成就の凶夢になるので注意してほしい。**指の数が六、七本に増えている夢**は、あなたにとってプラスになる新たな援助者や友人、新たな仕事や事業などが増える。また、子が増える、資産が増えるなどの可能性もある。**指から出血する夢**は、旺盛な運気の表れだが、勢いにまかせて事をなすと、せっかくの幸運を取り逃がす。

指が凶夢になるケースについては633ページ参照。

【弓矢　ゆみや】

目標に向かって突き進む力、栄誉、抜擢、戦いにおける勝利などを象徴する。

弓矢を手にしている夢は、希望達成の吉夢。現在、困難な問題に直面している人は、引くより攻める姿勢で臨んで解決の道筋がつく。**矢や弓をもらう夢**は、人の助力を得て目的を達成する、衆の中から抜擢される、出世するなどの知らせ。とくによいのは**神仏から弓矢を授かる夢**で、所願を達成して大いに名を挙げ、素晴らしい成果をわが物とする。**矢が雨のように降り注ぐ夢**は、一見凶夢のようだが、大いなる財運や幸運の訪れの前兆である。勝負に臨んで吉。その矢が自分に当たれば、幸運の度はさらに増す。**人から矢を射かけられる**夢は、遠方から人が訪ねてくるか、音信がある。また、抜擢されるという知らせの可能性もある。

弓矢が恋愛・結婚に関係するケースは569ページを参照。

【ライオン】

ライオン（主にたてがみをもつオスライオン）のように強い力（権力・権威）をもった人物を象徴している可能性が高い。その人物が、実際に権威・権力をもっているかどうかは別のことで、あなたがそう感じていれば、その人はライオンのイメージで描かれる。また、あなた自身のパワー、勢力、地位などの象徴としても用いられる。

ライオンの背に乗る、**ライオンの肉を食べる**、**ライオンと戦って勝つ**などの夢は、権勢をもった人の助力・後援を得る予兆か、自分が隆盛運に乗るという知らせで、仕事上の成功や出世などを暗示している。ただし、**衰弱したライオン**、**勢いのないライオン**の場合は、意味が逆転するので、ライオンの様子をよく思い出してほしい。

【蘭　らん】

蘭を見る、**蘭を手にする**、**蘭の香をかぐ**、**蘭をもらう**などの夢は、予知夢では栄達や良縁を表す大吉夢となる。良縁には、よい伴侶のほかに、良友やよき上司・パートナーも含まれる。古代中国の占夢書では「利を謀り、名を得んとする人すべてに吉」と解している。

【龍　りゅう】

予知夢としての龍は、天下に名を轟かせ、偉大な業績を世に残す偉人の表示と考えてよい。つまり、めったに現れない稀有な貴夢といえる。

龍が現れる、龍に乗る、龍を射止める、龍に変身するなどはいずれも大隆盛運の表示だが、これらの夢を見たら、むしろ真偽を疑ったほうがよい。とくに若い人が見る龍の夢は、多くの場合、現状に対する強い不満や、現実逃避の思いなどが背景にあることが多く、たんなる願望夢の可能性が高い。

また、龍は世界の支配者の象徴であり、日本であれば天皇、中国なら皇帝のシンボルなので、かりに何らかのメッセージを担った予知夢だとしても、普通の人間には荷が勝ちすぎる。そのためこれら夢は、かえって転落、精神的な行き詰まり、病気などを告げる凶兆の可能性が高くなる。

龍は蛇が発展したものだが、蛇の項目で書いてあるとおり、蛇には創造の力の象徴としての蛇と、破壊の力の象徴としての蛇があり、龍もこれに準じる。創造を司る蛇であれば大吉夢だが、龍の場合は後者の可能性のほうが高くなるので注意してほしい。

【料理　りょうり】

料理をしている夢は、何かを自覚しようとしていること、料理しているものを自分の手中に収めようとしていることなどを表している。

また、**料理人**の夢は、予知夢では慶事があることの知らせであり、結婚の兆しの可能性もある。手術の成功の予兆として、料理人が夢に出てきたケースもある（料理は刃物を用いる）。

【霊柩車　れいきゅうしゃ】

死にまつわるシンボルの一つだが、夢における死は、再生・新生の象徴的表現になっているケースが多い。したがって、霊柩車の夢も、通常は境遇や状況が大きく変わって新たな局面に入ることを告げる吉夢と解してよい。ただし、文字通り死の予知夢の場合もあるので、夢全体を慎重に分析する必要がある。

【ロウソク】

ロウソクの長さは寿命や運気の状態を表し、火の大小は運気の状態を表す。

長いロウソクが勢いよく燃えている夢は、運気や心身の状態がきわめて良好だということを示している。病人がこの夢を見たら、病気の憂いはじきに去る。**新しいロウソクに火をつける**夢は、恋愛や結婚の兆しの可能性がある。また、既婚者の場合は子を授かる予兆かもしれない。**短いロウソクが継ぎ足されて長くなる**夢は、運気の改善を表しており、病人が見た場合は夢の中で霊的な治療が行われている可能性もある。こうした夢を見るということは、目下、何らかの問題を抱えて行き詰まりを感じているはずだが、先で救いの手が入るので、腐らず根気よく課題に取り組んでほしい。

なお、いずれの場合もロウソクは明るく燃えていることが吉夢の条件であり、火が弱い、消えそうになっているなどの場合は凶夢になる。それについては635ページ参照。

金銭財物に関わる夢

【顎　あご】

貧乏で満足に食べることもできない状態を指して、「顎が干上がる」という。この慣用句にみられるとおり、顎は金銭や財物の象徴として用いられる。また、「顎で蝿を追う」という慣用句は、手で蝿を追い払うことができないほど衰弱していることを表しており、こちらも損耗状態の描写になっている。

顎が正常に機能しない状態――**顎関節が外れる**、**顎が傷つく**、**顎が動かない**、**顎がガタつく**などの夢を見たら、まず物質的損害に注意したほうがよい。また、言葉による失敗やトラブル、衰弱なども顎の故障で表されることがある。

【足　あし】

人体を支える足は、夢ではその人の生活を支える基盤、つまり金銭・財産、仕事、土台、計画、自分を支えている人物などの象徴となる。

そこで、夢に出てきた**足が実際より細い**、**足がガリガリになっている**などの場合は、主に物質的な面や仕事面で何らかの困難に見舞われる予兆となる。もっとよくないのは、**足が燃える**夢や**足が切断される**夢だ。生活が脅かされ、より深刻の度が増す。**足萎え**の夢も要注意。

逆に**たくましい足**、**スラリと伸びて美しい足**などの夢は、豊かな財運や収入、順調な仕事運などを告げる吉夢となる。また、**足が血まみれになっている**夢も吉。血は収穫、所得、財産などの典型的な象徴（541ページ）なので、自分の足が血まみれなら、思わぬ利得がある。

【泉　いずみ】

泉は恵みや癒しを象徴し、自分自身の生命エネルギーや感情の状態の表象でもある。恵みや癒しが手に入るかどうかは、泉の状態から判断する。

泉から澄んだ水が滾々《こんこん》と湧き出すなら、収入源の獲得や病気からの回復など、何らかの喜び事がある。逆に**涸れた泉**の夢なら、貧窮や病気、仕事の行き詰まりなど、何らかの困難の予兆となる。

なお、泉の周辺にいる動物や人物は、泉を守るものか、害するもののいずれかになる。守るものの夢は幸運を告げる吉夢だが、害するものが出てきたら、状況の悪化を告げる凶夢となる。

【井戸　いど】

井戸は地下水を汲み上げるものだが、地下水は金銭・財物を象徴するので、井戸や井戸水も財運の象徴となる。

井戸から澄んだ水を汲む夢は、豊かな金運や思わぬ入金など、金銭にまつわる喜び事を告げる。**井戸を掘る**夢も同様だが、財運を掴むためにはより一層の努力が必要だと教えている。

逆に**井戸の水が濁っている**、**井戸が涸れる**などは、金銭的な行き詰まりの予兆なので、気をつけなければならない。

【稲荷神　いなりしん】

稲荷神は商売全般、願望の成就などを司る。本来は穀物の神、農業の神だが、今日では商売の神としての信仰のほうが、はるかに盛んになった。稲荷神の本体は稲束を手にした老人、もしくは宝の珠を手にした美しい女神の姿で、狐はそのお使いである。

稲荷神が現れる、稲荷神を祀る、稲穂や薬・宝物を授かる、稲荷神から教えを受けるなどの夢は、商売繁盛、願望成就などを表す吉夢と解釈してよい。ただし、**稲荷神の叱責を受ける、稲荷神が立ち去る、稲荷神の社が朽ち果てている**などの夢は凶夢で、願望成就はかなわない。

【稲　いね】

典型的な吉夢の象徴で、収穫や利得を表している。得られるものの大きさは、稲の状態によって判断できる。

豊かに実った稲なら得られるものは大きいが、**実の入っていない稲、風雨で倒れている稲、病害虫で弱っている稲**などは、損失や落胆の予兆となる。

稲束の夢も同様で、近い将来、大きな収入があることを表すが、稲束の量が少ないと夢で感じている場合は、期待外れの結果に終わる。量は少なくても、夢の中でとくに不足を感じていないなら、吉夢と解釈してよい。

【芋　いも】

一本の茎から多数の収穫があがる芋は、一つの原因から多くのものができる（生まれる）ことを象徴している。

芋を掘っている夢や、**多くの芋を収穫している夢**は、何らかの利得がある。また、子宝に恵まれるという意味の予知夢の場合もある。芋は大きく、量が多いほど得られるものが増える。そこで、**掘った芋が小さくてがっかりしている、収量がごくわずか**などの夢は、期待外れを告げる夢となる。

【牛 うし】

牛は財産や幸運の典型的な象徴だ。転じて、権威、栄誉、栄達などの象徴ともなる。

多くの牛や**立派な牛**の夢は大きな財産や成功・利得を、**わずかの牛**や**痩せて貧相な牛**は、わずかの財産や見かけ倒しの成功、家運の衰退などを表す。

牛の角に血がついている夢もよい。高位高官に昇るという知らせの可能性がある。**牛が家にやってくる夢**や**仔牛を生む夢**も吉夢で、よい知らせ、財産の増大、仕事の成功、地位の上昇などを予告している。とくに**たくさんの荷を負った牛が来る夢**は、大いなる吉兆だ。

牛が山に登る夢や、**牛を牽いて山に登る夢**は、今までの苦労や努力が大きな成果となって実を結ぶことを告げている。山はコツコツと積み上げてきた努力を表し、牛は得られる果実を表している。

牛の善し悪しについては、昔から「天を衝《つ》き、地を見つつ、洟《はなみず》たれて、一黒《いちこく》・陸頭《ろくとう》・耳小《にしょう》・歯《は》違《ちが》う」と表現されてきた。角は上を向いて天を衝く勢いがあり、目は地を見るように下向きになっているのがよく、鼻はよく濡れており、毛色は黒、頭は平ら（陸頭）、耳は小さく、歯は上下が食い違っている牛を最上の相とした。夢に現れた牛と比較対照するとよい。

なお、牛の夢は男性には大吉だが、女性にはマイナスのシンボルになることがある。とくに**女性が牛を使役する夢**は、家が傾く、一家の働き手や家族の身に事故、障害などが生じるなど運気の凋落を暗示している可能性があり、よくない。

牛が凶夢になるケースについては576ページを参照。

【腕　うで】

腕が兄弟姉妹など人物の象徴でない場合は、支配力の象徴として解釈を進めるのが基本となる。

現実より明らかに**長い腕**や**腕が伸びる**夢は、より遠くのものを掴めるし、**太くたくましい腕**は、より強い力でものを掴むことができる。そこから、これらの夢によって収入や財産の増大、勢力の拡大、地位の向上などの意味が生まれてくる。**毛むくじゃらの腕**も吉夢で、財産の増大を表している。逆に、**腕が短い**、**腕が傷つく**、**腕が折れる**などは、右と反対の意味になる。

【馬　うま】

馬は自分を乗せて運んで行く運命の力を象徴し、牛と同様、金銭財物の象徴ともなる。立身出世など開運に関する馬の夢については441ページに挙げているので、そちらを参照していただくこととし、ここではとくに金銭財物に関係する夢について説明する。

まず、吉夢と見なしてよいのは**馬に咬まれる**夢で、金銭財物に関係する幸運の訪れを表している。金銭財物のほうが自分に食らいついてくるのだ。**新たに馬を買う**夢も、財産の増大を表している（結婚の予知夢の場合もある）。**馬糞を踏む**夢もよい。糞自体が金銭財物の象徴なので、馬糞であれば意味が二重に強化される。馬蹄は西欧では幸運のシンボルだが、夢で**馬蹄を拾う**のもよく、思わぬ利得がある。**馬をつなぐ**夢は、利益の確保が期待できる。

逆に注意を要するのは、**馬が逃げる**、**落馬する**などの夢だ。いずれも金運が離れていく予兆となる。**馬に鼠がつく**夢も要注意だ。この場合の馬は一家の財産を象徴し、そこにつく鼠は財産を食い荒らし、盗みとるものを象徴している。極端な場合、破産の可能性があるので、この夢を見たら真剣に対処法を考えなければならない。**野生の馬が群をなして奔走している**夢も、よくない。野生馬は通常の手段では制御できない。相場など投機に手を出している人がこの夢を見たら、早めに手を引くことを考えるべきだ。また、仕事で無理な計画を強引に進めている人も要注意。暴走してはならない。

【桶　おけ】

桶は運気の入れ物で、桶そのものより、桶の中に入っている物が重要な意味をもつ。

豊かに水をたたえた桶や、**味のよい漬け物が詰まった桶**など、中身が充実している桶は吉夢で、大きな財運や利得、出世、受験の合格など、喜び事がある。反対に、**桶の水が空になる**夢や、**桶の漬け物が酸っぱくなって食べられない**夢、**桶が壊れる**、**タガが外れる**などの夢は、損失、失敗など、何らかの不利益をこうむる知らせとなる。なお、桶に関しては【器】も参照のこと。

【火事　かじ】

予知夢では文字通り火事や急性病に対する警告になっていることは、実例で示したとおりだ。それ以外の象徴的な意味での火事は、金銭財物の獲得、喜び事や幸運、業務の繁栄などの吉夢として解釈する。

わが家から火が出る夢は、財産の増大を告げる吉夢で、勢いよく燃えているほどよい。ただし、**煙を上げてくすぶる**夢や、**焼け跡になる**夢は、一家に大きな困難、病難が待ち受けていることを示す凶夢となる。また、老人がこの夢を見た場合は体調の急変など、速やかな治療を必要とする病気の兆しなので注意してほしい。

隣家から火が出る夢も吉兆で、利得の知らせだが、自分の家が焼けない場合は得るものはない。火事の夢は、総じてすっきり焼けたほうが得られる福が大きくなる。

なお、**火事でわが身が焼ける**夢はよくない。非常な困難や事故、大病など、大きな災いの予兆となる。

【果実　かじつ】

果実は自分の子ども、もしくは利子・利得・収穫物などを象徴する。

枝から果実を採る夢や、**きれいな果実をもらう**、**枝からとった果実を食べておいしいと感じる**などの夢は、金銭・財物の獲得や妊娠、治病など喜び事の予兆である。ただし、果実の種類によって吉凶がある。

●吉兆を意味する果実　梅、桃、アンズ、スモモ、ザクロ、梨、枇杷、ギンナン、柿、林檎など。とくに林檎は大吉で、喜び事が重ねてやってくる予兆となる。

●凶兆を意味する果実　ダイダイは他者から害を受ける恐れがあり、葡萄は病人にとっては凶兆となる（病気をもっていない人にとっては吉兆）。

なお、たとえ吉兆でも、**果実が腐っていて食べられない夢**や、まだ**熟していない果実が枝から落ちる夢**は、損失、散財、子や孫に関するトラブル、体調の悪化など、マイナスの意味になる。

【雷　かみなり】

四方に雷が起こる夢は、多方面に商機ができるという知らせなので、このチャンスを逃してはならない。**雷に打たれる**夢も、商売や事業が盛んになることを告げる吉夢だが、現状によって吉凶が分かれる。貧しい者がこの夢を見たら、大富貴に至る瑞祥と解釈するが、すでに十分な財産をもっている者には、財物を失うという凶兆の可能性がある。

なお、右の解釈は、吉凶とも命にかかわるような深刻な落雷の場合であり、命に別条のない火傷程度の落雷なら、得るものも失うものも少ないと解釈する。

雷に打たれる夢のうち、**首に雷の直撃を受ける**夢はよくない。大損失、倒産、失職、大事故などの恐れがあるので、厳重に注意してほしい。

【川　かわ】

川の全般的な意味は452ページに書いているが、川にはほかにも収入や財運という重要な意味がある。

河水が潤沢な川は安定した収入、増収、財産の増大などの吉夢となる。**美しい川**と**川縁の美しい砂石**の夢は、財産の増加を意味し、**谷川の水を飲む**夢も金銭・財物の獲得の夢となる。

これらとは逆に、**河水がわずかしか流れていない**、**川が干上がる**、**家が川に流される**などの夢は、収入の滞りや大きな出費、生活の困窮などを意味する凶夢となる。

【木　き】

木の全体的な意味については453ページに記

してあるので、そちらを参照してほしい。ここでは、木が金銭・財産の象徴になっているケースについて述べる。

大木をかつぐ、**山野などで大樹を切り倒す**、**大樹に登る**、**屋根の上に大木が生える**などの夢は、大きな利益を得る予兆となる。**切った木を積み上げる**夢も吉夢で、大きな利得を暗示する。

木に登って果実を食べる夢は、恋愛や結婚を意味しているのでなければ、思わぬ利得や遺産を手にするという意味の吉夢と解される。食べた果実の大小や味の善し悪しで、得られる利益や遺産の程度が推察できる。大きくて美味と感じたら、得られるものも大きいが、小さい、まずい、虫喰いなどであれば、期待ほどのものは得られず、場合によってはぬか喜びに終わる。**敷地内の果樹に果実がなる**夢も同様で、遺産でなければ何らかの利得や資産の増大を意味する。

果樹は子どもを表すほか、利得や財産の意味がある。既婚者ですでに子作りの時期を終えた人が果樹の夢を見たら、金銭・所得に関する夢として解釈を進めるとよい。

木が枯れる、**木が倒れる**などの夢は、家運の衰えや財産の損耗などの表示となる。**木が虫害に遭って弱る**夢は、あなたの資産にたかっている者に注意するようにという警告夢か、もしくは病難を暗示する。その木が敷地内の庭木であれば、害をなしている者は家族や親族の誰かである可能性がある。

【雉　きじ】

雉は獲物として価値のある鳥なので、夢では財物の象徴として用いられる。また、地震を予知する鳥として知られているところから、地震によって象徴される異変の予告の意味もある。
雉を捕らえる、**雉を食べる**などの夢は、財物を得るなど、喜び事がある。捕まえないまでも、野山などの屋外で**雉を見る**だけで、何らかの喜び事の知らせとなる。

雉にかぎらず、本来それがいる場所で野鳥を見た場合は、吉夢と解釈するケースが多いが、不自然な場所に現れると凶夢になることが多い。**雉が家に入ってくる夢**、**雉が屋根に止まる夢**などがそれで、家族の誰かによくないことが起こる恐れがある。**雉が鳴き騒ぐ夢**は、一家に異変が迫っているという警告なので注意してほしい。

【狐《きつね》】

狐はずる賢い人物、陰性で執念深い人物、自分をだまそうとしている人物などを象徴する。男性の夢に出てくる狐の背後には、多くの場合、警戒を要する女性が隠れている。狐の夢を見たら、とくに対人関係に注意し、契約事は慎重の上にも慎重を期する必要がある。また、男性は当分は女性との性的接触は避けたほうがよい。俗にいう女難の可能性がある。

ただし、**白狐**の夢や**白狐が神社にいる夢**、**白狐が稲などをくわえている夢**、**白狐から何かを授かる夢**などは吉夢で、何らかの利得や喜び事が期待できる。

【金銭《きんせん》】

文字通りの金銭の意味で出てくるケースと、金銭のように貴重なものの意味で出てくるケースがある。前者は実例でも書いたような予知夢に見られるもので、**金銭を拾う**、**金銭をもらう**などの夢は、出費があるが、同時に拾った金銭に見合う収入もあるという知らせとなる。冠婚葬祭などの義理がけや事故、病気などによる大きな出費があるが、それを保証するだけのお金も入ってくるというケースで、この夢を見た実例は少なくない。**思わぬ金をもうける**夢は逆夢で、損失や散財などの凶夢となる。

ただし、金銭にまつわる夢の多くは象徴夢で、金銭によって大切な何かが象徴されている。たとえば生命を司る血や精液、親や恋人や家族などからの愛情、自分を活かしてくれている仕事など、さまざまなものが金銭という象徴に変換されて出てくるので、夢の金銭が何を意味しているのかを慎重に解いていかねばならない。

金銭を人に盗まれる、**金銭を返済する**などの夢は、大切な何かが自分から離れていくことを告げているので、大切な人との離別や離職、病気など、何らかのロスに注意しなければならない。

【口　くち】

身を養う食べ物を入れる場所ということから、財産、生活力、収入などの象徴になる。また、家を表していることもあり、その場合、口の中にある歯が個々の家族の象徴となる。

がまぐち（財布）が大きければ多くの金銭が入るように、夢でも**口が大きい**ほど財運・物質運が豊かになる。ただし、**異常に大きすぎる口**は、かえって貧困の予兆となるので注意を要する。また、**口が開かず飲食できない**夢は、生活の困窮の予兆。**自分の口からよだれが流れる**夢も貧窮・困苦の暗示で、衣食に窮する。**他の人がよだれを垂らしている**場合は、その人の困窮を意味する。実在の人物であれば、その人から借金を頼まれる可能性があるが、貸し金は返らない恐れがある。

【肥溜め・汲み取り式便所　こえだめ・くみとりしきべんじょ】

肥溜めや汲み取り式便所の中の糞尿は、金銭・財物を象徴する。従って、肥溜めなどは金銭・財物を掴む場所の意味になる。

肥溜めを汲む夢は、今やっていることが後に大きな利益や成功に結びつくという知らせと解釈してよい。汲んでいる糞尿が多ければ多いほど、得られるものも多くなる。**肥溜めや汲み取り式便所に落ちる夢**は、そこから這い上がれば苦労が報われて成功や財物を掴む知らせとなる。また、**肥溜めや汲み取り式便所の中にいる夢**も、予知夢なら大きな財運を掴むが、そこでもがき苦しんでいるようなら、金銭に対する執着で身動きがとれなくなっているという警告、もしくは病難の暗示となる。

【米　こめ】

米は収入や財産の典型的な象徴だ。予知夢の中でも非常に重要なシンボルなので、夢の米がどのようなシチュエーションで出てきたか、量はどの程度あったかなど、細部をよく思い出す必要がある。

僥倖《ぎょうこう》を告げる大吉夢は、**米が空から降ってくる**という夢だ。思いがけない幸運、大きな利得がある。**蔵に米が溢れる、積まれた米俵を見る、米俵の上に座っている**などの夢も大吉夢。大きな利得、財産の増大、事業の発展、大きな成約など、万事好都合に運ぶ。若い女性の場合、財産家や名望家、将来性豊かな配偶者を掴み、玉の輿に乗る予兆ともなる。

ただし、ほとんど**空の米蔵**、**中身が空の米俵**、食用に適さない**臭いのついた古米**などの夢になると、意味が逆転して、損失・散財・計画倒れ・商売の行き詰まりなどマイナスの意味になる。また、**生米を噛む**夢も不吉で、貧窮や不幸の暗示となる。

【殺される　ころされる】

自分が殺される夢は、境遇の好転を意味する吉夢なので心配はいらない。仕事や金銭問題、家族問題などで行き詰まっている人は、事態が打開し、好転する。

この夢の場合、自分が徹底的に殺されたほうが結果はよい。問題にカタがつくのだ。逆に、**殺されかけて逃げる**夢や、**半殺しで終わってしまう**夢などは、せっかく掴みかけた好機を失って元の木阿弥になるという意味の凶夢となる。

自分ではなく**未知のだれかが殺される**夢も、その人物は夢見た人自身の分身なので、右と同じように解釈してよい。ただし、得られる幸運は自分が殺される夢より少なくなる可能性がある。

殺され方はどのようなものでもよい。**斬首**、**はりつけ**、**火あぶり**など、**無惨な殺され方**の夢は非常に不気味だが、大きな財運を掴む知らせなので心配はいらない。ただし、**殺されたときに血が出ていない**と、一転して凶夢となる。金銭財物は手に入らず、仕事は行き詰まり、あるいは病難に遭う。現在、病気を抱えている高齢者などがこの夢を見たら、死の予兆の可能性がある。

【殺す　ころす】

自分が殺される夢は大吉夢だが、**自分が他者を殺す**夢もよい。運気が好転して絶好のチャンスを掴み、大きな利益や成果、昇進、勝利などを掴む予兆となる。とくに**殺した相手を喰う**夢は大吉で、得られるものがより大きくなる。ただし、完全に殺さずに終わってしまう夢では、多くは期待できない。**殺した相手が生き返る**夢もよくない。完全に殺し切ることができるかどうかが、吉凶の分かれ目となる。**他人が他人を殺す**夢も古典的な大吉夢で、利福並び至る。中国の占夢書では、賊を殺す夢は「百事吉兆」としている。

なお、銃器や刃物などで誰かを殺す夢は、血を見ることが重要なポイントになる。血は大いに流れるほど吉で、相手にまったく出血がない夢は災難や失望、障害などの凶夢となる。誰かが**殺し合っている**夢も同じで、基本的には、血を見れば吉、血を見なければ凶夢と解釈する。

【魚 さかな】

とくに何の魚と種類が限定されていない場合、生きて泳いでいる魚は、物質的・精神的な利益、もしくは不利益を象徴する。

何らかの利益と結びつくのは**大きな魚、食用になる高級魚**などの夢で、とくによいのは**魚を積んで港に入ってくる**船の夢や、**船に魚が飛びこんでくる**夢だ。これらの夢を見たら、意外な幸運を得て願い事はかなう。海や川で**魚が群れをなして泳いでいる**夢もよく、財運の獲得や成功の予兆となる。

魚が川をさかのぼる、**海から川に向かう**などの夢は、故郷に錦を飾る吉夢で、親がこの夢を見たら子の未来は明るい。**体に魚が生じる**という不思議な夢があるが、これも幸運の知らせ。病人がこの夢を見たら癒えるとされている。

何らかの不利益と結びつくのは**小さな魚、食用**

にならない雑魚、**腐った魚**、穴子や鰻など**鱗のない魚**（鰻は皮膚下に鱗を持つが歴史的には鱗のない魚と見なされてきた）、**頭のない魚**などの夢で、損失、失財、失敗などの予兆となる。**魚が陸に跳び上がる**夢もよくない。仕事上の軽くないミス、損害、対人関係のトラブル、先走りによる失敗などに注意してほしい。

特殊なものに、**魚に変身する**という夢がある。これは何らかの凶事や散財、大切な人との生死別などの知らせの可能性がある。

【猿　さる】

不利益、損失、不祥などを象徴する。とくに客商売、人気商売、投機や博打にからむ人などが見る猿の夢はよくない。

俗信でも、猿は「去る」に通じるといって嫌うが、この解釈は語呂合わせだけから出ているわけではない。古代中国の代表的な夢占い書は、「猿猴《えんこう》は争いや訴訟事を司る」と記しているし、古代ギリシアの夢の書は、「猿はならず者とペテン師、ないし病気」と解釈している。

なお、猿の夢でも**白猿**の夢は吉夢で、出世開運や援助者の出現などの知らせとなる。また、**猿から果物をもらう**夢もよく、利得や福運の訪れを意味している。

【鹿　しか】

鹿は吉祥の動物で、意中の女性や意中の男性の象徴ともなる。俗信においても吉祥獣として扱われており、鹿の耳、脚、角、体内結石（鹿玉）などは、いずれも魔除けや利福のお守りとされてきた。

鹿を見る、鹿をもらう、鹿肉を食す、鹿が生まれるなどの夢はいずれも吉。金銭的な喜びや健康長寿、幸運の訪れを意味する。**鹿が走る**夢は金儲けのチャンスなので、積極的に打って出るとよい。**鹿が死ぬ、鹿を見失う**などの夢はよくなく、意味が逆転する。

【自殺　じさつ】

刃物などによる自殺の夢は、血を見れば大吉となる。ただし、自殺に際して血が出ない場合は、困苦・困窮や病難など、不幸が訪れる恐れがある。この夢については【殺す】【殺される】を参照してほしい。

【死体　したい】

夢における死は、生まれ変わること、解放されること、状況が一変することを意味するので、それまであまり恵まれない境遇にあった人がこの夢を見ると、おおむね吉夢となる。

死体を見る、死体を撫でる、死体を背負う、死体を洗うなどの夢は、財物を得る、幸運を掴むなどを意味する吉夢なので、怖れる必要はない。**死体が激しく腐敗している、死体の臭気が著しい**などの夢も不快だが、これも金銭財物の獲得、仕事や事業の発展など大きな喜び事の訪れを告げる吉夢となる。腐敗や腐敗臭は、強いほど得られるものも大きい。

なお、死体が親族など特定のだれかのもので、死体以外にも死の象徴が現れている場合は、文字通りの死の予知夢の可能性がある。

【出産　しゅっさん】

元の金から増えた分を〝利子〟というように、子には余禄の意味がある。そこで、夢の中で**子が産まれる**、あるいは**自分が子を産む**夢は、何らかの利得に関する知らせの可能性がある。

とくによいのは**男性が子を産む**夢や、**産んだ子を抱きかかえる**夢で、労せず金儲けができる、予想外の入金がある、地位が上がって収入が増えるなど、収入増をともなう何らかの喜び事が期待できる。妊婦ではない女性が子を産む夢も、基本的には前項と同じだが、主婦など無職の女性が見た場合、自分ではなく、夫など稼いでいる人に喜び事が起こり、その余禄で自分が潤う。**老いた父母が子を産む**夢は凶夢で、家運の衰えの暗示となる。

利得の大小は、産まれた子から判断する。「ずいぶん小さな子だな」とか「無事育つだろうか」などと心配している夢なら、得られる利得はたいしたことはない。**死産**となれば、期待外れに終わる。

一般に、**元気な赤ん坊**、**男の赤ん坊**などは吉夢で幸運の暗示だが、死産、**病気の赤ん坊**、**女の赤ん坊**などは通常は凶夢で、苦労や悩みを暗示している可能性がある。ただし、現在、仕事の行き詰まりなどで困難な状況にある人が死産等の夢を見た場合は、苦境からの脱出を告げる吉夢となる。

【水神　すいじん】

水にまつわる事柄全般を司るが、とくに財運、知識、健康、商売、性生活関連のメッセージを担っている。

水神を見る、**水神から宝や薬などを授かる**、**水神から教えを受ける**などの場合は吉夢で、右に挙げた事柄のいずれかを授かる。**水神に何かを奪われる・怒られる・立ち去られる**などの夢は凶夢で、福を失う。なお、水神は女神、母神（童神を伴うことが多い）、蛇、竜、魚などの姿で現われることもある。

【水道　すいどう】

絶えず供給されなければ暮らしが成り立たない生活の基礎、日々の収入を表す。また、事業の運転資金、売上、融資金なども水道水の形で表されることがある。その形状や機能から、男根の象徴にもなり、収入と男根が結びつけば、夫の意味にもなる。

実例でも挙げているとおり（373ページ）、水道の夢は、そこから出る水の量や澄み具合が重要になる。**水道から勢いよくきれいな水が出ている**なら、収入は順調であり、金策中の場合は望む方向に話がまとまる。**水道の出が悪い、水が濁っている**など夢は、金銭的な行き詰まりの懸念がある。**水道が止まる、涸れる**など、**水が出ない夢**は、収入の道がとだえ、困窮する暗示となる。また、腹や腎臓、泌尿器の病気の前触れの可能性もある。

【性交　せいこう】

多くは願望や欲求からくる雑夢なので、気にする必要はないが、性交が対象を自分のものにすること、すなわち〝所有〟の象徴になっているケースがあり、その場合には金銭的な利得や運気の好転が期待できる。

また、**気持ちのよい性交**の夢は喜び事があるが、うまく交わることができない夢は万事不如意で志望達成は難しい。

男性の夢では、**人妻と交わる、妻が知人と交わる、母と交わる**などは吉。不倫や近親相姦といった反道徳的な夢で気分は不快だろうが、利得、繁栄、開運、喜び事などが期待できる。

女性の場合も、**成人男性と交わる**夢は吉で利得や喜び事があるが、**少年と交わる**夢は散財や浪費など、金銭的な損失がある。

なお、母と交わる夢を病人が見た場合、死の予兆のケースがあるので注意してほしい。

【大黒天　だいこくてん】

もともとは破壊的なインドの神マハーカーラを指すが、日本では大国主命と同一視され、財福の神、医薬の神、農業の神（豊饒神）として信仰を集め、縁結びの神としても信仰されてきた。大黒天（大国主命）がかついでいる袋の中には、福がつまっている。

大黒天が現れる、大黒天を祀る、大黒天から宝物を授かる、大黒天に教えを受けるなどの夢は吉夢で、大きな福を授かる。**怖い顔の大黒天、大黒天に叱られる、大黒天が立ち去る**などの夢は凶夢。病気、損失、商売の失敗などに注意しなければならない。

【血　ち】

血は精液、乳、汗、唾液、膿、体液などと同じで、生命力や生命エネルギーを象徴し、そこから転じて金銭や財産など物質的な恵み、繁栄、富貴などの象徴として用いられる。

刀や槍、銃などで傷つけられ、**血が大量に流れる**夢は大吉で、金銭的な喜びがある。流血は多いほどよく、地面が血で染まるほどの流血、もしくは**全身が血まみれになっている**夢なら、得られるものは非常に大きい。これらは病人には心配に感じられる夢だが、快方に向かうという意味の逆夢の可能性が大きいので苦にする必要はない。

自分が自分を傷つけて血を流す夢も、境遇の好転やそれに伴う利得などの知らせと解してよい。**膿まじりの血で体が汚れる夢**もよい。中国の占夢書は、「血は錦のごとく、膿は黄金の如し」とうまいことをいっている。大財を掴む吉夢である。

血を飲む、**他者の血をすする**、**鼻血が出る**、**乳に血が混じる**、**乳と一緒に血が流れる**、**尿に血がまじる**、**女性の陰部から血が流れる**、**吐血する**などの夢も気持ちのよい夢ではないが、いずれも豊かな財運や幸運、成功などの知らせなので歓迎してよい。

【乳・乳房　ちち・ちぶさ】

乳は、血、精液、汗、唾液、膿、体液などと同じで、生命力や生命エネルギーを象徴し、そこから転じて金銭や財産など物質的な恵み、繁栄、富貴など、幸運のシンボルとして用いられる。また、結婚や妊娠の知らせのケースもあるが、それについては564ページ参照。

乳が出る、**乳が張る**、**たくさんの乳房がついている**などの夢は、豊かな財運や富の獲得、収入の増加を意味する。**豊満な乳房の女性を見る夢**は、金銭的な喜びを意味する。**乳房に髪の毛が生える夢**も利福並び至るという吉夢で、病人が見たら快方に向かうとされている。

乳房が取れる、**乳房が落ちる**、**乳房がしぼむ**、**乳房が傷つけられる**などの夢は、いずれもよくない。貧困や困窮などの暗示だが、子を持つ女性がこの夢を見たら、わが子の身に何らかの困難が訪れる恐れがある。

【茶碗　ちゃわん】

だれか特定の人物の茶碗なら、その人物を表しているが、茶碗一般なら生活の状況、とくに金銭的な状況が示されている可能性が高い。その場合、茶碗に盛られた御飯は収入の象徴となる。

茶碗に山盛りの御飯が盛られている夢は、収入の増加、満ち足りた生活を表している。**茶碗にほんの少ししか御飯が入っていない**なら、収入に不足が生じる。**茶碗が割れる**夢は、その茶碗を使っている人の身に災いが起こる可能性があるので、だれのものかしっかり思い出してほしい。夫婦別れの暗示のケースもある。また、不特定の茶碗なら、生活に行き詰まるような事態に立ち至る恐れがある。

茶碗をもらう・買うなどの夢は、子どもが増えるという知らせか、そうでなければ生活が苦しくなる暗示だ。茶碗を使う人が増えれば支出も増えるからである。

【土　つち】

土は金銭や財産を象徴している。そこで、**土を家に持ち帰る**、**人が土をもって家にやってくる**、**土が増える**、**盛り土をしている**などの夢は、財運の訪れや儲け話、増収増益、資本の増強などの予兆となる。

凶夢となるのは**手にした土がさらさらと崩れる**、**土を盗まれる**、**土が流される**などの夢で、財運が空しくなる、損失・損害をこうむる、投資で失敗する、成果のない仕事や徒労に終わる仕事に時間を奪われるなどの意味となる。

【爪　つめ】

爪は暮らしぶりを表す。

長い爪・美しい爪・健康そうな爪などは、不自由のない生活や増収増益、**短い爪・折れた爪・不健康に見える爪**などは、貧しい生活や損失の象徴になる。**爪をはがす夢**は、自ら積み上げてきたものを失う知らせであり、生活に窮する恐れがある。

なお、**マニキュアを塗る、ネイルサロンで爪の手入れをする**などの夢は、欲求不満や自己顕示欲求などを表す心理的な夢の可能性が大なので、予知夢として考える必要はほぼない。

【蜥蜴　とかげ】

蛇と同じく金運や幸運のシンボルだが、動きが素早いところから、機を逸せずチャンスをつかまないと幸運が逃げ去るという知らせでもある。

蜥蜴を見る、蜥蜴の尾を踏み切る、蜥蜴の尾を掴むなどの夢は、いずれも利得など金銭的な喜びの知らせ。思わぬ利益が期待できるが、素早く行動する必要がある。

【鍋釜　なべかま】

家計・収入や生活程度が鍋釜によって表される。いわゆるエンゲル係数を示すものと思えばよい。

鍋釜に多くの食べ物がある夢や、**金製・銀製の鍋釜を見る夢**は、収入や財産の増大、生活の安定、一家一族の繁栄などを表し、**他人から鍋釜をもらう夢**は、臨時の収入や余禄、仕事の拡大、結婚などの予兆となる。

鍋釜にほとんど食べ物がない、中の食べ物が傷んでいるなどの夢は、突発的な出費・損失や家計の逼迫の兆しであり、**鍋釜が破れて使い物にならない、錆びている、鍋釜が見つからない、他人から鍋釜を借りる**などの夢は、生活の困窮、失職、降格などの懸念がある。

なお、男性の夢で鍋釜によって妻が表されることがあるので、鍋釜が見つからない夢や鍋釜が夢は、妻の身に起こる異変や病気、夫婦間のトラブルにも気をつける必要がある。

【尿《にょう》】

大便同様、尿も夢の中では金銭や財物の典型的な象徴として現れる（↓【大便】）。金銭財産の獲得は、立身出世、事業や商売の成功、業績アップ、企画のヒットなど、何らかの裏付けがあっての話なので、尿の夢には必然的に昇進その他の意味も含まれる。典型的なのは**放尿**の夢で、右に挙げた解釈のすべてが当てはまる。

人に向かって放尿する、流れる尿を見る、尿を飲むなどの夢もすべて吉。同様に解釈してよい。また、放尿の夢は病気が癒える兆しの夢でもあるので、病人がこれを見たら先行きは明るい。**体が尿で汚れる**夢は、災いが去ることを告げており、無実の罪で責められ、苦しんでいる者は冤罪が晴れる。

このように、尿の夢はおおむね吉夢と解してよいが、**尿が出渋る、尿が少ししか出ない**といった夢は、期待しただけの成果が上がらないか、期待外れに終わる。また、夫婦間に波風が立つ恐れがある。出そうとしても**尿が出ない**夢は、金欠、損失、借金、窮乏、失敗、失職などの困難が予想される。体調が思わしくない人が**寝床で放尿する**夢も要注意で、病気や長患いの兆しの可能性がある。思い当たる人は、医師に相談したほうがよい。

【鼠　ねずみ】

現実の鼠は嫌われものだが、夢の鼠は幸運の運び手で、とくに金銭財物の象徴になる。**鼠に衣服を咬まれる**、**鼠に咬まれる**、**白鼠を見る**などの夢は、いずれも金銭的な喜びの夢となる。その際、鼠が外から家に入ってくるなら、外から金銭が入り、家から外に出る鼠の夢なら、商売や交易によって利を得る夢とされる。

凶夢になるのは、**鼠が騒ぐ**夢や**鼠が家から逃げ去る**夢で、一家の異変、貧窮、病気などの予兆の可能性がある。また、**鼠が猫と化す**夢は人に欺かれたり欺される恐れがあるので、対人関係に注意したほうがいい。**鼠が突然死ぬ**夢もよくない。父母がこの夢を見れば、わが子に災いがあり、子女がこの夢を見れば父母の身に災いが起こる可能性がある。

【糞便　ふんべん】

予知夢の世界では、糞便は大昔から財産や金銭の典型的な象徴と見なされてきた。たとえば中国の占夢書では、**糞便を掃除する**夢について、「掃除するは自らわが宝を捨てる如きものなり。これを夢見れば田地を失い家を失うべし」と説いており、糞便を「わが宝」の象徴としている。

糞便の夢は、これに準じて考えればよいので、**体に糞便がつく**、**糞便を踏む**、**糞便の中に座る**、**糞便にまみれる**などの夢は、いずれも金銭財産を得るという意味の吉兆となる。**糞便を食べる**夢もよく、大きな儲けやツキが訪れる。それが獣の糞なら、儲け幅は一段と大きくなる。**糞便肥料を家に運びこむ**夢も、家に宝がやってくるという意味の知らせであり、金銭財産に関する大きな喜び事が期待できる。**糞便中に虫がいる**夢は、気力が横溢し、身体強健の知らせなので、体調がよくない人がこの夢を見たら好転に向かうだろう。

このように、糞便の夢の多くは吉夢だが、凶夢になるケースもある。冒頭で述べた掃除の夢や、**糞便を盗まれる**夢は、自分のもとからお宝が去ることを表しており、失財・散財・損失などの意味となる。**便が出ない**夢や**便秘で苦しむ**夢は、お宝を溜め込んでいるという意味の夢で、強欲やケチに対する警告夢である。

糞便が鍋釜や食器の中に入っている夢もよくない。この場合の糞便はお宝ではなく、何ら役に立たないゴミ以下の不要物を象徴している。そこで、これらの夢は、衣食住、とりわけ食べるに事欠く知らせとなり、家産は傾き、困窮に陥る。また、**寝床で排便する**夢は、体調の悪化に注意。長患いの床につく恐れがある。

【蛇　へび】

蛇の夢は比較的よく見られるものだが、解釈が難しいシンボルの一つだ。そのわけは、創造と破壊という、まったく相反する二つの意味をもっているからだ。

創造する力（生み出す力）の象徴としての蛇は、とくに利得面の兆しとなることが多く、ほかにも恵まれた結婚や恋愛の予兆となる。

蛇が龍に化す夢は大吉で、大いなる隆盛運を表示する。**白い蛇**、**蛇の脱皮**、**蛇の抜け殻を拾う**・**手にする**などのも金運・財運や、何らかの喜び事の知らせとなる。実例では白蛇が合格の知らせになっていたケースを挙げている。

解釈が難しいのは**蛇を捕まえる**、**蛇を踏む**、**蛇に追われる**、**蛇がからみつく**、**蛇に咬まれる**などの夢だが、それが創造の蛇である場合は、すべて吉夢と解してよく、金銭・財物の獲得か、素晴らしい恋人や伴侶を得る前兆となる。

ただ、夢に出てきた蛇が、創造を象徴する蛇か、破壊を象徴する蛇かの判断は難しい。夢全体の文脈から慎重に判断していかなければならないが、今まで蛇の夢を見て、金が入るなどよいことが多かったと思われる人は、蛇を肯定的なイメージでとらえている可能性が大きく、その場合は何らかの幸運の訪れを暗示するものとして解釈を進めるとよいだろう。

蛇のもう一つの属性である破壊する力の象徴としての蛇については620ページ参照。

【水　みず】

水の意味は幅広いが、典型的な意味の一つに財運がある。

きれいに澄んだ水を見る、**満々とみなぎっている**水を見るなどの夢は、利得や増収増益などの知らせであり、財運と無関係の場合も何らかの幸運や喜び事の訪れを告げている。**他者が澄んだ水を汲んで自分にくれる夢**は、利得をわがものにする大吉夢なので、売買は積極的に進めたほうがよい。ただし、**水が濁っている**、**水がほんの少量しかない**、**この水は飲めない**と感じているなどの場合は、失望を意味する凶夢に変わる。

澄んだ水を飲む夢は、財運はもちろん、それ以外の方面でも志望達成の吉夢となる。**井戸や泉の水を飲む夢**は平穏な暮らしや幸運、**海水や湖沼の水を飲む夢**は成功や物事の成就を意味する。

水をこぼす夢や**水が漏れる夢**は、散財や損失、自分の不注意や慢心からくる失敗など、よくない出来事がある。また、家族や夫婦間にトラブルが生じる恐れもあるので注意してほしい。実例に示しているように、**水が出ない**夢も金銭的な行き詰まりを暗示している。

水には、ほかにも病気の前触れという意味がある。それについては652ページ参照。

【百足　むかで】

かつて金山掘りの守護神とされてきた百足は、予知夢では金銭・財物の象徴になる。たくさん足がある、つまり〝オアシが多い〟ことからの連想だが、こうしたトンチのような象徴物の描き方は、夢では珍しくない。

百足を見る、**百足を食べる**（財物を身に入れる）などの夢が、金銭的な喜びの訪れの前兆となるのは、こうした理由による。ただし、見るからに不気味な生物だけに、ザワザワと忍び寄っている凶事や病変の象徴ともなるので、夢全体から判断する必要がある。

【餅　もち】

基本的な意味および解釈は【米】に準じる。**餅をもらう**、**餅を食べる**、**餅を運ぶ**などの夢は、利得や喜び事の訪れ、志望達成、勝利などを表すが、**餅を焼いている**夢は、何らかの損失をこうむる恐れがある。とくに仕事上、契約上のトラブルに注意してほしい。気を抜くと大損害をこうむる可能性がある。

【籾　もみ】

籾は脱穀前の米で、そのままでは食べられない。そこで、**籾を見る**、**籾を手にしている**などの夢は、まだ完全には自分のものになりきっていない金銭・財物、成果などの表示となる。米であることには変わりはないので、籾によって表された金銭・財物や成果も、将来的には手に入る可能性がある。ただしそれを手にするには、手間暇かける必要があるということを、この夢は教えている。

なお、**籾殻**は米を取り去った後のカスなので、損失、失望、落胆の意味になる。

結婚・男女関係・妊娠に関わる夢

【尼　あま】

自分が尼になっている夢は、夫婦の関係を終えること、またはその恐れがあることを告げている。この夢の象徴は、夫を亡くした妻が髪を落として俗世を捨て、出家した慣習が下敷きになっている。

夫婦関係の終わりは、離婚によっても訪れるし、死別によっても訪れる。**自分ではなく他のだれかが尼になっている夢**は、その人の夫婦間に同様の問題が起こる予告となる。

【池　いけ】

池は女性、財運、無意識世界などの象徴だが、妊娠の予知夢として現れることもある。**池の中に花が咲く、池の中で魚が遊ぶ**などの夢は妊娠の予兆の可能性があるので、思い当たる人は検査を受けるとよい。女性が見た場合は自分自身の妊娠か、娘などの妊娠を表し、男性が見た場合は妻や恋人の妊娠を表している可能性がある。

なお、冒頭でも書いたとおり、池によって財運が示されるケースもある。**澄んだ水が豊かにたたえられている池**の夢は、順調な財運を示しているが、**池の水が涸れる・濁る**などの夢は、金銭的な行き詰まりの予兆となる。

【井戸　いど】

その形状から、井戸は産道や子宮の象徴として夢に出てくることがある。

女性が井戸に自分の姿を映す夢を見たら、妊娠の可能性がある。また、**井戸の故障**（**欠損、濁り、水涸れなど**）の夢が、婦人科系の病気の暗示となっている可能性があるので、気になる夢を見たら念のため専門医に診てもらうとよいだろう。男性がこの夢を見たら、妻や恋人の身に異変が生じる可能性がある。

【犬　いぬ】

犬は安産・多産の象徴で、戌（犬）の日に腹帯を締める風習や、腹帯に犬という字を書く風習、神社仏閣に安産祈願するなどの風習が古くから行われてきた。新生児の初めての外出の際、額に犬の字を書くという地域もある。

犬が子犬と一緒にいる夢や、**子犬がじゃれつく夢**は、妊娠の予兆の可能性がある。また、すでに妊娠している女性が見たなら、安産の予兆になる。すでに死んでいるが、かつて多くの子を生んでいた飼い犬が夢に現れ、女性の顔を舐めたり、愛情のある様子を示す夢も同様で、妊娠出産を見守ってくれている。

なお、犬は多様な意味を担う複雑な象徴なので、他の犬の項目も索引で調べて、必ず参照してほしい。

【衣服　いふく】

生活に欠かすことのできない衣服は、同じように生活に欠かすことのできない配偶者を表すことがある。

衣服を新調する夢は、古い衣服を脱いで新しい衣服を着るということを意味しており、独身生活から結婚生活への変化を表している可能性がある。**古い衣服を脱いで新しい衣服を着る夢**も同じ。

ただし既婚者がこの夢を見たら、現在の服、つまり現在の配偶者に飽きがきており、新しい服（新しい恋人や配偶者）がほしいと考えているか、そうした相手が現れることを示している可能性がある。**麻の衣を着る**夢は、良縁を得る兆し、もしくは何らかの喜び事の知らせである。**紅い衣服を着る**夢もよく、未婚者には良縁を得る吉夢、既婚者なら優れた子を授かる吉夢となる。また、勤め人は出世の兆しとなる。

衣服が破れる夢は、配偶者の浮気や離婚の危機の暗示であり、**衣服が剥ぎ取られる**夢は、同じく配偶者や恋人との別れの暗示になっているケースがあるので注意が必要だ。また、**僧侶の着物を着ている**なら、配偶者との生死別の可能性がある。**針がついたままの衣服を着る**夢も、夫婦関係に波風が立つ恐れがある。とくに男性がこの夢を見た場合、妻の心が離れている可能性がある。

なお、既婚者が自分で**自分の婚礼衣装を着ている**夢は、死の予知夢の可能性があり、結婚を意味する夢ではない。141ページの実例を参照のこと。また、衣服の夢は意味が広いので、索引によって他の【衣服】の項も併せ読むようにしてほしい。

【器《うつわ》】

夢の中で食器や箱や小物入れなどの器に注意が向けられているようなら、その器は夢見た人が手にしているもの、手にするものに生じる異変を暗示している。器は、財産、子ども、収入、配偶者、家庭などさまざまなものの象徴となるので、器が意味するものは何かを突き止めることが夢解釈のポイントとなる。

一般に、**新しい器**は手にいれたばかりのものを表し、人物なら新郎新婦、新たな恋人、新生児などの可能性がある。**古びた器**は、祖父母や老いた配偶者、独立した子どもなど、すでに手に入れているものの象徴となる。その器の状態や変化（割れる、酒で満たされるなど）で、それら人物の現状や近未来を推理していくのである。なお、どんな場合でも**空の器**はよくない。

【海　うみ】

母なるものであり、子宮でもある海は、妊娠と関連して夢見られることがある。

波濤がわきたつ夢を女性が見れば、妊娠の可能性がある（男性が見た場合はよい妻や恋人を得る）。**海上に浮かぶ玉のようなお盆に座す**夢も同様で、女性がこの夢を見れば招来ひとかどの人物となる子を産む。また、男性が同じ夢を見れば、いわゆる一国一城の主となる。

【鏡　かがみ】

鏡はしばしば男女関係や夫婦関係にからむメッセージをもたらす。

未婚の男性が鏡を拾う夢や、**他人から鏡をもらう**夢を見たら、結婚を意識する女性が現れるか、結婚が近い。それが良縁か否かは鏡の状態で判断する。鏡が明るく美しければ良妻、割れ鏡や曇り鏡なら再婚の女性か、やや難のある女性と結ばれる可能性がある。既婚者がこれらの夢を見た場合は、願望成就の吉夢として解釈する。**鏡を磨く**夢や**鏡を洗う**夢も吉夢。男女とも結婚にかぎらず物事が進展し、心配事は解決に向かう。なお、鏡は壁などに吊す掛け鏡より、鏡台の鏡のほうがより福分が厚い。

凶夢になるのは、**鏡が割れる**夢や**鏡に他人が映っている**夢だ。これらは典型的な夫婦や恋人関係の破綻の夢で、相手と生死別する可能性がある。また、**鏡に向かっているが何も映らない**夢は、すべてが徒労に終わるという意味の凶夢。この夢を見たら新規のことや拡大・拡張などに関することには手を出さず、自重して時を待ったほうがよい。

【刀《かたな》】

男性にとっての刀は、自分の能力や力の象徴であり、女性にとっての刀は、主に恋人や夫の象徴となる。男女では解釈が大きく異なるので注意してほしい。

まず男性の場合、**刀を見る**、**刀を手にする**、**刀を研ぐ**などの夢は、権力や地位、名声を手にするという吉夢。大きな仕事を託される予兆でもある。古い夢占書には、病人がこの夢を見たら良薬が手に入るとある。現代流に解釈すれば、よい医者や病院との出会いがあるということになるだろう。また、セカンドオピニオンをとったほうがよいという知らせともなる。**刀が血濡れている**夢も吉夢で、大きな利益があがる。事業家や商人、イベンターなどには大吉夢となる。

女性の場合、**刀を見る**、**刀を手にする**、**刀を研ぐ**などの夢は、よい男性との出会いや結婚、恋愛成就、夫の出世や増収などの予兆となる。ただし、キャリアウーマンや事業家の女性は、男性の場合と同じく地位や名声を掴む予兆として解釈を進めたほうがよいだろう。

これらの解釈は、いずれも美しく切れ味のよい刀の場合で、**なまくら刀**や**錆びついた刀**、**折れたり刃こぼれしている刀**の場合は逆に失権、失職、降格、左遷、悪評や、将来に期待の持てない男性との出会い、破談などの凶兆となるので注意してほしい。

【感染症《かんせんしょう》】

感染は受胎を意味する。したがって、ばい菌に犯されて**感染症にかかる**などの夢は、妊娠や妊娠の可能性のあるセックスの暗示になる。また、恋の予感でもある。

【木《き》】

木の全体的な意味については４５３ページに記してあるので、そちらを参照してほしい。ここでは、木が夫婦関係や家族関係の象徴になっているケースについて述べる。

二本の木がより合わさるようにして一本になっている夢や、**庭木に果樹が成る夢**は、結婚や恋愛の成就を表している。前者の夢では、二本の木の大小や枝振り、勢いなどに注意する必要がある。一方の木が弱っていたり、枯れかかっていたりした場合は、そちらの配偶者なりパートナーは劣弱ということになり、結ばれた場合、苦労や心労が生じる恐れがある。双方とも生き生きとして勢いがよければ良縁に恵まれると見なしてよい。

木に登って果実を食べる夢も、結婚や恋愛成就を意味する吉夢だが、既婚者が見たら浮気や不倫の懸念がある。配偶者が**木に登って果実を食べている**ようなら、彼や彼女の行動に注意を払う必要があるだろう。

枯れ木に花が咲く夢は、一家や子孫の繁栄を表している。また、木になる果実は子どもの象徴になっているケースがある。家の**敷地内の果樹に果実がなる夢**は、子を授かる吉夢。成った**果実が風などで落ちる夢**は、流産その他、妊娠出産の障害を示している可能性があるので、母体の健康管理に細心の注意を払ってほしい。木に**果実が成らな**

いと気にしている夢は、妊娠に障害があることを表している。

庭の果樹が倒れる夢は、妻の身に災いが生じる恐れがある。**庭の木の葉が落ちる**夢は、子や孫に関する心配事が生じる。**太い幹の木が切り倒される**夢は、生計を支えている一家の主の身に事故や傷害、病気などが生じる恐れがあるので、厳重に注意しなければならない。夫婦別れの予兆の可能性もある。

【金（ゴールド）　きん】

男性が見る金や金製品の夢が、結婚の象徴になっている場合がある。既婚男性では、金によって子や孫の結婚が象徴されるケースもある。夢にはしばしば旧時代的な心性が表れるが、妻となる女性は、男性の最も貴重な所有物だという観念が遺存しているため、金によって未来の伴侶が描かれるのである。ちなみに、金で象徴された結婚は良縁である。

一方、女性が見る金や金製品の夢は、妊娠や出産の象徴の可能性がある。この場合は、おなかの子が金によって表されている。（金の一般的な意味については455ページ参照）

【櫛　くし】

男性が女物の櫛の夢を見たら、その櫛は女性を象徴している。そこで、**櫛を拾う**、**櫛を買う**などの夢は、恋愛や結婚の予兆となる。その恋愛や結婚の善し悪しは、櫛の状態によって表されていることがある。**美しく立派な櫛**なら、それと同じように素晴らしい女性と縁が結ばれる可能性があり、**歯が欠けてボロボロの櫛**、**みすぼらしい櫛**などなら、あまりよい相手には恵まれない可能性が高い。**櫛を落とす**、**櫛がなくなる**などの夢は、妻や恋人との関係にすきま風が吹くか、生死別の恐れがあるので、厳重な注意を要する。また、**他人が妻や恋人の櫛を手にしている**夢は、恋人や妻の浮気の可能性がある。

女性が見た場合、櫛は自分の健康や運気などの状態の象徴となる。**素晴らしい櫛を手に入れる・もらう・買う**などの夢は良好な運気を表すが、**櫛を落とす・なくす**などの夢は、何らかの行き詰まりや自信喪失、病気などの暗示となるので注意してほしい。

櫛で髪をとかしている夢は、髪の状態によって吉凶が分かれる。**艶やかで豊かな髪をとかしている**なら、心身の調子がきわめて良好だということや、良好な運気に乗っているという意味になるが、**ボサボサの髪をとかす**、**梳った髪が抜ける**などの夢は、衰運、体調の悪化、仕事上の失敗など、マイナスの暗示となる。【髪】の項目も参照のこと。

【靴　くつ】

靴は典型的な女性の象徴だ。そこで、男性の夢における靴は恋人や妻や愛人を意味し、女性の夢における靴は自分自身、ないし自分の夫や恋人と関係のある他の女性の象徴となる。

男性が、**美しい靴・立派な靴を履く**、**美しい靴・立派な靴を手に入れる**などの夢を見たら、素晴らしい恋人や妻を手に入れる予兆となる。**新しい靴を買う**夢は、新しい恋人ができるという意味のほかに、妻とは別の女性（愛人）ができるという意味にもなるので、既婚者は注意を要する。**夫が新しい靴を買っている**夢を妻が見たら、夫の行動に気をつけなければならない。

靴をなくす夢はこれらと反対で、妻や恋人を失う予兆となる。また、**他人が自分の靴に足を入れる**夢は、配偶者や恋人が、自分以外の人物と性的関係をもっている可能性がある。典型的な女性の象徴である靴に入れる足は男根を意味するので、右の解釈が出てくる。**靴を盗まれる**夢を男性が見た場合も、妻や恋人の浮気の恐れがある。

靴が破れる夢を男性が見たら、妻子の病気に注意しなければならない。また、この夢には処女喪失や妊娠の知らせの可能性もある。

【熊　くま】

実例でも紹介しているとおり（３８１ページ）、熊は妊娠、出産、安産などの象徴として現れる。女性が見れば賢い男児を得る可能性が高い。熊は安産の動物とされ、その毛皮や腸を腹帯にしたり、出産時に熊の手で産婦の腹を撫でたり、産婦の枕の上に熊の掌を吊すなど、さまざまな安産のまじないが行われてきた。そこから、母性に関連するあらゆる事柄の象徴となっている。

男性が熊の夢を見た場合、妻の妊娠の可能性がないのなら、立身出世や財運獲得などの吉夢として解釈を進める。

【鯉　こい】

鯉は次第に成長・栄達していく人物、または栄誉・栄達の象徴だが、若い女性の夢では妊娠の知らせの可能性がある。とくに**鯉を食べる**、**鯉を掴む**などの夢はその可能性が高く、将来性のある優秀な子を得る。

【子ども（小児） こども（しょうに）】

予知夢における子どもは凶兆のケースが多いが、わが子の意味で出てくることもある。女性の夢で、**子どもが海やプールなどに入っていく**シーンを見たら、妊娠出産の可能性がある。

【婚約 こんやく】

だれかと結婚の約束をする夢は、現在の恋が終わりに近づいていることを表している。結婚の約束は、夢においては別れの約束なのだ。**既婚者が別の女性と婚約する**夢も凶夢で、配偶者との生死別の恐れがある。

ただし、実際に婚約中の人の場合は、だれもが抱く結婚生活に対する期待と不安を表わしているに過ぎないので、とくに気にとめる必要はない。

【鞘 さや】

刀やナイフなどの鞘は、女性（女陰）の典型的な象徴だ。そこで、男性が**鞘を手に入れる**夢を見たら、恋人や妻となる人を手に入れる予兆となる。**鞘はあるが、中身が見つからない**夢は逆で、恋人や配偶者との不仲、離別の予兆となる。また、**鞘が割れる**夢は、別離の知らせでなければ、妻や恋人の身に事故や傷害が起こる可能性がある。

【皿 さら】

皿は、家庭生活、家族、財産などの象徴であり、男性の夢では女性の象徴でもある。

そこで、**新たに皿を買う**、**皿が増える**などの夢は、結婚や妊娠（家族の増加）、もしくは収入の増加の意味になる。**皿にヒビが入る**、**皿が割れる**などの夢は意味が反対になり、破談、離別、家庭に生じるトラブルなどの暗示となり、既婚男性が見た場合は妻に関する心配事が生じる恐れがある。

皿に不快な虫がつく、**皿に黒いシミができて落ちない**などの夢は、女性の側に不倫や浮気の可能性があり、性病の懸念もあるので、心あたりのある人は検査を受けたほうがよい。

【食器 しょっき】

食器は家庭生活や結婚生活の状況を象徴し、食器に盛られた食物は、家計や収入を表す。

そこで、**ピカピカの立派な食器**、**真新しい食器**などなら、恵まれた結婚生活や豊かな暮らしの暗示となり、未婚者には結婚の予兆となる。そこにおいしそうな食物がふんだんに盛られているなら、金銭面でも潤う。逆に、**古くて汚い食器**、**欠けたりヒビが入った食器**などはよくなく、既婚者であれば夫婦生活の行き詰まりや破綻の懸念がある。また、結婚を考えている人が見た場合は、もう一度冷静にその結婚について(とくに将来性について)考えてみたほうがよい。

【寝具 しんぐ】

主に男女関係や結婚生活を象徴する。

新しい**シーツ**や**布団**、**ベッド**などの**寝具を買う**夢は結婚や新たな恋愛の予兆。買った寝具が満足のいくものなら、結婚や恋愛は将来性豊かなものとなるが、買った寝具に不満があるようなら、先行きに不安がある。

男女関係の危機を表す夢もある。**夫婦の寝室のシーツにシミや汚れがある**夢は、いずれかに浮気などの隠し事がある知らせの可能性がある。また、夫婦関係に問題が生じる予兆でもある。**ベッドや布団の上に蟻が集まる**夢は、妻の周辺に浮気をそそのかす者がいるのかもしれない（男性が見た場合）。蟻が群がる〝甘いもの〟は、その人の妻を暗示している。**寝具に血がついている**夢もよくない。妻や恋人の浮気か、妻や恋人に生じる災厄の予兆の可能性がある。**ベッドや布団が燃える**夢も、妻や恋人に生じる災厄の知らせだが、夫婦別れの知らせの可能性もある。

なお、寝具が死の予兆になっているケースもあるので注意（663・664ページ参照）。

【巣　す】

巣は典型的な家庭の象徴であり、巣の中の鳥は家族を表している。これをベースに考えていけば、巣の夢の意味はおおむね解釈できるだろう。

たとえば**鳥や獣が巣を作っている**夢は、家庭を築こうとしていると解されるので、恋人との出会いや結婚の予兆と見てよい。**巣の中に卵がある**夢も同様だが、ほかに妊娠の可能性も示唆している。**みすぼらしい巣**は家庭生活や結婚の不調を表し、**巣が落ちる・壊れる**などの夢は、破談、離婚など、結婚にまつわるトラブルの暗示となる。

【捨てる　すてる】

処分や拒絶の思いが、捨てるという夢のアクションになっている。何を捨てているにせよ、そのものは心の中では〝ゴミ〟と同じ価値しかなくなっている。たんなるゴミであれば、忘れ去る、無視するなどの処理法もあるはずだが、それをあえて捨てるのは、捨てているものに対する強い拒絶感があるからだ。

たとえば、**結婚指輪を捨てる**、**夫婦の思い出の品を捨てる**、**食器を捨てる**、**配偶者の衣服を捨てる**などの夢を見たとしたら、たんに別れたいという意味ではなく、絶対に一緒にはいられないという断固とした拒否の思いがこめられている可能性がある。また、場合によっては生死別の予兆の恐れもある。同様に、**書類を捨てる**のは現在の仕事に対する強い拒否感の表れであり、**書物を捨てる**のは、自分の世界に閉じこもる日々から抜けだしたいという強い思いの現れというように解釈を進めるとよい。

【太陽　たいよう】

太陽全般の意味については４７３ページを見てほしい。

太陽が昇る、**太陽がわが身を照らす**、**太陽が家の中に射し込む**、**日の出を拝む**など、太陽の光の恩恵を受けるたぐいの夢を妊活中の女性が見たら、優秀な子を授かる兆しとなる。**太陽を呑む**、**太陽が腹中にある**と感じているなどの夢も、妊活中の女性の場合は妊娠の知らせの可能性が高い。太陽によって表された子は、多くは男児で、豊かな能力を秘めた招来が楽しみな子だとされている。

【畳　たたみ】

日常生活を意味するが、男性の夢では妻の象徴になっている可能性がある。畳の状態によって生活の状況が描かれており、**新しい畳を入れる**夢は、生活が改まるか、もしくは妻をもらう予兆の可能性がある。後者の場合、未婚者なら吉夢だが、既婚者は現在の妻との生死別が前提になってくるので、慎重に解釈してほしい。

畳が破れる、**畳が擦り切れる**など、畳に何らかの故障がある夢は、夫婦関係に問題が生じるか、妻の病気、もしくは生活を脅かすようなトラブルの発生の知らせの可能性がある。

【乳・乳房　ちち・ちぶさ】

豊かさや愛情、母性などを表す乳房は、結婚、妊娠などの象徴として現れることがある。また、人物象徴ではわが子を意味する。財運の象徴としての乳・乳房については５４２ページ参照。

乳が出る夢、**乳房が張る**夢は、未婚女性には結婚の暗示、既婚女性には妊娠の暗示の可能性があり、それ以外の女性には収入や財産の増加の知らせとなる。**たくさんの乳房がついている**夢は、豊かな財運や繁栄の予兆でなければ、多くの子宝に恵まれる知らせとなる。**犬が自分**（夢を見ている女性）**の乳を吸う**夢も子を授かる知らせで、生まれる子は男児の可能性がある。

【月　つき】

月が妊娠を表していることがある。とくに妊活中の女性が月の夢を見たら、妊娠の予兆の可能性が高い。

月を呑む、**月が自分の懐に入る**、**月光を浴びる**、**月光が家に射し込む**、**月に矢を射当てる**、**月食**などの夢はいずれも妊娠の可能性がある。思い当たる人は、検査をお勧めする。月によって表される子は、古来、将来性豊かで優れた資質をもつ子とされている。

月が男女関係のトラブルを表しているケースもある。**月が二つ出て争う**夢は、妻と愛人が争う姿を象徴している。家庭に波風が立ち、夫婦離別の恐れがあるので注意してほしい。

むら雲にさえぎられて月光がおぼろになっている夢は、身に覚えのない不倫や浮気の嫌疑を受けるなどして、夫婦や恋人の間に争いや別れ話が生じる恐れがある。また、現在、結婚に向けて準備を進めている人は、何らかの障害が入る可能性がある。**月の影が水に映る**夢も同様で、縁談に苦情や障害が出る恐れがある。

なお、月には多様な意味がある。599ページの凶夢として月も参照してほしい。

【鳥　とり】

飛びまわって容易に捕まえることができず、こちらの思いを届けることが難しいところから、鳥は恋人や意中の人の象徴になる。そこで、**鳥を捕まえる**夢は、恋人の出現や結婚の予兆となる。また、**捕まえた鳥を食べる**ところまでいけば、意中の人と結ばれ、自分のものにすることができるだろう（ただの願望の可能性もある）。

巣の中に鳥がいる夢や、**巣作りをしている鳥**の夢も同様で、未婚者には結婚の予兆の可能性があり、既婚者には家族の増加（妊娠・出産）か、転居、家庭的な幸せなどの意味になる。**鳥が女性の懐中に入る**夢は、妊娠の可能性が高い。

鳥には他にも重要な意味がある。死や災いに関わる鳥は668ページ、幸運に関わる鳥は483ページを参照のこと。

【日月　にちげつ】

日月がセットで現れる場合、その日月によって父母や夫妻が描かれている可能性が高い。また、会社や組織の中で大きな勢力をもっている両派閥、スポーツなどの競技界や芸能界、政財界その他のライバル同士など、その世界で並び立つ両者を象徴している可能性もある。夢のメッセージは、並び立つ両者の現状と、夢に描かれた日月の様子を併せ考えることで割り出さなければならない。

たとえば、最初は**日月が並んでいるが、途中で一方が消える**ような夢は、両雄並び立たずという知らせなので、父母や夫婦の場合は一方に深刻な問題が生じて生死別する恐れがあるし、派閥の両雄などが象徴されている場合は、一方が失脚する兆しとなる。

日月のどちらがだれを指しているかはケースバイケースだが、一般には太陽が男性・上位者・年長者などを表し、月が女性・次位者・年少者などを表す。

なお、日月によって吉祥が描かれる場合もあり、その場合は組織なり一家なりが協調和合して繁栄するという意味になる。また、妊娠の知らせのケースもあるので、解釈は慎重に行ってほしい。

【庭　にわ】

庭は、その人が本当に大切にし、愛情を注いでいるもの——家族、配偶者、魂、精神性などを象徴するが、予知夢の場合は結婚や結婚生活の暗示の可能性が高い。

美しい庭を見る、美しい庭にいる、庭に水をまく、庭を整備しているなどの夢は、未婚者には恵まれた結婚の兆しであり、既婚者には良好な結婚生活の暗示となる。何をもって良好な結婚生活とするかは、人それぞれの価値観によって異なるが、一般的には夫婦仲が円満であることや、物質的に恵まれること、子宝に恵まれることなどが上位にくるので、それらの希望が満たされる吉夢と解してよい。

そこで、**庭が荒れる**類いの夢は、夫婦関係に波風が立つ、深刻なトラブルが発生する、家庭に問題が生じる、離婚の危機が訪れるなどの意味となる。また、**庭が獣や見知らぬ人物によって蹂躙される**夢を男性が見た場合、妻が浮気など厄介な隠し事をもっている可能性がある。

【ヒゲ】

女性にヒゲが生える夢は、未婚女性の場合は結婚まで発展する可能性のある男性との出会いの兆しなど吉夢の可能性がある。

ただし、既婚女性の場合は夫を凌ぐ姿を意味するので、夫婦間の不和・衝突など、家庭に波風が立つ恐れがある。また、妊婦がこの夢を見たら、男児の懐妊の可能性がある。

【夫婦　ふうふ】

実在の夫婦そのものを表している。夢の中で夫婦が何をしているかによって、二人の今後が占われる。

良好な関係を意味するのは、**夫婦が殴り合っている**夢だ。一見、問題がありそうな夢だが、典型的な逆夢の一つで、夫婦円満・和合を意味する。**夫婦が連れ立って市場に入る**、**夫婦が連れ立って買い物をする**などの夢もよく、生活が豊かになる兆しである。

夫婦関係に波風が立つ知らせとなるのは、**夫婦が物品を分ける**、**夫婦がそろって宴会に出る**、**夫婦が待ち合わせて会う**などの夢で、両者の間に溝ができる、争いが生じる、心が離れるなどの懸念がある。離別に発展する恐れもあるので、よく話し合う必要がある。

【港　みなと】

男性の夢では、港が女性を意味しているケースがあり、**船が港に入る**夢によって恋愛や結婚を暗示している場合がある。船が大きかったり、立派だったり、豊かな積み荷があるなら恵まれた結婚生活の前触れとなるが、逆なら、あまり楽しくない結婚生活を暗示している可能性がある。**船が港から出ていく**夢は右とは逆で、別れの前触れの可能性がある。

なお、港と船については【船】の項目も参照してほしい。

【目　め】

目の基本的な意味は513ページを見てほしい。ここでは男女関係に関連する目の夢を書く。

顔に多くの目がついている夢は、一般には仕事の大発展などを意味する吉夢と解釈するが、ときに結婚の予兆となる。独身者にとっては、目が増えることは配偶者という新たな目が自分の目に加わることに等しいからだ。同じ見方から、既婚者の場合は妊娠の予兆の可能性が出てくる。子どもの目が家族に加わるのだ。

多くの目に囲まれる夢は、たくさんの異性からの誘いや求愛が期待できる（通常はたんなる願望夢だが、予知夢の場合はこの解釈になる）。とくに女性が見た場合、その可能性が高くなる。**まぶたが切れる**夢は、恋人の出現の知らせかもしれない。また、処女を失う前兆の可能性もある。

【柳　やなぎ】

柳が女性の幽霊に化けるという俗信からもわか

るように、この木は枝が垂れる陰性の木であり、女性や凶事の象徴になる。

男性が柳の夢を見たら、恋愛が始まる可能性がある。女性も同様だが、女性の場合は不幸な恋愛の可能性があるので、よく相手を見定める必要がある。**柳の枝が強風で激しく乱れる**夢は、凶事の前触れで、男性が見た場合は異性関係の悩みが生じる可能性がある。

【弓矢　ゆみや】

弓矢は目標に向かって突き進む力、栄誉、抜擢、戦いにおける勝利などを象徴するが、男女関係を表していることもある。恋のキューピッドや愛染《あいぜん》明王《みょうおう》の持ち物で、矢そのものが男根の象徴でもあるところから、異性へのメッセージや求愛などの象徴となるのである。

異性に矢を射る夢は近々恋人ができる予兆、**異性から矢を射られる**夢は、求愛を受ける予兆の可能性がある。また、**弓矢をもらう**夢は、一般には所願達成の吉夢と解するが、ときに結婚の予兆となる。気をつけなければならないのは**弓の弦が切れる**夢で、配偶者との生死別の恐れがある。

【指輪（主に結婚指輪）　ゆびわ（おもにけっこんゆびわ）】

指輪は特定の人物に拘束されることを表し、その人物は通常は異性である。拘束されることは、必ずしも凶ではない。恋人関係になることも、結婚することも、その実態は互いに了解・納得しあった拘束だからだ。

指輪をはめるのは、拘束されることを了承したことを表し、**指輪を外す**のは、互いに拘束しあう関係を解消することを表している可能性が高い。

指輪を見る、指輪をはめている、指輪を贈られる、指輪を買うなどの夢は、未婚者（とくに女性）には結婚が近いか、恋人や愛人ができる予兆の可能性がある。なお、女性にとって宝飾品の夢は幸運を告げる吉夢になることが多いが、男性には凶夢の場合が多い。そこでこれらの夢も、男性が見た場合は異性問題など悩み事の兆しの可能性もある。

指輪が大きすぎたり小さすぎて、指にはめられない、指輪が抜けないで困っているなどの夢は、恋愛や結婚に関する障害や行き詰まりを表している。既婚者の場合、夫婦別れの恐れもあるので、よくコミュニケーションをとる必要がある。**指輪をなくす、指輪が見つからない**などの夢は、右の状態がさらに進んだ段階にあることを告げており、離婚、別離、家庭内別居などの可能性がある。

指輪から宝石が外れる夢は、恋人や配偶者との関係を無価値なものと感じている可能性がある。また妻子の病気の恐れもあるので注意してほしい。

【林檎　りんご】

林檎は幸運をもたらす果実の代表的なものの一つで、財産、恋愛、結婚、愛の成果としての受胎などを象徴する。とくに恋愛にからむことが多く、**林檎の木を見る、林檎の木から実をとる、林檎を食べる**などの夢は、いずれも愛情生活の充実を暗示している。結婚に際して林檎の夢を見たら、その結婚は祝福されたものとなり、結婚後も幸せが重なるだろう。

ただし、**林檎が腐っている、青くてまずい林檎を食べる**などの夢なら、その恋愛や結婚は望ましいものではない可能性が高い。また、何らかの損失や失敗の前触れの可能性もある。

凶　夢

【赤ん坊　あかんぼう】

赤ん坊の夢は、まず赤ん坊がどんな様子で夢に現れたのかをよく思い出す必要がある。元気だったか、元気がなかったか、よく乳を飲んだか、飲まなかったか、顔色はよいか、よくないかなどで、意味が正反対になる。

一般に元気で力強い印象なら、今後の発展を告げる吉夢と解してよいが、ぐったりした弱々しい印象なら、何らかの心配事、苦境、病気などの予兆になる。夢の赤ん坊が誰を指しているかを慎重に推理する必要がある。

とくに注意しなければならないのは、特定の誰かが**赤ん坊に戻っている**夢だ。これはその人物が重大な困難や危険に直面している知らせであることが多い（実例15、55など参照）。

【足　あし】

「人を手足のように使う」という表現や「アッシーくん」という表現があることからもわかるように、足が部下、配偶者、子や孫、使用人など自分より目下の者を象徴している場合がある。自分の**足の故障**、**足に傷を負う**、**足を引きずる**などの夢よって、家族や部下などの身に起こるトラブルが示されることがあるので、家族や部下などに関する心配事がある場合は、とくに注意を要する。また、**足が切断される**夢は、足によって象徴された人物と生死別する恐れがある。

足の一般的な意味については523ページ参照。

【足場　あしば】

足場は現在自分が立っている場所を表す。そこで、**足場を組み立てている夢**は、人生設計を意味し、**足場が崩れる夢**は、人生設計の破綻の意味になる。仕事、結婚生活、人間関係、体調など、さまざまなものが足場として描かれるので、夢の足場が何を表しているかを、まず第一に探らなければならない。

足場が気になる夢は、どんな夢であれ、現在のあなたが非常に不安定な状態にあることを示している。

【頭　あたま】

王冠など栄誉や権威のシンボルを乗せる場所としての頭は、仕事の状態、地位、出世などに関する象徴になる。また、精神や知性の座であり、神仏の宿る場所でもあるため、知識の習得などの精神的な成果に関する予告も吉凶が、頭によって表されることもある。

頭が縮む、頭が極端に小さくなっている、頭部に傷を負うなどの夢は、権力や威勢の縮小、地位の低下、不名誉、成績・業績のダウン、損失、精神的なダメージなどの暗示となる。

頭が吉夢になっているケースについては436ページ参照。

【穴　あな】

行く手に待ち構えている大きな障害、困難、病気などの象徴であり、しばしば強い警告の象徴として表れる。最も深刻なケースでは、穴の夢は死の予告となる。いくつか実例を挙げているので、そちらも参照してほしい。

穴の状態から、待ち受ける障害の程度が推測される。ちょっとした**窪み程度の穴**であれば、被害の程度はさして大きくないが、全身が落ち込むほどの**深く大きな穴**であれば、被害の程度も大きくなる。

穴が病気の予知夢になっている場合は、腸など管状の器官の疾患、および脚部の障害にとくに注意を要する。**寝ていた人が穴に落ちる**夢は、重大な疾患、もしくは死の予知夢の可能性がある。

ただし、**穴から上半身を出している**夢は、衆に抽《ぬき》んでることや利得を意味する吉兆なので、心配する必要はない。**全身がすっぽり穴に落ち込んでいる**夢や、**穴の底に横たわっている**夢が非常な凶夢となる。その場合も、穴から這い出ることができたなら、苦しかった状況から抜けだすことを告げる吉夢となる。

【甘い食べ物　あまいたべもの】

甘い菓子などを食べる夢は、多くの場合、損失や病気（とくに消化器系）などのトラブルを意味している。食べているときはおいしくても、やがて〝虫歯〟を生んだり、栄養をとりこむ胃腸の働きを損ねるからだ。

なお、**人から飴をもらう**、**ケーキをもらう**などの夢の場合、その菓子が、現在、あるいは近い将来、あなたが関わることになる儲け話など〝おいしい話〟、あるいは〝魅力的な異性〟などの象徴になっているケースもある。

【嵐　あらし】

嵐は人生を脅かす危機を象徴する。
暴風が中心なら、他からの猛烈な非難や糾弾に注意し、よけいなトラブルを少しでも避けるよう心がける必要がある。

豪雨が中心になっている夢の場合は、現在置かれている状況によって解釈が変わってくる。現時点で苦境にある人は、苦境が豪雨によって一気に洗い流されるので事態好転のサインの可能性があるが、現在好調な人、蓄財している人などは、得たものが一気に洗い流される恐れがあるので注意しなければならない。

また、**霰や雹に遭う**夢は、突発的な出来事に襲われるという知らせとなる。

【急ぐ　いそぐ】

自分もしくは肉親や知人など大切な人が、何らかの追い詰められた状況や、困難な状況に立ち至る（至っている）ことを表している。何を急がなければならないのかは、夢に示されているはずなので、とりあえず連絡を入れるなど、ただちに手を打ったほうがよい。

なお、**急いでいるのに邪魔が入る**、**急いでいるのに動けない**などの夢は、すでに事が済んでしまっているか、自分が取り組まなければならない問題から、わざと目をそらしているか、いずれかの可能性が高い。

【糸・紐　いと・ひも】

心と心、人と人などをつなぐもの、結びつけるものを象徴する。

糸や紐が切れる夢は、何らかの大切な関係が切れることを意味するので、恋人との別れや、契約の破談など、自分の立場を振り返ったうえで解釈すること。また、**糸や紐が乱れる・もつれる**などの夢は、人間関係のもつれや心配事が生じる恐れがある。

針に糸を通している夢は、異性と関係を結ぼうとしている夢で、うまく通れば望ましい関係が結ばれるが、糸が通らなければ、その関係に発展性はあまり期待できない。

【犬《いぬ》】

犬が特定の人物の象徴になっていることがある。まず、①よく吠え、攻撃的なところから、自分に咬みついてくる人物や敵、クレーマー、ときに配偶者、②糞を食べる動物と見なされてきたところから、卑しいと見下している人物、③人間に従属するところから、部下や手下、④従順で愛くるしいペットに見立てられる人物などだ。

犬の背景に誰かが隠されている場合、**犬に追われる、犬に咬まれる、犬に吠えられる、犬がしゃべる**などの不快な夢は、それが誰をさしているのかを明らかにすることで解くことができる。

犬が吉夢になるケースについては４４０ページ参照。

【茨《いばら》】

茨のトゲは、苦痛、困難、悩み、悲しみなどを象徴する。

茨の垣根を見るのは、身近にある危険に対する警告であり、**茨の中でもがく、茨のトゲが刺さる**などの夢は、何らかの苦境に陥る恐れがあることを告げている。苦しみの原因は、身近にいる人物である可能性がある（他のケースもあるので、解釈に際しては決めつけてはならない）。

【衣服《いふく》】

衣服が破れる夢は、何かと失敗が多く、狙いは裏目に出、健康には障害が現れるなど諸事によくない。計画や目標は見直したほうがよく、無理は極力避けるようにしてほしい。

冬に夏服を着、夏に冬服を着ている夢や、**極端に短い服を着ている、極端に長い服を着ている、服を上下逆さまに着ている**など、強い違和感のある衣服の夢も、物事が思うようには進まず、損失や失敗で苦しむ暗示となる。いまやっているやり方や方針が、身の丈に合っていないことを自覚したほうがいい。

なお、衣服の夢は意味が広い。多くのケースを他の【衣服】の項目で挙げているので、索引によってそちらも併せ読むようにしてほしい。

【牛《うし》】

牛は財産や幸運の典型的な象徴で、通常は幸運のシンボルとしてよいのだが、不幸の前触れとして現れてくるケースもある。

暴れ牛の夢や**牛に角で突かれる**夢は、事故や病気に注意を要する。**自分が牛になっている**夢は、大きな困苦の予兆となる。**牛がしゃべる**夢もよくなく、対人関係がもとで苦境に陥る可能性があるので注意しなければならない。

吉夢としての牛については526ページ参照。

【腕《うで》】

腕は兄弟姉妹・配偶者・わが子やパートナーなど、かけがいのない人物の古典的な象徴だ。腕が人物の象徴となっている場合、**右腕**が男性、**左腕**

が女性を表している可能性がある。

腕が折れる、腕が傷つく、腕が切り落とされるなどの夢は、兄弟姉妹やパートナーの身に起こる障害やトラブルに気をつけねばならない。とくに注意を要するのは腕が切り落とされる夢で、配偶者やわが子などとの生死別の可能性がある。

吉夢としての腕については527ページ参照。

【漆　うるし】

肌に触れるとかぶれる漆の夢は、災いや悲しみを象徴する。
家の庭に漆の木がある夢は、一家によくないことが起こる可能性がある。**漆の木を見る、漆を採取している人を見る**などの夢は、わが身に災いが接近している。どのような形であれ、漆の木の夢は不吉なので注意してほしい。

【狼　おおかみ】

自分に危害を加える人物や何らかの危機を象徴している。
狼に囲まれる夢は、危害や災いが身近に迫っているという知らせで、とくに盗難に注意しなければならない。**狼に噛みつかれる**夢は、外で危険が待ち構えているという知らせなので、外出時にはとくに慎重に。狼は凶夢だが、追いはらうことができれば危地を脱する。なお、女性の夢に出る狼は、ほぼ危険な男性と見て間違いない。

【帰る　かえる】

戻りたいと思っている時代や記憶、場所、状況、人間関係などがあり、それに対する思いが募っていることを示す心理的な夢として解するのが普通だが、予知夢の場合は、帰ってきた人の身に起こる深刻な変化を告げているケースがある。

遠くに住んでいる**子どもや親族が実家に帰ってくる夢**は、金銭的なトラブル、失職、事故、病気など凶事の予告となっていることがある。また、**病気で入院している人が治って家に帰ってくる夢**は、死の予知夢の可能性がある。

【顔《かお》】

顔は、その人の運気を映すブラウン管のようなもので、色艶の善し悪しなどの状態が、現在から近未来にかけての運気の表示になっている。

顔色が目立って悪い、**顔がくすんで見える**などの夢は、その人の身に心配事が生じる。病気の予兆の可能性もあるので、健康に不安を感じている人はとくに注意を要する。

顔色が目立って青い夢は、憂い事や病気などの恐れがある。また、性的誘惑があるという知らせの可能性もある。**顔色が病的に赤い夢**は、事故・災難・病難などに注意。病気では、とくに心臓など循環器系の疾患に注意してほしい。**顔色が病的に黄色い夢**は、障害、圧迫、抑圧がふりかかる恐れがある。**土気色、黄土色、茶褐色、鈍いオレンジ色などの顔色**も同じで、これらはみな障害色の可能性が高い。病気に関しては、脾臓・胆のう・肝臓機能の異変に注意を要する。

顔色が病的に黒い夢は、不吉の度が高い。大きな悲しみ、困窮、病難などの兆しであり、現在、病気を抱えている人は悪化の恐れがある。腎機能の障害に注意してほしい。また、**顔色が病的に白い夢**もよくない。何らかの災いや敵、損失などが自分の身近に迫っている。健康面では、とくに呼吸器系の疾患の恐れがある。

顔面に黒い腫れ物ができる夢は、子孫や親族など大切な人の身に心配事が生じる兆しである。**顔に犬や牛馬などの家畜の顔がついている**夢は、近々、仕事で非常に苦しい思いをする。**顔が異常に小さくなっている**夢は、運気の塞がり、苦境、行き詰まりなどの暗示となる。

顔が吉夢になるケースについては４４６ページ参照。

【肩　かた】

仕事や家族など、あなたが担っているものが肩によって表されている。**肩を故障する**、**肩の肉がごっそり落ちる**、**肩に腫れ物ができて荷を負えない**、**肩に力が入らない**などの夢は、現在、あなたが担っているものを今まで通り担うことが難しくなるという意味の凶夢で、とくに仕事上の行き詰まりや左遷、孤立などに注意を要する。

吉夢としての肩については４４７ページ参照。

【髪　かみ】

夢の髪は、男女を問わず、その人のもつ生命力、パワー、エネルギーを表す重要な象徴になっている。髪の状態がよければ旺盛な生命力や好調な運気、充実した体力などを意味するが、髪の状態が悪いと、損耗、損失、失敗、病気などマイナスの運気を意味することになる。男女関係も髪によって表されることが少なくない。男女関係で悩みを抱えている人が髪の夢を見たら、その意味をじっくり追求したほうがよい。

マイナスの運気を表すのは、**髪を切る**、**髪が抜ける**、**髪に白髪が混じる**、**セットした髪が自ずから乱れ崩れる**、**髪を剃る**などの夢で、自分や家族の身に心配事が生じる、生活が苦しくなる、損害をこうむる、バイタリティを失う、大切な人との生死別など、凶事の予兆となる。とくに女性が髪を剃る夢は、夫との生死別の恐れがあるので注意。

髪が乱れるのは、心の乱れの表れが映像化されたもので、浮気や不倫の可能性がある。**髪をかぶって顔を覆う**夢は、大きな悲嘆を伴う重大かつ深刻な変事の前兆で、ときに生命の危機に至ることもある。**頭が禿げる**夢は、父母や妻子、夫に関する悩み事、憂い事が生じる。老人は衰弱に注意しなければならない。

髪が吉夢になるケースについては４４９ページ参照。

【兄弟姉妹　きょうだいしまい】

予知夢では実在の兄弟姉妹、もしくは敵対者・妨害者、自分の中にあって自らの発展や成長を妨害しているネガティブな考えや感情、記憶などを象徴している。

兄弟姉妹が家に集まる、集まって泣くなどの夢は、家族や両親に、何らかの災いや不幸が起こる可能性がある。死の予知夢でもこの夢が現れるケースがある。その場合には、喪服のような黒い着物を着ているとか、長いテーブルを並べてお斎《とき》の食事をしているなど、死と関わる何らかの象徴が重ねて描かれることが多い。

成人した兄弟姉妹が子どもの姿で現れる、兄弟姉妹のだれかが結婚する、兄弟姉妹が沈んだ顔で訪ねてくるなどの夢は、夢に出てきた兄弟姉妹の身の上に心配事、凶事、金銭的な行き詰まりなどが起こる恐れがある。この場合の兄弟姉妹は、実在の兄弟姉妹なので、電話を入れるなど様子を聞いたほうがよい。

【亀裂　きれつ】

亀裂は、何かが壊れたり傷んだりすることを表している。夫婦関係の亀裂が二人の**思い出の品の亀裂**や**茶碗のひび割れ**で表されたり、体の故障が**家の壁の亀裂**で表されたりと、さまざまな描かれ方をする。亀裂の入ったものの意味を突き止めることが必要だ。

【腐る　くさる】

状態が変化することを表している。また、何かを行うのに迷っていたせいで、すでに手遅れになっていることを告げられている可能性もある。腐ったほうがいいものが腐るなら、よい変化を意味する吉夢となるが、腐ると役に立たなくなるものが腐るなら、悪い変化を意味する凶夢となる。

たとえば**体が腐る**夢の場合、今までの生き方や態度が腐ってなくなったほうがいいようものだったなら、この夢はよい生まれ変わり、再生の転機を意味する吉夢となるが、そうでないなら、逆の意味の凶夢となる。**家の土台が腐る**夢を健康な人、生活が順調な人が見たら、病気や生活の困窮など、悪い変化が出てくる予兆となり、身動きがとれないほど頑固な問題に悩まされている人、どうにもならない苦境に陥っている人が見たら、それまでの困難から脱出するチャンスが訪れるという知らせの可能性がある。

食べ物が腐る夢はいずれもよくないが、腐る物の価値によって被害の程度が変わる。鯛や鯉など縁起のよい食べ物が腐る夢は、手遅れ、期待外れ、失望、落胆などの凶夢となる。雑魚や食べ残りなど、あまり価値のないものが腐っているなら、ちょっとした気がかりや心残りの暗示なので、くよくよしないよう心掛ければよい。

【口　くち】

口には食べるという機能のほかに、話すという重要な機能があり、口によって口舌《くぜつ》の災いが暗示されることがある。

口が大きくなる夢は通常は好調な収入や利得、財産の増大を意味する吉夢として解釈するが(533ページ参照)、夢の中で人と争っていたり、険悪な雰囲気がある場合は「大口を叩く」ことによる災いを警告している可能性がある。英語でもホラ吹きを「ビッグマウス」と表現するように、大口は対人関係を損ね、信用を失墜する。

口から火を吐く夢もよくない。男性は仕事や学問上のライバル、政敵などとの度を超した論争、非難中傷合戦に注意。女性は自分の嫉妬が原因で恋人や夫の関係にトラブルが生じる恐れがある。

口から蛇が出る夢も口の災いを暗示する。蛇は悪意や毒のある言葉を象徴している。**口がきけなくなる**夢は、孤立無援の夢で、苦境に陥る。

【靴　くつ】

靴は典型的な女性の象徴だが、予知夢では社会的地位や立場の象徴としての意味あいのほうが強い(456ページ参照)。

靴をなくす夢は、自分の立場がなくなるという意味の暗示であり、孤立や部下など目下の離反で苦境に立つ恐れがある。**靴の底がない**、**靴の底が抜ける**などの夢もほぼ同様だが、ほかに配偶者もしくは子や孫の身に生じるトラブル、事故、病気などの意味もあるので要注意。

靴を盗まれる夢は、部下や使用人などに欺かれ、損害をこうむる恐れがある。**靴が破れる**夢は、現在の仕事や職場が自分とマッチしていないことを告げている。

男が女物の靴を履く夢や、**女が男物の靴を履く**夢は、何らかの不正、勘違い、順逆を無視した行いによるトラブルなどを表している。いったん冷静に自分の言動を振り返る必要がある。

靴が泥で汚れる夢は、恥辱をこうむるようなアクシデントが起こる。とくに何かにうしろめたさを感じている人がこの夢を見たら、大きな災いに直面するので気をつけてほしい。

【首・喉　くび・のど】

首や喉は健康や仕事の状態などを表す。**首が急に細くなる**、**首が急に短くなる**、**喉が塞がる**などの夢は、仕事の行き詰まりや失敗、生活の困窮、体調の悪化などを告げている可能性があるので注意を要する。

首を切られる、**切れた首を見る**などの夢は吉夢だが、切られた首から血がまったく出ていない場合は災難に見舞われる凶夢となる。**血の気がない**夢は、体のどの部位であっても凶兆。病人は要注意で、悪化の懸念がある。また、死期が近付いている者にとっては、死の予知夢ともなる。

吉夢の首の夢は457ページ参照。

【雲　くも】

雲は運気の状態や自分をとりまく仕事環境・生活環境の状態などを表しており、とくに色が重要だ。

黒雲や**灰色の雲**が出てきて周囲が暗くなる夢は、状況が徐々に悪化する前兆だが、何事も急いで処理すれば災いは免れる。病気の前触れでもあるので、気になることがあれば早めに検診を受けて手を打ったほうがよい。黒雲は雨を呼ぶ。雨が降り出す前に対処しなければならない。

雲がにわかに星を隠す夢は、横槍や妨害に注意。**雲が太陽を隠す**夢は、目上や上司から不興を買う、男女関係に障害が出るなど、行く手にトラブルが待ち構えていることを暗示している。**むら雲にさえぎられて月光がおぼろ**な夢は、身に覚えのない不倫や浮気の嫌疑を受けるなどして、夫婦や恋人の間に争いや別れ話が生じる恐れがある。また、仕事への妨害、縁談のこじれなど、思うに任せない状況が出来《しゅったい》するので、先手先手で手を打ったほうがよい。

なお、**雲を通り抜けて上空に昇っていく**夢は、昇っていく者が病人だったり高齢者だった場合は、死の予知夢の可能性がある。

吉夢の雲については457ページ参照。

【暗い　くらい】

運気の塞がり、判断力の喪失、健康状態の悪化など、万事に凶。場所にせよ、照明にせよ、人物の表情にせよ、暗く見えるもので吉の意味をもつものはない。

【毛　け】

毛は、しばしば不要なもの、妨害するもの、運気を塞ぐものの象徴として夢に現れる。舌や手のひら、乳房、ペニスなど、通常、**毛の生えないところに毛が生える**夢は、その部位によって象徴されるものが〝役に立たなくなる〟ことを表している。ちょうど使わない物に埃がたまるように、夢では役立たなくなるものに毛が生えてくるのだ。これと似た象徴に**苔**や**カビ**がある。**体に苔（カビ）が生える夢**は、毛に準じて解釈するとよい。

舌に毛が生える夢は、しゃべることができなくなる状況に陥るか、食べること（＝生活していくこと）ができない状況に陥ることを表している。**唇や歯、歯茎、口内などに毛が生える夢**も、同じように解釈してよい。**手のひらに毛が生える夢**は、失業や閑職への左遷、隠退など、仕事がなくなることを暗示している。**手首に毛が生えるの**は、手首を縛られて自由を失うという暗示で、拘留、逮捕、監禁などの恐れがある。身に覚えのある人は、厳重な謹慎が必要だ。

ペニスに毛が生える夢は、男性としての能力が失われることを意味する。この夢を見た男性が男娼になった例を、古代ギリシアのアルテミドロスが紹介している。また、**乳房に毛が生える夢**は、既婚女性はわが子の身に起こる災害や不幸に注意。夫との不仲、離別の可能性もある。未婚者は結婚に障害がでる。

毛が吉夢になるケースについては458ページ参照。

【警察関係者　けいさつかんけいしゃ】

警官や刑事は、逆らえない強さで自分を監視したり、拘束する力を象徴している。現実の警察が法律に基づく権力と強制力を握っているように、夢の警察も、道徳や良心といった〝心の中の法〟に基づく権力と強制力をもっており、予知夢では、事件、事故、障害、病気などの予兆として現れる。

警官や刑事が家に入ってくる夢は、家族の誰かに関する心配事やトラブルが生じるという知らせ。病気の知らせの可能性もある。**警察官や刑事**

がだれかを逮捕する夢は、逮捕された人の身の上に降りかかる事故や事件、病気などの恐れがある。

【刑務所　けいむしょ】

束縛や不自由を表す。**刑務所に入る**夢は、希望の乏しい結婚、息苦しい家庭、病気による入院、望まない仕事や部署への異動や転職、何らかの行き詰まり、閉塞感などを表す。そこで、**刑務所から出る**夢は、それらからの解放を意味する吉夢となる。

ただし、重病人が刑務所から出る夢を見た場合は注意を要する。死の予知夢の可能性がある。

【煙　けむり】

実例では実際の火事のケースを挙げているが、火事のほかに何らかの災いやトラブル、争い、病気などの発生が煙によって表されている。

たとえば**寝室から煙が出ている**なら夫婦関係のトラブル、**職場から煙が出ている**なら仕事関係者とのトラブルや自分の仕事上のミスなどのように解釈を進めることができるので、どこから煙が出ていたかをしっかり思い出してほしい。煙の出ているものの意味を解くことで、問題の所在や事態の推移などを探ることができる。

煙のうちはまだ被害は大きくないが、放置しておくと火事になる。そうなれば事態は深刻化する。

【玄関　げんかん】

玄関は境界の象徴で、予知夢では、しばしば生と死の境界として現れる。

玄関から出る夢は、どこか別の世界や境遇に向かうこと、**玄関から入ってくる**夢は、別の世界からの訪問者（幸運、不運、病気など）を意味する。また、玄関によって口や女陰などが象徴されていることもある。

玄関先が暗い、玄関先が汚れている、玄関先に水たまりや溝ができるなどの夢は、運気の塞がりや滞りを表し、悲しみ事や悩み事の予兆となる。玄関が口や女陰の象徴となっているケースもあるが、その場合は、食生活の歪みによる体調の悪化、婦人科の病気、夫婦生活にまつわるトラブルなどに注意しなければならない。

玄関の扉が目の前で閉まる・閉められる夢も行き詰まりや拒絶を意味する凶夢となる。とくに女性の場合は、パートナーとの関係にヒビが入る恐れがあり、離別の可能性もある。手をかけないのに**玄関が勝手に開く**夢を男性が見た場合、恋人や妻の浮気を警戒したほうがよいかもしれない。**玄関をだれかがこじ開けようとしている**夢も浮気の予知夢の可能性があるが、災いが迫っているという意味の警告の可能性もある。

玄関が吉夢になるケースについては458ページ参照。

【子ども（小児）　こども（しょうに）】

息子や娘以外の不特定の子どもにはさまざまな意味があるが、予知夢では、災い、病気、ちょっとしたトラブルなどの知らせとして出てくるケースが間々あるので注意を要する。とくに嫌な印象の夢、何となく不快感や不安感の残る夢だった場合、子どもは凶兆である可能性が高い。

子どもにまとわりつかれる、大勢の子どもが集まっている、醜い子を見るなどの夢は、病気、災い、不幸などの前触れの可能性がある。**子どもが泣く**

夢は、父親の身に起こる異変に注意。**子どもを抱きあげる夢**もよくなく、自ら災いの種を蒔いてしまう恐れがある。人との諍い、喧嘩口論に注意してほしい。

自分が子どもになる夢は、仕事の行き詰まりや家運の衰退、困窮、行き詰まりなど、よくないことが起こる前触れとなる。老人がこの夢を見たら、病気の悪化や不幸の接近の恐れがある。深刻度の高い夢なので無視してはならない。

【酒 さけ】

酒は祝い事や喜び事があることの象徴だが、**すっぱくなった酒**、**苦い酒**、**まずい酒**などなら、損失、体調の悪化、病難、仕事のつまずきなどに注意しなければならない。また、**大いに酒に酔う夢**もよくない。病難、対人関係のトラブル、大失態などの恐れがある。

盃の酒が火を発する夢は、部下など目下の者の離反や反抗、侮蔑などの可能性があり、下克上の警告でもある。酒の肴がなく、**空酒を飲んでいる夢**は不如意や収入の滞りを意味し、**一気飲み**の夢は衣食の欠乏、体調の悪化などの知らせとなる。とくに病人や老人が一気飲みの夢を見たら、死の予知夢の可能性があるので注意してほしい。

なお、**酒粕**の夢もよくない。暮らし向きが悪化し、衣食に窮する恐れがある。

【雑草 ざっそう】

どんな場所にでも根を下ろしてはびこる邪魔物を象徴する。雑草が人物を表しているなら、タフでしつこく、いくら排除しても自分の前に立ちふさがる誰かを、人物以外なら障害物や困窮、生活苦、病気などを象徴している。

気をつけなければならないのは**家の中に雑草が生える**夢だ。貧窮、困難、病気など一家を見舞う災いの知らせの可能性が高いので、厳重に注意してほしい。**庭が雑草で覆われる**夢は、家庭内に問題が起こる知らせで、とくに夫婦関係に危機が訪れる恐れがある。思い当たる人は、まず配偶者との話し合いをもったほうがいい。

【砂漠　さばく】

砂漠のイメージそのままの状況を象徴し、変化のない退屈な日々、潤いのない暮らし、孤立や孤独、絶望的な状況などを表す。また、不毛な愛や乾ききった結婚生活が、砂漠の夢となって表れるケースもある。

砂漠をさまよう、**砂漠で途方に暮れる**などの夢は、右の解釈をもとに推理していくと意味がとれるだろう。**砂漠で動物に遇う**夢や、**オアシスを見る**夢は、苦境からの脱出を手助けしてくれる援助者や機会の訪れが期待できる。

【地震　じしん】

すべての土台である地が揺れる地震は、人生における何らかの大変動を意味し、仕事や境遇のマイナス方向への変化、精神的な危機、大きな被害をともなうトラブルなど、何らかの凶事の前触れとなる。また、自分の人生に深くかかわっている過去の事件を表している場合もあり、そのときとよく似た状況が迫っている可能性もあるので要注意だ。

地震で家が倒壊する夢はとくに注意を要する。自分や家族の身に生じる大問題の暗示であり、ときに配偶者との生死別を示している場合もある。

【沈む　しずむ】

憂鬱、落胆、絶望、困窮などを表す。**沈んだ後に浮かび上がる**なら苦境を脱して、後に道が開けてくるが、**沈みっぱなし**の夢や、**沈んでもがいている夢**は、困難が長引く。

くりかえし沈む夢を見る場合は、深刻な精神の危機か、治療を要する病気の恐れがある。早急に対策を講じる必要がある。

【舌　した】

舌は、心で思っていることや弁舌、表現力、口約束などの象徴として用いられる。

舌が短くなる夢は、口による災いや失敗の暗示となる。**舌が爛れる**、**舌を切られる**などの夢も同様で、口論や訴訟では敗れる可能性が高く、商人は損失が出る。**舌上をよだれが流れる**夢も凶。何事も思うように進まず難渋する。**舌で自分の目を舐める**夢は、涙の出る前兆とされており、何らかの悲しい出来事が生じる可能性がある。**他者に自分の舌を見せている**夢は、行いに不正があるという警告。**舌を抜かれる**夢は、不正や隠し事を暴かれる知らせの可能性がある。

吉夢としての舌については463ページ参照。

【縛る　しばる】

何かを縛る夢は、何かに拘束されることを意味する。家庭、仕事、結婚、育児など、人間をどこかひとところに縛りつけておくものすべてが、縛るというイメージによって描かれる。

婚約指輪や結婚指輪、ネクタイなども、夢においては人を家庭や職場に縛るものとしての意味を担っている。

ただし、拘束は必ずしも凶を意味しない。拘束が安定や精神的な成長、着実な発展などにつながるケースも多々あるからで、縛る夢の吉凶は夢全体の文脈から判断していく。

【十字路　じゅうじろ】

十字路は人生の岐路を象徴している。十字路の夢では、どちらの方向に進むかが重要だ。

十字路のうちの前方の道を進むなら、決めている方針に従って進むべきである。よそ見をしてはならない。**十字路のうちの後方の道を進む**（**戻る**）なら、誤った選択をしようとしているか、ないしは過去の経験、すでに処理し終わった仕事などの中に、現状打破のヒントがあるというアドバイスの可能性がある。

また、**十字路のうちの右の道を進む**夢は、理性と常識に従って進むなら、よい結果が得られる。**十字路のうちの左の道を進む**夢は、理性ではなく感覚に頼って判断しようとしており、何らかのリスクをともなうため、成否は明瞭ではない。

なお、死の予知夢で十字路が出てきている場合、前に進むのは霊界への移行を表し、戻るのは九死に一生を得て生還するという意味になる。

【囚人　しゅうじん】

夢で**囚人になっている**者が囚われの身になることや、何かの虜《とりこ》になることを意味する。実際に刑務所につながれるという意味ではない。病気で入院するのも、恋の虜になるのも、仕事でカンヅメになるのも、趣味にのめり込むのも、すべて囚人という象徴によって描かれる可能性がある。

囚人の夢のすべてが凶夢とはいえないが、自由を奪われる状態なので、その点をよく考慮した上で解釈しなければならない。

【心臓・胸　しんぞう・むね】

心臓は幸運のシンボルだが（466ページ）、凶夢のケースもある。

予知夢で気をつけなければいけないのは**心臓が痛む**夢で、親族や大切な人に凶事がある知らせとなる。病人がこの夢を見れば病は重くなり、勤め人がこの夢を見れば仕事で大きな失敗をする恐れがある。また、配偶者や親族の身に起こる災いの可能性もある。**他者が自分の胸を踏む**夢もよくない。裏切り、離反、中傷などを受けるか、盗難の厄に遭う恐れがある。**胸に肉がなく胸骨が剥き出しになっている**夢は、事故や傷害に注意。肉がなくなっているのが知人や親族なら、その人が災厄に襲われる可能性があり、不特定の人物なら、自分自身に災厄の恐れがある。

【新聞　しんぶん】

新聞には、自分に対する世間の評判や自分にかかわりのある情報が書かれている。吉凶は書かれている内容次第だが、**新聞を見る**夢自体が、自分の評価や評判についての気がかりを示している。

なお、予知夢では新聞に書かれた情報（多くは大活字の見出し）が、そのまま近未来の出来事（おもに事故など災いに関するもの）の予告になっていることが稀にある。鮮烈な印象で、目覚め後も明確に記憶しているのが普通だ。実例を参照してほしい。

【酢　す】

さんざん苦労することを〝辛酸を舐める〟と表現するように、辛い味や酸っぱい味は、何らかの困苦や悲しみと関連している。**酢を飲む**、**酢を舐める**などの夢は、人との生死別の予兆であり、困苦や悲哀の予兆でもある。

また、妊婦が酸っぱいものを求めるところから、妊娠にからむ象徴となっているケースもある。**酢を造る**夢は、妊娠の可能性を示唆している。

【水害　すいがい】

水害の夢は、自分ではコントロールできない大きな力に襲われることを示している。また、房事過多による病難、異性問題による信用の失墜や窮地、家庭の崩壊などの可能性もあるので、思い当たる人は急ぎ生活を改める必要がある。

【砂・砂地　すな・すなじ】

不安定で崩れやすいもの、永続性のないものを象徴する。

砂によって現在の心境が表されているのなら、今のあなたは自分自身を見失っており、その他大勢の中に埋没している恐れがある。砂によって人間関係が表されているのなら、その関係は崩れ去るだろう。砂によって表された仕事の一切は、完成までには至らない可能性が高い。

砂地を歩む、**道に砂埃が立つ**、**砂で何かをつくっている**などの夢はすべて凶。砂によって何が示されているのかを考えなければならない。

【背中　せなか】

背中全般の意味は４６８ページを参照してほしい。

背中の夢が凶兆となるのは、**背中が裂ける**、**背中全面に腫れ物や瘡ができて激しく痛む**、**背骨が折れる**などの夢だ。これらは物事を担うことができないという知らせであり、仕事関連の夢であれば失敗や損失、大きなトラブル、失職などが生じ、家庭関連の夢であれば夫婦の不和、家族の変事・病難などの恐れがあって、諸事によくない。**背中に蝿がたかる**夢は、人から指弾されるような不品行、男女関係の過ちなどの恐れがある。

【精液　せいえき】

精液は権勢、勢力、栄誉、金銭、財物などを象徴する吉兆（４６９ページ）なので、何らかの不都合があれば吉夢が転じて凶夢となる。

精液を漏らす夢はエネルギーを漏らすことに通じ、力の衰えを感じるような事態に遭うか、病気の前兆の可能性がある。漏らす夢のうちでも、性交によって精液を漏らすのは吉夢となり、**精液が出ない**夢は反対に凶夢となる。この場合は、思いはあっても実現には至らず、万事不首尾・不成就に終わる恐れがあるので、無理は避けたほうがよい。中国の占夢書では、盗難・火難・病難への注意を促している。

【葬式　そうしき】

葬式の夢は、ほとんどの場合、吉夢として解釈できるが（４７１ページ参照）、凶夢になるケースもある。葬式に参列しているのではなく、**葬式**

に向かっている夢は、困難に向かう兆しとなる。**葬式中に死者が蘇る**夢も不吉で、何らかの障害に出会う恐れがある。

死の予知夢として葬式のシーンが出てくるケースもある。親族が黒い喪服を着て集まっている夢や、暗く沈んだ印象の法事の食事などは注意してほしい。

【僧尼　そうに】

多くの場合、僧尼は仏事＝死に関する事柄や、憂い事を象徴している。**家に僧侶や尼が来る**、**僧尼が玄関に立っている**、**僧尼が読経している**などの夢は、病気や心配事、死などの知らせの可能性があるので要注意だ。

自分が僧尼になっている夢は、いま自分がどんな状況にあるかによって吉凶が分かれる。俗世間との関わりを捨てて出家した人が僧尼であり、自分が僧尼になっているということは、それまでの自分を捨てることなので、苦境にあえいでいる人には苦境から脱する吉夢の可能性があるが、多くの財を抱え、地位・権力を握っている人には、それらが失われるという転落の凶夢となる。

なお、予知夢では僧尼姿で現れた人が亡くなっているケースがある。実例13を参照のこと。

【祖父母　そふぼ】

実在の祖父母そのものを表すほか、自分のルーツ、守護霊、良心、道徳的・宗教的価値など多様な意味をになっている。あなたが何か大きな悩みを抱えていたり、誤った行動をとり続けて運気が大きくマイナス方向にブレようとしているときなどに、祖父母が心配してメッセージや警告を発することが多いので、この夢にはとくに注意を払う必要がある。

中でも**亡くなった祖父母が夢に出る**場合は、何か重要なメッセージが隠されている。メッセージ内容は、そのときの祖父母の態度、表情、言葉などから判断しなければならないが、多くは障害、災い、心配事、病気、身内の不幸などに関連するので、くりかえし祖父母を夢に見るようなら厳重な注意が必要だ。

祖父母がうれしそうな表情をしている夢や、**祖父母から何かよいものをもらう**夢は、何らかの喜び事があるが、祖父母が厳しい表情をしているなど、逆パターンで現れた場合も警告や危険の知らせとして意味を考えなければならない。

存命の**祖父母がタンスなど箱状のものの中に入っている**夢は、死の予知夢の可能性がある。

【大黒柱　だいこくばしら】

一家を支えている人、通常はその家の主人を象徴している。

大黒柱が折れる、大黒柱に虫が喰っている、大黒柱が曲がる、大黒柱にシミができているなどの夢を見たら、一家の主人の身に失職、病気、事故、破産など重大なトラブルが生じる可能性がある。とくに悪いのは折れる夢で、死の予知夢の可能性もあるので、交通事故などには充分な注意をはらい、体調がよくない人はすぐに病院に行って検診を受けたほうがよい。

吉夢としての大黒柱については472ページ参照。

【太陽《たいよう》】

太陽は権威・権力、大いなる隆盛運、盛んな活動力や精力などを象徴する。人物を表している場合は、権威や権力を握っている人、父、派閥の領袖、恩師、尊敬する指導者などを表し、女性の夢では、しばしば（未来の）夫やすぐれた子どもの象徴として用いられる。

大吉のシンボルなだけに、太陽が凶兆として現れる場合は、凶意も強くなる。**太陽が西から昇る**夢は、これまで歩んできたコースを逆戻りする意味となり、仕事や商売、結婚などに失敗して実家に戻るような事態が起こる。また、せっかく積み上げてきたものが元の木阿弥となる可能性があるので、いったん立ち止まって方針や取り組み方などを見直したほうがよい。

夕日が沈む夢や**太陽が西に傾く**夢も、運気の衰退を表す。仕事や事業での失敗、訴訟による苦境、降格、リストラ、家運の衰退などの懸念がある。主婦がこれらの夢を見たら、夫に大きな試練が訪れる。

太陽が雲に隠れる夢は、男性が見た場合は前項と同じように解釈されるが、女性が見た場合は夫や恋人の身に障害が生じるか、浮気の可能性がある。太陽を隠す雲は、浮気相手を表している可能性があるので、夫や恋人の言動を冷静に観察したほうがよいだろう。

日食の夢もよくない。何かに侵されることを表しているので、それが何かを探る必要がある。人であれば仕事上のライバル、商売敵、信頼していた同僚や部下など、身の回りの人物に注意すること。病魔の侵入が日食として描かれることもある。

吉夢としての太陽については４７３ページ参照。

【叩かれる　たたかれる】

頭部や頬などを叩かれる夢は、生活の乱れや心のすさみなどを戒める警告夢である場合が多い。いつまでも改めないでいると、深刻なトラブルや災いが生じてくる。

とくに、**先祖や親に叩かれる**夢は、何らかの警告になっている可能性が高い。ただし、自分の誤りに気づいて生活態度や生き方を改めれば、その後、人生はよい方向に向かう。その意味では吉夢ともいえる。

【竜巻　たつまき】

すべてを巻き込んで空に舞い上げる竜巻は、人生を襲う試練、突発的な災いを象徴する。

とくに気をつけなければならないのは**竜巻に巻き込まれる**夢だ。否応なしに巻き込まれる障害や試練がある。なお、**竜巻を回避する**夢であれば、危地を免れる。

【血　ち】

血は吉兆で、深く金銭財物とかかわるが（５４１ページ参照）、凶夢になるケースもある。

自分の血を他者に吸われる夢は、利益の横取りや貸し金の焦げ付き、詐欺被害、投資の失敗など、何らかの損失の可能性がある。借金の依頼や投資話をもちこまれている人がこの夢を見たのなら、その話は断ったほうがよい。

体からの流血はおおむね吉兆と解釈してよいが、**目から血が流れる**のは悲しみ事の生じる知らせで、場合によっては大切な人の死の予兆となる。

頭髪が血にまみれる夢も不吉で、よくないことが起こる。

とくに注意しなければならないのは、**切り傷から血が流れない**、**血の気がない**などの夢だ（実例35を参照）。体から血が流れないのは、その人が生きていないことを表しており、生気が失われるような深刻な事態に直面する可能性がある。血が流れないのが病人や老人なら、最悪の結果に厳重な注意が必要だ。

【月 つき】

月は幸運、導き、援助、家庭的な幸せ、成功、よい結婚など、さまざまな吉事のシンボルなので、その輝きや運行が阻害される夢は、すべて凶夢となる。

とくに注意を要するのは、**月が欠ける**、**月が沈む**、**月に雲がかかる**などの夢で、暗い先行きが暗示されている。勤め人は、仕事上の失策、収入の減少、左遷、降格、孤立、援助の打ち切り、資金難などに注意。また、これらの夢によって、母親や妻の身に起こる病気、トラブル、不幸などが示されている可能性もある。**月が暗い・暗くなる**夢も同様だが、とくに母親や妻の身辺に注意を払うこと。健康に不安があるなら、早めに病院に行ったほうがよい。

凶意が強いのは、**月が井戸に落ちる**、**月が暗い穴に落ちる**などの夢だ。非常な困難、危難に陥る恐れがあり、警察の厄介になる、入獄するなどの意味もあるので厳重に注意してほしい。また、母や妻の大病や不幸の予兆の可能性もある。

盃の中に映る月を飲む夢は、空しい結果に終わるという知らせである。計画はごく控えめにして、守りに供えたほうがよい。今は夢を追う時期ではない。**月の影が水に映る**夢もよくない。ミスや手違いが生じやすいので、万事細心の注意をはらってほしい。
なお、月には多様な意味がある。564ページの妊娠・男女関係の象徴としての月も参照してほしい。

【津波　つなみ】

イメージどおりの意味で、すべてを呑み込み、圧倒的な力で破壊する力を象徴する。生活の危機や精神の危機などに対する深刻な警告夢だが、万人にとって凶夢というわけではない。

津波に襲われると、すべてが洗い流されるので、流されたくない満ち足りた生活をしている人にとっては深刻な事態の訪れを警告する凶夢となるが、一切をやり直したほうがいい人にとっては、再出発や一新のきっかけの訪れを意味する吉夢となる場合もある。自分の現状に照らし合わせて解釈しなければならない（ただし再出発の中には、出直し＝死も含まれるので、解釈は慎重に行ってほしい）。

【角　つの】

角は内に秘めた猛々しさ、怨念、嫉妬、心毒などを象徴する。これらの心情は、だれの無意識にもあるものだが、それがはっきりと角にまで成長して夢に出てきている点に注意しなければならない。心毒が増長しているのだ。

角を振り立てて他者に突進する動物は、結局は殺される。角を放置しておくと、それと同じ運命が待ち受けているということを、この夢は暗示している（殺されるというのは、実際に殺されるという意味ではなく、社会的、精神的な意味として解釈すること)。

小さな角が生えている夢なら、まだ災いの芽の兆し段階だが、**巨大な角が生えている**ようなら、大きな災いを招く前に、信頼のおける人に相談するなり、生き方を変えるなり、何らかの手を打つ必要がある。**角が折れる**夢は、つまずき、孤立、意気消沈、悲しみなどの暗示となる。

【手　て】

手の大きな役割に、物を掴むことがある。そこで予知夢では、その人の財運・物質運・配偶者運・仕事(職業)運などが、手の様子によって表される。より多くのものを掴める**大きな手**、**長い手**などはプラスの意味になり、あまり多くは掴めない**小さな手**はマイナスの意味になるというのが解釈の基本になる。ここでは凶夢としての手を扱うので、吉夢としての手については478ページを見ていただきたい。

手に傷がある、**手が汚れる**、**手首を切り落とす**、**手首を切り落とされる**など、手に故障のある夢は、損失、喪失、失敗、何らかの不正行為などの予兆となる。

手がない夢は、何事も得られないという意味になり、とくに事業家や商売人にはよくない。現在、仕事や商売の拡張を考えている人は、もう一度計画を見直したほうがよい。

強く自分の手を組む夢は、現状のままでは何事もスムーズに運ばないという警告であり、現在、非常に強い抑圧や緊張、不安のただ中にいることを示している。また、だれかの前で強く手を組んでいるなら、その人物に対する拒絶感が描かれている。

手のひらに毛が生える、**手首に毛が生える**などの夢も注意が必要だ。仕事が減る、病気にかかるなどが原因で、窮乏する恐れがある。また、手首の毛は手錠や拘束具の暗喩ともなるため、何らかの束縛や拘束を受ける恐れもある。

なお、手指については【指】の項目で、また、手を振る、手を引かれるなど、手が死の予兆になっている夢については【手の仕草】の項目で解説しているので、そちらを参照のこと。

【手紙　てがみ】

何らかの知らせを意味する。何の知らせかは、手紙に書かれている内容によって異なるが、予知夢では、災いに対する警告や注意喚起が多い。

パソコンや携帯の**メール**も同様だ。

【天　てん】

予知夢でいう天のイメージ、および吉夢としての天は479ページを参照。ここでは天が凶夢となるケースを述べる。

天の夢の多くは大吉夢だけに、天がマイナスイメージとして現れた場合は警戒を要する。それまで閉じられていた**天が割れる**、**天が開ける**などの夢は、一見、吉夢のようだが、地上（現在の生活、仕事など）からの離脱を意味するのでよくない。挫折、妨害、闘争、破綻など、凶意が強く、ときには死の予知夢となる。

天から地に落ちる夢は、そのイメージ通りの何らかの失墜、零落、降格、左遷、不意の災難・事故などの恐れがある。運気の下降を告げているので、今は守りに徹することだ。ただし、**何となく墜落していく**夢は、生理的な原因に基づく雑夢である場合が多い。はっきり天から落ちたという自覚がある夢にかぎり、右の解釈の可能性を考えること。

天が崩れる夢も同様だが、この場合はとくに父母の身に深刻な問題が起こる可能性がある。健康に不安があるようなら、すぐに病院に行ったほうがよい。天が崩れるというのは、具体的なイメージを描きにくいが、見ている者は、天が壊れてそれまでの天地の秩序が破壊されるという感覚が、はっきり感じられる。

その他、**天が黒く見える**、**天が赤く見える**、**天上に兵馬が群がっている**なども不穏な事態が進行している知らせなので注意してほしい。危険が迫っている。**天から金銭が降る**夢は、一見吉夢のようだが、やはり危難の前兆夢なので言動を慎んだほうがよい。

【電報　でんぽう】

緊急メッセージを意味する。吉凶は電文の内容によるが、ほとんどの場合、事故や災害、病気、死など、ただちに伝えなければならない出来事の知らせなので注意してほしい。

なお､現代では電報はほとんど用いられず､メールやラインによる連絡のほうが一般的になっている。**メールやラインでメッセージを受け取る**夢は、その内容に注意をはらってほしい。電報に準じる緊急メッセージの可能性もある。

【電話　でんわ】

電報と同様、予知夢では事故や災害、病気、死など緊急のメッセージが伝えられているので、電話で何を話したか、どんな雰囲気で話していたかを、よく思い出す必要がある。

家電・携帯電話に特段の違いはないが、家電では親族や家族に関することがら、携帯では携帯の持主に関することがらの可能性もあるので、一応考慮した上で解釈を進めるとよいだろう。

予知夢以外の夢では、電話は誰かとコミュニケーションをとりたいという思いから出てきている可能性が高い。

【ドア】

ドアは境界を象徴している。また、口や女陰の象徴でもある。

ドアから出ていく夢は、どこか別の世界（状態・境遇）に行くこと、**ドアから入ってくる**夢は、別の世界からの侵入者を意味する。侵入者で注意しなければならないのは見知らぬ異形の人物・老婆・老人などで、稀に死神の化身のケースがある（129ページ参照）。また、ドアから入ってくる者が食べ物を表している例があり、見落としやすいので注意してほしい。

不気味なものや不潔なもの、家畜などがしつこく入ってくる夢や、入りきらないほど**大きなものを無理にドアから入れようとしている**夢の中には、暴飲暴食で体調を崩すことが示されているケースがある。

【棘《とげ》】

棘は、人を刺して傷つけ、いらだたせ、悩ませるものを象徴する。体のどこかに**棘が刺さっている**場合、その部位に病変が生じているケースもある。

棘が何を指すかは、夢見た人が置かれている状況によって違ってくる。ある場合には妻や夫、恋人などが棘になるだろうし、職場の上司や同僚、関係がうまくいっていない近所の住人、義実家などが棘として描かれている可能性もある。また、病気、悩み事なども棘によって表される。棘の正体を明らかにすることが、この夢の解釈のポイントになる。

【土砂崩れ　どしゃくずれ】

土砂崩れの夢は、これまでの生活や考え方が、崩壊の危機にさらされる危険があるという警告なので注意してほしい。

また、難産で生まれてきた人が、土砂崩れで生き埋めになり、窒息しかけるような夢を見るケースも報告されている。

【土地　とち】

土地は自分のよって立つ地盤を表しており、欠損や瑕瑾《かきん》があると、不安定で障害の多い地盤を意味することになる。

狭い土地や耕作できないような荒れ地の夢は、発展性の乏しい先行きを表している。仕事にせよ学業にせよ研究開発にせよ、いちど立ち止まって方針を見直したほうがよい。土地が家庭の象徴になっている場合、家庭に波瀾が生じる恐れがある。

土地が赤く灰のようになる夢は、危険が近づいていることを表している。急性の病気、事故、火災などに厳重に注意しなければならない。

土地から黒気が立ちのぼる、大地が陥没するなどの夢は大凶で、会社や家庭にトラブルが発生し、自身も破綻に至る恐れがある。また、重い病の可能性もあるので、健康に不安を感じている人は検診を受けたほうがよい。

　土地が吉夢になるケースについては４８１ページ参照。

【虎《とら》】

　威厳、権威、孤高、絶大な力などを象徴するが、あなたの無意識が「虎のような人物だ」と思っている誰かの象徴になっているケースもある。

　予知夢の場合、**堂々とした立派な虎**は大いなる隆昌運や発展運を、**老いた虎**、**弱った虎**などは権威・権力の衰えなどの衰運を表している。**虎の死骸を見る**夢も衰退の兆しであり、有力な後援者を失う恐れがある。また、老いた虎や死んだ虎が自分の父親や祖父を表しているケースもあるので、彼らの病気などに注意してほしい。

　虎に追われて逃げる夢は、何らかの困難に遭遇する知らせの可能性が高い。病気の可能性もある。また、男性が**メスの虎に追われる**夢を見たら、その虎は自分の評判を落とすきっかけをつくる危険な女性を意味している可能性がある。慎重さが求められている。

　吉夢としての虎は４８２ページを参照のこと。

【入院《にゅういん》】

　入院は、それまでの状態から別の状態に移ることを表しており、具体的には状況や境遇の悪化、問題や懸案の発生を意味している。また、入院すると多くの検査が行われるが、それと同じように、今あなたが抱えている（進めている）仕事や計画なども〝検査(見直し)〟が必要だというメッセージになっている可能性もある。

　入院は、よりよい状態になるための一時的な退避であり、メンテナンスなので、自分が置かれている現状を客観的に認識し、無理押しのたぐいは一切避けるのが賢明だ。なお、入院の夢で実際に入院するというケースは稀だが、予知夢ではそのケースもある。

【鶏　にわとり】

予知夢における鶏は、家に起る慶事や凶事を事前に告げるメッセンジャーの可能性が高い（慶事に関しては489ページを参照）。

鶏が屋根の上に登る夢は、その家に何らかの異変が起こることを告げている。事故、事件、病気などに注意してほしい。**鶏がやかましく鳴く**夢は、人との対立や争論、小競り合いなどの前兆となる。

夜、鶏が騒ぐ夢は、とくに注意を要する。災いが接近しているが、それとは気づかず無防備なままになっていることを告げている。

【ネクタイ】

女性にとっては男性、男性にとっては束縛や帰属を象徴する。また、特徴のある見覚えのあるネクタイは、そのネクタイの持ち主を表している可能性が高い。

ネクタイがきついと感じている夢は、きつい束縛に苦しんでいることを表しており、きつさの程度がひどいほど苦境の度が増す。

ネクタイを外す夢は、失職や転職、もしくは苦しい状況からの解放のいずれかの意味になる。ネクタイを外すことで困惑しているようなら前者、外したことで開放感を感じているようなら後者の可能性が高い。

【猫　ねこ】

猫は解釈の難しいシンボルの一つで、個人的な意味合いが強いが、予知夢では、メッセンジャーとしての猫と、災厄神としての猫に大別できる。

後者は、猫を一種の霊力ある魔性の物と見なしたところから生まれた猫観で、飼い犬とは正反対の特徴がある。犬はあくまで主人に忠実で、主人のために働き、主人を守るが、猫は自分のルールに従って生き、気儘で自由であり、主人のために働くことはない。しかも霊力があって死後の世界とも行き来があると信じられてきたため、猫を殺すと祟るという俗信は、広く日本全国で見られる。

猫を抱いて寝ると魔が憑く、三年飼うと化ける、猫は死人の体に自分の魂を入れるなどの俗信も広く分布しており、家に病人がいたり、葬式が出たときは猫を病人や遺体から遠ざける風習が、各地で行われた。猫が死人をまたぐと死人が甦るとか、死人が踊り出すなどという、かつてはよく知られた俗信も、そこから生まれている。

こうした背景があるため、猫の夢を凶兆とするものは多く、**猫が鳴き騒ぐ**夢は火事の予兆とか、死人が出る、病人が出る、泥棒が入る兆しなどとされ、**猫にひっかかれる**、**猫に噛まれる**などは、病気や金銭的な被害など凶事の兆しとされている。

ただし、猫観は自分が生まれ育ってきた文化圏によって理解が大きく違っている。たとえば**黒猫**は、西欧では不吉のシンボルとし、日本でも黒猫は化ける、家に病人などが絶えないと強く嫌う地方がある一方で、黒猫は魔除けになる、黒猫を飼うと福が来る、黒猫を飼うと病気にかからないなどと言い伝えてきた地方もある。前者と後者では、意味が正反対になる。前者の文化圏で育ってきた人には、黒猫の夢は吉夢の可能性が高いが、後者なら凶夢の可能性が高くなる。解釈に際しては、その点を勘案しなければならない。

なお、猫が吉夢になるケースについては490ページ参照。

【眠る　ねむる】

能力や心の一部が眠っていることを表している。そこで、**自分が眠っている**夢は、現在の苦しい状況や閉塞した状況から抜けだすためには、何らかの気づきが必要だという無意識からの警告となり、**夢の中で眠りから覚める**のは、眠っていた能力や心の一部が目覚めるべきときが来ているという知らせになる。

自分以外のだれかが眠っている夢は、その人の身の上に心配事が起きる恐れがある。この夢で、眠っている人に声をかけたり揺り動かしても反応がないようなら、深刻な事態に陥る可能性があるので要注意だ。

【歯　は】

歯の全般的な意味、および吉夢としての歯の夢については491ページを参照してほしい。ここでは歯が凶夢となるケースを書く。

歯が欠ける、**歯がぐらつく**、**歯が抜け落ちる**などの夢は、損失や家族の被災、深刻なトラブルの発生などの予兆の可能性がある。歯が抜け落ちるが、血が出ない夢はとくによくなく、父母や妻子、親族との生死別の恐れがある。家族の誰かが深刻な病気で臥せっている場合は、その可能性が強まる。家族の身に起こる異変でければ、財産や仕事を失うなど大きな困難に直面する可能性がある。

他者に歯を抜かれる夢も強い障害や災害に出会

う兆しなので、自分も含めた家族全体が注意しなければならない。どこの歯が抜かれたかによって、被害に遭うのがだれなのか、推定できるケースもある。上の歯なら祖父母や父母、下の歯なら妻子の可能性がある。**口や歯に蜂が集まる**夢は、種々のトラブルが押し寄せる凶夢で、死の予知夢の可能性もあるとされる。

【墓　はか】

墓は、古いものが滅んで新しいものが生まれることを表しており、新生・再生・転機などの夢におけるモニュメントとして現れる。

古いものの中には、自分自身や自分の仕事、家庭などさまざまなものが含まれる。墓の状態がよければおおむね吉夢と解釈してよいが（493ページ）、**墓が荒れている**、**墓が崩れる**、**墓石にヒビが入っている**、**墓石が欠けている**など、墓に何らかの故障があれば、悪い変化を意味しており、一家や一族に障害や災難がふりかかる兆しとなる。**墓の中に棺桶や骨壺がない**、**墓の中が空になっている**などの夢はより凶意が強い。一家や一族の衰退、家業の破綻、家の断絶など、重い障害の兆しなので、厳重な注意を要する。また、**配偶者の墓を見る**夢も要注意で、夫婦関係に別居や離婚など深刻な問題が発生する恐れがある。

【禿げる　はげる】

力の象徴である**髪が抜け落ちる**夢で、文字通り力の衰えを意味している。力の中には、生命力から財力まで、さまざまなものが含まれる。薄毛の状態から完全脱落の状態まで、程度はさまざまだが、禿げの程度が大きいほど、ダメージも大きくなる。
なお、【髪】の項目も関連するので参照してほしい。

【橋　はし】

橋は状況・境遇の変化を告げている。たとえば健康から病気へ、病気から健康へ、不調から好調へ、好調から不調へなど、状態のチャンネルが切り替わるのだ。橋が吉夢となるケースは493ページに記しているので、ここでは凶夢としての橋について書く。

壊れそうな危険な橋の上で行き悩む夢は、身近に迫った危険や困難を表している。前に進めず、後戻りもできない状態はとくに凶意が強いが、どうにか渡りきることができたなら、苦境を脱して運気が好転する。

橋が折れる、橋が崩壊する、橋から落ちるなどの夢は、築き上げてきたものが崩れる兆しで、前途に大きな苦難が待ち受けている恐れがある。現在の進路、方針、生き方・暮らし方を続けても見通しはよくならないという強い警告なので、じっくり過去を振り返った上で、思い切った方向転換の道を探したほうがいい。これらの夢が、突発的な事故や病気などを意味している可能性もある。

なお、橋の予知夢でとくに注意しなければならないのは死に関するものだが、それについては670ページを参照。

【肌　はだ】

顔と同様、肌は自身の運気の状態を映し出す。とくに印象的な肌の色にメッセージが含まれることが多いので、よく思い出してほしい。

黒い肌の人や、**異様に白い肌の人**の夢は、敵対者もしくは病気・災難・損失の接近を暗示する。特定の知人の**肌色が透き通るように白い**場合は、その人の身に、命にかかわるトラブルや病気が生じる恐れがある。

赤い肌色は清濁で意味が違ってくる。きれいな赤い肌は吉夢だが、**濁った赤い肌の人**の夢は、危険や事故の接近の可能性がある。**青い肌の人**の夢は、誘惑・心労・混乱などの兆しであり、**茶褐色の肌の人**の夢は、先行きに障害が待ち受けている知らせとなる。いずれの場合も、その人が自分に触れるなら、それらが現実化するのは早く、遠くにいるか、ぼやけているようなら、まだかなり時間がある。

肌が焼かれる夢は、非常な苦難に陥る兆しであり、パワーハラスメントやネグレクトなど、厳しい迫害を受ける恐れがある。**皮膚がガチガチに硬化する**夢は、精神的な行き詰まり、気鬱、家庭問題、社会的な孤立などの可能性がある。**肌に毛がない（なくなる）**夢も要注意で、運気の衰退、病気、損失などを意味している。

肌が吉夢となるケースについては495ページ参照。

【裸　はだか】

自分の身を守り、社会的なステータスの象徴でもある衣服がない裸の状態は、文字通り仕事や金銭、財物、家族など自分をガードしてくれているものが失われている姿を表している。とくに**肉親・知人が裸でいる**夢は要注意で、その人の身に深刻な苦難や危機が訪れるか、すでに訪れている可能性がある。

苦難の内容はさまざまで、ちょっとした金銭的な行き詰まりから、貧窮、失職、孤立無援、病気、家族との生死別など深刻なものまで、多くのケースがある。いずれにせよ、その人が裸で現れたということは、あなたに対してSOSを発しているということなので、連絡をとったほうがよい。老いた両親が裸で夢に出てきたら、死別の可能性が出てくる。

自分が裸でいる夢も、多くは凶夢と解されるが、現在非常な苦境にある人、多くの問題を抱えている人には、困難が去るという意味の吉夢になっている可能性がある。

たとえば返済しきれないほどの借金、続ければ続けるほど赤字が膨らむ事業、破綻して修復不可能な夫婦生活などは、清算されるほうが望ましい。そこで裸になって出直すようにという意味で、自分が裸になっている可能性があるので、現状とよく照らし合わせて解釈してほしい。

【鼻　はな】

鼻は典型的な自我の象徴だが、財運や発展運、仕事運などが如実に表れる場でもある。そこで、鼻に何らかの故障がある夢は、財運や発展運などが損なわれると解釈する。

自分の鼻が腐る、鼻がなくなる、鼻が落ちるなどの夢は、とくに注意を要する。自信喪失、居場所の喪失、失権、左遷、大損失、困苦、破産、予期せぬ災難などの兆しの可能性がある。**鼻柱が傷つく夢**も同様で、厳重な注意を要する。この夢を母親が見たら、母親の身にではなく、子孫の身に災いが生じる恐れがある。**鼻の骨が砕ける夢**はさらに悪く、一家が凶事や困苦に見舞われる可能性がある。この夢を見たら、現在の財産は保ちがたい。人から金銭を借りて行うことは、すべて避け、守りに徹する必要がある。

鼻は対人関係の表示の場でもある。**鼻に蝿がたかる夢**は、自分の周囲にいる妨害者や反対者が蝿の姿で描かれている可能性があり、それらの人々との争いで困難な状況に陥ることが暗示されている。今ならまだ修復も可能なので、早めの対処や手当を講じたほうがいい。

鼻が天狗のように高くなる、**鼻が肥大する**、**鼻が歪む**、**鼻を殴られる**などの夢は、自分の我が災いして対人関係を損ねているという警告の可能性が高い。意地を張っていることがあるなら、自分から頭を下げるべきだ。現状のまま我を張り続ければ、やがて孤立する。

鼻が二つ生じる夢も、対人関係のトラブルの暗示で、何らかの争い事が生じる。二つの鼻は、互いに譲り合わない二人の人物を象徴している。それが配偶者であれば、離婚の危機が訪れる。

鼻に黒いシミができている夢は、異性関係のトラブルの暗示だが、他に何らかの障害、心身の故障などを意味している可能性もある。また、**鼻が詰まって匂いがしない**夢は、部下や使用人などが不正を行っているか、配偶者や恋人が不倫や浮気をしている恐れがある。思い当たるところのある人は、早めに身辺を見直したほうがよい。

鼻が吉夢のケースは496ページ、健康問題に関わるケースは650ページ参照。

【腹　はら】

腹はその人の気力・胆力・地力などを象徴し、転じて成功、発展、立身、資産などの象徴となる。そこで夢における腹の状態がよくないと意味が逆転し、失敗、停滞、降格・左遷、貧窮などの象徴となる。

腹が痩せて小さくなる、**腹が縮む**などの夢は、気力・胆力の衰え、精力の減退、運気の停滞、健康状態の悪化、失財、貧窮などの兆しなので注意してほしい。**腹に穴が空く**夢も同様だが、ほかに生殖能力の故障の可能性もある。

腹が裂けて内臓が見える夢や**内臓が飛び出す**夢は、隠し事の露見、失財、大きな損失などの凶夢だが、自分の腹の内をさらすことで信用を得て、大いに引き立てられるという意味の吉夢になっている場合もある。いずれの意味かは夢全体から判断しなければならない。

腹が吉夢となるケースについては497ページ、腹が病気を表しているケースについては651ページを参照。

【火　ひ】

火の夢は、おおむね富や財産の獲得、栄達、権力、発展などを告げる吉夢と解してよいが、テレパシックな夢では、事故、災害、危険、急性病、死などを告げるものとして表れるので、夢全体の印象や、他に夢に出てきたものや人物の意味をよく考える必要がある。

人間が火に焼ける夢は、その人の身に非常な危難や困苦が訪れる。**わが身が焼ける**夢も同様で、ときに死の予知夢となる。

大地が燃える夢や**家が燃える**夢は、病気の知らせなので、すぐ診察を受けたほうがよい。この場合の大地は肉体を意味している。老人がこの夢を見たら、とくに注意を要する。**建物が燃える**夢が病気の知らせになっていたケースもある（実例149参照）。

火が消える夢は衰退の兆しで、損失や失権、体調の悪化、失恋などの意味になる。

火が吉夢になるケースについては498ページ

参照。

【ヒゲ】

ヒゲはその人の生命力や権威を象徴する。

よく調えられた立派なヒゲを見る、**ヒゲが生える**などの夢は盛運に向かう吉夢だが、**無精ヒゲ**、**みすぼらしいヒゲ**など汚い印象のヒゲは、不如意、左遷、収入の行き詰まりなどの凶兆となる。自分の**ヒゲが切られる**、**ヒゲが引き抜かれる**、**ヒゲに白髪が混じる**なども凶兆で、地位、権力の喪失や精力の衰え、損失、減収などの予兆の可能性がある。

また、ヒゲによって息子が表されていることがあり、夢見た人が家長なら、自分の子どもや孫の身に災いや悲しみ事が生じる恐れがある。

【額　ひたい】

額は、神霊や自分の無意識が意識に何かを伝えるときに象徴的なイメージを映し出す、一種のスクリーンの役割を果たす。

狭い額、**くすんで色艶の悪い額**などの夢は、運気が悪化していることを表しており、降格、伸び悩み、仕事上の失敗、損失などの凶兆となる。**額に唇や舌が生じる**夢は、対人関係のトラブルで立場が悪化することを告げている。係争中の人は分が悪くなる。この夢を見たら、人との争いは極力避けたほうがよい。**額だけを隠して頭部と顔面を露出している**夢は、異性問題で苦境に立たされる兆しとされる。**額を傷つけられる**、**額を刺される**などの夢は、不慮の災い、不名誉、損害、病難、盗難などの知らせなので注意してほしい。

額が吉夢になるケースについては500ページ

参照。

【病院　びょういん】

病院は、避難所や隔離所、逃避の場などの象徴として現れる。過酷な現状から一時的に離れたい、逃れたい、目を背けたいといったネガティブな思いが、病院のイメージになって夢に出てきている可能性がある。

その場合、**入院する**夢は苦境に陥る知らせであり、**退院する**夢は苦境から脱する知らせとなる。また、あなたの生き方や考え方の中に、ある種の矯正が必要だということを知らせるために病院のイメージが用いられている可能性もある。

なお予知夢では、実際の病気を暗示するケースもあるので注意してほしい。また、現在重病の人が退院して家に帰る夢を近親者などが見たら、死の予知夢の恐れがある。

【病気　びょうき】

夢の中での病気は、生活環境や仕事環境などの中に〝病んだ〟部分があるということを告げている。夢のとおりの病気にかかるということは、まずない。何が病んでいるのかを探る必要がある。

なお、会社や学校、家事・育児などから逃げ出したい、休みたいという思いが、病気の夢になるケースもある。会社や学校、地域の共同体などで孤立しているが、そこから離脱することができないといった場合、休む大義名分として病気という口実が用いられるのだ。

くりかえし病気になる夢を見るようなら、心身に過剰なストレスがかかっている可能性がある。実際の病気になる前に対策を講じたほうがいい。

自分ではなく、**他者が病気になっている**夢は、何らかの災いの知らせとなる。多くは夢で病んでいる人の身にふりかかる災いだが、自分にも被害が及ぶ可能性があるので注意したほうがよい。

【蛭　ひる】

蛭のようにあなたに吸いつく誰かを表している。蛭は血を吸うが、夢の血はしばしば金銭・財物の象徴として現れる。そこで、**蛭に血を吸われる**夢は、金をたかる人、借金の無心をする人、あなたを食い物にしようとしている人などの接近を表している可能性がある。

女性がこの夢を見たら、たちの悪い男性に気をつけなければいけない。

【豚　ぶた】

豚の夢の基本的な考え方については502ページを参照してほしい。ここでは豚が凶夢になるケースを、古代中国の占夢書に従って紹介しておく。

豚を殺す夢は家族の身に災いが起こる恐れがある。父母が見たら子孫に災いがあり、子女が見たら家族離散の予兆の可能性がある。**豚が子を生む**夢もよくない。万事に不如意で、貧窮者はますます生活が苦しくなる。

中国占夢書以外の実例では、**豚が家に侵入する**夢も凶。病気の予兆で、怠惰や食の不摂生が原因になっている可能性がある。

【船　ふね】

船は人生を運ぶもの（＝運命・運気）の象徴で、**船に乗る**夢や**船旅**の夢は、人生行路を暗示している。非常に重要なシンボルなので、しっかり解釈する必要がある。

自分が乗っている船の良否や大小、新古などで人生行路の順・不順が、積み荷によって人生の中で手にするものが、一緒に乗っている人によって運命をともにする仲間や関係者、援助者、敵対者などの様子が描かれている可能性があるので、夢解きにあたっては細部までよく思い出してほしい。

船がオンボロで不安を感じている、**船底に穴があいて浸水する**、**船が破損している**など、船そのものに不安を感じている夢は、人生行路に困難や災難が待ち受けているという知らせの可能性がある。船の故障が何を指しているのかを考えなければならない。現在の職業や部署、家庭、夫婦生活、仕事に対する取り組み方、健康問題など、さまざまなものが、船の故障によって表され得る。

航海中に嵐に遭う、**座礁する**、**転覆する**、**船から海に転落する**などの夢は、現在の生活を脅かす重大な危険が迫っていることを告げている。男性がこれらの夢を見たら、女性問題で深刻な事態に立ち至る恐れもあるので、女性関係には厳重に注意してほしい。

船が港から出ていく夢は、大切な人との別れの可能性がある。出船を見送るとき、悲しい気分になるようなら、その可能性は高まる。

病人と同船する夢は、身内に病人が出る恐れがある。**船の中で寝ている**夢も同じ。寝ている人が実在の老人や重病人なら、その人の身に重大な心配事が生じる恐れがあり、自分が寝ているなら自分が病気にかかる恐れがある。

一家全員が船に乗る夢は、大きな損失や出費の知らせ。**船の積み荷が空っぽ**の夢も損失や出費を意味するが、困窮の知らせのケースもある。

船が吉夢になるケースについては503ページを参照。吉夢も船の状態や航海の状況などにより凶夢に転じるので、必ず吉夢のほうもチェックして、総合的に判断してほしい。

【ベール】

ベールは悲しみや苦しみの訪れを暗示する。悲しみや苦しみを覆い隠すために、夢の中でベールをかぶっているのだ。また、ベールには本心を隠すという意味もある。

予知夢で注意を要するのは、**自分がベールをかぶる**夢で、何らかの悲しみや苦しみが迫っている。ベールにかぎらず、**顔を覆い隠す**夢は、悲嘆や災難の知らせである可能性が高い。そこで、**ベールを脱ぐ**夢は、心を塞いでいた問題が解決に向かう、結婚相手が現れるなどの吉夢に変わる。

【蛇 へび】

蛇の夢は比較的よく見られるものだが、解釈が難しいシンボルの一つだ。そのわけは、創造と破壊という、まったく相反する二つの意味をもっているからだ。

破壊する力の象徴としての蛇は、病気、死、悲しみ、争い、不幸、損失などの前兆となる。吉夢としての蛇（547ページ）のところで、**蛇を捕まえる**、**蛇を踏む**、**蛇に追われる**、**蛇がからみつく**、**蛇に咬まれる**などは、それが創造の蛇である場合はすべて吉夢と書いたが、夢の蛇が破壊の蛇だった場合は、すべて凶夢になる。蛇を捕まえるのは災いを呼ぶことに通じ、蛇を踏む夢は災いに遭遇すること、蛇に追われる夢は災いの接近、蛇がからみつく夢や咬まれる夢は災いがわが身を侵すことの表示となる。災いの中でも重点的に注意しなければいけないのが病気なので、健康面に不安のある人は、病院で検査を受けるなど何らかの対処をしたほうがよい。

夢に出てきた蛇が、創造を象徴する蛇か、破壊を象徴する蛇かの判断は難しい。夢全体の文脈から慎重に判断していかなければならないが、今まで蛇の夢を見て、損害、病気、悲しい出来事など、よくないことが多かったと思われる人は、蛇を否定的なイメージでとらえている可能性が大きく、その場合は何らかの不運の訪れを暗示するものとして解釈を進めるとよいだろう。

【星　ほし】

星は仕事や人生の目標、生きがい、到達点などの象徴なので、流れ星など不吉な相が現れる夢は、それらが損なわれるという意味の凶夢となる。

星が落ちる夢は、配偶者や援助者、大切な仲間や知人など、夢を見た人にとって非常に重要な人物の身に、災いや不幸が訪れる知らせの可能性がある。また、自分自身の身にふりかかるトラブルや訴訟、仕事上の大きな痛手・損失、財産の喪失、病気などの前触れの可能性もある。非常にいやな夢なので、厳重に注意する必要がある。ただし、**星が寝室に落ちる**夢は例外で、衆に抽《ぬき》んでた子を得る知らせとなる。

流星を見る、**流星が地に落ちる**などの夢もよくない。流星は凶事の知らせであり、現在の地位を失う、失職する、病気に見舞われるなどの凶事に見舞われる恐れがある。現在、不倫をしている人がこの夢を見たら、不倫が露見して大変な苦境（クビ、多額の慰謝料、孤立無援など）に陥る恐れがある。不倫とまではいかなくても、色情の過ちという意味もあるので、その方面にはとくに注意したほうがよい。

ただし、星が流れても落ちないなら、身辺に動揺や重大な変化があり、苦労心労をともなうが、慎重かつ誠実に取り組むことでどうにか乗り切ることができるという意味になる。

星が空から消える夢は、没落、倒産、破産、一家離散などの暗示となる。ギリシアの占夢師アルテミドロスは、「空は自分の家、星は家の中の財産と住人」と述べている。星が消えるのは、家の中に財産も住人もない姿なのである。

星を食べる夢は、死や不幸、病気の前兆の可能性がある。**流星が口に飛びこむ**夢も同様で、災いが身中に侵入することを表している。ただしこの夢が妊娠の予兆になっているケースもあり、その場合は吉夢になる。

星が吉夢になるケースについては507ページ参照。

【枕　まくら】

それが特定のだれかの枕なら、その人を表している。**家族の枕が足りない、妻や恋人の枕がない**などの夢は、枕がなくなった人の身に異変があるか、家からいなくなる暗示になるので注意してほしい。

【窓　まど】

窓は心の目を象徴しているので、**窓が閉まって**

いる、窓が雲っている、窓を閉めるなどの夢は、自ら社会など外部との接触を拒んでいるか、関係をもつことに消極的になっていることを表している。運気は不調で、対人関係のトラブルや悪化、仕事の行き詰まり、家庭不和、孤立などのマイナスが懸念される。また、文字通りの目の疾患を表しているケースもあるので、思い当たるものがあれば、早めに対処法を考えたほうがよい。

窓から小鳥や蝶が出ていく夢は、とくに注意をしなければならない。家族の誰かが家から出ていくという知らせのほかに、家から死者が出る知らせの可能性もあるからだ。

窓が吉夢になるケースについては508ページ参照。

【豆　まめ】

多くの場合、豆はちょっとした心配事や悩み事の象徴として現れる。また、人物象徴では家族や子、孫を表しているケースが多く、それらの人の身に心配事が生じる知らせとなっている。

豆を食べる、豆を煮て惣菜をつくるなどの夢は、悩み事や障害の予兆で、とくに子や孫もしくは兄弟姉妹に関する心配事やトラブルの可能性がある。

炒り豆の夢は、自分に敵対する者から攻撃を受ける恐れがあり、**家の中で豆を見つける**夢は、家庭にトラブルや悲しみ事が生じる前兆となる。**豆の苗**の夢もこれらと同様に解釈してよい。

なお、**節分の豆まき**は夢で不祥を祓っているので、運気の好転を示す吉夢となる。

【眉　まゆ】

眉はその人の生命力を表し、一対になっているところから、夫婦の象徴として描かれることもある。

眉が細くなる、薄くなる、眉に傷がつく、眉が切れ切れになっているなどの夢は、いずれも生命力の衰えや運気の後退を表しており、生活の窮乏、病気、障害、夫婦生活の破綻、恋人とのトラブルなどの前兆になっている可能性がある。また、**片方の眉が抜け落ちる・なくなる**夢は、前者の夢より一段と凶意が進んだ状態を示しており、配偶者、支援者など、たのみとしている人を失い、困苦や孤独状態に陥る知らせの可能性があるので注意してほしい。

眉が吉夢になるケースは509ページ参照。

【見知らぬ人物　みしらぬじんぶつ】

古典的な夢解釈では、見知らぬ人物は死や病気の人格化とされている。ただし、見知らぬ人物が夢に現れたからといって、ただちに死や病気と結びつくわけではない。現実の死や病気ではなく、自分の無意識の中にある漠然とした不安や脅えの象徴である可能性のほうが高い。

また、霊的な夢では何らかの因縁とかかわる人物の可能性があるが、通常の夢解きでは解明しようがないので、くりかえし夢に現れるようなら、信仰している神仏に夢の人物の意味を教えてくださいと真剣に祈って眠り、メッセージを受け取るようにするとよい。筆者もこれで感応が得られたことが何度もある。

男女別では、**見知らぬ男性**のほうが、マイナスの意味を帯びていることが多い。**顔の定かでない**

男性が道に立っている、見知らぬ男性が背後からついてくる、見知らぬ男性に追われる、見知らぬ男性が暗く陰鬱な表情をしている、見知らぬ男性に圧迫感を感じているなどの夢は、あなたを脅かすものが近づいているという知らせで、ときには病気の前触れとなる。病気という〝姿の見えない敵〟が、見知らぬ男性として現れているのである。

見知らぬ女性の場合も、その印象が重要だ。**雰囲気が暗い見知らぬ女性、いやな笑みを浮かべている見知らぬ女性、いやらしい醜さを感じる見知らぬ女性**など、不快感や嫌悪感をともなう女性は、不運の人格化の可能性がある。

見知らぬ老婆も不吉で、病気や死を告げているケースがある（実例57を参照）。逆に、気持ちが晴れやかになるような女性は、何らかの幸運の訪れを告げている。

【道　みち】

夢の道は、現在から未来に通じる道のりを象徴している。道の状態がよければ未来は明るく、道の状態が悪ければ厳しい未来が待ち受けているというのが解釈の基本となる。

そこで、**途中で道が切れている**夢や、**道が途中で陥没している、道が消えている**などの夢などは、行く手に非常に重大な障害や妨害、災害、困難などが待ち構えているという警告の可能性が出てくる。最悪の場合、死の予知夢の可能性も出てくる。進むべき道、在るべき道がないということは、進むべき未来がないとも解されるからだ。

道は続いているが、状態がよくないたぐいの夢は、深刻さの度合いでは右のケースより軽いが、やはり何らかの困難や障害を暗示している。**道が先細りになっている**夢は、運気の衰えのサインだ。

現在のまま物事を進めても見通しは暗いという表示なので、方向転換を考えたほうがよい。

道がぬかるんでいる夢は、現在の困難を表しているが、先行きまでは示されていない。ぬかるみを抜けだせば事態は徐々に好転していく。**ぬかるみで自分の衣服が汚れる**夢は、病気に注意しなければならない。また、何らかの不名誉な事件や騒動を起こす可能性もある。

曲がりくねった道を進む夢も困難の表示だが、歩き続けていれば打開の道が開ける。

道が障害物によって塞がれている夢は、現在の方針、進路、計画などに誤りか支障があることを示している。障害物をよけて前進するか、障害物を取り除いて前進するなら、困難は克服できるが、障害物の前で途方に暮れているようなら困難は長引く。

吉夢の道については510ページ参照。

【耳 みみ】

〝聞く〟という機能から、耳は他者の評判、評価の象徴として現れる。また、音信など何らかの知らせの予兆でもある。

そこで、耳に何らかのトラブルが生じる夢は、いずれも凶夢となる。たとえば、**耳が痛む**夢は、人からの非難や中傷を表し、**耳を殴られる**夢は、悲しい知らせや悪い知らせを聞く前兆、**耳が聞こえない**夢は、人の意見に耳を傾けないことが原因で災いを招き、苦境に立つという警告になる。

耳の穴がない夢は、より深刻だ。穴がなければ音は聞こえない。つまり必要な情報がまったく届かず、判断がつかない状態を表しており、誤った判断による失敗・損失、孤立、乗り遅れ、病気の悪化など、諸事に障害がつきまとう。

耳が切られる、耳が片方しかないなどの夢も、穴がない夢と同様だが、男性がこの夢を見た場合には、妻もしくは娘の身に起こる心配事の可能性もある。耳は女性の象徴でもあるからだ。また、可愛がってきた娘がいる場合、その娘の結婚がこれらの夢によって表されている可能性もある。結婚そのものは吉事だが、父親にとっては娘を他人にとられることになるので、娘＝耳が切られる、耳が片方しかないなどのシーンによって表されているのである。

耳が増える夢は通常は吉夢だが、耳が増えて悲しんでいる場合は凶夢に変わる。悪い評判、非難、叱責などが集まるという知らせであり、分不相応な地位に就いて苦しむという知らせでもある。**耳から流血して肩を汚す**夢は、重大な危難・病難の知らせの可能性があるので注意してほしい。この夢は、ときに死の予知夢ともなる。

耳が吉夢になるケースについては511ページ参照。

【息子・娘　むすこ・むすめ】

実在の息子や娘を表している場合と、自分の体の一部（手、足、歯、性器など）の象徴になっている場合があるが、予知夢では、実際の息子や娘の可能性が高い。一般に親子間のテレパシーは他者との間より強く働くため、何らかの心配事があると夢に見られるのだ。

息子や娘の表情が暗い、**息子や娘が後ろを向いている**、**息子や娘が幼い子どもに戻っている**などの夢は、彼らが苦境に陥っていることを知らせている。目覚め後、胸騒ぎがするようなら、すぐに連絡をいれたほうがよい。**息子や娘がまとわりつく**夢は、病気、災い、不幸などの前触れだが、その凶事が生じるのは息子や娘にかぎるわけではない。夢見た者が凶事に見舞われることを心配して、夢で息子や娘がまとわりついている可能性もあるからだ。

息子や娘が死ぬ夢は、一見、非常な凶夢に思えるが、逆夢の一種で、彼らに関する心配事が解消されるか、何らかの喜び事がある。ただし、稀に文字通り死を告げる予知夢のケースもあるので、念のために様子を確認したほうがよい。

【胸騒ぎ　むなさわぎ】

予知夢では異変や災害の予兆の可能性が高い。目覚めた後も胸騒ぎが続くようなら、厳重な注意が必要だ。胸騒ぎが強くはっきりと感じられる予知夢は、それが現実化するまでにさほど時間を要せず、多くは数日以内に現実化する。

【目　め】

目の基本的な意味は513ページを見てほしい。ここでは凶夢としての目の夢を書く。

ものがよく見えない、視界が暗い、目が爛れるなどの夢は、判断の誤りや理解不足、経験不足、根拠のない慢心などにより、大きな困苦に陥るという警告である。また、何らかの霊障の可能性もある。目が人物象徴になっているケースもあり、その場合は親や兄弟姉妹との間でもめごとが生じる知らせとなる（左右両眼は両親、夫婦、兄弟姉妹の象徴としても用いられる）。

目が見えない、目が潰れる、まぶたが垂れ下がって開けようとしても開かないなどの夢は、困難の度がさらに増しており、夢のとおり、先行きがまったく見えない状態になることを表している。強い警告夢なので、この夢を見たら、現在やっていること、やろうとしていることを、ただちに見直さなければならない。無意識からの警告を無視して進むと、先で非常な困難に遭遇する。

目が手や足についている夢は、〝手探り〟や〝足探り〟の状態を表している。先行きがはっきりしないため、手探り足探りで進むしかない状況が待ち構えている可能性がある。この困難な状況から抜け出せるかどうかは、夢の続きのエピソードから判断する。**目が体の他の部位についている**夢は、その部位が表すものに注意せよとうながす夢なので、関連部位をチェックしてほしい。

【眼鏡　めがね】

眼鏡は目の働きを補うものなので、**眼鏡をなくす**、**眼鏡が割れる**、**眼鏡が合わない**、**眼鏡が曇る**、**眼鏡が見つからない**などの夢は、いずれも目によって象徴される知力、洞察力、判断力、直感力、集中力などの働きに何らかの問題が生じることを表している。正しい判断ができないために方向や進路を誤る、失敗するの警告になっているので、万事慎重に事を運ばなければならない。

サングラスをかける夢は、視界が暗くなることから、おおむね右と同様の意味になるが、自らサングラスを選択しているので、何かやましいことがあって隠そうとしている心理が背景に隠されている可能性がある。

眼鏡が吉夢になるケースについては514ページ参照。

【門　もん】

予知夢では家族や一族の運気、もしくは自分の社会的地位や成功の度合いを象徴する。

門が折れる・壊れる・倒れるなどの夢は、失職、破産など一族や家族に重大な災いが起こる恐れがある。また、不名誉な事件や騒動に巻き込まれる恐れもある。それが神社など聖域の門なら、凶意は一段と強くなる。

家の門がみすぼらしい夢は、家運の衰退、損失などに注意。**門前で佇んでいる、門内に入れない**などの夢は、物事や仕事が滞って進展しないことを表している。この夢で門前に佇んでいる人物の死を表すケースもある。

門が吉夢となるケースについては516ページ参照。

【**痩せる** やせる】

だれかが異常に**痩せている**姿で夢に現れたら、その人の身に何らかの危険や障害、大きな損失、病気などの不幸が迫っている。

身体についている肉は、その人が抱えている財産・所有物（人間もふくむ）に相当する。それが削げ落ちているというところから解釈していけば、この夢の意味は解けるはずだ。

ただし、夢見た人が自分では処理しきれないほどの仕事や問題を抱えている場合、痩せる夢は、それらの問題から解放されて身軽になるという知らせの可能性がある。自分の現状と照らし合わせて解釈を進めてほしい。

【**屋根** やね】

屋根は自分の頭部・脳・意識活動、ないし主人や組織のトップを象徴するので、どのような形であれ屋根が傷む夢は、重大な障害や困難の暗示となる。

屋根が雨漏りする夢は、世帯主の身に生じるトラブルや病気に注意。**屋根が崩れる**夢は、世帯主の身に深刻な危機が迫っている。病気では頭部の疾患に注意すること。血圧や脳梗塞の前歴など心配な病歴があるなら、早めに検査を受けてほしい。

なお、屋根の故障の夢で、その後に修理する場面が出ているようなら、困難に遭遇しても何とか乗り切ることができる（家屋の修理の夢も同じ）。

屋根から落ちる夢は現在の地位からの転落、失権などの予兆の可能性がある。

屋根が吉夢になるケースについては516ページ参照。

【山　やま】

山は現在取り組んでいる仕事や人生上の課題と、それにともなう困難などを象徴するので、山中で苦しい状況に立ち至る夢は、おおむね凶夢となる。

山に霧や雲がかかって進路が見えない夢は、夢の描写のとおり、前に進むことの困難さを表している。**登山道が途中でなくなっている**夢も、行く手に困難さが待ち受けているが、苦しくても登り続けているなら、打開の道が開ける可能性がある。

山が崩れる、**山道が陥没する**、**山から転落する**などの夢は、困難の度がいっそう増す。ラインの上司の失脚、自身の降格や左遷、会社の倒産、一家の主の病難など、生活や仕事の基盤が崩れる恐れがあるので、厳重な注意が必要だ。

禿げ山の夢は、窮乏もしくは健康問題の知らせであり、頂きが鋭角的に尖っている**高山**の夢は、人間関係に問題が生じる恐れがあり、とくに家庭内の不和や夫婦喧嘩、離婚騒動などに注意しなければならない。山容が険しかったり歪《いびつ》だったり岩ばかりで翠《みどり》がないようなら、行く手の困難を表示している可能性が高い。

高い山から降りる夢は、自分の置かれている状況によって大きく吉凶が分かれる。すでに高い地位にある人は、閑職への異動や現職からの撤退など、衰運に向かうという知らせになるが、地位の低い人は、これから引き立てを受けて地位が向上していく。また、年相応の地位にある人は、運気の衰えや病難に注意してほしい。

山中の洞窟で暮らしている夢も、自分の状況によって吉凶が分かれる。バリバリ仕事をこなしている人や、野心が旺盛な人がこの夢を見たら、現在の地位や境遇を保ちがたいという意味の凶夢になるが、引退・隠居を考えている人にとっては、精神的なゆとりのある第二の人生の訪れの知らせとなる。なお、病人がこの夢を見たら、病状の悪化に注意しなければならない。

山火事の夢は、判断が難しい。心臓疾患などの知らせの可能性があるが、願望成就の大吉夢の可能性もある。夢全体の雰囲気や、体調、目覚め後の印象などから慎重に判断してほしい。

変わったところでは、**馬を駆って山に登る**夢が火事の予兆とされている。

山が吉夢になるケースについては517ページ参照。

【雪　ゆき】

雪の白という色には、清浄や浄化といったプラスの意味と、病気や死というマイナスの意味がある。吉凶の判断が難しいシンボルの一つなので、解釈は慎重に行う必要がある。

大雪が降って道が埋まり途方に暮れる夢や、**吹雪・豪雪**の夢は、先行きに障害や困難が待ち構えている兆しなので、注意を要する。兄弟仲に争いが起こる恐れもある。**身に降りかかった雪が溶けない夢**は、問題解決が長引くという知らせであり、稀に喪に服する前触れともなる。

雪の吉夢については518ページ参照。

【指　ゆび】

指は身の回りの大切な人、とくに家族の典型的な象徴であり、財産や資産の象徴ともなる。指が特定の人物を象徴しているケースもあるが、それについては518ページに書いているので、そちらを参照してほしい。

指の夢でとくに注意を要するのは、**指が折れる**、**指が切断される**、**指がなくなる**などの夢だ。失った指が象徴する人物の身に、事故や災難、不幸などの凶事が生じる恐れがある。また、それらの人との関係に重大なトラブル、離反、別れなどが生じることを告げている場合もある。この夢が家族に関係するものでない場合は、自身の経済的な困窮、家の零落、仕事上の大きな損失などの恐れが出てくる。

指が痛む、**指にささむけができる**などの夢は、子どもなど家族に心配事が生じるか、仕事面での障害に気をつけなければならない。配偶者などの**指が実物より短い・醜い・荒れている**といった夢も、その人の身に災いや障害が起こるか、子どもに関する心配事が生じる恐れがある。

【弓矢　ゆみや】

弓矢は目標に向かって突き進む力、栄誉、抜擢、戦いにおける勝利などの象徴なので、**弓が折れる**、**矢が折れる**、**弓弦が切れる**、**弓に弦がない**などの夢は、自分に分がないという知らせとなる。運気は後退しており、攻めても勝利はおぼつかない。いったん引いて態勢を立て直したほうがよい。とくに**弓を引いて弦が切れる**夢は、大きな困難の訪れを示している可能性があり、夫婦別れの可能性もある。

弓矢が吉夢になるケースは519ページ、弓矢が恋愛・結婚に関係するケースは569ページ参照。

【呼ぶ・呼ばれる　よぶ・よばれる】

だれかに呼ばれる夢、また**だれかを呼ぶ**夢は、予知夢ではしばしば重要な知らせや警告になっている。その最たるものが死の予知夢で、実例として多数の例を挙げておいたが、すべてが死とかかわるわけではない。

神仏など高貴な存在に呼ばれる夢は、運気の好転や立身出世の予兆、もしくは何らかの警告のいずれかの可能性が高い。**亡くなった先祖があなたの名を呼ぶ**夢は、病気や事故など、あなたの身に起こる異変を知らせている可能性がある。**だれかがあなたの名を呼んでいる**夢も注意を要するもので、呼んでいる人があなたに救いを求めている可能性がある。また、あなたに対して何らかの警告を発していることも考えられるので、夢全体の文脈から判断してほしい。

あなたが大切な人の名を呼んでいる夢は、その人の身に重大な危機が迫っている可能性がある。

【読む　よむ】

本や新聞、メモなどを読む夢は、何かを自覚しようとしている、あるいは気づかせ、現実化させようとしていることを表している。

大切な人の遭難を新聞記事で読む夢を見たところ、夢が現実となったなどの予知夢の例がある。それが非常に強い緊迫感、切迫感をともなうリアルで具体的な夢だったら、目前に迫った危機の知らせの可能性が高い。また、コールリッジの夢（397ページ）などの実例で示してあるとおり、夢で読んだものが創作の源泉になるケースもある。

とくに意味があるとも思えない内容でも、夢の中で読んだ言葉には、現在のあなたに必要な何らかのメッセージが込められていることがしばしばある。すぐに判断できなくても、とりあえず手帳などに記録しておくことをお勧めする。

【留守　るす】

そこにあるべきものがない状態を表す。**自分が家を留守にする**夢は、旅行、放心、病気などを表している可能性がある。また、場合によっては死の暗示にもなる。**家の中に留守番の人がいる**夢や、**自分が留守番をしている**夢は、その家の家族の身に心配ごとが起きる恐れがある。とくに父母の身に起こる災厄に注意してほしい。

【ロウソク】

ロウソクの長さは寿命や運気の状態を表し、火の大小は運気の状態を表す。そこで、**短いロウソクが燃えている**夢は、心身の不調、病気、停滞、困窮など、障害の暗示となる。とくに火の勢いが弱く、今にも消えそうな状態なら、悩みは深くなるので、早急に備えを考えたほうがいい。

ロウソクが消える夢は、右の状態が一段と悪化することを告げている。近親者の不幸に注意。また、恋愛中の人は、恋に終止符が打たれる可能性がある。

ロウソクが吉夢になるケースについては522ページ参照。

【笑う　わらう】

声をあげてゲラゲラ笑っている夢は、落胆、悲しみ、絶望などを意味する。激しい困惑や狼狽などの感情のひきつりが、こうした馬鹿笑いの夢になっているのだ。

自分が声をあげて笑っている夢は、何らかの悲しい出来事が起こる前触れで、ときに不幸の予兆となる。**知人・肉親が大声で笑っている**夢は、笑っている人の身の上に悲しい出来事が起こる恐れがある。**自分が馬鹿笑いしている**夢は凶意が強いので、とくに注意が必要だ。

それ以外の笑い、たとえば**ほほ笑み**などは心身の快調さを告げる吉夢であり、神仏や祖先、老人などがほほ笑む夢は、運気の好転や障害の解消、病気の治癒など喜び事の訪れを告げる夢なので、心配はいらない。

健康と病気に関わる夢

【青ざめる　あおざめる】

青という色には、精神的な安らぎや高い精神性、発展性を告げる場合と、病的な状態の昂進や深い孤独を表している場合がある。

濁った印象の青、黒みがかった青、褪せた印象の青などは、いずれもマイナスの意味を帯びた青で、好ましくない不吉なメッセージを伝えている。夢中の人が**青ざめている**なら、その人の身に何らかの異変、病難、事故などが生じるか、すでに生じている可能性がある。

青ざめた人の夢は、死の予知夢としても現れる。実例69や71の死霊は、いずれも青ざめた人物の姿で現れている。

【汗　あせ】

尿・血液・精液・汗など、体に含まれる液体は、いずれもまず第一に生命エネルギーを象徴し、次に金銭財物など物質的な所有物を象徴する。

汗をかく夢は、体から生命エネルギーが抜けていくこと、もしくは金銭財物が損耗していくことを表しており、不吉な兆候と解される。**大量の汗をかく**夢は、生命エネルギーが大量に失われることに通じるので、健康面で不安を抱えている人は検診を受けたほうがよい。

【足枷・手枷　あしかせ・てかせ】

足枷や手枷は、身動きがとれない状態になることを表している。そこから、病気による入院、文字通りの逮捕・入獄、仕事やノルマなどによる過重な拘束などの象徴となる。また、意に沿わない結婚や期待を裏切られた結婚生活も、同様の象徴で表される場合がある。**縄や紐で縛られる**夢も意味は同じ。

逆に**足枷・手枷が外れる**夢や、**縄や紐がほどかれる**夢は、拘束からの解放を告げる吉夢となる。

【頭　あたま】

人体の司令塔という役割から、頭が自分より目上の人、父親、ボス、上司、先祖、師匠などを象徴するケースがある。たとえば、**頭が傷つく**という夢によって、自分の父親の身に起こる事故や病難などが告げられるのである。

なお、頭にはほかにもさまざまな解釈の可能性があるので、必ず436ページや572ページも参照した上で解釈してほしい。

【尼　あま】

不幸や苦難を告げるメッセンジャーとして現れるケースが多い。

尼が家に入ってくる夢は、入った家に何らかの不幸や災い、病難が起こる可能性がある。**尼が経を読む**夢も同じ。尼については595ページ【僧尼】の項も参照のこと。

【家　いえ】

家は生活状況、精神活動、健康状態、運気など、その人自身を表す非常に重要な象徴なので、しっかり分析しなければいけない。

家の象徴的な意味の一つに、自分の身体がある。そこで、**家が傾く**、**家が倒れる**、**家が暴風雨にさらされて壊れそうになっている**、**家の中に牛馬や豚な**

どが闖入してくる、**家のどこかが修理が必要な状態になっている**（壁が剝げてボロボロになっている、廊下に穴があいている、玄関が壊れて出入りできない、窓が塞がっているなどなど）、**家の中に土砂がある**などの夢によって、病気が示されているケースがある。傷みの状態が、病気の重さを表すことが多いので、ひどく傷んでいる場合は厳重な注意を要する。

また、明るさも判断の重要な指標となる。**家が暗い夢**は、家族のだれかが病難に遭う恐れがある。特定の**部屋が暗い**場合は、その部屋がだれの部屋かによって判断する。

家によって家庭生活が示されることも多い。前記の夢が病気の知らせでない場合は、家庭に波風が立つ、事故が生じる、家運が衰えるなどの恐れがある。**家が地震で揺れる**夢は、何らかのトラブルが家族を襲うという知らせなので、厳重な注意を要する。

家が大水で流される、**家の中に雑草が生える**などの夢は、病気でなければ経済状態の窮迫を表す。リストラ、失職、離婚、家族離散の可能性もある。家の意味する範囲は非常に広く、あらゆるテーマが家の状況によって描きだされる。また、家の中の特定の場所にもそれぞれの象徴的な意味があるので、関連項目を参照してほしい（例＝台所、寝室、玄関、門など）。

【衣服　いふく】

衣服の異変が病気を表しているケースがある。この場合の衣服は肉体の延長と考えられる。たとえば、**汚れた衣服を着ている**、**衣服のサイズが合っていない**などの夢で、肉体の変調が夢の背後に隠されている可能性がある。思い当たる人は検診を受けたほうがよい。逆に**汚れた衣服を洗う**夢は、病気が癒える知らせとなる。汚れた衣服＝病んだ肉体が、洗われてきれいになるからである。

なお、衣服の夢は意味が広い。４４０ページ、５５３ページ、５７６ページを参照してほしい。

【馬　うま】

不吉な印象の馬の夢は、災いや病気の前触れの可能性がある。

不気味な印象の馬が部屋に入ってくる夢は、とくに注意を要する。それが**黒馬**なら、すぐに病院で診察を受けることをお勧めする。**暴れ馬に襲われる**夢は、急性病の発症や、病状の悪化の恐れがある。**赤馬**も事故や病気の前触れだが、火事の予兆のケースもある。

馬については５２７ページ、４４１ページ、６５７ページも参照のこと。

【老いる　おいる】

実際には老人ではないのに、**自分が老人になっている**夢や、**急速に老いていく**夢は、見た人の世代によって解釈が異なる。

中年男性や病人には長寿や病気回復の知らせとなるが、若年者が見た場合は凶夢で、身辺によくないことが起こる可能性がある。

【襲われる　おそわれる】

何らかの敵対的な力の脅威にさらされることを表している。多くはちょっとした不安やストレス、現実からの逃避願望などからくる雑夢なのであまり気にする必要はないが、予知夢の場合は実際の危険の警告になるので注意してほしい。

解釈に際しては、何に襲われているか、襲ってくるものの正体を見極めることが夢解きのポイントになる。実例で挙げているような**死神に襲われる夢**は、とくに要注意。**黒犬や黒馬などに襲われる夢**は、死や病気と関連している可能性がある。関連項目を見てほしい。

【骸骨　がいこつ】

骸骨は、災い、不幸、病気、死などの典型的な象徴となる。また、敵の妨害や攻撃が暗示されている場合もある。**骸骨を見る**、**骸骨に襲われる**などの夢は、とくに病気や怪我に注意する必要がある。

【風　かぜ】

予知夢では、主に外部からやってくる邪気や悪意を象徴する。とくに**北から吹く風を身に受ける**夢はよくなく、困難や苦境、病気などの知らせとなる。風の勢いが強ければ強いほど、受けるダメージも大きくなる。

暴風に吹き飛ばされる、**暴風で家や樹木などが倒れる**などの夢はとくに注意が必要。病気の心配がある人は、すぐに受診したほうがいい。また、大きなプロジェクトや事業立ち上げ、大口契約などに取り組んでいる人は、意外な妨害、横やりなどで台無しになる恐れがある。綿密なチェックや見直しが必要だ。**風が衣服を巻き込んでパタパタとなびく夢**は、その衣服の主に病気などのトラブルが起きる予兆の可能性がある。

風の夢でも、**東からくる風**はおおむね吉兆と解釈してよい。夢で、**心地よい春風**と感じている場合も同じだ。

【体　からだ】

身体の夢は、現在から近い将来にかけての運気の状態を表している。

体が痩せる、**体が縮む**、**体が赤ん坊のように小さくなる**などの夢は、いずれも運気の衰退を表しており、病気、災難、障害などの兆しの可能性がある。**体が黒くなる**夢は運気の塞がりを暗示しており、凶意が強い。とくに病難に注意したほうがいい。

体内に一人の別人が生じる夢は、不倫や浮気の予兆の可能性がある。すでにそうした不貞行為をしている人が見た場合は、この先、大きな問題となるという強い警告と考えたほうがよい。**寒さで体がふるえる**夢は、突然災難に見舞われる予兆の可能性がある。また、病気にかかる前触れでもあるので、注意してほしい。

体が吉夢になるケースについては451ページ参照。

【監獄　かんごく】

実際に監獄に入るという意味ではなく、病気や缶詰状態の仕事などで身動きのとれない状況になるという意味で監獄のイメージが用いられている。**監獄に入る**夢を見たら、とくに病気に注意しなければならない。入院の必要が出てくる可能性がある。

監獄から出る夢は逆で、苦境から脱する、退院が近いなどの吉夢と解してよい。また、**監獄で殴打・折檻を受ける**夢は、凶夢のようだが、これから運気が好転することを告げる吉夢。仕事は発展し、売上や収入も上がる。病人は快方に向かう。

【木　き】

木の全体的な意味については453ページに記してあるので、そちらを参照してほしい。ここでは、木が病気や障害の象徴になっているケースについて述べる。

この種の夢でとくに要注意なのは、**木が枯れる**夢だ。生命力の衰え、病気や衰弱、一家の衰退などの知らせで、何らかのよくないことが起こる可能性がある。とくに枝葉の部分が枯れているようなら、本人の腕部や頭部の故障、もしくは子どもや孫、兄弟姉妹、妻（特別に太い枝の場合）などの身に問題が生じる可能性があるので、夢の意味をしっかり追究する必要がある（実例67を参照）。

木の幹がだめになっている夢や**木に洞《うろ》がある**夢は、夢を見た当人の内臓、もしくは世帯主の身に起こる問題の暗示となる。また、**木の根がだめになっているような**ら、その木が象徴している人物の生死にかかわる問題や、一家・一族を見舞う深刻なトラブル、先祖の名を汚すような不祥事の発生などが懸念される。

木の葉が落ちる・散るなどの夢は、木が枯れる夢ほど深刻なものではないが、子や孫に関する心配事や、自分に関するトラブルの暗示となる。

野原に木が一本だけポツンと立っている夢は、夢を見た当人の苦境、孤立の表示。この木は自分自身を表している。また、**庭の木を切り倒す**夢は、その家の主人や稼ぎ手に深刻な災いや病気、事故、不幸などが起こるという暗示で、凶意が強い。厳重に注意してほしい。**だれかが木の中に入っている**夢は、入っている人が非常な困難に陥る恐れがある。**家の中に木が生える**夢も凶。何らかの障害を表しており、さもなければ父母の身に生じる病気などの災いの暗示となる（実例141を参照）。

【口　くち】

身を養う食べ物を入れる場所ということから、財産、生活力、収入などの象徴になるのが一般的だが（456ページ）、文字通り食べるという意味で夢に出てくることもある。

口が小さくなる夢は食が細ることを表しており、病人がこの夢を見たら、病状の悪化など、よくない方向に進んでいる可能性がある（健康な者が見た場合は生活の困窮の予兆）。**口中がただれて物が食べられない**夢も同じ。

口中に蓮華が生える夢は吉夢で、病気が快方に向かう知らせになる。

【寒い　さむい】

寒さを感じる夢の多くは、布団がはねのけられたなどの理由で、実際に寒さを感じているときに見られるが、予知夢の場合は、何らかの不吉な出来事や困苦、病難の予兆の可能性があるので注意を要する。

霊の導きで寺に行き、「思わず肌寒さを覚えた」夢を実例67で紹介しているので参照してほしい。

【死者　ししゃ】

死者の夢は典型的な吉夢の一つだが（462ページ参照）、シチュエーションによっては凶夢となり、とくに病気にかかったり病気が悪化する知らせとなる。

死者に抱きつかれる、**死者に衣服を剥がされる**、

父母兄弟が死ぬなどの夢は、病魔に取り憑かれる前兆の可能性がある。とくに衣服を剥がされる夢は要注意だ。健康面で問題がない人が見た場合は、金銭的な行き詰まりや貧困など、生計にまつわる問題が生じる恐れがある。

父母や妻子など**親族が生き返る**夢はおおむね吉夢だが、**未知の死人が生き返る**夢は要警戒で、病難や災いに襲われる可能性がある。

死者が生きている者の食べ物をとって食べる夢もおもしろくない。とられた人の身に病気や損害など何らかの災いが起こる恐れがある。また、**生きている者が死者への供物を食べる**夢も不吉で、病難や心配事の発生など災いの知らせとなる。

なお、死者の夢が文字通り死の予知夢になっているケースも稀にある。それらについては実例で多数紹介してあるが、いずれも死の世界に関する何らかの象徴が重ねて描かれている。経験上、死の予知夢は死にまつわる象徴を重ねて事態の逼迫を伝えるのが通常なので、死者単独の夢なら、死の予知夢と考えて恐れる必要はない。

【侵入者　しんにゅうしゃ】

自分を脅かす人物や出来事の象徴であり、病気の暗示でもある。

自分の家や部屋に見知らぬ侵入者がいる夢は、病気の前触れの可能性がある。また、その侵入者を死神だと感じているなら、死の予知夢の恐れもあるので厳重に注意してほしい。

侵入者を追いはらう夢は、危地を脱するという吉夢。苦境は避けられないが、その後、事態は好転する。

【大地　だいち】

仕事、職業、家庭、肉体など、自分がよって立っている地盤の全体を象徴する。そこで、大地に何らかの故障が生じている夢は、右に挙げた地盤が揺らいだり、大きく損なわれる暗示となるので、厳重な警戒を要する。

実例でも挙げているように、**大地が裂けて落ち込む**夢は、思いがけない事故や病気（とくに消化器系の病気）を暗示しており、体力の落ちた高齢者や闘病中の人の場合は、不幸の予兆の可能性がでてくる。**大地から黒気が立ちのぼる**、**大地の上に突っ伏す**、**大地から火が燃え出る**などの夢も、病気の暗示か、仕事や家庭に生じる深刻なトラブル、憂い事などの暗示となる。目の前で**大地が消える**夢は、困難の度がさらに増す。また、父母や妻の身に災害や不幸が起こる恐れがあるので大いに注意してほしい。

【台所　だいどころ】

その場所の主である母、もしくは妻を象徴する。また、食生活に関することや家計に関することも、台所によって表される。

台所が暗い、**台所が乱雑に散らかっている**、**台所の床板が腐っている**などの夢は、いずれも家事が何らかの理由で滞ることを表しており、母もしくは妻の身に病気などの異変があるか、夫婦仲に亀裂が入る知らせとなる。

台所に不快な虫が這っている夢も母や妻の病変の予兆だが、健康に問題がないなら不倫や浮気などの可能性もある。**台所の床板に大きなシミがある**夢も同じ。シミは秘められた汚点や隠し事を象徴している。**家に台所が二つある**夢は、夫婦間に問題が生じるか、物事が成就しないという知らせとなる。

【窒息　ちっそく】

窒息の夢は、息ができなくなるような苦しい状況に陥ることを意味している。また、呼吸器系の疾患など、何らかの病気と関連している可能性もあるので、思い当たる人は医師に相談してほしい。

難産で生まれてきた人、溺れかかった経験のある人、埋もれた経験のある人などは、そのときの記憶が夢に反映している可能性がある。

【ドッペルゲンガー】

すでに自分が夢の中にいるのに、**自分とうりふたつの人物が現れる**夢は注意が必要だ。そのもう一人の自分（ドッペルゲンガー）は、心の中で分裂した自分であり、心霊学的には自分の霊がふわふわと浮き出ている、もしくは肉体から離脱しかけていることを表している。

この夢が死の予兆になっているケースや、未来の自分の予知になっているケースが報告されている。自殺した作家・芥川龍之介も自身のドッペルゲンガーを見ている。何度もくりかえして見るようなら、とくに注意が必要だ。精神的に非常に不安定な状態にあるので、医師などしかるべき人に相談してほしい。

【泥　どろ】

心や体に付着してくる困難や障害の象徴で、とくに病気に注意する必要がある。

泥がつく、**泥の中にいる**、**衣服に泥がかかる**など、泥で汚される夢は、病気の前兆か、不名誉なことをしでかす、不名誉な事件に巻き込まれる、不倫や浮気で夫婦関係が破綻する、法に触れる不正があるなどの知らせの可能性がある。

ただし、いずれの場合も、最終的に**泥を洗い流しているよう**なら、不運は去って事態が好転していくという意味の吉夢となる。また、病人は快方に向かう。

【苦味　にがみ】

苦いものを口にする夢は、喜び事や健康を告げている。苦ければ苦いほど、喜び事も大きくなる。ただし、**甘いと思って口にしたものが苦い**夢は、失望、落胆、幻滅などの意味になるので混同してはならない。
また、心臓の疾患が苦味の夢になっている可能性もあるので、たびたび**苦いものを食べる**夢を見るようなら、念のために医師の検査を受けたほうが無難だろう。成人病の気のある人は、とくに注意を要する。

【西　にし】

阿弥陀如来の西方極楽浄土への信仰が深く根付いている日本では、西はしばしば死後の世界を象徴する。病人が夢に出てきて「西のほうに行く」などといえば、死の予知夢の可能性がある。西には、ほかにも、危険、傷害、人生の秋、収穫、衰退などの意味がある。

なお、**西方の土地**や**西にある家**によって、肺など呼吸器が象徴されている可能性もあるので、西方の土地で苦しんでいる、**西方の土地や家が荒れる**、**庭の西側の木が枯れる・折れる・弱る**など、よくない状況になっている夢を見たら、呼吸器系の機能の衰えに注意してほしい。

【入浴　にゅうよく】

人は誕生するとすぐに産湯につかり、死体になったら湯で体を拭かれて（湯灌《ゆかん》）、あの世に移る。浴槽は産湯桶や湯灌場と同じく、生と死の境界を象徴している。夢での入浴が〝産湯〟と同じ意味を担っているのなら、これから人生が開ける吉夢となるし（488ページ）、〝湯灌〟の意味で出てきているなら、病気や死におもむくという意味の凶夢になる。入浴と死が結びついた実例を123ページに挙げているが、入浴にはこのように生と死という正反対の意味がある。いずれに当たるかを、慎重に解釈しなければならない。

また、風呂には裸で入るが、裸＝無防備ということから、感染症などの病気の予兆になっているケースもある。

汚れた湯に入る夢は、病気の予兆、もしくは自分にとってマイナスの環境や境遇にあることを示す。**だれかの体を洗ってやっている**夢は、洗われている人の身に病気など凶事が生じる恐れがある。

入浴後、風呂場から部屋に出てくる夢も、病気など災いの前兆の可能性があるので注意してほしい。風呂から外に出るというのは外気に当たることを表している。外気は東洋医学でいう風邪《ふうじゃ》などの邪気であり、そこから病気の予兆という解釈が生まれてくる。

【妊娠　にんしん】

妊娠の夢が実際の妊娠を意味することは稀で、外から何らかのものが入ってくることを表している可能性が高い。

歓迎できる妊娠の夢と、歓迎できない妊娠の夢があり、**みなで妊娠を喜んでいる**場合は、金銭・財物など、入ってきたら嬉しいものが入る兆しとなるが、**妊娠を悲しんでいる**夢や、**妊娠して困っている**夢なら、入ってくるものは病気や不幸など、よくないものの可能性が出てくる。

なお、実際の妊婦が見る妊娠の夢は、期待や不安に関係する心理的な夢なので、あまり気にする必要はない。

【蝿　はえ】

不正な行いや不潔な行いを象徴する。

注意を要するのは**蝿が体にたかる**夢で、病気の前触れの可能性がある。また、**蝿が鼻先にたかって、払ってもつきまとう**夢は、病気もしくは他からの執拗な妨害・干渉・批判中傷などにさらされる恐れがある。

蝿が身辺にいる妨害者やストーカーなどを意味している可能性もあるので、その意味をよく考えてほしい。

【鼻　はな】

鼻は財運・発展運・仕事運などを表すが（496ページ）、健康に関するメッセージになっていることもある。

鼻を洗う夢は、災いや心配事が去り、病気は癒えて幸運が訪れる知らせである。**鼻の穴がない**夢は、見た者を戸惑わせる謎めいた夢だが、無病息災で幸運に向かうという知らせなので安心してよい。**鼻が傷つく**、**鼻が乾く**、**鼻が腐る**などの夢は、ときに病気の前触れとなる。ただし、病気とは無関係の意味もあるので、それについては613

ページを参照してほしい。

【腹　はら】

腹に水が入る、腹に水が溜まるなどの夢は病難、災難、損失などの兆しで、とくに健康の悪化や病気に注意しなければならない。妊婦がこの夢を見たら、母胎や胎児の健康管理に厳重な注意を払ったほうがよい。

腹の中に鼠が入る夢は、体内、つまり家や会社などの中に災いをもたらすものが侵入することを表している。泥棒もしくは病気に注意したほうがいい。

男性の太鼓腹の夢は吉夢だが、**女性の太鼓腹**は、その女性に旺盛な生活力がつくという意味になり、夫婦離別の暗示の可能性が出てくる。また、妊娠もしくは病気の可能性もある。

腹が吉夢となるケースについては497ページ、腹が凶夢となるケースについては614ページを参照。

【太る　ふとる】

太る夢には、大別して三つの意味がある。第一は病気、第二は妊娠、第三は財運の獲得だ。

男性の場合、第二の可能性はないので、まず第一の病気の可能性を疑い、その心配がないようなら、第三の意味で解釈する。女性で妊娠の可能性がある人は、まず第二の可能性を疑い、それがなければ第一、第三のいずれに当たるかを考えていくとよい。

豊満で貫禄があり、立派な押し出しに見えるような太り方なら、おおむね第三の意味と解してよい。贅肉がだらしなくだぶつき、いかにも不健康そうに見える太り方なら、第一の可能性が高い。夢における印象で、おおむね判断がつくだろう。

【水　みず】

水の夢は、しばしば病気の前触れとして現れる。**汚れた水**や**濁った水**の夢は、金銭の滞りやトラブルに関する夢でなければ、病気の前触れの可能性がある。とくに、**汚れた水を飲んでいる**ようなら注意を要する。

家の中や玄関、庭などに**濁った水たまりがある**夢は、一家を見舞うトラブルや災いの前触れで、その一つに病気がある。水たまりに家人の誰かが足をとられたり、汚れるなどのシーンが出てきたら、その人の身辺に注意を払わなければならない。

なお、寝ていて体が冷えたときや、朝方、膀胱がパンパンになっているときに水風呂に入ったりプールに入るなどの夢を見ることがあるが、これは冷えや尿意が見せているたんなる生理的な夢なので、気にする必要はない。

水には、他にも財運という意味がある。それについては548ページ参照。

【目　め】

目の基本的な意味は513ページを見てほしい。ここでは病気関連の目の夢を書く。

目をつぶった状態で他者を見ている夢や、**瞼に毛がない**夢、**眼球が垂れ下がっている**夢などは、病気にかかる前兆の可能性がある。ここでいう病気は、眼病のみをさすのではない。思い当たることがある人、健康に不安を感じている人は、念のために検診を受けたほうがよい。

【薬草　やくそう】

予知夢では、精神的・肉体的な癒しや救済の象徴となる。どのような形であれ、**薬草を手に入れる夢**は吉夢と判断してよい。

また、薬草や薬剤をあなたに提供してくれた人物や動物、ないし神霊祖霊などは、どれも大切な援助者の可能性が高い。実例90、91を参照してほしい。

【愉快　ゆかい】

愉快だと感じている夢は、不愉快なことが起こる前触れの可能性が高い。病気の可能性もあるので注意してほしい。**陽気にはしゃいでいる夢**は、悲しい出来事や不快な出来事の前兆となる。

【酔う　よう】

自分が酒に酔う夢は、正常な判断や行動ができないことを表している。また、耳や脳の障害が原因になっていることが多いという説もあるので、思い当たるところのある人は医師に相談したほうがよい。

他人が酔っ払っている夢は、不愉快なことが起きる前触れの可能性がある。また、親や友人など実在の人物が酔っ払っている夢は、その人自身もしくは家族に心配事が生じる。とくに病気に注意してほしい。

死に関わる夢

【家《いえ》】

家は一般には生活状況、精神活動、健康状態、運気など、その人自身の現状を表しているが（437ページ）、ときに死の予知夢となって現れることがある。

新しい家を建てる夢は通常は吉夢だが、重病人などがこの夢を見た場合、その新築の家は〝あの世の家〟の可能性がある。とくに家が明るく、光り輝くようなら、霊界の家である可能性が強まる。**周囲に人家が見当たらない**夢も同様で、病人がこれを見ると危ない。

家が崩れる、**土地の陥没で家が沈む**、**家の中に木が生える**なども典型的な死の予知夢なので、病人や高齢者を抱えている人は、とくに注意しなければならない。**家の中に僧侶や尼が入ってくる**夢も、死の予知夢となっているケースがある。

家を掃除する夢も、通常は開運の吉夢と解してよいが、病人や高齢者が見た場合は、別の意味の可能性が出てくる。現世の家から立ち去る前の後片付けや身辺整理が、掃除という形で表されるケースがあるからである。

【犬《いぬ》】

犬と死は古代から深く結びついており、犬があの世とこの世を往来する動物だという俗信も行われてきた。ただ、夢で死と関係する犬は、多くの場合、毛色が汚く、毛が乱れており、黒っぽい印象、もしくは**黒犬**や**濁って汚い感じの赤犬**で、顔つきにはどことなく狂犬病犬のような不気味さが漂っている。

そのような**犬に吠えかけられる**、**牙を剥いてうなっている**、**家に入ってくる**などの夢は病気や死の予告の可能性がある。とくに犬が家に入ってきた場合は深刻で、事態は逼迫している。**見知らぬ不気味な男と一緒に犬が現れる**夢も、死の予兆なので要注意。これらの夢で病気が示されている場合もあるので、思い当たる人は病院に行ったほうがよい。

犬については440ページ、575ページも参照のこと。

【衣服　いふく】

衣服はその人の属性そのものの象徴で、仕事、家庭、本人の隠された性向、境遇、健康状態、運気など、実にさまざまなものの象徴になる。ただし、重要な意味をもつのは、衣服の色や形がおかしい、場にそぐわずあまりに不釣り合い、季節はずれ、非常識など、夢の中で**衣服に対して強い違和感や不快感を感じている**など、とくに衣服が気になって注意がひきつけられている場合にかぎる。通常の夢では、衣服はほとんど意識されない。

死にまつわる夢では、数多くの事例に明らかなとおり、亡くなる人が**白い衣服**をまとっているという報告例がきわめて多い。

それ以外の重要な象徴夢としては、**古い衣服を脱いで新しい衣服を着る**というものがある。この世からあの世に住み替えることを意味する夢で、古い衣服は現在の肉体を、新しい衣服は肉体を脱ぎ捨てた後に残る霊的なボディを象徴している。**脱ぎ捨てられた衣服を見る**夢も死の予知夢の一つで、衣服の主がこの世からいなくなることを暗示している。また、**既婚者が婚礼衣装を着ている**夢や、

婚礼衣装を縫っている夢も注意が必要で、配偶者の死の可能性がある。ただし、死に関係のない夢の場合は、何らかの喜び事や利得を表す吉夢となるので、慎重に解釈してほしい。

変わったところでは、**他者の服を所有者以外の者が着ている**というパターンもある。たとえば、母の服を妻が着ている場合、妻が母の代わりを務めるようになるという予告になっている可能性がある。父の服を夫が着ている夢も同じ。師や尊敬する先輩の服を自分が着ている夢なら、彼らの衣鉢を継ぐという意味を表している可能性がある。

吉夢としての衣服については４４０ページ、凶夢としての衣服については５７６ページ参照。

【浮かぶ　うかぶ】

実例に示してあるとおり、人物にせよ樹木や物品にせよ、**空中に浮かんでいる**のは現実から切り離されること、つまり死の予兆となる。だれかが浮かんでいる夢を見たら、その人の身辺に厳重な注意を払う必要がある。

物品が浮かんでいる場合は、その物品の所有者の身に危険が迫っているか、物品が象徴するものが役に立たなくなる。**樹木が浮かんでいる**なら、その樹木によって表されている人の身に危険や不幸が迫っている。重大な意味をもつ夢なので、慎重に夢解きしてほしい。

【牛　うし】

かつて日本には、一家に死人が出ると牛を買い替える習俗があった。そうしないと、家が衰えると信じられたのだ。そこから、**牛を買い換える**夢は、家族内に不幸が出るという解釈が生まれてきた。ただし、これが死の予知夢となっている場合は、他にも死を暗示するものが夢に現れている可能性が高いので、ただちに死と結びつける必要はない。

牛がしきりに啼く夢もよくない。家族の身によくないことが起こるという知らせ可能性がある。霊的な存在が牛の姿を借りて警告を発している夢の可能性があるからだ。

牛については526ページ、576ページも参照のこと。

【馬　うま】

馬は一般的には自分を乗せて運んで行く運命の力を象徴し、牛と同様、開運や金銭財物の象徴として解釈を進めていくのだが、死のシンボルとなっている馬もある。

最も不吉なのは**黒馬**で、病気や死、事故などの典型的な象徴となる。黒馬の反対の**白馬**も、死の象徴となっているケースがある。通常の白馬は栄達や地位名誉の獲得を告げる吉夢なのだが、**白馬に乗って天に昇る**夢や、この世のものとは思われない**霊威ある白馬を見る**、**白馬が迎えにくる**、**白馬の背に乗る**などの夢は、あの世からの迎えも考慮しなければならない。

これ以外の馬の夢については441ページ、527ページ参照。

【海　うみ】

海は母なるものの典型的な象徴であり、羊水をたたえた子宮でもある。生命が海から生まれ、海へと帰還していくのと同じように、子宮も生死の転換点そのものと見なされる。そこで死の予知夢では、海はしばしばこの世とあの世の境界として現れる。

海の彼方に進む夢は彼岸への接近を表し、**海から帰ってくる**夢はこの世への生還を表している。

【果実　かじつ】

特殊なシンボルとして**黄金色に輝く果実**がある。これはこの世の果実ではなく、あの世の霊実であり、これを手にしたり、食べたりする夢は死の予兆の可能性がある。

【家族　かぞく】

予知夢の家族は、通常は現実の家族として解釈してよい。**家族が集まって酒盛りしている**夢や、何かの祝い事をしている夢は、家族みんなが喜ぶような慶事がある。

逆に、**家族が集まって悲しんでいる**夢は、家族みんなが悲しんだり悩まされるような凶事があり、ときに死の予知夢となっていることもあるので注意が必要だ。その場合には、**黒い服（喪服）**など、他のシンボルも夢に出ていることが多いので、夢の情景をよく思い出してほしい。

【金縛り　かなしばり】

脳は覚醒しているのに、体だけが眠っているために起きる生理現象と説明されているが、実例102〜105のところでも書いたとおり、すべての金縛りの夢がこれで説明できるわけではない。

心霊現象としての金縛りは、筆者の経験上からも確かに実在する。何らかの霊障、事故や死の予知夢などで金縛りが起こるケースがあるので、金縛りの際に見た夢をよく分析しなければならない。

【壁　かべ】

壁は、①自分を守るものの象徴として現れる場合と、②自分の行く手を塞ぐ障害の象徴として現れる場合があり（高い壁や高い壁の向こう側に入る夢によって、刑務所に入ることが象徴されるケースもある）、意味がまったく異なるので、いずれの意味の壁かを慎重に判断しなければならない。

また、外壁によって③人体胸部が象徴されているケースもあり、**壁が壊れる**、**壁に亀裂が入る**、**壁に黒いシミができる**などの夢が、胸部疾患や皮膚疾患を表しているケースがある。

壁で気をつけなければならないのは、実例77でも書いたような死の予知夢に現れるケースだ。だれかが病院や駅などの**壁を通り抜けて消える**夢も、死の予知夢になっているケースがある。抜けていった人に注意しなければならない。

【鴉　からす】

実例65でも紹介しているとおり、予知夢の世界では、鴉は死の典型的な象徴となる。また、火災などの変事、怪我などの災難の意味もある。

鴉が群れる、**鴉が家の屋根に止まっている**、**鴉が嫌な声で鳴く**などの夢は、いずれも厳重な注意を要する。その家に病人や老人がいるなら、その人の身に不幸が訪れる可能性がある。

また、死の予知夢でない場合も、事故や怪我、重大な病気などの凶事が起こる可能性がある。知人など他の人の**家屋の上で鴉が鳴いている**場合は、その家の変事に注意。不幸に見舞われる当人には鴉の鳴き声が聞こえないという俗信もある。もし夢の中で、それと同じことがあったら、聞こえなかった人の身辺に変事が起こる恐れがある。

なお、鴉の夢でも**金色の鴉**は一家に喜び事が訪れる知らせとなる(ただし、夢の印象が不気味だった場合は死の使いの可能性がある)。

【棺桶　かんおけ】

複数の実例によって示したとおり、棺桶は典型的な死の象徴の一つである。ただし、棺桶や早桶が文字通りの死の予知夢となるケースは稀で、多くは人生の転機や大きな変化の象徴として棺桶が出てくる。それについては４５２ページを参照してほしい。

棺桶の夢でとくによくないのは、**納骨ないし埋葬の場にいて棺桶が見当たらない**夢だ。破産や一家離散、子孫断絶などの恐れがあるので、生き方をすぐに見直す必要がある。また、**病人の傍に棺桶がある**夢も厳重な注意を要する。死期の切迫の可能性がある。

【陥没　かんぼつ】

実例14に示したとおり、深刻な危機の予兆である。**陥没して家が地中に呑み込まれる**夢は、一家の主人の死か、一家を見舞う深刻な危機を意味する。**道路の陥没**は進路に大変な障害が待ち受けていることを示し、そこに特定の誰かが落ち込むようなら、その人の身に命にかかわる問題が生じる恐れがある。

肉体の一部が陥没する夢は、その部分に関する病気や事故、もしくはその部分が象徴する機能の欠損などに注意してほしい。

【木　き】

木の全体的な意味については453ページに記してあるので、そちらを参照してほしい。ここでは、木が死の象徴になっているケースについて述べる。

実例66のところでも書いているとおり、**木が空中に浮いている夢**は、その木が象徴する人物の身に深刻な危険が迫っていることを表しており、ときに死の予知夢となる。夢の木がだれの象徴なのかを慎重に夢解きしなければならない。**木の根がすっかり地上に出て、枯死しそう**な状態になっている夢や、**風で根から抜け倒れる夢**も同様で、厳重な注意がいる。

大樹が突然折れる夢は、一家の大黒柱の身に生じる大きな災いの暗示。死の予知夢の可能性もあるので注意してほしい。

【岸　きし】

海岸・川岸とも、岸の向こう側は、あの世、もしくはこれまでとは別の世界を意味する（実例46〜48参照）。**岸を渡る夢**は、現状を抜け出て次の段階（新たな境遇）に移ることを表しており、その一つが来世での生活なので、岸が死の予知夢とつながるのである。

岸を渡ろうとしてためらう夢は、まだ新たな世界に入る準備ができていないことを表し、病人などが**岸を渡りかけて戻る夢**は、危ういところで死を免れることを意味する。

【金（ゴールド）　きん】

燦然と輝く金は、ときに霊界の象徴として用いられることがある。稀な例だが、病人や高齢者にからむ金関連の夢には、一応の注意が必要だ。

金の砂地の夢を病人が見たら、危険な状態が迫っている。**金の看板を掛ける**夢は、一家に不幸がある知らせの可能性がある。**金色に輝く人がやってくる**夢も、お迎えの可能性がある。（金の一般的な意味については４５５ページ参照）

【結婚　けっこん】

結婚は生まれ変わることの典型的な象徴だ。未婚者が見る結婚の夢は、多くの場合、たんなる願望夢の可能性が大だが、既婚者が結婚の夢を見たときは注意を要する。夫婦別離（生別・死別）の予兆になるからだ。

予知夢にかぎっていうと、**自分や配偶者が結婚する**夢は、実際に別離があるか、家庭内別居状態になるという暗示、もしくは配偶者が亡くなる予兆の可能性がある。実例61を参照してほしい。

【玄関　げんかん】

玄関は境界の象徴で、予知夢では生と死の境界として現れる。

玄関に死んだ人が立っている夢は、その人物の死か、もしくはお迎えの可能性がある。後者であれば、家族の中に不幸が生じる恐れがある。立っている人物の言葉や様子をよく思い出す必要がある。その死者が一緒に出かけようと促しているようなら、お迎えの可能性は一段と高まる。立っている者が**お別れの言葉**を口にしたら、その人の死の予告となる。

衣服にも注意してほしい。**白い服**を着ている場合は、最も注意を要する。

病人が玄関から出ていく夢もよくない。病気の悪化、もしくは死の予兆となる。

玄関が吉夢になるケースについては458ページ、凶夢になるケースについては586ページ参照。

【シーツ】

シーツは、その上に寝ている者が置かれている状況の象徴として現れることがある。

無人のベッドや**布団に白いシーツがかけられている夢**は、そこに寝ているべき人がもういなくなるということを予告しているケースがあり、その場合は死の予知夢となる。とくにベッドや布団が病人のものであるなら、その可能性が高くなるので注意が必要だ。**淋しい気持ちでベッドメーキングしている夢**も同じ。

【写真　しゃしん】

写真の夢は、そこに写っている人物や事物に対する強い関心を表すものだが、予知夢では、写っているものに注意せよという知らせ、ないしは警告の可能性が高い。

黒枠で縁取られた写真は、写っている人物の死を告げる典型的な予知夢だが、ほかにも**写真の人物が手を振っている・後ろ向きになっている・消える**などの夢は警戒を要する。

写した人物がぼけている・異様な顔になっている場合は、その人の身に重大な危険や困難が迫っている可能性がある。

【寝具　しんぐ】

寝具は一般には男女関係や夫婦関係の夢として解釈を進めるが、死の予知夢になっているケースもある。

病人の寝具がたたまれていて、本人がいない夢は、もはやその寝具が不要になるという知らせの可能性があるので、厳重な注意を要する（病人でない場合は、その寝具を使っていた人との別れの暗示）。**病人のベッドや布団に真っ白なシーツがかけられている夢**も同じ。

病人のベッドや布団のある部屋の下に木の根が這う、その部屋に木が生えるなどの夢も注意を要する。病気の悪化や長期化の知らせであり、死の予知夢の可能性もある。

【親族　しんぞく】

予知夢では親戚そのものを意味する。とくに注意しなければならないのは、親族が集まっている夢だ。

親族が黒っぽい衣服を着ている、法事の席になっている、親族などが沈んだ顔をしている、親族の集まりに僧侶がいるなど、葬儀を暗示するものが出ているなら、身内の不幸の可能性が高くなる。また、とくに死を暗示するものがない場合は、身内に関するもめごとなど、親族で話し合わねばならないような大きな問題が生じる。

亡くなっている親族が迎えに来る夢も警戒が必要だ。ユング派のM・L・フォン・フランツが「死に瀕している者を連れ去る他者は、先に死んでいる親戚（しばしば母）、配偶者、最近死んだ知り合いとして現れることが最も多い」と書いているとおりで、死の予知夢の可能性がある。

なお、**親族が集まって愉快に談笑している**、**酒盛りをしている**などの夢は、結婚などを知らせる吉夢なので、間違えないようにしてほしい（１８８ページの実例を参照）。

【掃除　そうじ】

掃除は悩みや憂いなどの解消を意味するが、夢の中で**寝たきりの病人の部屋を掃除している**なら、死の予知夢の可能性がある。この場合の掃除は、その部屋がもはや病人には必要がなくなるということを表している可能性があるからだ。悲しい気持ちで掃除しているようなら、その可能性はいっそう高くなる。

【退院　たいいん】

退院は、それまでの状態から別の状態に移ることを表し、具体的には状況や境遇の好転、問題や懸案の解決を意味するが、重病人や後期高齢者などにかかわる夢では、退院が死の象徴に用いられることが、稀にある。もう入院している必要がなくなったということを意味しているのだ。

【太陽　たいよう】

太陽の象徴の一つに、権威や権力を握っている人、父、夫、派閥の領袖、恩師、尊敬する指導者などがある。それら大切な人の身に生じる災難や不幸が、太陽によって示されることがある。

５９７ページに挙げた太陽の凶兆を意味する夢には、すべてその可能性があるが、とくに注意を要するのは**太陽が欠ける**、**太陽が落ちる**などの夢だ。太陽によって象徴されていると思われる人物が高齢で、体長がすぐれなかったり、病気で入院しているようなら、万一の事態も考えなければならない。

　太陽の全般的な意味については473ページを見てほしい。

【治癒《ちゆ》】

病気が治る夢は、通常なら境遇の好転を意味する吉夢だが、稀に例外がある。**長年、病気で寝ていた人が治る**夢で、それが予知夢なら、病気の苦痛から解放される＝あの世に行く、という知らせの可能性がある。

　夢に出てきた病人が「治った」とか「痛みや苦しみから解放された」とか、「治ったので退院する」「治ったので旅行に出る」などと口にしているようなら、とくに注意しなければならない。

【蝶《ちょう》】

　予知夢における蝶は、魂の象徴として出てくることがある。亡くなった親族や知人などが蝶の姿になって何かを教えたり、死に臨んでいる人の魂が蝶の姿で知らせにくる例が報告されている。

蝶が家から外に出ていく、**蝶が飛んで仏壇に入る**などの夢は、だれかが亡くなる知らせの可能性がある。**蝶の模様の着物を着ている**夢は、着ている人の身に不幸が起こる可能性がある。**蝶が群舞する**夢は、必ずしも死とは結びつかないが、何らかのよくない出来事が起こる知らせなので注意が必要だ。

　蝶の中でも**カラスアゲハ（黒い蝶）**の夢は不吉

の度が高い。また、**夜に飛ぶ蝶**は、人魂と同じでだれかの魂の可能性がある。

なお、蝶が家から外に出ていく夢は前記のとおりでよくないが、**蝶が家の中に入ってくる**夢は吉事の知らせなので気にする必要はない。縁談や結婚の可能性もある。

【翼　つばさ】

自分を別の境遇に運んでくれるものを象徴している。

人により翼の意味は異なる。ある人にとっては結婚が自分を別の境遇に運んでくれるものとなるだろうし、別の人には仕事や創作が翼に当たるだろう。長らく病床にあって苦しんでいる人の場合は、死が翼の意味になっている可能性がある。**身体に翼が生える・生えている**夢を見たときは、自分にとっての翼とは何かをじっくり考えることで、その意味を解くことができる。

【鶴　つる】

鶴は通常は幸運や長寿などを意味する瑞鳥の一種だが、実例64でも示しているとおり、稀に死と関わるケースがある。

鶴が遠くに飛び去っていく夢は、不幸の予兆なので注意してほしい。この場合の鶴は、去りゆく魂の象徴になっている。中国の占夢書では、「男子これを見れば一度幸福到ることあれど、忽《たちま》ち零落の兆し、女子これを見れば産るる子死すべし、病人これを見れば命久しからず」と注意を喚起している。

【手の仕草　てのしぐさ】

手の仕草のうち、とくに注意しなければならないのは死の予告とつながっている可能性のあるアクションだ。

病人が手招きする・手を振る、**高齢者が手招きする・手を振る**などの夢は、その人の身に不幸が訪れる可能性がある。手招きというアクションは、自分と一緒に行こうという誘いの可能性もあるので、あの世に引かれないよう気をつけてほしい。相手が手を振っているだけなら別れの挨拶と解してよい。

また、**故人が手招きする**、**故人と手をつないでどこかに行く**などの場合は、自分自身があの世に招かれている恐れがある。途中で引き返せば問題はないが、一緒にどんどん進んでいったなら、危険な状況に陥る可能性がある。実例をよく読んで慎重に判断してほしい。

【天使　てんし】

多くの場合、天使は自分の良心や純粋性、魂などの象徴だが、翼をもつところから、死の使いとして現れるケースがある。

天使とともに天に昇っていく夢や、**天使に手を引かれて行く**、**天使が迎えにくる**などの夢を、重い病気で臥せっている人や高齢者などが見た場合、不幸が迫っている可能性がある。実例63を参照してほしい。

【時計　とけい】

文字通りの時の象徴だが、注意しなければならないのは死や災害とからむケースだ。

時計が止まっている夢の中には、止まった時間に何らかの不幸な出来事が起こることの予兆となっているケースがある。また、時計の時間が年月などを示すケースもある。

【鳥　とり】

鳥のように羽があって空を飛ぶものは、予知夢においてはしばしば霊魂や死者などの象徴となる。

鳥が窓などから飛び去っていく、ポツンと**一羽だけでいる鳥**を見る、**鳥が夕暮れの空を西に飛んでいく、自分が鳥になって天空に昇っていく**などの夢は、他にも死に関する象徴が出ている場合、不幸の予兆の可能性があるので注意してほしい。

なお、ほかに死に関係するようなものが何もない場合は、事故、災難、病気など何らかの不吉なことが起こる知らせなので、注意してほしい。

鳥の死骸を見る、翼の折れた鳥を見るなどの夢も同様だが、鳥がわが子の象徴となっている可能性もあるので、子の様子を確認したほうがよい。

鳥には他にも重要な意味がある。幸運に関わる鳥は483ページ、男女関係や妊娠出産に関わる鳥は565ページを参照のこと。

【トンネル】

臨死体験者が、しばしば「トンネルを通ってあの世に入った」と報告しているように、トンネルは生と死、意識と無意識を結ぶ通路を意味する。胎児がそこを通って誕生してくる産道と、死者の柩を安置する玄室《げんしつ》に通じる羨道《せんどう》の両方の意味がトンネルにはあるので、前者の象徴となっている場合は新生・再生・復活・復帰などプラスの意味となり、後者の象徴となっている場合は、死に関する知らせになる。いずれの意味でトンネルが出てきたのかを、慎重に判断してほしい。

暗いトンネルから明るい世界に出る夢は前者の可能性が高いが、出た場所がみごとな花畑や美しい川なら後者の可能性が増す。**トンネルに入る**夢は、それだけではいずれとも判断しがたい。夢の他の要素と併せて考えてほしい（多数の実例を挙げているので、それらを参照のこと）。

なお、トンネルに入る夢や**トンネルで迷って困っている**夢が、腸の異常を表しているケースもあるので、心あたりのある人は医師の診察を受けたほうがよい。

【橋　はし】

橋は状況・境遇の変化を告げているが、中でもとくに注意を要するのは、生から死への変化を暗示する夢だ。予知夢では、この世からあの世への移行を、橋のイメージを用いて描き出すことが少なくない。**橋を渡る**夢はその典型で、自分が渡っていれば自分の死の危険が、他の誰かが渡っていれば、その人の死の危険が警告されている。

橋を渡る夢のすべてが死に関係するわけではなく、新しい境遇に入ることや旅に出ることを表しているケースのほうが一般的なので、解釈は慎重に行う必要があるが、橋を渡っている者がかなりの高齢者だったり、重い病気で臥せっている人だったりした場合は、死の予知夢の可能性が高くなる。

橋の向こうでだれかが呼ぶ夢も要注意だ。それが故人なら死の暗示となる。**橋の途中で故人と遇う**夢も同様だ。ただし、向こう側に渡り切らなければ問題はない。

家の庭に橋が架かっている夢は、家内に死者が出る前兆となる。家とあの世を結ぶ橋が架かったことを意味しており、家内の誰かがその橋を渡ることが暗示されている。**橋の上で待ち受けている若者がいる夢**も、ときに死の予知夢となる。若者は彼岸に導く者の象徴で、若く美しい少年・少女であることが多い。

なお、先にも書いたとおり、橋の夢がすべて死とつながるわけではもちろんない。吉夢としての橋の夢は493ページ、凶夢としての橋の夢は611ページを参照のこと。

【花　はな】

実例にも示しているように、**この世のものとは思えないほど鮮明で美しく輝く花**などは、稀に死の予兆のケースがある。その場合の花の色はさまざまで、これと決まっているわけではないが、白い花や、鮮やかな黄色、黄金色、オレンジ色の花などは、ときに彼岸（あの世）の象徴として用いられる。

見渡すかぎりの美しい花畑も同様だ。知り合いの病人や老人が花畑で遊んでいたり、**すでに亡くなっている人が花畑に立っている**場合などは、とくに注意してほしい。

花全般の意味については495ページ参照。

【花嫁・花婿　はなよめ・はなむこ】

結婚を予定している人が花嫁や花婿の夢を見るのは、結婚を前にした期待と不安の気持ちの現れなので、気にする必要はない。気をつけなければならないのは、**既婚者が花嫁や花婿の姿になっている夢**だ。

実例にも記しているように、この夢は配偶者や身内に不幸や悲しみ事が起こる前触れなので厳重な注意を要する。

【病人（実在の）　びょうにん（じつざいの）】

実在の病人が夢に現れて何らかの行動をとっている場合、予知夢の可能性がある。

悪化や死の方向に向かうことを告げているのは、**病人が歌う**、**病人が晴れ着を着る**、**病人が走る**、**病人が車や船に乗る**、**病人が泣く**、**病人が手を振る**、**病人の体が宙に浮いている**、**病人が土中に寝ている**などの夢だ。とくにその病人が高齢者なら、いちおうは不幸の可能性を疑ったほうがよい。死の予知夢の実例を多数挙げているので、そちらをよく読んで慎重に夢解きしていただきたい。

実在の病人の夢が吉夢となるケースについては501ページ参照。

【梟　ふくろう】

夜に活動する梟は、凶事や死を象徴する。欧米では知恵や老賢人の象徴とされているが、日本では、伝統的にマイナスイメージとして用いられることのほうが多い。

とくに注意しなければならないのは**梟が鳴く夢**で、不吉な出来事の接近を知らせている。ときに死の予兆となることもある。

【仏壇　ぶつだん】

仏壇は、あの世の祖先・仏神とこの世の住人との接点で、祖先からの知らせや警告が象徴的に伝えられる。

仏壇が燃える、**仏壇が倒れる**、**仏壇が壊れる**などの夢は、一家に重大な凶事が起こる前触れで、ときに死の知らせとなる（実例119参照）。**自ら仏壇を燃やす**夢も、身内に死者が出る知らせの可能性がある。**仏壇が後ろ向きになっている**夢は、何らかの不義不正に対する戒めなので、何が問題視されているのかを突き詰めなければならない。**仏壇に蝶が飛びこむ**夢は、家族や身内に死者が出るという知らせの可能性がある。

凶事の知らせが多いが、**仏壇から光が発している**夢はよく、神仏や祖霊の守護があり、家内に喜び事があるという知らせとなる。

【便所　べんじょ】

昔の汲み取り式の便所は、金銭を意味する糞尿をためておく場所で（534ページ、546ページ参照）、金銭と深く結ばれていた。そこで通常、便所の夢は、何らかの利得を表す吉夢と解するのだが、**便所に落ちる**夢だけはよくなく、死の予兆の可能性がある。

今日のように水洗式が当たり前の時代では、便所に落ちる夢が見られることはめったにないだろうが、それだけに万一この夢を見たら厳重な警戒を要する。

【目　め】

目の基本的な意味は513ページを見てほしい。ここでは死と関連している可能性のある目の夢を書く。

血の涙を流す、**眼球から血が出ている**などの夢は、大きな悲しみの訪れを暗示している。激しい怒りや悲しみのために流す涙を「血涙」というが、その血涙が具象化されてこの夢になっている。大切な人との生死別など、非常な悲しみに見舞われる恐れがあるので警戒してほしい。

眼球が垂れ下がる夢も悲嘆の前兆だが、血涙ほど凶意は強くない。垂れ下がる眼球は、涙を表している。**眼球が落ちる**夢は、大いなる災いが近づいている知らせで、最悪の場合は死の危険もある。俗にいう「目を落とす」状態を描いている可能性があるからだ。

目が見えない夢は、通常は非常な困難を意味するが、親や兄弟姉妹、もしくは本人の死を告げているケースもある。また、**片方の目が見えなくなる**夢も、その目によって表されている人物（親・配偶者・兄弟など）の身に起こる不幸の暗示の可能性がある。ただし、死と関連する場合は、ほかにもそれを暗示するものが夢に出てきているはずなので、解釈は慎重に行ってほしい。いたずらに怖れる必要はない。

【旅行《りょこう》】

転身、精神的な脱皮、境遇や状況の変化、病気による入院など、今いる場所・状態から別の場所・状態に移ることは、すべて旅行のイメージで表され得る。また、旅によって人生そのものが描かれる場合もある。

旅行先は、移るべき場所・状態などの目的地を、**旅行の際の同伴者**は目的地に至るために必要なものを象徴している。必要なものの中には、勇気や愛情や知識などといった精神的なものから、金銭や体力などの物質的なものまで含まれる。それらが人物や動物の姿で描かれるのだ。

なお、予知夢の中で、この世からあの世に移る場合も、旅行の夢が出てくることがあるので、重病人などがこの夢を見たら注意が必要だ。

第一部の出典一覧

＊出典の末尾数字は本文の夢番号（ページではないので注意）で、ここに示していない夢は著者自身が見た夢、および著者の収集にかかる夢である。

＊執筆にあたっては多くの関連書籍を参照したが、ここでは実例として紹介した夢、および夢の解説と直接関係するもののみを掲げた。

＊出典中、松谷みよ子氏の『現代民話考』、およびカミーユ・フラマリオンの『未知の世界へ』から多くの夢を引かせていただいた。松谷氏の著作は編著者である松谷氏が直接当人や関係者に取材して集めた夢、および雑誌・書籍・新聞等に掲載された夢の実話を収録したもので、書籍名は「民話」となっているが、民話ではなく貴重な実例集である。また、フラマリオンの著作は、フラマリオンの呼びかけに答えてヨーロッパ各地から予知夢・霊夢の体験者が手紙等で報じたものが中心で、やはり珍重すべき夢の実例集になっている。

＊雑誌『心霊と人生』『心霊研究』の二誌からも多くの夢を紹介させていただいた。これらの雑誌は機関誌という性格上、一般にはほとんど知られていないものだが、有益な夢情報が満載されている。

赤川今夫「初夢の秘太刀」(『心霊研究』昭和44・4)――180
浅野和三郎『冬籠』大正11――74
安達健生「霊能者の大陸放浪記」(『心霊研究』昭和46・11)――170
荒井涙光『因縁大鑑』明治45――93
淡谷のり子「私の幽霊ブルース」(東雅夫編『文芸怪談実話』平成20)――169
飯島喜助「夢知らせ」(『心霊研究』昭和25・3)――150
石塚直太郎「生ける地蔵様」(『心霊と人生』大正15・7)――92
井上円了『妖怪学講義』明治17――13、31
今井規清「夢で古井戸から如来像」(『心霊研究』昭和23・1、2)――93
上野圭一「不可視の身体」(『Mind-body science』平成11)――92
宇佐美景堂『夢から霊感へ』昭和24――13、111、128、167
ウルマンほか『ドリーム・テレパシー』昭和62――185
遠藤周作「幽霊見参記」(『文芸怪談実話』平成20、初出『文藝春秋漫画読本』昭和33)――105
大隅仁「夢の予告」(『心霊研究』昭和35・3)――86
大野黙之助「霊夢則実夢」(『心霊と人生』大正15・10)――72

大原健士郎『夢の不思議がわかる本』平成4——69
小笠原長生『宗教体験実話』昭和6——73
岡田勝良「悪夢と私」（『心霊研究』昭和51・1〜5）——78、94、108
岡田勝良「神霊と私」（『心霊研究』昭和50・8）——93
長田幹彦『霊界五十年』昭和44——33
尾栄大寛「神霊・人霊の色、音、相の研究」（『心霊研究』昭和52・6）——176

＊

粕川章子「再生の実例？」（『心霊と人生』昭和5・10）——175
粕川章「ASPRの調査ぶり」（『心霊研究』昭和23・10）——2、21
葛城明「スター誌の『第六感』記事から」（『心霊研究』昭和27・1）——162
紀田順一郎・荒俣宏（編）『怪奇幻想の文学Ｉ』昭和52——182
木村孫八郎「新聞切抜帳から」（『心霊と人生』昭和6・7）——122、137
今野円輔『現代怪談集』昭和44——7、103、104、112、136
小杉榲邨『皇后陛下の御聖徳』明治40——75
コリン・ウイルソン『オカルト』昭和60——158

＊

佐藤定吉『全地の囁き』昭和2――132
佐保田霊星「愛嬢の夢と幽霊写真」（『心霊知識』昭和7・1）――95
篠原季子「夢」（『心霊と人生』昭和14・5）――81、96、100
庄司浅水『世界の奇跡』昭和39年――200
ジョン・バチェラー『我が記憶をたどりて』――序章
鈴木一宏「首吊った下で寝た」（『心霊と人生』昭和24・1）――102
鈴木重蔵「捜査奇談　夢で父の仇を知る」（『心霊知識』昭和6・2）――120
鈴木大八「心霊雑話」（『心霊と人生』昭和16・8）――89
瀬川愛「夢に現れて遺言を訂正」（『心霊研究』昭和22・8）――163
セクリスト『夢予知の秘密』昭和50――19
芹沢雅子「魂の帰還兵」（『大法輪』昭和42）――114

＊

平保定「阿弥陀と霊智の力」（『心霊研究』昭和46・4）――168
高橋泥舟『泥舟遺稿』明治36――181

竹内てるよ「その人の生と死と」（『心霊研究』昭和43・1）――106
武田敏夫「霊界の序曲」（『心霊研究』昭和23）――47
鑪幹三郎『夢分析の実際』昭和54――40、55、56、
立花隆『臨死体験』平成6――111
田松政信「無題」（『心霊研究』昭和44・7）――101
チェーホフ『黒衣の修道僧』平成22――179
出口王仁三郎『三鏡』平成11――7、107、136
寺坂多枝子（訳）「夢のお蔭で命拾い」（『心霊研究』昭和42・3）――127

＊

中尾良知『透視と其実例』大正15――83
中谷博幸「マルティン・ルターと死者の『死』」（『香川大学教育学部研究報告』平成17）――63
中根環堂編『観音の霊験』昭和15――72
中根真男「病気の背後に亡霊のさわり？」（『心霊研究』昭和41・11）――84
夏目漱石「思い出す事など」（『新・あの世はあった　文豪たちは見た！ふるえた！』平成25、初出『東京朝日新聞』明治43）――附録

夏山新一郎「神木の祟り」(『心霊と人生』昭和15・5)――110

＊

橋本徹馬『霊感と奇跡』昭和37――28、79、169、183
平山蘆江「死神を見る」(『心霊と人生』昭和28・4)――57
福島裕子「霊示」(『心霊研究』昭和55・6)――2、26、44、80、109、166、177
深尾耕平「心霊的な体験」(『心霊研究』昭和24・4)――11
不二龍彦『夢にまつわる不思議な話』平成7――99、116、121、126、186、188
フラマリオン『未知の世界へ』大正13――4、9、12、15、33、36、38、41、42、45、52、63、71、76、123、127、160、173、200
フランツ『夢と死』昭和62――65
ボルヘス『夢の本』昭和58――33
ボルヘス『続審問』平成21――17、182
ポングラチュ他『夢の王国』昭和62――46、62

＊

真渓涙骨「日誌」(『中外日報』昭和27・9・5)――70

松谷みよ子『現代民話考4』昭和61――1、3、5、6、8、10、16、17、20、22、23、27、37、39、43、48、49、51、53、54、55、58、59、62、66、68、82、87、91、97、98、107、119、124、131、135、139、151、153、161、165、172、179
松谷みよ子『現代民話考5』昭和61――24、65
間部詮信「医学博士窪田孝氏は語る」（『心霊と人生』昭和14・7）――113
丸山明道「夢知らせ」（『心霊研究』昭和29・9）――14、21、67
三浦朱門「幽霊見参記」（『文芸怪談実話』平成20、初出『文藝春秋漫画読本』昭和33）――105
三田善靖『霊観』昭和7――99
南方熊楠『十二支考』平成6――179
南方熊楠「千里眼」（『新・あの世はあった　文豪たちは見た！ふるえた！』平成25、初出『和歌山新報』明治44）――189
南方熊楠「睡眠中に霊魂抜け出づとの迷信」（『南方民俗学』平成27）――附録
三橋一夫『日本の奇怪』昭和43――115
宮城音弥『夢』昭和47――117
宮崎力堂「幽霊が遺産の処置を頼みに来た話」（『心霊知識』昭和6・2）――164

宮沢虎雄「リンカーン大統領の死後個性存続の証明」（『心霊研究』昭和40・11）——34
宮地水位「夢記」（『神仙秘書』平成11）——附録

＊

吉田正一『吉田正一論文集』昭和56——序章、125
劉文英『中国の夢判断』平成9——185、187
ルース・ウェルチ「霊能開発の基本的心得（6）」（『心霊研究』昭和52・3）——序章
渡辺登美「死とその予告」（『心霊研究』昭和41・12）——18、133

＊

「RUSSIA BEYOND」https://jp.rbth.com/arts/2016/02/29/571781——186
「Sputnik 日本」https://jp.sputniknews.com/science/201511271232298/——187

おわりに

私が夢にこだわり続けた最大の理由は、母の存在だ。

まだ小学校に上がるか上がらない頃から、私は母が語る予知夢の数々を聞いて育った。本書で紹介している母の夢のほとんどは中年から老年に至る間に見られたものだが、彼女は若い頃から予知夢を見続けていた。

夢に見たから誰それが来るとか、今日手紙が届くはずだとか、誰それの具合がよくないようだとか、誰それが亡くなったとか、近々お金が入るとか、とにかく母はあきれるほど頻繁に夢知らせを受けており、そのことを家人に話していた。といっても、父は夢には無関心だったから、聞かされるのはもっぱら私か妹だった。

小中学生頃までの私は、それがどういうことなのか考える力も関心もなく、ただ不思議なことがあるものだなと感心し、たぶん母には普通の人とは少し違うところがあるのだろうと、漠然と受け止めていた。

母の予知夢はほんとうによく当たった。本文では書かなかったが、私が結婚を意識し始めたときも、いち早く夢でそれを察して電話をかけてきた。

「誰かいい人ができたでしょう」と、電話の向こうで母が唐突にいった。「なんで？」とたずねると、「夢で見たもの」と、当たり前のように答えたが、それだけで十分な説得力があった。その時点で、私は後に妻となる女性について何一つ話していなかったから、あらためて母の夢のたしかさに驚かされた。そうした経験は、いくらでもある。

歳を重ね、もう若いときのように頻繁に予知夢を見ることがなくなった頃、「昔はほんの些細なことまでうるさいほど夢に見たのに、このごろはさっぱり見なくなったよ」と、安堵と一抹の寂しさが入りまじった、しみじみとした口調で母が話していたのを思い出す。

私は老化からくるこの変化を、むしろ大いに喜んだ。

予知夢を頻繁に見るということは、多くの場合、それほど素晴らしいことでも歓迎すべきことでもない。担わないですむなら担わないほうがいい重荷だからだ。とくに歳をとって病気がちになり、櫛の歯が欠けるように親戚知人が亡くなっていく歳になると、夢が不安をかきたて、心細さをつのらせることになる。

夢知らせの多くは「よくない」種類のものだから、強く心にかかる夢に対して恐れや不安を抱くのは仕方のないことだ。母も後年は自分の夢を恐れていた。いやな夢を見て、それが現実になるという経験を何十年も積み重ねてきたことを思えば、それは無理からぬ反応だった。

その頃には、私は年に何回か、夢に関する相談を母から受けるようになっていた。電話のつど、母は決まって「仕事が忙しいのにごめんね。どうしても気になって仕方ないから、思い切って電話したのよ」と謝った。電話をかけてくるのは、何日も思い悩んだ末に意を決してだということを知っていたから、二人で考えられる可能性のあれこれを話し合い、どうしてもメッセージの輪郭が見えてこないときは、いったん電話を切って易で卦を立て、それをもとに母に知らせるということがルーティーンになっていた。

母からの電話そのものは嬉しかったが、いやな予知夢についての電話は心が重かった。私はしばしば「夢など見なければ平安なのに」と思いながら、解釈に際しては、意図的によい方向にもっていくように努めた。予知夢には、こうしたどうしようもないプレッシャーがあった。

正真の予知夢とは、本文で書いた「正夢」のことだが、私の知るかぎり、正夢で見られた結果を変えることは困難だ。心理的な夢は、現実生活の中の気付きによって、あるいは具体的な治療によって、良い方向に変えていくことができる。であればこそ夢分析などによるセラピーも成り立つ。予知夢のうちの「霊夢」も、すべてとはいえないが、良い方向に変えることは可能だ。第一部の事例集の中にも、そうしたケースを挙げている。

けれども正夢はそうはいかない。正夢は、ただ傍観者のようにそれを見る以外にない。心理的な夢は、自分自身が心の中でつくりだしているが、正夢は問答無用で現場に導かれ、ただ見せられるだけなのだ。

この「ただ見せられている」という状況に、本人の意思とは無関係に導かれやすい生まれつきをした人間は、日常意識とは別次元の世界――神仏や心霊とつながっている宗教的な世界に踏み込んでいかざるをえない。母もそうだった。それが「縁」というものなのだろう。

夢を心理的・生理的現象として説明することは、おおむね可能だ。とりわけ現代人は、そうした即物的な世界観の中で生きている。しかし、そこからはみ出す夢が、たしかに存在する。人は何のためにそんな夢を見るのか。何のためにそんな夢が存在するのか。これは人間存在の根源にかかわる大いなる謎だ。

私は、皮膚で覆われた内側だけが人間ではないと考えている。皮膚の外に出て飛びまわる、霊とか魂とか呼ばれてきた「モノ」があると確信している。なぜかはわからないが、人間はそのようにできている。

そしてモノそれ自体も、時代とともに進化している。夢はそのモノと密接不可分に関連している。モノの活動の一つが、まさしく夢なのだ。

このモノが動き回るフィールドのことを、古人は霊界と呼んできた。名称は何でもよい。モノをふくむ人間の精神活動のフィールドは、想像をはるかに超えて広い。そのことを、夢という角度から具体的に提示したいという思いから、本書は編まれた。

この本のような予知夢の事例集は、筆者の知るかぎり、いまだ出版されていない。おそらく本書が初の試みだろう。母の影響から足を踏み入れた予知夢の世界を、母が亡くなった年に出版できるのも何かの奇しき縁に違いない。読書がほとんど唯一の趣味で、老年になってからは寝るまで読みふけっていた母だから、できれば生前、自分の手でこの本を手渡したかった。その願いはかなわなかったが、たぶんあの世で喜んで手にしてくれている。没後、懐かしい笑顔で私の夢に現れた母の表情が、それを物語っている。

最後になったが、本書は説話社・高木利幸氏の熱心で心のこもった励ましがなければ形になることはなかった。何より驚かされたのは、原稿枚数は無制限でかまわないという高木氏の言葉だった。いまどきの出版界ではありえない奇特な提案のおかげで、本書には当初の予定をはるかに超える予知夢を収録することができた。衷心よりお礼を申し上げる。

令和元年九月五日

不二龍彦

索引

巻末８１１ページより三種類の索引を
掲載しています。

1 詳細索引

＊本書で扱ったシンボルを、単語単位で五十音順に並べています。

＊単語の前に●がついているのは第一部の実例集に出ているシンボル（単語）です。

＊第二部・シンボル事典の見出し項目は【××】によって表記しています。また、見出し以外の本文中に出るシンボル・類語、および関係するシンボルは、→によってどの関連項目にあるかを示しています。

＊【××】の後のカッコ数字は、(1)が吉夢、(2)が金銭財物、(3)が結婚・男女関係・妊娠、(4)が凶夢、(5)が健康と病気、(6)が死に関する夢です。

あ

〈あ〉

【青色・藍色】(1)　436
青空→【青色・藍色】(1)
●青ざめる　154、157
【青ざめる】(5)　657
●赤　289
赤犬→【犬】(6)
赤馬→【馬】(5)
●赤ん坊　64、125、126、383
【赤ん坊】(4)　571
空き巣→【泥棒】(1)
握手→【手】(1)
●アクセサリー　376
【顎】(2)　523
麻衣→【特別な衣服】(1)、【衣服】(3)
【足】(2)　523
【足】(4)　571
【足枷・手枷】(5)　637
●足止め　158
足止め→【急ぐ】(4)
【足場】(4)　572
【汗】(5)　637
【頭】(1)　436

【頭】(4)　572
【頭】(5)　638
暴れ馬→【馬】(1)
暴れ川→【川】(1)
●穴　63、65、328
【穴】(4)　572
●尼　56、321
【尼】(3)　551
【尼】(5)　638
【甘い食べ物】(4)　573
天の川→【天】(1)
●阿弥陀仏　172、198
暴れ牛→【牛】(4)
暴れ馬→【馬】(5)
網→【船】(1)
●雨漏り　208
雨漏り→【屋根】(4)
【嵐】(4)　573
霰→【嵐】(4)
蟻→【寝具】(3)
荒れ地→【土地】(4)
●行脚僧　186
●按手　184
【案内】(1)　437

〈い〉

【家】(1)　437
【家】(5)　638
【家】(6)　654
●遺影　99
生き埋め→【大地】(1)
●息苦しい　209、216
●生霊　45
【池】(3)　551
●遺骨　57
【医者】(1)　438
【椅子】(1)　439
【泉】(2)　524
●遺跡　415、416
【遺跡】(1)　439
【急ぐ】(4)　574
一気飲み→【酒】(4)
●遺体　98
●遺体安置台　96、98
●痛い夢　39
●銀杏　194
胃腸→【内臓(臓腑)】(1)、【穴】(4)
●一等賞　386
●糸　51、52
【糸・紐】(4)　574
【井戸】(2)　524
【井戸】(3)　551
●稲光　332
稲光→【雷】(1)
●稲荷神　182
【稲荷神】(2)　524

●イニシャル　50
稲田→【稲】(2)
稲束→【稲】(2)
●犬　137
【犬】(1)　440
【犬】(3)　552
【犬】(4)　575
【犬】(6)　654
【稲】(2)　525
●祈る　184
【茨】(4)　575
●気吹　194
【衣服】(1)　440
【衣服】(3)　552
【衣服】(4)　576
【衣服】(5)　639
【衣服】(6)　655
【芋】(2)　525
●入り船　389
入り船→【船】(1)、【港】(3)
●炒る　129
炒り豆→【豆】(4)
飲尿→【尿】(2)

〈う〉

●浮かぶ　50、109、149、153
【浮かぶ】(6)　656
●浮く　41
●動かない　158
【牛】(2)　526
【牛】(4)　576
【牛】(6)　656
蛆虫→【髪】(1)
●後ろ髪　233
歌う→【病人(実在の)】(6)
●うつむく　160
【器】(3)　553
【腕】(2)　527
【腕】(4)　576
【馬】(1)　441
【馬】(2)　527
【馬】(5)　640
【馬】(6)　657
●海　117、306
【海】(3)　554
【海】(6)　657
海亀→【亀】(1)
【膿】(1)　441
【梅】(1)　442
●埋める　105
【漆】(4)　577
鱗→【心臓・胸】(1)、【肌】(1)
●ウロボロスの蛇　408
浮気→【性交】(2)

〈え〉

【海老】(1)　442
【恵比寿】(1)　442
●宴会　188
延焼→【火】(1)、【火事】(2)
縁の下→【亀】(1)

〈お〉

オアシス→【砂漠】(4)
【老いる】(5)　640
王冠→【頭】(1)
嘔吐→【病人(実在の)】(1)
【狼】(4)　577
●大雪　379
尾頭付き→【鯛】(1)
●拝む　151、186、261
●小川　115、331
●屋上　302
●奥の院　67
奥の院→【神社】(1)
●桶　343
【桶】(2)　528
●お爺さん→老爺
●押入れ　87
●教え(夢の中での)　392、394、395、400、402
【襲われる】(5)　640
鬼→【体】(1)
●お婆さん→老婆
お札→【神】(1)、【僧尼】(1)
●溺れる　307
【御神酒】(1)　443
【おみくじ】(1)　443
●おみこし　92
●お宮　43、176
●お迎え　48
親指→【指】(1)
【オーラ】(1)　443
●音楽　397、399、404
●温泉　66
雄鶏→【鶏】(1)

か

〈か〉

【骸骨】(5)　641
【解体】(1)　445
●海難事故　211
【帰る】(4)　577
【蛙】(1)　446
【顔】(1)　446
【顔】(4)　578
●鏡　42
【鏡】(3)　554

【垣根】⑴　447
●火事　291、329、331、364、382
【火事】⑵　528
●貸し金　215
【果実】⑵　529
【果実】⑹　658
【風】⑸　641
【家族】⑹　658
【肩】⑴　447
【肩】⑷　579
【刀】⑶　555
●鰹　386
【門松】⑴　448
●金縛り　216、218、221、223、225
【金縛り】⑹　658
カビ→【毛】⑷
【壁】⑹　659
●神　190、194、202
【神】⑴　448
【髪】⑴　449
【髪】⑷　579
●神棚　41
神棚→【御神酒】⑴
噛みつく→【歯】⑴
【雷】⑴　450
【雷】⑵　530
【亀】⑴　450
●蚊帳　61
から酒→【酒】⑷
●鴉　147、283
【鴉】⑹　659
●体　390
【体】⑴　451
【体】⑸　642
枯れ木→【木】⑴、⑵
●川　112、115、233、337
【川】⑴　452
【川】⑵　530
●渇く　209、331、332、373
●棺桶　88、123、169、172、290
【棺桶】⑴　452
【棺桶】⑹　660
【監獄】⑸　642
【感染症】⑶　556
肝臓→【内臓（臓腑）】⑴、
【東】⑴【顔】⑷
【神主】⑴　453
●観音菩薩　163、200、202、310
【観音菩薩】⑴　453
●陥没　61、328
【陥没】⑹　660
甘味料→【甘い食べ物】⑷
甘露→【酒】⑴

〈き〉

【木】⑴　453

【木】⑵　530

【木】⑶　556

【木】⑸　643

【木】⑹　661

北風→【風】⑸

木登り→【木】⑶

【岸】⑹　661

【雉】⑵　531

●雉鳴き　281

雉鳴き→【雉】⑵

【狐】⑵　532

キッチン→【台所】⑸

●宮殿　112

経巻→【僧尼】⑴

●経帷子　123

●競走　386

【兄弟姉妹】⑴　454

【兄弟姉妹】⑷　580

魚群→【魚】⑵

●挙式　141

漁船→【船】⑴

●切り枝　316

【亀裂】⑷　581

●金　376

【金（ゴールド）】⑴　455

【金（ゴールド）】⑶　557

【金（ゴールド）】⑹　662

錦衣→【特別な衣服】⑴

金鵄→【鳥】⑹

近親相姦→【性交】⑵

●金策　367、369、371

●金銭　346

【金銭】⑵　532

金杯→【金】⑴

金鏤玉衣→【特別な衣服】⑴

〈く〉

●空海　90

【腐る】⑷　581

【櫛】⑶　557

●鯨　326

薬指→【指】⑴

くだもの→【果実】⑵、⑹

【口】⑴　456

【口】⑵　533

【口】⑷　582

【口】⑸　644

【靴】⑴　456

【靴】⑶　558

【靴】⑷　582

●首絞め　219、221

【首・喉】⑴　457

【首・喉】⑷　583

●雲　110

【雲】⑴　457
【雲】⑷　583
●熊　381
【熊】⑶　559
●供物　171、209
●供養　47
【暗い】⑷　584
●黒い傘　153
●黒いズボン　153
●黒いカード　154
黒犬→【襲われる】⑸、【犬】⑹
黒馬→【馬】⑸、⑹、【襲われる】⑸
黒猫→【猫】⑷
●黒マント　65

〈け〉

【毛】⑴　458
【毛】⑷　584
【警察関係者】⑷　585
●刑事　323
●競馬　346、348
【刑務所】⑷　586
ケーキ→【甘い食べ物】⑷
●結婚　142
【結婚】⑹　662
●結婚式　144
月桂冠→【頭】⑴
月光→【月】⑶
月蝕→【月】⑶
●結婚衣装　141
結婚指輪→【捨てる】⑶、【指輪】⑶
血尿→【血】⑵
●毛虫　309
【煙】⑷　586
●玄関　101、120、305、321
●玄関払い　177
【玄関】⑴　458
【玄関】⑷　586
【玄関】⑹　662

〈こ〉

【鯉】⑴　459
【鯉】⑶　559
子犬→【犬】⑶
高級魚→【魚】⑵
豪雨→【嵐】⑷
●高山　303、365
洪水→【川】⑵、【家】⑸
仔牛→【牛】⑵
強盗→【殴る・殴られる】⑴
●交番　138
豪雪→【雪】⑴、⑷
高層ビル→【塔・台閣・高楼】⑴
甲羅→【亀】⑴、【体】⑴、【肌】⑴
●肥溜め　202
【肥溜め・汲み取り式便所】⑵　534

●黒衣　56
●黒飯　171、380
●後光　134
五穀→【田畑】⑴
苔→【毛】⑷
●コダマ（木霊・木魂）　240
●小鳥　41
小箱→【器】⑶
●御神水　194
御神体→【神社】⑴（神鏡）
御神木→【神社】⑴
●子ども　126、300
【子ども（小児）】⑶　566
【子ども（小児）】⑷　587
●御幣　190
【米】⑵　534
古米→【米】⑵
●米俵　340、341
米俵→【米】⑵
小物入れ→【器】⑶
小指→【指】⑴
【殺される】⑵　535
【殺す】⑵　535
衣替え→【衣服】⑶
衮衣→【特別な衣服】⑴
●コンクリート塀　79
【婚約】⑶　560
●婚約者　169
婚約指輪→【縛る】⑷
婚礼衣装→【衣服】⑶、⑹
　【花嫁・花婿】⑹

さ

〈さ〉

●再生　384
●祭壇　99、172
【財布】⑴　459
●逆さま　202、312
【魚】⑵　536
●桜　188、316
【酒】⑴　460
【酒】⑷　588
酒粕→【酒】⑷
座礁→【船】⑷
●授かる　177、
授かる→【恵比寿】⑴
　【神】⑴
　【観音菩薩】⑴
　【地蔵菩薩】⑴
　【森林】⑴
　【聖人】⑴
　【星】⑴
　【桃】⑴

【弓矢】⑴
【稲荷】⑵
【狐】⑵
【水神】⑵
【大黒天】⑵
●さする　179
殺人→【殺す】⑵、【殺される】⑵
【雑草】⑷　588
●札束　344
砂糖→【甘い食べ物】⑷
【砂漠】⑷　589
サファイア→【宝石・宝玉】⑴
●寒い　155
【寒い】⑸　644
【鞘】⑶　560
【左右】⑴　460
【皿】⑶　560
【猿】⑵　537
●三角布→45
惨殺→【殺される】⑵
斬首→【殺される】⑵
山林→【山】⑴
サングラス→【眼鏡】⑷
●三三九度の盃　141

〈し〉

【塩】⑴　461
塩水→【塩】⑴
【鹿】⑵　537
●死刑場　300
●時刻（死亡時刻）　42、237
【自殺】⑵　538
【死産】⑴　462
獅子→【ライオン】⑴
【死者】⑴　462
【死者】⑸　644
【地震】⑷　589
●沈む　304
【沈む】⑷　590
自然発火→【火】⑴
●地蔵菩薩　199、311、318
【地蔵菩薩】⑴　463
【舌】⑴　463
【舌】⑷　590
【死体】⑵　538
●七福神　117
【シーツ】⑹　663
湿地→【土地】⑴
失明→【目】⑴
●自動車事故　296、297、298、344
●死神　128、129、130、131、133、135
●死に装束　95
●縛る　202
【縛る】⑷　590
島→【大地】⑴、【土地】⑴
シミ→【洗濯】⑴、【寝具】⑶、【大黒柱】⑷、

【鼻】(4)、【台所】(5)
●釈迦（仏陀） 186
●錫杖 186
●写真 100、204
【写真】(6) 663
●守護する 167
●十字架 49
【十字路】(4) 591
●囚人 310
【囚人】(4) 591
●修理 323
手術→【医者】(1)
●数珠 51
【出産】(2) 539
循環器系疾患→【心臓・胸】(1)、【顔】(4)、【苦み】(5)
●焼香 102
昇天→【天】(1)、【雲】(4)、【天使】(6)、【鳥】(6)
少年愛→【性交】(2)
書物→【捨てる】(3)
書類→【捨てる】(3)、【読む】(4)
【娼婦】(1) 464
●食器 377
【食器】(3) 561
しらが→【髪】(1)、(4)、【ヒゲ】(4)
●死霊 47
●白い上着→ 41
●白い着物→ 43、45、78、79、80、81、85、176、203、223
●白いシーツ 83
●白い手 233
●白い布 84、95、172
●白い花 82
●白い服 77
●白いベール 82
白鼠→【鼠】(2)
白蛇→【蛇】(2)
神官→【神主】(1)
神鏡→【神社】(1)
【寝具】(3) 561
【寝具】(6) 664
寝室→【寝具】(3)、【煙】(4)、【星】(4)
●神社 67
【神社】(1) 464
●神札 177
神札→【神】(1)
【心臓・胸】(1) 466
【心臓・胸】(4) 592
腎臓→【内臓（臓腑）】(1)
●親族 182
【親族】(6) 664
真珠→【宝石・宝玉】(1)
進水式→【船】(1)
●寝台 75、100
●新築 62

新築→【家】⑴、【解体】⑴
【侵入者】⑸　645
【新聞】⑷　592
●新聞報道　288
●神木　238
新芽→【木】⑴
【森林】⑴　466

〈す〉

【巣】⑶　562
【酢】⑷　593
【水害】⑷　593
●水死　211、246
【水死体】⑴　467
水晶→【宝石・宝玉】⑴
【水神】⑵　539
●水中宮殿　81、113
水田→【田畑】⑴
●水道　373
【水道】⑵　540
●数字　143、348、350、351、356
姿見鏡台→【鏡】⑶
●杉　150
【杉】⑴　467
●救う　174、178、186
頭痛→【頭】⑴
【捨てる】⑶　562
【砂・砂地】⑷　593
スリ→【泥棒】⑴

〈せ〉

【精液】⑴　469
【精液】⑷　594
【性交】⑵　540
●聖地　188
●赤飯　171、389、390
【背中】⑴　468
【背中】⑷　594
【聖人】⑴　469
【晴天】⑴　469
●石棺　93
セックス→【性交】⑵
節分（豆撒き）→【豆】⑷
洗顔→【病人（実在の）】⑴
●線香　97
●善光寺参り　50
●千手観音　163
【洗濯】⑴　470
【仙人】⑴　470
洗髪→【髪】⑴

〈そ〉

【象】⑴　470
僧衣→【衣服】⑶
象牙→【象】⑴
●草原　114

【掃除】⑴　471
【掃除】⑹　665
●葬式　99、100
【葬式】⑴　471
【葬式】⑷　594
【僧尼】⑴　472
【僧尼】⑷　595
●僧侶　170、319
蘇生→【死者】⑴、【葬式】⑷、
【死者】⑸
【祖父母】⑷　595

た

〈た〉

●鯛　312
【鯛】⑴　472
●退院　322
【退院】⑹　665
●対岸　112
●大工　323
【大黒柱】⑴　472
【大黒天】⑵　541
【大黒柱】⑷　596
太鼓腹→【腹】⑴
●胎児　383
【大地】⑴　473
【大地】⑸　646
大道→【道】⑴
【台所】⑸
大木・大樹→【木】⑵
ダイニングキッチン→【台所】⑸
ダイヤモンド→【宝石・宝玉】⑴
【太陽】⑴　473
【太陽】⑶　563
【太陽】⑷　597
【太陽】⑹　665
【鷹・鷲】⑴　475
タガ→【桶】⑵
●焚き火　154
濁流→【川】⑴、⑵、【家】⑸
【竹】⑴　475
筍→【竹】⑴
●佇む　156
【畳】⑶　563
【叩かれる】⑷　598
●橘　365
手綱→【馬】⑴
脱皮→【脱ぐ】⑴
●竜巻　73
【竜巻】⑷　598
谷川→【川】⑵
●谷底　61、302、303
●頼む　209

●煙草　41
【田畑】⑴　475
【卵】⑴　476
タワー→【塔・台閣・高楼】⑴
●タンス　127
断水→【水道】⑵、【水】⑵
胆のう→【内臓（臓腑）】⑴、【顔】⑷
●誕生祝い　176

〈ち〉

●血　96
【血】⑵　541
【血】⑷　598
●血まみれ　108、270、305
地下水→【井戸】⑵
【乳・乳房】⑵　542
【乳・乳房】⑶　564
【窒息】⑸　647
【茶】⑴　476
【茶碗】⑵　543
茶碗飯→【茶碗】⑵
【治癒】⑹　666
●蝶　41
【蝶】⑹　666
手水場→【神社】⑴

〈つ〉

【月】⑶　564
【月】⑷　599
●漬け物桶　343
漬け物桶→【桶】⑵
●土　315
【土】⑵　543
【津波】⑷　600
【角】⑷　600
【椿】⑴　477
【翼】⑹　667
【燕】⑴　477
【爪】⑵　544
●積み荷　389
釣り糸→【船】⑴
●鶴　146
【鶴】⑴　477
【鶴】⑹　667

〈て〉

【手】⑴　478
【手】⑷　601
●手当て　182
●T字路　130
●低湿地　303
●剃髪　56
剃髪→【髪】⑷
手鏡→【鏡】⑶

●手紙　55、100
【手紙】(4)　602
手首→【手】(4)
●鉄板台　96
【手の仕草】(6)　668
出船→【港】(3)、【船】(4)
●手招き　118、119
●寺　50、150、172
【天】(1)　479
【天】(4)　602
●天冠　46
天狗→【鼻】(4)
【天使】(6)　668
●天女　342
転覆→【船】(4)
●電報　120、351
【電報】(4)　603
●電話　55
【電話】(4)　603

〈と〉

●戸　65、120
【ドア】(4)　604
トイレ→【便所】(6)
【塔・台閣・高楼】(1)
洞窟→【トンネル】(6)
【蜥蜴】(2)　544
●読経　81
読経→【僧尼】(4)
【特別な衣服】(1)　481
●髑髏　132
【棘】(4)　604
吐血→【血】(2)
【時計】(6)　668
●トサカ（鶏の）　294
【土砂崩れ】(4)　605
土砂→【家】(5)
【土地】(1)　481
【土地】(4)　605
【ドッペルゲンガー】(5)　647
●飛ぶ　153
【虎】(1)　482
【虎】(4)　606
【鳥】(1)　483
【鳥】(3)　565
【鳥】(6)　669
●鳥居　182
鳥居→【神社】(1)
鳥の巣→【巣】(3)
ドレッサー→【鏡】(3)
【泥】(5)　647
【泥棒】(1)　483
【トンネル】(6)　669

な

〈な〉

【内臓（臓腑）】(1)　484
【苗】(1)　485
直会→【御神酒】(1)、【神】(1)
中指→【指】(1)
流れ星→【星】(4)
●泣く　103
【泣く】(1)　485
【殴る・殴られる】(1)
●茄子　343、377
【茄子】(1)　486
菜摘み→【野原】(1)
●撫でる・撫でられる　178、194
●名前（を呼ぶ）　74、79、120、121、133
●生首　107、234
生米→【米】(2)
生肉→【肉】(1)
●波　308
【涙】(1)　487
【鍋釜】(2)　544
荷・荷物→【肩】(1)、【牛】(2)、
【肩】(4)、【船】(4)
縄→【糸・紐】(4)
●難破船　366

〈に〉

【苦味】(5)　648
【肉】(1)　487
肉体→【体】(1)、(5)
●濁り水　331、344
【西】(5)　648
●日月　365
【日月】(3)　565
●日時　134、288、291
●日蓮　187
日蝕→【太陽】(4)
●二人同夢　118、122、242、244、249、250、251、257、266、269、298、360
【入院】(4)　606
●入浴　123
【入浴】(1)　488
【入浴】(5)　649
【尿】(2)　545
●庭　328
【庭】(3)　566
庭木→【木】(1)、(2)、(3)、(5)、【漆】(4)
【鶏】(1)　489
【鶏】(4)　607
【妊娠】(5)　649

〈ぬ〉

ぬかるみ→【道】(4)
【脱ぐ】(1)　489
盗人→【泥棒】(1)
●沼　82、304

〈ね〉

【ネクタイ】(4)　607
●猫　334、335、337
【猫】(1)　490
【猫】(4)　608
【鼠】(2)　546
●ネックレス　376
●眠い　280
【眠る】(4)　609
●念仏　318

〈の〉

●納棺　123
【野原】(1)　490
野焼き→【野原】(1)

は

〈は〉

●歯　141、142
【歯】(1)　491
【歯】(4)　609
肺→【内臓（臓腑）】(1)、【顔】(4)
●廃屋　202
売春婦→【娼婦】(1)
拝殿→【神社】(1)
【蠅】(5)　650
【墓】(1)　493
【墓】(4)　610
●墓場　79
●白銀世界　65
●白蛇　390
白馬→【馬】(6)
●禿げ山　201
禿げ山→【山】(4)
【禿げる】(4)　610
●馬券　346、348
箱→【器】(3)
●羽衣　342
羽衣→【特別な衣服】(1)
●橋　115、233、255
【橋】(1)　493
【橋】(4)　611
【橋】(6)　670
【柱】(1)　494
【蓮】(1)　494
【肌】(1)　495
【肌】(4)　611

【裸】(4)　612
●罰金　323
●発見　407、408、409、411、412、414
抜歯→【歯】(4)
馬蹄→【馬】(2)
波濤→【海】(3)
【花】(1)　495
【花】(6)　671
●花畑　66、68、78
【鼻】(1)　496
【鼻】(4)　613
【鼻】(5)　650
鼻血→【血】(2)
【花嫁・花婿】(6)　671
馬糞→【馬】(2)
●早桶　86、88
早桶→【棺桶】(6)
林→【木】(1)、【燕】(1)
【腹】(1)　497
【腹】(4)　614
【腹】(5)　651
●祓う　190
腹鼓→【腹】(1)
はりつけ→【殺される】(2)
春風→【風】(5)
晴れ着→【病人（実在の)】(6)
腫れ物→【体】(1)、【手】(1)、【顔】(4)、【背中】(4)
半殺し→【殺される】(2)
氾濫→【川】(2)

〈ひ〉

●火　364
【火】(1)　498
【火】(4)　615
火あぶり→【殺される】(2)
【東】(1)　499
東風→【風】(5)
【ヒゲ】(3)　567
【ヒゲ】(4)　616
脾臓→【内臓（臓腑)】(1)、【顔】(4)
【額】(1)　500
【額】(4)　616
棺→【棺桶】(6)
引っ越し→【家】(1)
一つ目→【目】(1)
人差し指→【指】(1)
●人魂　46、223
日の出→【太陽】(1)、【太陽】(3)
●火柱　74
【皮膚病】(1)　501
肥満→【体】(1)、【太る】(5)
白狐→【狐】(2)
雹→【嵐】(4)
【病院】(4)　617

【病気】(4)　617
【病人（実在の）】(1)　501
【病人（実在の）】(6)　672
【蛭】(4)　618

〈ふ〉

風害→【風】(5)
【夫婦】(3)　567
服喪→【葬式】(1)
【梟】(6)　672
無精ヒゲ→【ヒゲ】(4)
【富士山】(1)　502
●婦人警官　323
【豚】(1)　502
【豚】(4)　618
●仏具　319
●仏像　186
●仏壇　41、76、81、96、171、182、261
【仏壇】(6)　672
【葡萄】(1)　502
【太る】(5)　651
●布団　61、319
●船　112、116、389
【船】(1)　503
【船】(4)　618
吹雪→【雪】(4)
不倫→【性交】(2)
●古井戸　198
古畳→【畳】(3)
フルーツ→【果実】(2)、(6)
●古屋　62、323
風呂→【入浴】(1)
【糞便】(2)　546
文明→【遺跡】(1)

〈へ〉

【ベール】(4)　620
平野→【土地】(1)
【臍】(1)　505
ベッド→【寝具】(3)、(6)
【蛇】(2)　547
【蛇】(4)　620
【便所】(6)　673
便秘→【糞便】(2)
変身→【体】(1)、【虎】(1)、【豚】(1)、【鳳凰】(1)、【龍】(1)、【魚】(2)、【鼠】(2)、【牛】(4)、【顔】(4)、【子ども】(4)、【僧尼】(4)、【鳥】(6)【宝石・宝玉】(1)

〈ほ〉

【鳳凰】(1)　505
暴行→【殴る・殴られる】(1)
●亡妻　236
●奉書　388

母川回帰→【魚】(2)
法事→【葬式】(1)、【兄弟姉妹】(4)、
【親族】(6)
【宝石・宝玉】(1)　506
宝蔵→【神社】(1)
●包帯　103、169
包帯→【糸・紐】(4)
●法然　134
●亡父　143、172、184、191、210、
266、304、355、369、371、
412
●亡夫　248、354
暴風→【嵐】(4)、【風】(5)
暴風雨→【家】(5)
●亡母　174、206、208、246
●亡霊　212、215、216、219、223、
229、242、258、263
法輪→【僧尼】(1)
【北斗七星】(1)　506
【星】(1)　507
【星】(4)　621
●墓地　151
北極星→【北斗七星】(1)
ほほ笑み→【笑う】(4)

ま

〈ま〉

●埋蔵金　353
【曲がり角】(1)　508
【枕】(4)　622
●松　314
【松】(1)　508
●窓　211、219
【窓】(1)　508
【窓】(4)　622
【豆】(4)　623
●守る　180
【眉】(1)　509
【眉】(4)　623
●丸太　40

〈み〉

●見知らぬ男　326
【見知らぬ人物】(4)　624
●水　45、46、331、344、373、374
【水】(2)　548
【水】(5)　652
水桶→【桶】(2)
瑞垣→【神社】(1)
水漏れ→【水】(2)
●乱れ髪　43

【道】⑴　510
【道】⑷　625
【港】⑶　568
【南】⑴　511
【耳】⑴　511
【耳】⑷　626
耳垢→【耳】⑴

〈む〉

【百足】⑵　549
【麦】⑴　512
麦飯→【麦】⑴
●向こう岸　112、115、116
【息子・娘】⑷　627
●胸騒ぎ　287
【胸騒ぎ】⑷　628
棟上げ→【家】⑴
むら雲→【月】⑶

〈め〉

【目】⑴　513
【目】⑶　568
【目】⑷　628
【目】⑸　652
【目】⑹　673
●冥府　61
【眼鏡】⑴　514
【眼鏡】⑷　629
●メール　55
メール→【手紙】⑷、【電話】⑷
雌鳥→【鶏】⑴

〈も〉

●文字　55、388
【餅】⑵　549
●モッコ　89
モニュメント→【遺跡】⑴
●物干し場　302
●喪服　101
【籾】⑵　549
【桃】⑴　515
もらい火→【火】⑴
【もらう】⑴　515
●盛り土　150
盛り土→【土】⑵
【門】⑴　516
【門】⑷　629

や

〈や〉

●野犬　315
野生馬→【馬】⑵
●薬草　177

【薬草】(5)　653
●薬方　191、194
焼け跡→【火事】(2)
●ヤスデ　337
【痩せる】(4)　630
【柳】(3)　568
【屋根】(1)　516
【屋根】(4)　630
藪医者→【医者】(1)
【山】(1)　517
【山】(4)　631
●山奥　68
山火事→【山】(4)
●山寺　65、150
●山道　67

〈ゆ〉

●遺言　355、358
結納→【婚約】(3)
●幽体離脱　412、418、429、430
夕日→【太陽】(4)
●UFO　195
夕焼け→【太陽】(1)
【愉快】(5)　653
●湯帷子　123
湯灌→【葬式】(1)
●雪　379
【雪】(1)　518
【雪】(4)　632
雪融け→【雪】(1)
●指　105、106
【指】(1)　518
【指】(4)　632
【指輪（主に結婚指輪）】(3)
●湯船　123
【弓矢】(1)　519
【弓矢】(3)　569
【弓矢】(4)　634
●夢買い　365
●夢枕（に立つ）　41、212、215、242、259、358

〈よ〉

●酔う　323
【酔う】(5)　653
影向石→【神社】(1)
よだれ→【口】(2)、【舌】(4)
酔っ払い→【酒】(4)、【酔う】(5)
●呼び声（名を呼ぶ）　120、121、130、311、332、360
【呼ぶ・呼ばれる】(4)　634
●夜道　303
●黄泉国　61
●読めない　310
読む→【おみくじ】(1)
【読む】(4)　634

依代→【門松】⑴

ら

〈ら〉

【ライオン】⑴　520
ライン→【手紙】⑷、【電話】⑷
●ライン　55
落馬→【馬】⑵
らせん階段　66
【蘭】⑴　520

〈り〉

【龍】⑴　521
●竜宮城　113
●流血　105
流血→【血】⑵、⑷
流星→【星】⑷
【料理】⑴　521
【旅行】⑹　674
【林檎】⑶　570

〈る〉

【留守】⑷　635
留守番→【留守】⑷
ルビー→【宝石・宝玉】⑴

〈れ〉

●霊安室　97
●霊柩車　172
【霊柩車】⑴　522
●霊柩台　95
列星→【星】⑴
蓮華→【口】⑴
蓮根→【蓮】⑴、【口】⑸
●礼装　376

〈ろ〉

●ロウソク　98
【ロウソク】⑴　522
【ロウソク】⑷　635
●老婆　127、129、130、131
老婆→【見知らぬ人物】⑷
●老爺（死神）　131、136
●老爺（救済者）　176、179、202

わ

●渡し守　112
【笑う】⑷　636

2 項目索引(1)

＊第一部の実例、第二部のシンボル事典に出てきたゴチック部分の一覧です。夢の中でもとくに重要な状景やシンボルをゴチックにしてあるので、あなたが見た夢を調べる際に利用してください。

＊一部・二部ともに章の項目ごとに並べてあり、五十音ではなく登場順です。

＊二部のゴチック部分を一括して五十音順に並べた索引は「3 項目索引（2）」に掲げています。用途に応じて使い分けてください。

第一部
第一章　死と夢

死を告げる声・言葉

「楽になれた」・「楽になった」 38、40
丸太のような感じ 40
「良い気持ちだ」 40
白い上着 41
「永らくお世話になりました」 41
宙に浮く 41
神棚の中に入る 41
蝶の姿で神棚や仏壇に入る 41
仏壇に供えた煙草の煙が中に吸いこまれる 41
小鳥が神棚や仏壇に入る 41
「さようなら」 42
母は十一時に死ぬ 42
古いお宮 43
白い着物 41、43、45
髪を振り乱して助けを求める 43
頭に白い三角の布 45
「お水をちょうだい」 45
天冠 46
喉の渇き 46
青いモノ 46
おがんでくれろ 47
「寂しいからそろそろ来いよ」 48
黒い十字架 49
空中に浮かぶ 50
死者のイニシャル 50

善光寺詣り　50
白い数珠　50
組末な黒い数珠　51
糸が結ばれる　52
糸がほどける　52
手紙がくる　55
「私は死んだ」　55
文字によって知らせる　55
メールやラインでメッセージが伝えられる　55
頭を剃った黒衣姿　56
遺骨を家に持ち帰る　57

死を告げる異様な光景

蚊帳　61
道に寝る　61
道が二つに割れる　61
道の裂け目の中に落ちる　61
道が谷底へと崩れていく　61
古い家がなくなる　62
新しい家が建っている　62
大人が小児の姿になる　63
穴の中に寝ている　63
成人が子どもの姿で現れる　64
赤ん坊の姿で現れる　64
知人が戸を叩いて迎えに来る　65
黒いマントを着て黒い杖をついている　65
山寺の裏の道　65
白一色の世界　65
穴を掘る　65
掘立小屋　66
らせん階段　66
温泉が涌いていた　66
一面の花野　66
「じゃ僕は行くよ」　66
手を振る　66
次第に小さくなる　66
奥の院　67
神社の裏の山道を登っていく　67
山奥に入っていく　68
一面の花畑　68
「自分はまだ行かれん」　68
白い花　68
ひとりで帰ってくる　69
山のほうへ、どんどん行ってしまった　69
家がぺっしゃんこに潰れる　72
白い座布とんの上に血とうみがべっとりと
くっついている　72
竜巻　73
まっ赤な火柱　74
名を呼ぶ　74
永久に使えない　75
いいようのない大きな悲しみ　75
花の一つ一つの色が非常に鮮やかで生々しい　76

死を告げる衣装

白い服を着ていて足がない　77
美しい花畑　78
白いきれいな着物　78

必死に逃げる　78
大きくて高いコンクリート塀の内側　79
白い着物　79、80、81、85
墓場　79
呼びかけに応えず消えていく　79
呼びかけられて手を振る　80
別れの挨拶をする　80
仏前でお経をあげる　81
水中の階段　81
水中の美しい宮殿　81
真っ赤な着物　81
沼の底へ吸いこまれて落ちてゆく　82
白いベール　82
白い花束　82
底に引き込まれて消える　82
白いシーツ　83
白い布　84
引返して行く　85
消える　85

葬具・葬式・喪服

早桶を担ぐ棒と杖を持った男　86
押入れの下　87
空っぽの桶　87
棺桶　88
早桶　88
季節を象徴するもの　88
棺桶みたいな白木のおみこし　92
まっさかさま　92
下へくずれ落ちていく　92
石の棺　93
棺が次第に収縮していく　93
「救け出してくれ」　94
「もう駄目だ、お前もどうする事も出来ない」　94
亡くなる当人がどんどん小さくなって、やがて消える　94
霊柩台　95
顔を白い布でおおっている　95
死に装束をまとった遺体　95
嘆き悲しむ人々　95
仏壇の前に置かれた鉄板の台　96
切り落とされた手足　96
血が一滴も出ていない遺体　96
血が出ない　97
架台の上の死体　98
ロウソク　98
遺影　99
葬式の祭壇　99
手紙　100
寝台に横たわる　100
死者を取り囲む人々　100
葬儀　100
黒い喪服　101
玄関に立っている　101
焼香　102
大声で泣く　102

死を象徴する肉体の異変・行動

指を刃物などで突き刺す　105

大量の流血　105
埋めて土をかぶせて立ち去る　105
指が切れる　106
指が切断される　106
指が折れる　106
指を失う　106
血に汚れた布　106
切断された生首　106
肉体から首が離れる　107
背中から大量の血を浴びる　108
損傷部分が血にまみれている　108
空が赤くなる　108
夢の中の視界が朱に染まる　108
背後からくるもの　108
背後に付いているもの　108
空の中に顔がかかる　109
死期の迫った人が虚空に浮かんで消える　110
雲の中を歩く　110
「今度はあなたの番ですね」・「ええ、私の番です」　111
広くてきらきらと輝く川　112
対岸　112
渡し守　112
壮麗な館　112
水中の宮殿　113
竜宮城　113
見渡すかぎりの緑の草原　114
明るい光　114
清らかな小川　115
橋　115
向こう岸　115
向こう岸で手を振っている　116
船を漕ぐ　116
前に進まない　116
だれかが船を引っ張って離さない　116
海の彼方　117
「もう一度帰りなさい」　117
おいでおいでをしている　118
手招き　118、119
悲しそう　118
笑いながら手を振る　118
自分がだれかに向かって手を振っている　118
名前を呼びながら玄関の戸を叩く　120
入院中の親族などが家に帰ってくる　120
電報が届く　120
自分を呼ぶ声　121
「もうすっかり良うなったで、一人で病院から歩いて帰ってきたわ」　122
着物を着たまま風呂へ入る　123
経帷子　123
湯船　123
棺桶　123

死にまつわる特殊な人物象徴・死神

赤ん坊が燃える　125
裸の赤ん坊を胸に乗せられる　125
赤ん坊　126
大切な人が赤ん坊や子どもの姿で現れる　126

タンスがゴトゴト音を立てる　127
新聞紙で包まれた老婆　127
だれかに追われる　128
助けを求められる　128
大鍋で炒られる　129
小さな見すぼらしい老婆　129
T字形　130
元来た道へ引き返す　130
お婆さん　130
どうしても足が進まない　130
遠く近く自分を呼ぶ声がする　130
小さな老婆　131
黒いくすんだ人　131
みすぼらしい老爺　131
黒っぽい服装　131
いやらしい表情で笑う男　131
鎌を持った髑髏　131
青白い顔の女に手を引かれる　133
助けられる　133
異形の者に手を引っ張られる　133
後光　134
「まだあんたが来るのは早い」　134
「迎えにきたる」　134
「もう病院には行かなくていい」　135
見知らぬ老人　136
醜い犬　136
交番　138
入院を断わられる　139

結婚の夢に現れる死

自分が花嫁になる　141
上の歯がすっぽりと抜ける　141
あでやかな結婚衣装をまとっている　141
挙式している　141
結婚の準備をしている　141
歯が抜ける　142
「おれはもう結婚するぞ」　142
数字が現れる　143
きらびやかに着飾った若者　143
結婚式に連れていく　144

死を象徴する動植物

鶴　146
だんだん小さくなり見えなくなる　146
寂しい気持ちで眺める　146
鳥　147
大きな鴉　147
鳥が鳴く　147
鴉鳴き　148
根の半分が空中に突き出ている　149
宙に浮かぶ　149
根が地を離れる　149
海　150
盛り土　150
朽ち果てた杉の大木　150
思わず肌寒さを覚える　151
墓地　151
手を合わせてしきりに拝む　151

死にまつわるその他の夢

宙に黒い傘がふわふわと浮いている　153
黒いズボン　153
傘を持ってビルから飛ぶ　153
金色に縁取られた黒いカード　154
焚き火　154
うずくまる　154
青ざめる　154
妙に寒い　155
門前に佇む　156
真っ青な顔をしてすすり泣く　157
「何をしているの？　お出でなさい」　157
少しも前進しない　157
車や電車などが動かない　158
飛行機が飛ばない　158
その場で足止めを喰らう　158
足が地に釘付けになる　158
うつむいたまま沈痛な表情で座っている　160

第二章
さまざまな霊にまつわる夢

霊的な守護と救済の夢

千手観音　163
「微臣の力もて保護し奉る」　167
「御心安う」　167
包帯でぐるぐる巻きにされる　169
棺　169
包帯がほどけてくる　169
僧侶　170
黒飯　170
赤飯　170
霊柩車　172
白い布で蔽われた棺桶　172
祭壇　172
寺の本堂　172
阿弥陀仏に向かって合掌する　172
「おまえを助けてやる」　174
「ここは危ない」　174
白い着物　176
山中のお宮　176
病気が治癒するように拝んでくれる　176
誕生祝　176
祖先や神霊が自分のために祈る　177
神霊などから薬草を授かる　177
神札を授かる　177
玄関払い　177
「きっと治してあげますよ」　178
患部を撫でる　178
白髪の爺様　179
胸をさすってもらう　179
「心配する程でもないから安心していらっしゃい」　180
赤い大きな鳥居　182
仏壇の前から人影が現れる　182
患部の腹の所を押さえてもらう　182
自分のためにだれかが祈ってくれる　184

霊的な存在が自分の頭に手を置く　185
錫杖を強く地に突き刺す　186
「病を治さんとす」　186
感泣して伏し拝む　186
仏像から慈光が輝く　186
楽しそうに宴会をしている　188
桜がきれいに咲いている　188
御幣で祓う　190
飲みものをすすめられる　192
「持って帰つて炊いて食べよ」　193
「何々を食べよ」　194
「何々を飲め」　194
薬方が示される　194
御神水を飲む　194
神仏などから美味しい飲食物をもらう　194
撫でられる　194
切除など外科的処置を受ける　194
息を吹きかけられる　194
病気を持っていってやるといわれる　194

神仏や祖霊・亡霊からの頼み事

「さがし出して祀ってほしい」　198
阿弥陀如来　198
地蔵　199
観音菩薩　200
禿げ山　201
廃屋　202
肥溜め　202
逆さま　202
突き刺すような鋭い視線を感じる　202
白衣を着た老人　203
しょんぼりと立っている　206
「雨が降ると濡れて困る」　208
頼み事を聞く　209
ひもじいと訴える　209
喉が渇いたと訴える　209
息苦しいと訴える　209
だれかが窓からはい上がってくる　211
人がいつもとは違うところから入ってきたり、出て行く　213

未成仏霊・怨霊などにまつわる夢

「貸し金を至急持ってきてくれ」　215
金縛りになる　216、218
窓からこちらの様子をうかがっている者がいる　219
男が窓から入ってくる　219
だれかにのしかかられる　221
首を絞められて息が詰まる　221
逃げようとしても動けない　221
助けを求めようとしたが声が出ない　221
冷たい風　223
まるい火だま　223
白い着物　223
だれかが胸を両手でハガイ締めに締めつけてくる　225
「ここで私は首をつったのです」　225
髪を掴んで離さない　233
後ろから自分の髪を引っ張って離さない　234
生首　234

コダマ（木霊・木魂） 240

自分の死を知らせにくる霊の夢

二人同夢 242、250
「私の戦争も済んだ」 253

殺人事件にまつわる霊夢

殺された兄があらわれて犯人のことを告げる 257
家の仏壇がバラバラになる 261
新しい仏壇 261
一応に拝んでいる 261
「俺は自宅の裏山に葬られている」 263
「犯人を教えてやる」 266
二人同夢 269
血みどろの男 270

第三章
災害・事故・病気の知らせと夢

災害や事故事件などを予知した夢

大あわてで逃げる 280
猛烈な眠気に襲われる 280
雉が鳴く 281
鳥が鳴き騒ぐ 283
鴉鳴き 283
胸騒ぎが治まらない 287
一面が真っ赤で、そこに大切な人がいる 289
視界全体が赤くなる 289
赤いものが浮かんでいる 289
棺が自分の家から出て来る 290
「七日は大事だ」 291
鶏のトサカ 294
二人同夢 298
囚人の乗る黒い箱車 300
死刑場へと運ばれていく 300
大人が子どもの姿で現れる 300
屋上の物干し場 302
谷底の細く暗い道 302
下っている 302
だれかが谷に向かって進んでいく 302
声が届かない 302
高い場所 303
山岳 303
低い場所 303
暗く陰湿な場所 303
谷底の暗く細い道 303
下りになった道 303
夜道 303
沼にはまる 304
沈んでいく 304
全身血だらけになる 305
「さようなら」 305
溺れる 307
波がひたひたと押し寄せてくる 308
波にさらわれる 308
毛虫 309

イモムシ　309
観音菩薩　310
地蔵菩薩　311
だれかが自分の名を呼ぶ　311

病気を予告する夢

大きな鯛　312
頭部がない鯛　312
逆さにして立て掛ける　313
部屋に松の木が鬱蒼と茂っている　314
部屋の中が薄暗い　314
樹木が家の中に生える　314
家の中に馬や犬が闖入してくる　315
家の中に土がある　315
野犬　315
切り取られた桜の木　316
謝罪して赦される　316
お地蔵様　318
布団を敷いて寝ている　319
亡くなった義母　319
僧侶　319
仏具がない　319
「寝かせてばかりおいてもだめだろう」　319
僧侶や尼僧が家の中に入ってくる　321
徳の高い高僧　321
尼僧を家に招き入れる　321
病人の足のほうからのぞきこむ　321
「死にました」　322
死んで家に帰る　322
元気になって退院する　322
古くて狭い家に引っ越ししている　323
大工　323
修理をしている　323
酔って帰宅する　323
刑事　323
書類　323
罰金　323
不満に思っている　323
鯨が陸地に乗り上げて、自分を追ってくる　326
見知らぬ黒っぽい服装の男　326
庭　328
大きく陥没した土地　328
巨大な穴　328
穴の底に人がいる　328
闇夜を焦がす火　329
火事　331
家の中に不審な闖入者が押し入る　331
家の中に馬や豚などの獣が闖入する　331
喉が渇く　331、332
水を求めてさまよっている　331、333
白濁した水　331
いくら飲んでも渇きが癒えない　331
きれいな小川　331
飲むことができない　332
稲光　332
自分の名を呼ぶ　332
猫がまとわりつく　334
猫がだんだん大きくなる　334

「海を渡ってきた」 335
白いミルクの川 337
黒いタールの川 337
川を楽しく下る 337
神仏・神仙や高級な先祖霊 338

第四章 幸運・財運と夢

金銭財物を得る夢

米俵 340
多くの米俵が積まれている 341
米俵の中身が少ない 341
米俵の中身が空 341
白い羽衣をまとった天女 342
満々と水が張ってある 343
おいしい水 343
桶の底に少ししか水がない 343
桶のタガが緩んで水が漏れている 343
水が濁っている 344
水が悪臭を発している 344
乗用車が事故に遭う 344
だれかに札束をもらう 344
通常ではありえない額のお金が入る 346
数字 348、350
電報 351
死者からの電報 351
「いま死にます」 358
「急ぎますから、これで失礼いたします」 359
枕元でわたしを呼ぶ人がある 360
「さようなら」 360
火事 364、382
火 364
高い峰に登って日月を左右のたもとに入れ、三つの実がなった橘をかざす 365
難破船 366
「お金を用達しなさい」 369
喉が乾いている 373
「水のある所に連れていってやろう」 373
水道栓 373
水が出ない 373
「水がでないから諦めろ」 373
水が澄んでいる 374
流れが滞らない 374
豊かな水量がある 374
水が濁っている 374
流れが滞る 374
水が涸れそうになっている 374
水の上を歩く 374

幸運・慶事を告げる夢

正装している 376
アクセサリー 376
ネックレス 376
「これをもらっておきなさい」 377
価値あるものを手に入れる 377
シンクの中の山のような食器 377

箱いっぱいの茄子　377
煮てもいいし、焼いてもおいしい　377
大雪に遭う　379
熊の子を火事から救い出す　381
熊の絵が描かれたおくるみ　381
「私こんなに小さくなって帰るのよ」　383
胎児の如きもの　383
「私帰るのよ」　384
籠にいっぱいの鰹を入れて持ってくる　386
一等でゴールイン　386
奉書　388
「裕福」の二文字　388
赤飯　389、390
大きな船が荷を満載して港に入る　389
黒飯　390
入り船　390
荷を満載　390
積み荷のない空船　390
白い蛇が体に入る　390
白蛇　391
白象　391
太陽　391
月　391
醜く不快なものが身に入る　391

第五章
発明・発見・啓示にまつわる霊夢

発明・発見にまつわる霊夢

ウロボロスの蛇　408

第二部　夢シンボル事典

吉　夢

【青色・藍色】 436
青空
海
【頭】 436
頭が大きくなる
複数の頭を持つ
他者の頭を食べる
頭が痛む
【案内】 437
どこかに案内されたり、連れていかれる
【家】 437
家の中に光がある
家の中に光が差し込む
新しい家を建てる
棟上げを見る
薄暗く冴えない印象の家から、明るく
気持ちのよい印象の家に引っ越す
引っ越し先が以前の家より狭くみすぼらしい
家を掃除している
死者が家に入ってくる
家の中に死者がいる
東に家を建てる
東の土地や家が荒れる・傷む
船に家屋を載せる
【医者】 438
あなたに好意的だったり、腕が確かな医者
藪医者や冷淡で相談できない印象の医者
医者から薬をもらう
眼科医
内科医
外科医
精神科医
【椅子】 439
ゆったりとして立派な椅子
窮屈でみすぼらしい椅子
【遺跡】 439
現代文明と古代文明が対置される
遺跡で人に遇う
【犬】 440
白犬
犬が庭を掘る
【衣服】 440
衣服を新調する
衣服を脱ぎ捨てる
雪解けで衣服などが汚れる
【馬】 441
よく手入れの行き届いた馬
毛艶のよい馬
爽快な乗馬
馬に乗って高い山に登る
暴れ馬を押さえつけて従わせる
自分に従わず手綱を無視する馬
落馬

暴れ馬に手を焼いている
【膿】　441
膿が出る
皮膚がただれて膿が出ている
【梅】　442
梅の木や梅の花
梅の実が成る
【海老】　442
大きく立派な海老
ほとんど食べるところのない小海老や
腐った海老
海老の脱皮
【恵比寿】　442
恵比須が現れる
恵比寿を祀る
恵比寿から鯛や釣竿・宝物などを授かる
恵比寿に教えを受ける
怖い顔の恵比須を見る
恵比須像が消える
恵比須が立ち去る
【御神酒】　443
直会で御神酒を飲む
御神酒を神棚に供える
献じようとした御神酒が空
御神酒をこぼす
御神酒徳利が割れる
【おみくじ】　443
おみくじを引く
読む
【オーラ】　443
黄色・金色系のオーラ
赤系のオーラ
青系のオーラ
緑系のオーラ
茶系のオーラ
黒・灰色系のオーラ
オーラの明暗
明るいオーラ、輝くオーラ
暗いオーラ
オーラの一部が暗い
【解体】　445
家を解体する
新しい家を建てる
新築のメドが立たない
【蛙】　446
蛙を見る
蛙を捕まえる
蛙が激しく啼いている
蛙を殺している
蛙が自分の身体に飛びつく
【顔】　446
自分の顔色が健康色で輝いている
顔が目立って大きくなっている
顔を洗っている
健康そうなピンク色
紫色の顔色
【垣根】　447
垣根が壊れる

垣根をつくる

【肩】 447

急に肩の肉付きがよくなる

肩が耳のあたりまで聳えて首がないように見える

肩の上に人が立つ

肩に荷を負う

肩を切り裂かれる

肩を打たれて激しく痛む

【門松】 448

立派で堂々とした門松

みすぼらしい門松

門松を立てる

門松が倒れる

門松の松などが折れる

門松が泥水などで汚される

【神】 448

神を礼拝する

神を祭る

神から祝福の言葉を授かる

果実・お札・飲食物・薬など、何らかのものを神からもらう

神とともに食事をする

神に呼びかけられる

神に無言で睨まれる

神が背を向ける

【髪】 449

頭髪が生える

髪が再生する

髪を梳る《くしけず》

髪を洗う

白髪

白髪が黒髪に変わる

切れた髪がつながる

髪と髪をつなぎあわせる

頭髪の中に蛆虫がわく

自分の後ろ髪を見る

他人に後ろ髪を見られる

【雷】 450

稲光がして雷鳴を聞く

雷が我が身を照らす

心臓に雷が落ちる

【亀】 450

海亀

亀の甲羅干し

亀が家に入ってくる

亀が縁の下に入る

【体】 451

体が大きくなる

体が肥る

体に翼が生える

体が鬼の姿になっている

体に甲羅が生える

体に鱗が生える

体に腫れ物ができる

体から光を発する

老人や重い病人の体が光っている

【川】 452

川がよどみなくスムーズに流れる

河水がきらきらと輝いている
荒れた川
雨などによって増水した暴れ川
濁流
よどんで暗い水が流れている川
【棺桶】 452
新しい棺桶がわが家に運び込まれる
棺桶に死人を入れる
【神主】 453
神主から物品をもらう
神主から言葉をかけられる
【観音菩薩】 453
観音が現れる
観音を祀る
観音から宝物を授かる
観音から教えを受ける
観音の叱責を受ける
観音が遠ざかる
後ろ向きの観音を見る
【木】 453
葉の繁った青々とした木
枯れ木に花が咲く
大木によじ登る
大木に登って四方を見渡している
木が芽吹く
木が健やかに成長する
木が繁って林になる
庭に木の種を蒔く
【兄弟姉妹】 454
兄弟姉妹が死ぬ
兄弟姉妹を埋葬する
同性の兄弟姉妹と喧嘩をしている
【金（ゴールド）】 455
金が燦然と輝いている
金を溶かす
金を撒き散らす
金を人にあげる
金杯
金杯を手にする
金杯をもらう
金製の釣り鐘
金の鍵
金のアクセサリー
金の靴
金の帯
【口】 456
口を漱ぐ・浄める
口が二つある
自分の口の中に毛が生える
他者の口の中に毛が生える
口の中に蓮華が生える
口から花が生じる
【靴】 456
美しい靴・立派な靴を履く
靴を手に入れる
履き物が糞尿で汚れる
鉄など金属製の靴を履く

【首・喉】 457
首が急に太くなる・肥る
首が長くなる
他者の首が切られる
胴体のない首を見る
首を手にする
自分の首が二つに割れる
【雲】 457
青・赤・黄・白・黒の五色の雲
赤い雲
白い雲
黄色い雲
雲が四方に起こる
【毛】 458
全身が毛で覆われる
体毛などが長く伸びる
自分の口の中に毛が生える
鼻の中に長い毛が生える
鼻の上に毛が生える
腹に毛が生える
額に長い毛を生ずる
耳に長い毛が生えている
乳房に髪の毛が生える
【玄関】 458
玄関から出る
玄関から入ってくる
玄関先が明るい
玄関から光が差し込む
玄関の扉が頑丈な石でできている
神仙など尊貴な人がにこやかに立っている
玄関先でめでたい物を手にしている
【鯉】 459
鯉が勢いよく泳いでいる
鯉が滝を登る
鯉を掴む
【財布】 459
財布にたくさんのお金が入っている
財布が空になる
財布をなくす
財布を拾う
破れた財布・ボロボロの財布・汚れた財布
【酒】 460
酒を造る
酒をもらう
飲んだ酒がうまい
天から降ってきた酒（甘露《かんろ》）を飲む
神仙などから酒をもらう
【左右】 460
手の左右
人物の左右
道の左右
霊的な問題に関する夢における左右
【塩】 461
塩を舐める
塩をもらう
塩辛い水を飲む
【死産】 462
死産を見る

死産になる
【死者】 462
死者と語らう
死者とともに飲食する
死者が笑う
死者が家に入ってくる
家の中に死者がいる
死者から物をもらう
死骸を抱く
赤ん坊の死骸を抱く
亡き父母が甦る
亡き配偶者・子女が甦る
自分自身が死ぬ
自分が死んで生き返る
【地蔵菩薩】 463
地蔵が現れる
地蔵を祀る
地蔵から宝物を授かる
地蔵から教えを受ける
怖い顔の地蔵
地蔵に叱られる
地蔵が立ち去る
【舌】 463
舌が長く伸びる
長い舌をもつ
舌に蓮が生える
舌が二枚ある
舌が三枚ある
耳の中に舌が生える
【娼婦】 464
売春婦と関係する
娼婦を見る
【神社】 464
鳥居
手水場
御神木
瑞垣
影向石
おみくじ
拝殿
宝蔵
神鏡
御神体
奥の院
神社で鶴を見る
白狐が神社にいる
【心臓・胸】 466
刀で胸や心臓を開く
心臓や胸を開いて薬を入れる
心臓を梁の上に掛ける
胸を撫でさする
他者の心臓を抜き取る
心臓に雷が落ちる
胸に逆さ鱗が生える
【森林】 466
森林で寝る・座っている
森林で神霊や妖精から物をもらう
陰鬱で不快感のある森林にいる

【水死体】 467
陸に打ち上げられた水死体
波間を漂っている水死体
【杉】 467
真っすぐ伸びる杉
繁茂する杉
杉の若木
【背中】 468
大きく広い背中
ピンと伸びた姿勢のよい背中
曲がった背中や狭く小さな背中
重い石を背負う
背中にコブができる
背中に草が生える
虫が背中を這う
背中を刃物で刺される
【聖人】 469
聖人と出会う
聖人に声をかけられる
聖人と語り合う
聖人から何かを授かる
【晴天】 469
悪天候から晴天になる
雲一つない異様に晴れ渡った空
【精液】 469
精液が水晶のように透明で輝いている 00
精液中に血を見る
性交して精液を漏らす
【洗濯】 470
洗濯をしている
きれいに洗濯された洗濯物を見る
洗濯物にシミが残っている
【仙人】 470
仙人を見る・会う
仙人から桃をもらう
【象】 470
象が家に入ってくる
象の背に乗る
白い象を見る
象が田を耕す
だれかが象の牙を抜いている
【掃除】 471
掃除をしている
家を掃除している
墓を掃除する
耳を掃除する
【葬式】 471
自分の葬式
喪に服している
他者の葬式に参列している
他者の葬式を見る
湯灌
【僧尼】 472
徳の高い高僧・老僧
僧尼に教えを乞う
僧尼からお札や鈷杵、法輪、経巻などをもらう

【鯛】 472
尾頭付きの立派な鯛
鯛がとても小さい
鯛の鮮度が悪く悪臭を放っている
鯛の頭がない
【大黒柱】 472
太く立派な大黒柱
銘木の大黒柱
【大地】 473
どっしりとした安定した大地
一望千里の大地
湖水中に地（島）がある
自分が大地に埋められている
生き埋め状態でもがき苦しんでいる
【太陽】 473
太陽が昇る
太陽が我が身を照らす
太陽が家の中に射し込む
日の出を拝む
太陽を抱く
太陽を背負って進み行く
太陽が中天で輝く
太陽を呑む
太陽が沈んでまた昇る
雲間に太陽が見える
雲が開けて太陽が出る
夕焼け
【鷹・鷲】 475
鷹や鷲が飛ぶ・見る
【竹】 475
竹林
竹を植える
筍
竹の葉が黄ばむ
竹が枯れる
【田畑】 475
田畑の実りが豊か
田畑から収穫する
豊かに五穀が実っている
水田が水で満たされている
家の中に田畑がある
田畑の収穫物を刈り取る
田畑が荒廃する
凶作の田畑を眺める
象が田を耕す
山中に畑を作る・畑を耕す
【卵】 476
卵を食べる
卵を買う
【茶】 476
茶を飲む
茶を贈られる・茶を贈る
高位の人から茶を贈られる
【椿】 477
家の庭に椿が咲く
椿の下にいる
【燕】 477
燕が軒先に巣をかける

燕が軒先を出入りして飛びまわる
燕が林に巣をかける
【鶴】 477
鶴が懐中に入る
鶴が庭に来ている
神社で鶴を見る
自分の田畑で鶴を見る
鶴に乗って飛ぶ
【手】 478
大きな手
長い手
小さな手
手が一本多い
手を洗う
洗っても洗っても手の汚れが落ちない
手に花が生える
握手
手に腫れ物ができる
きれいな手
右手と左手が対比されている
手の左右
【天】 479
天の光を身に受ける
天が開ける
天が輝く
天が紅色に染まっている
天に昇る
天に昇って物を掴む
天上を歩む
天に昇って配偶者を得る
天の川を渡る
米が空から降ってくる
【塔・台閣・高楼】 480
塔の上から下界を見下ろす
高い塔に登る
立派な塔を見上げている
塔から落ちる
【特別な衣服】 481
衮衣《こんい》（天子の御礼服）・羽衣・金縷玉衣《きんるぎょくい》・錦衣《きんい》・麻衣
【土地】 481
宏大な平野
海や湖の中に島がある
低地で湿気があり苔が生えている土地
海から宏大な陸地を見る
【虎】 482
堂々とした立派な虎
老いた虎
弱った虎
虎を見る
虎の子を捕まえる
虎に咬まれる
虎の肉を食う
虎の背に乗っている
背に乗って疾駆している
自分が虎に変身する
【鳥】 483
鳥が気持ちよさそうに飛んでいる

美しい鳥を見る
鳥が何かを教えてくれる
鳥がくわえていたものをもらう
【泥棒】 483
泥棒に入られる
泥棒が家に居座る
泥棒を追いかけて取り逃がす
泥棒を捕まえる
自分が泥棒になる
泥棒に衣服を盗まれる
【内臓（臓腑）】 484
心臓
肺
肝臓
胆のう
脾臓
胃と腸
腎臓
盆に載せられた臓腑が五色に見える
自ら臓腑に水を灌ぎ入れる
体内に五臓がない
臓腑を洗う
臓腑を拾う
臓腑が腹から出て地に落ちている
【苗】 485
苗を植える
苗がすくすくと育っている
苗が枯れる
苗が折れる
【泣く】 485
泣く
笑う
大声をあげて号泣している
泣いているのに涙が出ない
涙に血が混じっている
【殴る・殴られる】 486
自分が人を殴る
人に殴られる
人と罵り合う
【茄子】 486
茄子を人からもらう
茄子を人に与える
茄子を食べる
あまり熟していない茄子を食べる
よく熟している茄子を食べる
【涙】 487
涙を流す
【肉】 487
何かの肉を食べている
牛を殺してその肉を食べる
馬肉
鶏・鴨・雁・鳩・鳥などの鳥肉を食べる
人肉を食べる
血なまぐさい肉や生肉を食べる
腐った肉を見る・食べる
虎の肉を食う
ライオンの肉を食べる
鹿肉を食べる

【入浴】　488
浴槽
きれいな湯に入る
人が体を洗っているのを見る
入浴して気分が爽快になる
風呂で自分の体を洗う
【鶏】　489
雌鳥
雄鶏
鶏が朝一番に鳴く
鶏が樹上にいる
鶏が水浴びしている
雌鳥が卵を生む
雌鳥が卵を抱いている
【脱ぐ】　489
衣服を脱ぐ
自分の皮を脱ぐ
蛇の脱皮
海老の脱皮
【猫】　490
猫が鼠をとる
猫を飼う
外から猫が入ってくる
すでに死んでいる飼い猫が出てきてまとわりつく
【野原】　490
広々とした野原
野に出て菜を摘む
野焼き
野が燃えているのを見ている
野から気のようなものが立ちのぼっている
【歯】　491
歯がない
歯が抜ける
白く美しい歯並び
長い歯
大きな歯
歯の数が増える
抜けた歯がまた生えてくる
虫歯が抜ける
口の中の歯がすべて抜ける
人の頭に噛みつく
偉人や王や貴族などから歯をもらう
歯を飲み込む
【墓】　493
墓を見る
墓に入る
墓から棺が出る
墓の上の樹木が花咲く
墓を掃除する
【橋】　493
新しい橋を架ける
橋を修復する
高くて立派な大橋を見る
【柱】　494
堂々とした立派な柱やみごとな大黒柱
折れたり曲がったりしている柱
傷ついた柱

【蓮】　494
蓮の花を手に取る
蓮の花が体のどこかに咲く
池に咲く蓮
蓮根
舌に蓮が生える
【肌】　495
若々しい肌
色艶がよい肌
美しい肌
皮膚がただれて膿が出ている
肌が鱗や甲羅で覆われている
紫色の肌の人
きれいな赤の肌色の人
【花】　495
口の中に蓮華が生える
口から花が生じる
手に花が生える
目に花が咲く
池の中に花が咲く
【鼻】　496
立派で堂々とした大きな鼻
鼻の上に角が生える
鼻先が唇の下まで垂れている
鼻先が光を放っている
鼻血が大量に出る
鼻水が口中に入る
鼻の中に長い毛が生える
鼻の上に毛が生える
【腹】　497
張りのある立派な太鼓腹
垂れ下がるほどの巨腹
腹を鼓のように打ち鳴らしている
腹の上に本を置いている
腹に刀剣が刺さる
腹を刀剣で刺される
腹に毛が生える
【火】　498
家から火が出る
隣家からのもらい火（延焼）
木から自然に火が出る
天が焼ける
物品が焼ける
だれかから火をもらう
手にした火で物を照らす
火をおこす
火を焚く
【東】　499
東に向かう
東に家を建てる
東から来た人や動物と遇う
東の土地や家が荒れる・傷む
【額】　500
広い額
光り輝く額
五色に輝く額
額に点を打つ
額に点を打たれる

自分が自分の額を打つ
他者に額を打たれる
自分が他者の額を打つ
額に一眼を生ずる
額に長い毛を生ずる

【皮膚病】 500
皮膚病になる・見る

【病人（実在の）】 501
病人が薬を飲む
病人が顔を洗う
病人が嘔吐する
病人が治る
病人が死ぬ

【富士山】 502
富士山を見る
姿の美しい山を見る

【豚】 502
豚が人間に化す
豚が泥浴びをしている
豚が川を渡る
豚を射る

【葡萄】 502
葡萄の実
葡萄を収穫する
豊かに盛られた葡萄を見る
葡萄を食べる
ひどく不味い葡萄
腐っている葡萄

【船】 503
船に乗って海を渡る
船に乗って川を渡る
船に乗って空を飛ぶ
船の新造・修繕
進水式
漁船
船から網を入れて魚がかからない
船から釣り糸を垂らしている
龍・亀・孔雀・金鶏・鴛鴦・犬・猫・草花・
稲麦などを船に乗せる
牛や羊を船に乗せる
船に家屋を載せる
他人と同船する
船が港に入ってくる
船に魚が飛びこんでくる

【臍】 505
臍から物が生じる
臍から水が出る
臍から煙が出る
臍がない

【鳳凰】 505
鳳凰を見る
自分自身が鳳凰に化身する

【宝石・宝玉】 506
五色の玉石
ダイヤモンド
真珠
水晶

サファイア
ルビー
宝玉が曇っている
【北斗七星】 506
明るく輝く北斗七星を見る
北斗七星の下に立つ
北極星と北斗七星が同時に見える
北斗七星が整然と北極星の周囲を回っている
北斗七星が暗く見える
【星】 507
美しく輝いている
星がきらきらと輝く
星の芒が美しく光る
星が天を動く
神仙から星を授かる
晴天に星が現れる
星を捕えて手にする
巨星が懐に入る
星が列をなして連なる
【曲がり角】 508
曲がり角で声をかけられる
右に曲がる
左に曲がる
【松】 508
松を植える
立派な松の木を見る
青々とした松の木を見る
枯れた松
松の木から落ちる
松の枝が折れる
松が室内に生える
【窓】 508
窓が明るい
窓から陽が入る
窓が輝いている
窓から陽が入る
窓を開ける
【眉】 509
眉が太くなる
眉が長く伸びる
眉が豊かになる
眉が長く伸びて耳の穴まで達している
目の下に眉が生える
眉を描いている
眉がたちまち白くなる
眉毛とまつげがつながっている
【道】 510
真っすぐにのびた大道を進む
先に行くほど道が太くなっている
広々として見通しのよい道を見る
先に行くほど高くなっている道を見る
道に草木が繁茂している
道の左右
雪融けで道がぬかるむ
【南】 511
南の地方で苦しんでいる
南方の暑さにまいっている

【耳】　511

大きくて立派な耳をもつ

耳を掃除する

大きな耳垢を取る

耳を洗う

耳垢が美しい砂に化す

耳が増える

耳に米や麦がたくさん入っている

耳から蛇が出る

耳に長い毛が生えている

耳の中に舌が生える

【麦】　512

麦を蒔く

麦が豊かに実る

麦を刈り取る

麦飯を食べる

【目】　513

美しく澄んだ目

力のある目

輝きの強い目

目から光が出る

自分が一眼になっている

目が四つある

失明者を見る

失明者の目が開く

他者の眼球を抜き取って自分の目に入れる

眼球を交換する

目に花が咲く

額に一眼を生ずる

【眼鏡】　514

眼鏡を買う

眼鏡をかける

眼鏡をもらう

眼鏡を拾う

眼鏡を探している

【桃】　515

桃を食べる

桃を手にする

桃をもらう

仙人から桃をもらう

桃をなくす

桃を奪われる

桃が腐っている

【もらう】　515

神仏や仙人、高貴な人などに物をもらう

無用の物をもらう

糞便をもらう

【門】　516

わが家の前に堂々とした立派な門が建っている

新たに門を造っている

【屋根】　517

屋根に上って四方を見渡している

屋根を葺き替える

雉が屋根に止まる

【山】　517

山に登る

気持ちよく順調に登る

山を登って見晴らしのよい場所に出る

山中で宝を得る
山中に畑を作る・畑を耕す
山林に入っていく
何かを抱いて山に登る
山を外側から眺める
牛が山に登る
牛を牽いて山に登る
【雪】 518
雪が降る
雪がわが身に降りかかって難渋する
庭先に雪が積もる
雪が融ける
雪融けで道がぬかるむ
雪解けで衣服などが汚れる
紫色や赤い雪
【指】 518
親指
小指
薬指
人差し指
中指
美しく長い指
大きくて太い指
異常に長い指
指の数が六、七本に増えている
指から出血する
【弓矢】 519
弓矢を手にしている
矢や弓をもらう
神仏から弓矢を授かる
矢が雨のように降り注ぐ
人から矢を射かけられる
【ライオン】 520
ライオンの背に乗る
ライオンの肉を食べる
ライオンと戦って勝つ
衰弱したライオン
勢いのないライオン
【蘭】 520
蘭を見る
蘭を手にする
蘭の香をかぐ
蘭をもらう
【龍】 521
龍が現れる
龍に乗る
龍を射止める
龍に変身する
【料理】 521
料理をしている
料理人を見る
【霊柩車】 522
霊柩車を見る
【ロウソク】 522
長いロウソクが勢いよく燃えている
新しいロウソクに火をつける
短いロウソクが継ぎ足されて長くなる

金銭財物に関わる夢

【顎】　523
顎関節が外れる
顎が傷つく
顎が動かない
顎がガタつく
【足】　523
足が実際より細い
足がガリガリになっている
足が燃える
足が切断される
足が萎える
たくましい足
スラリと伸びて美しい足
足が血まみれになっている
【泉】　524
泉から澄んだ水が滾々と湧き出す
涸れた泉
【井戸】　524
井戸から澄んだ水を汲む
井戸を掘る
井戸の水が濁っている
井戸が涸れる
【稲荷神】　524
稲荷神が現れる
稲荷神を祀る
稲荷神から稲穂や薬・宝物を授かる
稲荷神から教えを受ける
稲荷神の叱責を受ける
稲荷神が立ち去る
稲荷神の社が朽ち果てている
【稲】　525
豊かに実った稲
実の入っていない稲
風雨で倒れている稲
病害虫で弱っている稲
稲束
白狐が稲などをくわえている
【芋】　525
芋を掘っている
多くの芋を収穫している
掘った芋が小さくてがっかりしている
掘った芋の収量がごくわずか
【牛】　526
多くの牛
立派な牛
わずかの牛
痩せて貧相な牛
牛の角に血がついている
牛が家にやってくる
仔牛を生む
たくさんの荷を負った牛が来る
牛が山に登る
牛を牽いて山に登る
女性が牛を使役する
【腕】　527
長い腕
腕が伸びる

太くたくましい腕
毛むくじゃらの腕
腕が短い
腕が傷つく
腕が折れる
【馬】 527
馬に咬まれる
新たに馬を買う
馬糞を踏む
馬蹄を拾う
馬をつなぐ
馬が逃げる
落馬する
馬に鼠がつく
野生の馬が群をなして奔走している
【桶】 528
豊かに水をたたえた桶を見る
味のよい漬け物が詰まった桶
桶の水が空になる
桶の漬け物が酸っぱくなって食べられない
桶が壊れる
タガが外れる
【火事】 528
わが家から火が出る
煙を上げてくすぶる
焼け跡になる
隣家から火が出る
火事でわが身が焼ける
【果実】 529
枝から果実を採る
きれいな果実をもらう
枝からとった果実を食べておいしいと感じる
果実が腐っていて食べられない
熟していない果実が枝から落ちる
【雷】 530
四方に雷が起こる
雷に打たれる
首に雷の直撃を受ける
【川】 530
河水が潤沢な川
美しい川
川縁の美しい砂石
谷川の水を飲む
河水がわずかしか流れていない
川が干上がる
家が川に流される
【木】 531
大木をかつぐ
山野などで大樹を切り倒す
大樹に登る
屋根の上に大木が生える
切った木を積み上げる
木に登って果実を食べる
敷地内の果樹に果実がなる
木が枯れる
木が倒れる
木が虫害に遭って弱る

【雉】 531

雉を捕らえる

雉を食べる

雉を見る

雉が家に入ってくる

雉が屋根に止まる

雉が鳴き騒ぐ

【狐】 532

白狐

白狐が神社にいる

白狐が稲などをくわえている

白狐から何かを授かる

【金銭】 532

金銭を拾う

金銭をもらう

思わぬ金をもうける

金銭を人に盗まれる

金銭を返済する

【口】 533

口が大きい

異常に大きすぎる口

口が開かず飲食できない

自分の口からよだれが流れる

他の人がよだれを垂らしている

【肥溜め・汲み取り式便所】 534

肥溜めを汲む

肥溜めや汲み取り式便所に落ちる

肥溜めや汲み取り式便所の中にいる

【米】 534

米が空から降ってくる

蔵に米が溢れる

積まれた米俵を見る

米俵の上に座っている

中身が空の米俵

臭いのついた古米

生米を噛む

耳に米や麦がたくさん入っている

【殺される】 535

自分が殺される

殺されかけて逃げる

半殺しで終わってしまう

未知のだれかが殺される

斬首

はりつけ

火あぶり

無惨な殺され方

殺されたときに血が出ていない

【殺す】 535

自分が他者を殺す

殺した相手を喰う

殺した相手が生き返る

他人が他人を殺す

殺し合っている

【魚】 536

大きな魚

食用になる高級魚

魚を積んで港に入ってくる

船に魚が飛びこんでくる
魚が群れをなして泳いでいる
魚が川をさかのぼる
魚が海から川に向かう
体に魚が生じる
小さな魚
食用にならない雑魚
腐った魚
鱗のない魚
頭のない魚
魚が陸に跳び上がる
魚に変身する
【猿】 537
白猿を見る
猿から果物をもらう
【自殺】 537
自殺する
【鹿】 538
鹿を見る
鹿をもらう
鹿肉を食べる
鹿が生まれる
鹿が走る
鹿が死ぬ
鹿を見失う
【死体】 538
死体を見る
死体を撫でる
死体を背負う
死体を洗う
死体が激しく腐敗している
死体の臭気が著しい
【出産】 539
子が産まれる
自分が子を産む
男性が子を産む
産んだ子を抱きかかえる
老いた父母が子を産む
死産
元気な赤ん坊
男の赤ん坊
病気の赤ん坊
女の赤ん坊
【水神】 539
水神を見る
水神から宝や薬などを授かる
水神から教えを受ける
水神に何かを奪われる・怒られる・立ち去られる
【水道】 540
水道から勢いよくきれいな水が出ている
水道の出が悪い
水が濁っている
水道が止まる
涸れる
水が出ない
【性交】 540
気持ちのよい性交をしている

人妻と交わる
妻が知人と交わる
母と交わる
成人男性と交わる
少年と交わる
【大黒天】 541
大黒天が現れる
大黒天を祀る
大黒天から宝物を授かる
大黒天に教えを受ける
怖い顔の大黒天
大黒天に叱られる
大黒天が立ち去る
【血】 541
血が大量に流れる
全身が血まみれになっている
自分が自分を傷つけて血を流す
膿まじりの血で体が汚れる
血を飲む
他者の血をすする
鼻血が出る
乳に血が混じる
乳と一緒に血が流れる
尿に血がまじる
女性の陰門から血が流れる
吐血する
【乳・乳房】 542
乳が出る
乳が張る
たくさんの乳房がついている
豊満な乳房の女性を見る
乳房に髪の毛が生える
乳房が取れる
乳房が落ちる
乳房がしぼむ
乳房が傷つけられる
【茶碗】 543
茶碗に山盛りの御飯が盛られている
茶碗にほんの少ししか御飯が入っていない 00
茶碗が割れる
茶碗をもらう・買う
【土】 543
土を家に持ち帰る
人が土をもって家にやってくる
土が増える
盛り土をしている
手にした土がさらさらと崩れる
土を盗まれる
土が流される
【爪】 544
長い爪・美しい爪・健康そうな爪
短い爪・折れた爪・不健康に見える爪
爪をはがす
マニキュアを塗る
ネイルサロンで爪の手入れをする
【蜥蜴】 544
蜥蜴を見る
蜥蜴の尾を踏み切る

蜥蜴の尾を掴む
【鍋釜】 544
鍋釜に多くの食べ物がある
金製・銀製の鍋釜を見る
他人から鍋釜をもらう
鍋釜にほとんど食べ物がない
中の食べ物が傷んでいる
鍋釜が破れて使い物にならない
錆びている
鍋釜が見つからない
他人から鍋釜を借りる
【尿】 545
放尿する
人に向かって放尿する
流れる尿を見る
尿を飲む
体が尿で汚れる
尿が出渋る
尿が少ししか出ない
尿が出ない
寝床で放尿する
【鼠】 546
鼠に衣服を咬まれる
鼠に咬まれる
白鼠を見る
鼠が騒ぐ
鼠が家から逃げ去る
鼠が猫と化す
鼠が突然死ぬ
腹の中に鼠が入る
【糞便】 546
糞便を掃除する
体に糞便がつく
糞便を踏む
糞便の中に座る
糞便にまみれる
糞便を食べる
糞便肥料を家に運びこむ
糞便中に虫がいる
糞便を盗まれる
便が出ない
便秘で苦しむ
糞便が鍋釜や食器の中に入っている
寝床で排便する
糞便をもらう
履き物が糞尿で汚れる
【蛇】 547
蛇が龍に化す
白い蛇を見る
蛇の脱皮を見る
蛇の抜け殻を拾う・手にする
蛇を捕まえる
蛇を踏む
蛇に追われる
蛇がからみつく
蛇に咬まれる
蛇の脱皮
耳から蛇が出る

【水】　548
きれいに澄んだ水を見る
水が満々とみなぎっている
他者が澄んだ水を汲んで自分にくれる
水が濁っている
水がほんの少量しかない
飲めない水を見る
澄んだ水を飲む
井戸や泉の水を飲む
海水や湖沼の水を飲む
水をこぼす
水が漏れる
水が出ない
【百足】　549
百足を見る
百足を食べる
【餅】　549
餅をもらう
餅を食べる
餅を運ぶ
餅を焼いている
【籾】　549
籾を見る
籾を手にしている
籾殻

結婚・男女関係・妊娠に関わる夢

【尼】　551
自分が尼になっている
自分ではなく他のだれかが尼になっている
【池】　551
池の中に花が咲く
池の中で魚が遊ぶ
澄んだ水が豊かにたたえられている池
池の水が涸れる・濁る
【井戸】　551
女性が井戸に自分の姿を映す
井戸の故障（欠損、濁り、水涸れなど）
【犬】　552
犬が子犬と一緒にいる
子犬がじゃれつく
【衣服】　552
衣服を新調する
古い衣服を脱いで新しい衣服を着る
麻の衣を着る
紅い衣服を着る
衣服が破れる
衣服が剥ぎ取られる
僧侶の着物を着ている
針がついたままの衣服を着る
自分の婚礼衣装を着ている
配偶者の衣服を捨てる
【器】　553
新しい器
古びた器

空の器
【海】 554
波濤がわきたつ
海上に浮かぶ玉のようなお盆に座っている
【鏡】 554
未婚の男性が鏡を拾う
他人から鏡をもらう
鏡を磨く
鏡を洗う
鏡が割れる
鏡に他人が映っている
鏡に向かっているが何も映らない
【刀】 555
刀を見る
刀を手にする
刀を研ぐ
刀が血濡れている
刀を手にする
なまくら刀
錆びついた刀
折れたり刃こぼれしている刀
【感染症】 556
感染症にかかる
【木】 556
二本の木がより合わさるようにして一本になっている
庭木に果樹が成る
木に登って果実を食べる
木に登って果実を食べている
枯れ木に花が咲く
敷地内の果樹に果実がなる
果実が風などで落ちる
果実が成らないと気にしている
庭の果樹が倒れる
庭の木の葉が落ちる
太い幹の木が切り倒される
【金（ゴールド）】 557
金製のものを見る・手にする
【櫛】 557
櫛を拾う
櫛を買う
美しく立派な櫛
歯が欠けてボロボロの櫛
みすぼらしい櫛
櫛を落とす
櫛がなくなる
他人が妻や恋人の櫛を手にしている
素晴らしい櫛を手に入れる・もらう・買う
櫛を落とす・なくす
櫛で髪をとかしている
艶やかで豊かな髪をとかしている
ボサボサの髪をとかしている
梳った髪が抜ける
【靴】 558
美しい靴・立派な靴を履く
美しい靴・立派な靴を手に入れる
新しい靴を買う
夫が新しい靴を買っている

靴をなくす
他人が自分の靴に足を入れる
靴を盗まれる
靴が破れる
【熊】 559
熊を見る
【鯉】 559
鯉を食べる
鯉を掴む
【子ども（小児）】 560
子どもが海やプールなどに入っていく
【婚約】 560
だれかと結婚の約束をする
既婚者が別の女性と婚約する
【鞘】 560
鞘を手に入れる
鞘はあるが、中身が見つからない
鞘が割れる
【皿】 560
新たに皿を買う
皿が増える
皿にヒビが入る
皿が割れる
皿に不快な虫がつく
皿に黒いシミができて落ちない
【食器】 561
ピカピカの立派な食器
真新しい食器
古くて汚い食器
欠けたりヒビが入った食器
【寝具】 561
シーツ
布団
ベッド
寝具を買う
夫婦の寝室のシーツにシミや汚れがある
ベッドや布団の上にアリが集まる
寝具に血がついている
ベッドや布団が燃える
【巣】 562
鳥や獣が巣を作っている
巣の中に卵がある
みすぼらしい巣
巣が落ちる・壊れる
巣の中に鳥がいる
巣作りをしている鳥
【捨てる】 562
結婚指輪を捨てる
夫婦の思い出の品を捨てる
食器を捨てる
配偶者の衣服を捨てる
書類を捨てる
書物を捨てる
【太陽】 563
太陽が昇る
太陽が我が身を照らす
太陽が家の中に射し込む
日の出を拝む

太陽を呑む
太陽が腹中にある
【畳】 563
新しい畳を入れる
畳が破れる
畳が擦り切れる
【乳・乳房】 564
乳が出る
乳房が張る
たくさんの乳房がついている
犬が自分の乳を吸う
【月】 564
月を飲む
月が自分の懐に入る
月光を浴びる
月光が家に射し込む
月に矢を射当てる
月食を見る
月が二つ出て争う
むら雲にさえぎられて月光がおぼろになっている
月の影が水に映る
【鳥】 565
鳥を捕まえる
捕まえた鳥を食べる
巣の中に鳥がいる
巣作りをしている鳥
鳥が女性の懐中に入る
【日月】 565
日月が並んで現れる
日月が並んでいるが、途中で一方が消える
【庭】 566
美しい庭を見る
美しい庭にいる
庭に水をまく
庭を整備している
庭が荒れる
庭が獣や見知らぬ人物によって荒らされる
【ヒゲ】 567
女性にヒゲが生える
【夫婦】 567
夫婦が殴り合っている
夫婦が連れ立って市場に入る
夫婦が連れ立って買い物をする
夫婦が物品を分ける
夫婦がそろって宴会に出る
夫婦が待ち合わせて会う
配偶者の墓を見る
【港】 568
船が港に入る
船が港から出ていく
【目】 568
顔に多くの目がついている
多くの目に囲まれる
まぶたが切れる
【柳】 569
柳の枝が強風で激しく揺れ動く
【弓矢】 569
異性に矢を射る

異性から矢を射られる
弓矢をもらう
弓の弦が切れる
【指輪（主に結婚指輪）】 569
指輪をはめる
指輪を外す
指輪を見る
指輪をはめている
指輪を贈られる
指輪を買う
指輪が大きすぎたり小さすぎて、指にはめられない
指輪が抜けない
指輪をなくす
指輪が見つからない
指輪から宝石が外れる
【林檎】 570
林檎の木を見る
林檎の木から実をとる
林檎を食べる
林檎が腐っている
青くてまずい林檎を食べる

凶　夢

【赤ん坊】 571
赤ん坊に戻っている
【足】 571
足に故障がある
足に傷を負う
足を引きずる
足が切断される
【足場】 572
足場を組み立てている
足場が崩れる
足場が気になる
【頭】 572
頭が縮む
頭が極端に小さくなっている
頭部に傷を負う
【穴】 572
窪み程度の穴があいている
深く大きな穴があいている
寝ていた人が穴に落ちる
人が穴から上半身を出している
全身がすっぽり穴に落ち込んでいる
人が穴の底に横たわっている
月が暗い穴に落ちる
【甘い食べ物】 573
人から飴をもらう
ケーキをもらう
【嵐】 573
暴風に遭う
豪雨に遭う
霰や雹に遭う
航海中に嵐に遭う
【急ぐ】 574
急いでいるのに邪魔が入る
急いでいるのに動けない

【糸・紐】 574
糸や紐が切れる
糸や紐が乱れる・もつれる
針に糸を通している
【犬】 575
犬に追われる
犬に咬まれる
犬に吠えられる
犬がしゃべる
【茨】 575
茨の垣根を見る
茨の中でもがく
茨のトゲが刺さる
【衣服】 576
衣服が破れる
冬に夏服を着、夏に冬服を着ている
極端に短い服を着ている
極端に長い服を着ている
服を上下逆さまに着ている
ぬかるみで自分の衣服が汚れる
風が衣服を巻き込んでパタパタとなびく
死者に衣服を剥がされる
衣服に泥がかかる
【牛】 576
暴れ牛を見る
牛に角で突かれる
自分が牛になっている
牛がしゃべる
【腕】 576
右腕
左腕
腕が折れる
腕が傷つく
腕が切り落とされる
【漆】 577
家の庭に漆の木がある
漆の木を見る
漆を採取している人を見る
【狼】 577
狼に囲まれる
狼に噛みつかれる
【帰る】 577
子どもや親族が実家に帰ってくる
病気で入院している人が治って家に帰ってくる
【顔】 578
顔色が目立って悪い
顔がくすんで見える
顔色が目立って青い
顔色が病的に赤い
顔色が病的に黄色い
土気色、黄土色、茶褐色、鈍いオレンジ色などの顔色
顔色が病的に黒い
顔色が病的に白い
顔面に黒い腫れ物ができる
顔に犬や牛馬などの家畜の顔がついている　00
顔が異常に小さくなっている

【肩】 579

肩を故障する

肩の肉がごっそり落ちる

肩に腫れ物ができて荷を負えない

肩に力が入らない

【髪】 579

髪を切る

髪が抜ける

髪に白髪が混じる

セットした髪が自ずから乱れ崩れる

髪を剃る

髪が乱れる

髪をかぶって顔を覆う

頭が禿げる

【兄弟姉妹】 580

兄弟姉妹が家に集まる

兄弟姉妹が集まって泣いている

成人した兄弟姉妹が子どもの姿で現れる

兄弟姉妹のだれかが結婚する

兄弟姉妹が沈んだ顔で訪ねてくる

【亀裂】 581

思い出の品に亀裂が入る

茶碗がひび割れる

家の壁に亀裂が入る

【腐る】 581

体が腐る

家の土台が腐る

食べ物が腐る

【口】 582

口が大きくなる

口から火を吐く

口から蛇が出る

口がきけなくなる

唇や歯、歯茎、口内などに毛が生える

額に唇や舌が生じる

流星が口に飛びこむ

【靴】 582

靴をなくす

靴の底がない

靴の底が抜ける

靴を盗まれる

靴が破れる

男が女物の靴を履く

女が男物の靴を履く

靴が泥で汚れる

【首・喉】 583

首が急に細くなる

首が急に短くなる

喉が塞がる

首を切られる

切れた首を見る

血の気がない

【雲】 583

黒雲

灰色の雲

雲がにわかに星を隠す

雲が太陽を隠す

むら雲にさえぎられて月光がおぼろ
雲を通り抜けて上空に昇っていく
【暗い】 584
【毛】 584
毛の生えないところに毛が生える
体に苔（カビ） が生える
舌に毛が生える
唇や歯、歯茎、口内などに毛が生える
手のひらに毛が生える
手首に毛が生える
ペニスに毛が生える
乳房に毛が生える
肌に毛がない（なくなる）
【警察関係者】 585
警官や刑事が家に入ってくる
警察官や刑事がだれかを逮捕する
【刑務所】 586
刑務所に入る
刑務所から出る
【煙】 586
寝室から煙が出ている
職場から煙が出ている
【玄関】 586
玄関から出る
玄関から入ってくる
玄関先が暗い
玄関先が汚れている
玄関先に水たまりや溝ができる
玄関の扉が目の前で閉まる・閉められる
玄関が勝手に開く
玄関をだれかがこじ開けようとしている
【子ども（小児）】 587
子どもにまとわりつかれる
大勢の子どもが集まっている
醜い子を見る
子どもが泣く
子どもを抱きあげる
自分が子どもになる
【酒】 588
すっぱくなった酒
苦い酒、まずい酒
大いに酒に酔う
盃の酒が火を発する
空酒を飲んでいる
一気飲みをする
酒粕
【雑草】 588
家の中に雑草が生える
庭が雑草で覆われる
【砂漠】 589
砂漠をさまよう
砂漠で途方に暮れる
砂漠で動物に遇う
オアシスを見る
【地震】 589
地震で家が倒壊する
家が地震で揺れる

【沈む】 590
沈んだ後に浮かび上がる
沈みっぱなしで目覚める
沈んでもがいている
【舌】 590
舌が短くなる
舌が爛れる
舌を切られる
舌上をよだれが流れる
舌で自分の目を舐める
他者に自分の舌を見せている
舌を抜かれる
舌に毛が生える
【縛る】 590
何かを縛る
【十字路】 591
十字路のうちの前方の道を進む
十字路のうちの後方の道を進む
十字路のうちの右の道を進む
十字路のうちの左の道を進む
【囚人】 591
囚人になっている
【心臓・胸】 592
心臓が痛む
他者が自分の胸を踏む
胸に肉がなく胸骨が剥き出しになっている
【新聞】 592
新聞を見る
【酢】 593
酢を飲む
酢を舐める
酢を造る
【水害】 593
【砂・砂地】 593
砂地を歩む
道に砂埃が立つ
砂で何かをつくっている
【背中】 594
背中が裂ける
背中全面に腫れ物や瘡ができて激しく痛む
背骨が折れる
背中に蝿がたかる
【精液】 594
精液を漏らす
精液が出ない
【葬式】 594
葬式に向かっている
葬式中に死者が蘇る
【僧尼】 595
家に僧侶や尼が来る
僧尼が玄関に立っている
僧尼が読経している
自分が僧尼になっている
【祖父母】 595
亡くなった祖父母が夢に出る
祖父母がうれしそうな表情をしている
祖父母から何かよいものをもらう

祖父母がタンスなど箱状のものの中に入っている
【大黒柱】 595
大黒柱が折れる
大黒柱に虫が喰っている
大黒柱が曲がる
大黒柱にシミができている
【太陽】 597
太陽が西から昇る
夕日が沈む
太陽が西に傾く
太陽が雲に隠れる
日食を見る
【叩かれる】 598
先祖や親に叩かれる
【竜巻】 598
竜巻に巻き込まれる
竜巻を回避する
【血】 598
自分の血を他者に吸われる
目から血が流れる
頭髪が血にまみれる
切り傷から血が流れない
血の気がない
耳から流血して肩を汚す
【窒息】 599
自分が大地に埋められている
生き埋め状態でもがき苦しんでいる
【月】 599
月が欠ける
月が沈む
月に雲がかかる
月が暗い・暗くなる
月が井戸に墜ちる
月が暗い穴に落ちる
盃の中に映る月を飲む
月の影が水に映る
【津波】 600
津波に襲われる
【角】 600
小さな角が生えている
巨大な角が生えている
角が折れる
鼻の上に角が生える
【手】 601
大きな手
長い手
小さな手
手に傷がある
手が汚れる
手首を切り落とす
手首を切り落とされる
手がない
強く自分の手を組む
手のひらに毛が生える
手首に毛が生える

【手紙】　602
メールがくる
【天】　602
天が割れる
天が開ける
天から地に落ちる
天から墜落していく
天が崩れる
天が黒く見える
天が赤く見える
天上に兵馬が群がっている
天から金銭が降る
【電報】　603
メールやラインでメッセージを受け取る
【電話】　603
【ドア】　604
ドアから出ていく
ドアから入ってくる
不気味なものや不潔なもの、家畜などがドアから入ってくる
大きなものを無理にドアから入れようとしている
【棘】　604
棘が刺さっている
茨のトゲが刺さる
【土砂崩れ】　605
【土地】　605
狭い土地
耕作できないような荒れ地
土地が赤く灰のようになる
土地から黒気が立ちのぼる
大地が陥没する
【虎】　606
堂々とした立派な虎
老いた虎
弱った虎
虎の死骸を見る
虎に追われて逃げる
メスの虎に追われる
【入院】　606
【鶏】　607
鶏が屋根の上に登る
鶏がやかましく鳴く
夜、鶏が騒ぐ
【ネクタイ】　607
ネクタイがきつい
ネクタイを外す
【猫】　608
猫が鳴き騒ぐ
猫にひっかかれる
猫に噛まれる
黒猫を見る
【眠る】　609
自分が眠っている
夢の中で眠りから覚める
自分以外のだれかが眠っている
【歯】　609
歯が欠ける
歯がぐらつく

歯が抜け落ちる
他者に歯を抜かれる
口や歯に蜂が集まる
【墓】 610
墓が荒れている
墓が崩れる
墓石にヒビが入っている
墓石が欠けている
墓の中に棺桶や骨壺がない
墓の中が空になっている
配偶者の墓を見る
【禿げる】 610
髪が抜け落ちる
【橋】 611
壊れそうな危険な橋の上で行き悩む
橋が折れる
橋が崩壊する
橋から落ちる
【肌】 611
黒い肌の人
異様に白い肌の人
透き通るように白い肌の人
濁った赤い肌の人
青い肌の人
茶褐色の肌の人
肌が焼かれる
皮膚がガチガチに硬直する
肌に毛がない（なくなる）
【裸】 612
肉親・知人が裸でいる
自分が裸でいる
【鼻】 613
自分の鼻が腐る
鼻がなくなる
鼻が落ちる
鼻柱が傷つく
鼻の骨が砕ける
鼻に蝿がたかる
鼻が天狗のように高くなる
鼻が肥大する
鼻が歪む
鼻を殴られる
鼻が二つ生じる
鼻に黒いシミができている
鼻が詰まって匂いがしない
【腹】 614
腹が痩せて小さくなる
腹が縮む
腹に穴が空く
腹が裂けて内臓が見える
内臓が飛び出す
【火】 615
人間が火に焼ける
わが身が焼ける
大地が燃える
建物が燃える
火が消える

盃の酒が火を発する
大地から火が燃え出る
【ヒゲ】 616
よく調えられた立派なヒゲ
ヒゲが生える
無精ヒゲが生えている
みすぼらしいヒゲ
ヒゲが切られる
ヒゲが引き抜かれる
ヒゲに白髪が混じる
【額】 616
狭い額
くすんで色艶の悪い額
額に唇や舌が生じる
額だけを隠して頭部と顔面を露出している
額を傷つけられる
額を刺される
【病院】 617
入院する
退院する
【病気】 617
くりかえし病気になる夢を見る
他者が病気になっている
【蛭】 618
蛭に血を吸われる
【豚】 618
豚を殺す
豚が子を生む
豚が家に侵入する
【船】 618
船に乗る
船旅
船がオンボロで不安を感じている
船底に穴があいて浸水する
船が破損している
航海中に嵐に遭う
座礁する
転覆する
船から海に転落する
船が港から出ていく
病人と同船する
船の中で寝ている
一家全員が船に乗る
船の積み荷が空っぽ
【ベール】 620
自分がベールをかぶる
ベール状のもので顔を覆い隠す
ベールを脱ぐ
【蛇】 620
蛇を捕まえる
蛇を踏む
蛇に追われる
蛇がからみつく
蛇に咬まれる
口から蛇が出る
【星】 621
星が落ちる
星が寝室に落ちる

流星を見る
流星が地に落ちる
星が空から消える
星を食べる
流星が口に飛びこむ
【枕】　622
家族の枕が足りない
妻や恋人の枕がない
【窓】　622
窓が閉まっている
窓が曇っている
窓を閉める
窓から小鳥や蝶が出ていく
【豆】　623
豆を食べる
豆を煮て惣菜をつくる
炒り豆
家の中で豆を見つける
豆の苗
節分の豆まき
【眉】　623
眉が細くなる
眉が薄くなる
眉に傷がつく
眉が切れ切れになっている
片方の眉が抜け落ちる・なくなる
【見知らぬ人物】　624
見知らぬ男性
顔の定かでない男性が道に立っている
見知らぬ男性が背後からついてくる
見知らぬ男性に追われる
見知らぬ男性が暗く陰鬱な表情をしている
見知らぬ男性に圧迫感を感じている
見知らぬ女性
雰囲気が暗い見知らぬ女性
いやな笑みを浮かべている見知らぬ女性
いやらしい醜さを感じる見知らぬ女性
見知らぬ老婆
【道】　625
途中で道が切れている
道が途中で陥没している
道が消えている
道が先細りになっている
道がぬかるんでいる
ぬかるみで自分の衣服が汚れる
曲がりくねった道を進む
道が障害物によって塞がれている
十字路のうちの後方の道を進む
十字路のうちの左の道を進む
道に砂埃が立つ
登山道が途中でなくなっている
山道が陥没する
大雪が降って道が埋まり途方に暮れる
【耳】　626
耳が痛む
耳を殴られる
耳が聞こえない
耳の穴がない

耳が切られる
耳が片方しかない
耳が増える
耳から流血して肩を汚す
【息子・娘】 627
息子や娘の表情が暗い
息子や娘が後ろを向いている
息子や娘が幼い子どもに戻っている
息子や娘がまとわりつく
息子や娘が死ぬ
【胸騒ぎ】 628
【目】 628
ものがよく見えない
視界が暗い
目が爛れる
目が見えない
目が潰れる
まぶたが垂れ下がって開けようとしても開かない
目が手や足についている
目が体の他の部位についている
目から血が流れる
【眼鏡】 629
眼鏡をなくす
眼鏡が割れる
眼鏡が合わない
眼鏡が曇る
眼鏡が見つからない
サングラスをかける
【門】 629
門が折れる・壊れる・倒れる
家の門がみすぼらしい
門前で佇んでいる
門内に入れない
【痩せる】 630
痩せている
【屋根】 631
屋根が雨漏りする
屋根が崩れる
屋根から落ちる
【山】 631
山に霧や雲がかかって進路が見えない
登山道が途中でなくなっている
山が崩れる
山道が陥没する
山から転落する
はげ山を見る
高山を見る
高い山から降りる
山中の洞窟で暮らしている
山火事を見る
馬を駆って山に登る
【雪】 632
大雪が降って道が埋まり途方に暮れる
吹雪や豪雪に遭う
身に降りかかった雪が溶けない
【指】 632
指が折れる

指が切断される
指がなくなる
指が痛む
指にささむけができる
指が実物より短い・醜い・荒れている
【弓矢】 630
弓が折れる
矢が折れる
弓弦が切れる
弓に弦がない
弓を引いて弦が切れる
【呼ぶ・呼ばれる】 634
だれかに呼ばれる
だれかを呼ぶ
神仏など高貴な存在に呼ばれる
亡くなった先祖があなたの名を呼ぶ
だれかがあなたの名を呼んでいる
あなたが大切な人の名を呼ぶ
【読む】 634
書類や文書、巻物などを読む
【留守】 635
自分が家を留守にする
家の中に留守番の人がいる
自分が留守番をしている
【ロウソク】 635
短いロウソクが燃えている
ロウソクが消える
【笑う】 636
自分が声をあげて笑っている
知人・肉親が大声で笑っている
自分が馬鹿笑いしている
人がほほ笑みを浮かべている
死者が笑う

健康と病気に関わる夢

【青ざめる】 637
濁った印象の青
黒みがかった青
褪せた印象の青
青ざめている
【汗】 637
汗をかく
大量の汗をかく
【足枷・手枷】 637
縄や紐で縛られる
足枷・手枷が外れる
縄や紐がほどかれる
【頭】 638
頭が傷つく
【尼】 638
尼が家に入ってくる
尼が経を読む
【家】 638
家が傾く
家が倒れる
家が暴風雨にさらされて壊れそうになっている
家の中に牛馬や豚などが闖入してくる
家のどこかが修理が必要な状態になっている

家の中に土砂がある
家が暗い
部屋が暗い
家が地震で揺れる
家が大水で流される
家の中に雑草が生える
豚が家に侵入する
尼が家に入ってくる
西にある家
西方の土地や家が荒れる
【衣服】 639
汚れた衣服を着ている
衣服のサイズが合っていない
汚れた衣服を洗う
【馬】 640
不気味な印象の馬が部屋に入ってくる
黒馬を見る
暴れ馬に襲われる
赤馬を見る
【老いる】 640
自分が老人になっている
急速に老いていく
【襲われる】 640
死神に襲われる
黒犬や黒馬などに襲われる
【骸骨】 641
骸骨を見る、骸骨に襲われる
【風】 641
北から吹く風を身に受ける
暴風に吹き飛ばされる
暴風で家や樹木などが倒れる
風が衣服を巻き込んでパタパタとなびく
東からくる風
心地よい春風
【体】 642
体が痩せる
体が縮む
体が赤ん坊のように小さくなる
体が黒くなる
体内に一人の別人が生じる
寒さで体がふるえる
【監獄】 642
監獄に入る
監獄から出る
監獄で殴打・折檻を受ける
【木】 643
木が枯れる
木の幹がだめになっている
木に洞《うろ》がある
木の根がだめになっている
木の葉が落ちる・散る
野原に木が一本だけポツンと立っている
庭の木を切り倒す
人が木の中に入っている
家の中に木が生える
【口】 644
口が小さくなる
口中がただれて物が食べられない

口中に蓮華が生える
【寒い】 644
【死者】 644
死者に抱きつかれる
死者に衣服を剥がされる
父母兄弟が死ぬ
親族が生き返る
未知の死人が生き返る
死者が生きている者の食べ物をとって食べる
生きている者が死者への供物を食べる
【侵入者】 645
自分の家や部屋に見知らぬ侵入者がいる
侵入者を追いはらう
【大地】 646
大地が裂けて落ち込む
大地から黒気が立ちのぼる
大地の上に突っ伏す
大地から火が燃え出る
大地が消える
【台所】 646
台所が暗い
台所が乱雑に散らかっている
台所の床板が腐っている
台所に不快な虫が這っている
台所の床板に大きなシミがある
家に台所が二つある
【窒息】 647
【ドッペルゲンガー】 647
自分とうりふたつの人物が現われる
【泥】 647
泥がつく
泥の中にいる
衣服に泥がかかる
泥を洗い流している
【苦味】 648
苦いものを口にする
甘いと思って口にしたものが苦い
苦いものを食べる
【西】 648
西方の土地
西にある家
西方の土地や家が荒れる
庭の西側の木が枯れる・折れる・弱る
【入浴】 649
汚れた湯に入る
だれかの体を洗ってやっている
入浴後、風呂場から部屋に出てくる
【妊娠】 649
みなで妊娠を喜んでいる
妊娠を悲しんでいる
妊娠して困っている
【蝿】 650
蝿が体にたかる
蝿が鼻先にたかって、払ってもつきまとう
背中に蝿がたかる
鼻に蝿がたかる
【鼻】 650
鼻を洗う

鼻の穴がない
鼻が傷つく
鼻が乾く
鼻が腐る
【腹】 651
腹に水が入る
腹に水が溜まる
腹の中に鼠が入る
男性の太鼓腹
女性の太鼓腹
【太る】 650
【水】 652
汚れた水
濁った水
汚れた水を飲んでいる
濁った水たまりがある
【目】 652
目をつぶった状態で他者を見ている
瞼に毛がない
眼球が垂れ下がっている
【薬草】 653
薬草を手に入れる
【愉快】 653
愉快だと感じている
陽気にはしゃいでいる
【酔う】 653
自分が酒に酔う
他人が酔っ払っている

死に関わる夢

【家】 654
新しい家を建てる
周囲に人家が見当たらない
家が崩れる
土地の陥没で家が沈む
家の中に木が生える
家の中に僧侶や尼が入ってくる
家を掃除する
【犬】 654
黒犬を見る
濁って汚い感じの赤犬を見る
犬に吠えかけられる
犬が牙を剥いてうなっている
犬が家に入ってくる
見知らぬ不気味な男と一緒に犬が現れる
【衣服】 655
衣服に対して強い違和感を感じている
他者が白い衣服を着ている
古い衣服を脱いで新しい衣服を着る
脱ぎ捨てられた衣服を見る
既婚者が婚礼衣装を着ている
婚礼衣装を縫っている
他者の服を所有者以外の者が着ている
【浮かぶ】 656
空中に人や象徴的な物が浮かんでいる
樹木が浮かんでいる
【牛】 656
牛を買い換える

牛がしきりに啼く
【馬】 657
黒馬を見る
白馬を見る
白馬に乗って天に昇る
霊威ある白馬を見る
白馬が迎えにくる
白馬の背に乗る
【海】 657
海の彼方に進む
海から帰ってくる
【果実】 658
黄金色に輝く果実
【家族】 658
家族が集まって酒盛りしている
家族が集まって悲しんでいる
家族が黒い服を着ている
【金縛り】 658
【壁】 659
壁が壊れる
壁に亀裂が入る
壁に黒いシミができる
人が壁を通り抜けて消える
【鴉】 659
鴉が群れる
鴉が家の屋根に止まっている
鴉が嫌な声で鳴く
家屋の上で鴉が鳴いている
金色の鴉を見る・飛ぶ
【棺桶】 660
納骨ないし埋葬の場にいて棺桶が見当たらない
病人の傍に棺桶がある
墓の中に棺桶や骨壺がない
墓の中が空になっている
【陥没】 660
陥没して家が地中に呑み込まれる
道路が陥没する
肉体の一部が陥没する
道が途中で陥没している
【木】 661
木が空中に浮いている
木の根がすっかり地上に出て枯死しそうになっている
風で木が根から抜けて倒れる
大樹が突然折れる
【岸】 661
向こう岸に渡る
岸を渡ろうとしてためらう
岸を渡りかけて戻る
【金（ゴールド）】 662
金の砂地
金の看板を掛ける・見る
金色に輝く人がやってくる・会話する
【結婚】 662
自分や配偶者が結婚する
兄弟姉妹のだれかが結婚する
既婚者が婚礼衣装を着ている
婚礼衣装を縫っている

【玄関】 662

玄関に死んだ人が立っている

だれかが別れの言葉を口にする

白い服の人が玄関に立つ

病人が玄関から出ていく

【シーツ】 663

無人のベッドを見る

布団に白いシーツがかけられている

淋しい気持ちでベッドメーキングしている

【写真】 663

黒枠で縁取られた写真を見る

写真の人物が手を振っている・後ろ向きになっている・消える

写した人物がぼけている・異様な顔になっている

【寝具】 664

病人の寝具がたたまれていて、本人がいない

病人のベッドや布団に真っ白なシーツがかけられている

【親族】 664

親族が黒っぽい衣服を着ている

親族が法事の席に集まっている

親族が沈んだ顔をしている

親族の集まりに僧侶がいる

亡くなっている親族が迎えに来る

親族が集まって愉快に談笑している

酒盛りをしている

【掃除】 665

寝たきりの病人の部屋を掃除している

家を掃除する

【退院】 665

【太陽】 665

太陽が欠ける

太陽が落ちる

【蝶】 666

蝶が家から外に出ていく

蝶が飛んで仏壇に入る

蝶の模様の着物を着ている

蝶が群舞する

カラスアゲハ（黒い蝶） を見る

夜に飛ぶ蝶

蝶が家の中に入ってくる

【翼】 666

だれかの背中に翼が生えている

翼の折れた鳥を見る

【鶴】 667

鶴が遠くに飛び去っていく

【手の仕草】 668

病人が手招きする・手を振る

高齢者が手招きする・手を振る

故人が手招きする

故人と手をつないでどこかに行く

【天使】 668

天使とともに天に昇っていく

天使に手を引かれて行く

天使が迎えにくる

【時計】 668
時計が止まっている
【鳥】 668
鳥が窓などから飛び去っていく
一羽だけでいる鳥
鳥が夕暮れの空を西に飛んでいく
自分が鳥になって天空に昇っていく
鳥の死骸を見る
翼の折れた鳥を見る
【トンネル】 669
暗いトンネルから明るい世界に出る
トンネルに入る
トンネルで迷って困っている
【治癒】 670
長年病気で寝ていた人が治る
【橋】 670
橋を渡る
橋の向こうで誰かが呼ぶ
橋の途中で故人と遇う
家の庭に橋が架かっている
橋の上で待ち受けている若者がいる
【花】 671
この世のものとは思えないほど鮮明で美しく輝く花を見る
見渡すかぎりの美しい花畑を見る
すでに亡くなっている人が花畑に立っている
【花嫁・花婿】 671
既婚者が花嫁や花婿の姿になっている
【病人（実在の）】 672
病人が歌う
病人が晴れ着を着る
病人が走る
病人が車や船に乗る
病人が泣く
病人が手を振る
病人の体が宙に浮いている
病人が土中に寝ている
【梟】 672
梟が鳴く
【仏壇】 672
仏壇が燃える
仏壇が倒れる
仏壇が壊れる
自ら仏壇を燃やす
仏壇が後ろ向きになっている
仏壇に蝶が飛びこむ
仏壇から光が発している
【便所】 673
便所に落ちる
【目】 673
血の涙を流す
眼球から血が出ている
眼球が垂れ下がる
眼球が落ちる
目が見えない
片方の目が見えなくなる

【旅行】 674

旅行先

旅行の際の同伴者

3 項目索引(2)

＊第二部・シンボル事典の見出し項目、およびゴチック体で示した部分を五十音順に並べた総索引です。

＊【××】の後のカッコ数字は、(1)が二部吉夢、(2)が金銭財物、(3)が結婚・男女関係・妊娠、(4)が凶夢、(5)が健康と病気、(6)が死に関する夢です。

あ

〈あ〉

【青色・藍色】(1)　436
青空　436
海　436
【青ざめる】(5)　637
濁った印象の青　637
黒みがかった青　637
褪せた印象の青　637
青ざめている　637
【赤ん坊】(4)　571
赤ん坊に戻っている　571
【顎】(2)　523
顎関節が外れる　523
顎が傷つく　523
顎が動かない　523
顎ががたつく　523
【足】(2)　523
足が実際より細い　523
足がガリガリになっている　523
足が燃える　523
足が切断される　523
足が萎える　523
たくましい足　523
スラリと伸びて美しい足　523
足が血まみれになっている　523
【足】(4)　571
足に故障がある　571
足に傷を負う　571
足を引きずる　571
足が切断される　571
【足枷・手枷】(5)　637
縄や紐で縛られる　638
足枷・手枷が外れる　638
縄や紐がほどかれる　638

【足場】(4)　572
足場を組み立てている　572
足場が崩れる　572
足場が気になる　572
【汗】(5)　637
汗をかく　637
大量の汗をかく　637
【頭】(1)　436
頭が大きくなる　436
複数の頭を持つ　436
他者の頭を食べる　436
頭が痛む　436
【頭】(4)　572
頭が縮む　572
頭が極端に小さくなっている　572
頭部に傷を負う　572
【頭】(5)　638
頭が傷つく　638
【穴】(4)　572
窪み程度の穴があいている　572
深く大きな穴があいている　572
寝ていた人が穴に落ちる　572
人が穴から上半身を出している　572
全身がすっぽり穴に落ち込んでいる　572
人が穴の底に横たわっている　572
月が暗い穴に落ちる　572
【尼】(3)　551
自分が尼になっている　551
自分ではなく他のだれかが尼になっている　551
【尼】(5)　638
尼が家に入ってくる　638
尼が経を読む　638
【甘い食べ物】(4)　573
人から飴をもらう　573
ケーキをもらう　573
【嵐】(4)　573
暴風　573
豪雨　574
霰や雹に遭う　574
航海中に嵐に遭う　619
【案内】(1)　437
どこかに案内されたり、連れていかれる　437

〈い〉

【家】(1)　437
家の中に光がある　437
家の中に光が差し込む　437
新しい家を建てる　438
棟上げを見る　438
薄暗く冴えない印象の家から、明るく気持ちの
よい印象の家に引っ越す　438
引っ越し先が以前の家より狭くみすぼらしい
家を掃除している　438
死者が家に入ってくる　462
家の中に死者がいる　462
東に家を建てる　499
東の土地や家が荒れる・傷む　500
船に家屋を載せる　504

【家】(5)　638
家が傾く　638
家が倒れる　638
家が暴風雨にさらされて壊れそうになっている　638
家の中に牛馬や豚などが闖入してくる　638
家のどこかが修理が必要な状態になっている　639
家の中に土砂がある　639
家が暗い　639
部屋が暗い　639
家が地震で揺れる　639
家が大水で流される　639
家の中に雑草が生える　639
尼が家に入ってくる　638
西にある家　648
西方の土地や家が荒れる　648
【家】(6)　654
新しい家を建てる　654
周囲に人家が見当たらない　654
家が崩れる　654
土地の陥没で家が沈む　654
家の中に木が生える　654
家の中に僧侶や尼が入ってくる　654
家を掃除する　654
【池】(3)　551
池の中に花が咲く　551
池の中で魚が遊ぶ　551
澄んだ水が豊かにたたえられている池　551
池の水が涸れる・濁る　551
【医者】(1)　438
あなたに好意的だったり、腕が確かな医者　438
藪医者や冷淡で相談できない印象の医者　438
医者から薬をもらう　439
眼科医　439
内科医　439
外科医　439
精神科医　439
【椅子】(1)　439
ゆったりとして立派な椅子　439
窮屈でみすぼらしい椅子　439
【泉】(2)　524
泉から澄んだ水が滾々と湧き出す　524
涸れた泉　524
【遺跡】(1)　439
現代文明と古代文明が対置される　439
遺跡で人に遇う　440
【急ぐ】(4)　574
急いでいるのに邪魔が入る　574
急いでいるのに動けない　574
【糸・紐】(4)　574
糸や紐が切れる　574
糸や紐が乱れる・もつれる　574
針に糸を通している　575
【井戸】(2)　524
井戸から澄んだ水を汲む　524
井戸を掘る　524
井戸の水が濁っている　524
井戸が涸れる　524

【井戸】⑶　551
女性が井戸に自分の姿を映す　551
井戸の故障（欠損、水涸れなど）　552
【稲荷神】⑵　524
稲荷神が現れる　525
稲荷神を祀る　525
稲荷神から稲穂や薬・宝物を授かる　525
稲荷神から教えを受ける　525
稲荷神の叱責を受ける　525
稲荷神が立ち去る　525
稲荷神の社が朽ち果てている　525
【犬】⑴　440
白犬　440
犬が庭を掘る　440
【犬】⑶　552
犬が子犬と一緒にいる　552
子犬がじゃれつく　552
【犬】⑷　575
犬に追われる　575
犬に咬まれる　575
犬に吠えられる　575
犬がしゃべる　575
【犬】⑹　654
黒犬を見る　654
濁って汚い感じの赤犬を見る　654
犬に吠えかけられる　655
犬が牙を剥いてうなっている　655
犬が家に入ってくる　655
見知らぬ不気味な男と一緒に犬が現れる　655
【稲】⑵　525
豊かに実った稲　525
実の入っていない稲　525
風雨で倒れている稲　525
病害虫で弱っている稲　525
稲束　525
白狐が稲などをくわえている　532
【茨】⑷　575
茨の垣根を見る　575
茨の中でもがく　575
茨のトゲが刺さる　575
【衣服】⑴　440
衣服を新調する　440
衣服を脱ぎ捨てる　440
雪解けで衣服などが汚れる　518
【衣服】⑶　552
衣服を新調する　552
古い衣服を脱いで新しい衣服を着る　552
麻の衣を着る　553
紅い衣服を着る　553
衣服が破れる　553
衣服が剥ぎ取られる　553
僧侶の着物を着ている　553
針がついたままの衣服を着る　553
自分の婚礼衣装を着ている　553
配偶者の衣服を捨てる　553
【衣服】⑷　576
衣服が破れる　576
冬に夏服を着、夏に冬服を着ている　576

極端に短い服を着ている　576
極端に長い服を着ている　576
服を上下逆さまに着ている　576
【衣服】(5)　639
汚れた衣服を着ている　639
衣服のサイズが合っていない　639
汚れた衣服を洗う　640
【衣服】(6)　655
衣服に対して強い違和感を感じている　655
他者が白い衣服を着ている　655
古い衣服を脱いで新しい衣服を着る　655
脱ぎ捨てられた衣服を見る　655
既婚者が婚礼衣装を着ている　655
婚礼衣装を縫っている　656
他者の服を所有者以外の者が着ている　656
【芋】(2)　525
芋を掘っている　525
多くの芋を収穫している　525
掘った芋が小さくてがっかりしている　525
収量がごくわずか　525

〈う〉

【浮かぶ】(6)　656
空中に人や象徴的な物が浮かんでいる　656
樹木が浮かんでいる　656
【牛】(2)　526
多くの牛　526
立派な牛　526
わずかの牛　526
痩せて貧相な牛　526
牛の角に血がついている　526
牛が家にやってくる　526
仔牛を生む　526
たくさんの荷を負った牛が来る　526
牛が山に登る　526
牛を牽いて山に登る　526
女性が牛を使役する　526
【牛】(4)　576
暴れ牛　576
牛に角で突かれる　576
自分が牛になっている　576
牛がしゃべる　576
【牛】(6)　656
牛を買い換える　656
牛がしきりに啼く　657
【器】(3)　553
新しい器　553
古びた器　554
空の器　554
【腕】(2)　527
長い腕　527
腕が伸びる　527
太くたくましい腕　527
毛むくじゃらの腕　527
腕が短い　527
腕が傷つく　527
腕が折れる　527

【腕】(4) 576
右腕 576
左腕 576
腕が折れる 577
腕が傷つく 577
腕が切り落とされる 577
【馬】(1) 441
よく手入れの行き届いた馬 441
毛艶のよい馬 441
爽快な乗馬 441
馬に乗って高い山に登る 441
暴れ馬を押さえつけて従わせる 441
自分に従わず手綱を無視する馬 441
落馬 441
暴れ馬に手を焼いている 441
【馬】(2) 527
馬に咬まれる 527
新たに馬を買う 527
馬糞を踏む 527
馬蹄を拾う 527
馬をつなぐ 527
馬が逃げる 527
落馬する 527
馬に鼠がつく 527
野生の馬が群をなして奔走している 528
【馬】(5) 640
不気味な印象の馬が部屋に入ってくる 640
黒馬 640
暴れ馬に襲われる 640
赤馬 640
【馬】(6) 657
黒馬 657
白馬 657
白馬に乗って天に昇る 657
霊威ある白馬を見る 657
白馬が迎えにくる 657
白馬の背に乗る 657
【海】(3) 554
波濤がわきたつ 554
海上に浮かぶ玉のようなお盆に座っている 554
【膿】(1) 441
膿が出る 441
皮膚がただれて膿が出ている 441
【梅】(1) 442
梅の木や梅の花 442
梅の実が成る 442
【海】(6) 657
海の彼方に進む 658
海から帰ってくる 658
【漆】(4) 577
家の庭に漆の木がある 577
漆の木を見る 577
漆を採取している人を見る 577

〈え〉

【海老】(1) 442
大きく立派な海老 442

ほとんど食べるところのない小海老や
腐った海老　442
海老の脱皮　489
【恵比寿】(1)　442
恵比須が現れる　442
恵比寿を祀る　442
恵比寿から鯛や釣竿・宝物などを授かる　442
恵比寿に教えを受ける　442
怖い顔の恵比須を見る　442
恵比須像が消える　442
恵比須が立ち去る　442

〈お〉

【老いる】(5)　640
自分が老人になっている　640
急速に老いていく　640
【狼】(4)　577
狼に囲まれる　577
狼に噛みつかれる　577
【桶】(2)　528
豊かに水をたたえた桶を見る　528
味のよい漬け物が詰まった桶　528
桶の水が空になる　528
桶の漬け物が酸っぱくなって食べられない　528
桶が壊れる　528
タガが外れる　528
【襲われる】(5)　640
死神に襲われる　641
黒犬や黒馬などに襲われる　641
【御神酒】(1)　443
直会で御神酒を飲む　443
御神酒を神棚に供える　443
献じようとした御神酒が空　443
御神酒をこぼす　443
御神酒徳利が割れる　443
【おみくじ】(1)　443
おみくじを引く　443
おみくじを読む　443
【オーラ】(1)　443
黄色・金色系のオーラ　444
赤系のオーラ　444
青系のオーラ　444
緑系のオーラ　444
茶系のオーラ　445
黒・灰色系のオーラ　445
オーラの明暗　445
明るいオーラ、輝くオーラ　445
暗いオーラ　445
オーラの一部が暗い　445

か

〈か〉

【骸骨】⑸　641
骸骨を見る、骸骨に襲われる　641
【解体】⑴　445
家を解体する　446
新しい家を建てる　446
新築のメドが立たない　446
【帰る】⑷　577
子どもや親族が実家に帰ってくる　578
病気で入院している人が家に帰ってくる　578
【蛙】⑴　446
蛙を見る　446
蛙を捕まえる　446
蛙が激しく啼いている　446
蛙を殺している　446
蛙が自分の身体に飛びつく　446
【顔】⑴　446
自分の顔色が健康色で輝いている　446
顔が目立って大きくなっている　447
顔を洗っている　447
健康そうなピンク色　447
紫色の顔色　447
【顔】⑷　578
顔色が目立って悪い　578
顔がくすんで見える　578
顔色が目立って青い　578
顔色が病的に赤い　578
顔色が病的に黄色い　578
土気色、黄土色、茶褐色、鈍いオレンジ色
などの顔色　578
顔色が病的に黒い　578
顔色が病的に白い　578
顔面に黒い腫れ物ができる　578
顔に犬や牛馬などの家畜の顔がついている　579
顔が異常に小さくなっている　579
【鏡】⑶　554
未婚の男性が鏡を拾う　554
他人から鏡をもらう　554
鏡を磨く　554
鏡を洗う　554
鏡が割れる　554
鏡に他人が映っている　554
鏡に向かっているが何も映らない　555
【垣根】⑴　447
垣根が壊れる　447
垣根をつくる　447
【火事】⑵　528
わが家から火が出る　528
煙を上げてくすぶる　528
焼け跡になる　528
隣家から火が出る　528
火事でわが身が焼ける　529
【果実】⑵　529
枝から果実を採る　529
きれいな果実をもらう　529

枝からとった果実を食べておいしいと感じる　529
果実が腐っていて食べられない　529
熟していない果実が枝から落ちる　529
【果実】(6)　658
黄金色に輝く果実　658
【風】(5)　641
北から吹く風　641
暴風に吹き飛ばされる　641
暴風で家や樹木などが倒れる　641
風が衣服を巻き込んでパタパタとなびく　641
東からくる風　641
心地よい春風　642
【家族】(6)　658
家族が集まって酒盛りしている　658
家族が集まって悲しんでいる　658
家族が黒い服を着ている　658
【肩】(1)　447
急に肩の肉付きがよくなる　448
肩が耳のあたりまで聳えて首がないように
見える　448
肩の上に人が立つ　448
肩に荷を負う　448
肩を切り裂かれる　448
肩を打たれて激しく痛む　448
【肩】(4)　579
肩を故障する　579
肩の肉がごっそり落ちる　579
肩に腫れ物ができて荷を負えない　579
肩に力が入らない　579
【刀】(3)　555
刀を見る　555
刀を手にする　555
刀を研ぐ　555
刀が血濡れている　555
刀を手にする　555
なまくら刀　555
錆びついた刀　555
折れたり刃こぼれしている刀　555
【門松】(1)　448
立派で堂々とした門松　448
みすぼらしい門松　448
門松を立てる　448
門松が倒れる　448
門松の松などが折れる　448
門松が泥水などで汚される　448
【金縛り】(6)　658
【壁】(6)　659
壁が壊れる　659
壁に亀裂が入る　659
壁に黒いシミができる　659
人が壁を通り抜けて消える　659
【神】(1)　448
神を礼拝する　449
神を祭る　449
神から祝福の言葉を授かる　449
果実・お札・飲食物・薬など、何らかのものを
神からもらう　449
神とともに食事をする　449

神に呼びかけられる　449
神に無言で睨まれる　449
神が背を向ける　449
【髪】(1)　449
頭髪が生える　449
髪が再生する　449
髪を梳《くしけず》る　449
髪を洗う　449
白髪　449
白髪が黒髪に変わる　449
切れた髪がつながる　449
髪と髪をつなぎあわせる　449
頭髪の中に蛆虫がわく　450
自分の後ろ髪を見る　450
他人に後ろ髪を見られる　450
【髪】(4)　579
髪を切る　579
髪が抜ける　579
髪に白髪が混じる　579
セットした髪が自ずから乱れ崩れる　579
髪を剃る　579
髪が乱れる　580
髪をかぶって顔を覆う　580
頭が禿げる　580
【雷】(1)　450
稲光がして雷鳴を聞く　450
雷がわが身を照らす　450
心臓に雷が落ちる　466
【雷】(2)　530
四方に雷が起こる　530
雷に打たれる　530
首に雷の直撃を受ける　530
【亀】(1)　450
海亀　450
亀の甲羅干し　451
亀が家に入ってくる　451
亀が縁の下に入る　451
【鴉】(6)　659
鴉が群れる　659
鴉が家の屋根に止まっている　659
鴉が嫌な声で鳴く　659
家屋の上で鴉が鳴いている　660
金色の鴉を見る・飛ぶ　660
【体】(1)　451
体が大きくなる　451
体が肥る　451
体に翼が生える　451
体が鬼の姿になっている　451
体に甲羅が生える　451
体に鱗が生える　451
体に腫れ物ができる　451
体から光を発する　451
老人や重い病人の体が光っている　451
【体】(5)　642
体が痩せる　642
体が縮む　642
体が赤ん坊のように小さくなる　642

体が黒くなる　642
体内に一人の別人が生じる　642
寒さで体がふるえる　642
【川】(1)　452
川がよどみなくスムーズに流れる　452
河水がきらきらと輝いている　452
荒れた川　452
雨などによって増水した暴れ川　452
濁流　452
よどんで暗い水が流れている川　452
【川】(2)　530
河水が潤沢な川　530
美しい川　530
川縁の美しい砂石　530
谷川の水を飲む　530
河水がわずかしか流れていない　530
川が干上がる　530
家が川に流される　530
【棺桶】(1)　452
新しい棺桶がわが家に運び込まれる　452
棺桶に死人を入れる　452
【棺桶】(6)　660
納骨ないし埋葬の場にいて棺桶が
見当たらない　660
病人の傍に棺桶がある　660
墓の中に棺桶や骨壷がない　660
墓の中が空になっている　660
【監獄】(5)　642
監獄に入る　642
監獄から出る　642
監獄で殴打・折檻を受ける　642
【感染症】(3)　556
感染症にかかる　556
【神主】(1)　453
神主から物品をもらう　453
神主から言葉をかけられる　453
【観音菩薩】(1)　453
観音が現れる　453
観音を祀る　453
観音から宝物を授かる　453
観音から教えを受ける　453
観音の叱責を受ける　453
観音が遠ざかる　453
後ろ向きの観音を見る　453
【陥没】(6)　660
陥没して家が地中に呑み込まれる　660
道路が陥没する　660
肉体の一部が陥没する　660
道が途中で陥没している　660

〈き〉

【木】(1)　453
葉の繁った青々とした木　454
枯れ木に花が咲く　454
大木によじ登る　454
大木に登って四方を見渡している　454
木が芽吹く　454
木が健やかに成長する　454

木が繁って林になる　454
庭に木の種を蒔く　454
【木】(2)　530
大木をかつぐ　531
山野などで大樹を切り倒す　531
大樹に登る　531
屋根の上に大木が生える　531
切った木を積み上げる　531
木に登って果実を食べる　531
敷地内の果樹に果実がなる　531
木が枯れる　531
木が倒れる　531
木が虫害に遭って弱る　531
【木】(3)　556
二本の木がより合わさるようにして一本になっている　556
庭木に果樹が成る　556
木に登って果実を食べる　556
枯れ木に花が咲く　556
敷地内の果樹に果実がなる　556
果実が風などで落ちる　556
果実が成らないと気にしている　556
庭の果樹が倒れる　556
庭の木の葉が落ちる　557
太い幹の木が切り倒される　557
【木】(5)　643
木が枯れる　643
木の幹がだめになっている　643
木に洞《うろ》がある　643
木の葉が落ちる・散る　643
野原に木が一本だけポツンと立っている　643
庭の木を切り倒す　643
だれかが木の中に入っている　643
家の中に木が生える　644
【木】(6)　661
木が空中に浮いている　661
木の根がすっかり地上に出て枯死しそうになっている　661
風で木が根から抜けて倒れる　661
大樹が突然折れる　661
【岸】(6)　661
向こう岸に渡る　661
岸を渡ろうとしてためらう　661
岸を渡りかけて戻る　661
【雉】(2)　531
雉を捕らえる　532
雉を食べる　532
雉を見る　532
雉が家に入ってくる　532
雉が屋根に止まる　532
雉が鳴き騒ぐ　532
【狐】(2)　532
白狐　532
白狐が神社にいる　532
白狐が稲などをくわえている　532
白狐から何かを授かる　532
【兄弟姉妹】(1)　454
兄弟姉妹が死ぬ　454

兄弟姉妹を埋葬する　454
同性の兄弟姉妹と喧嘩をしている　455
【兄弟姉妹】(4)　580
兄弟姉妹が家に集まる　580
兄弟姉妹が集まって泣いている　580
成人した兄弟姉妹が子どもの姿で現れる　580
兄弟姉妹のだれかが結婚する　580
兄弟姉妹が沈んだ顔で訪ねてくる　580
【亀裂】(4)　581
思い出の品に亀裂が入る　581
茶碗がひび割れる　581
家の壁に亀裂が入る　581
【金（ゴールド）】(1)　455
金が燦然と輝いている　455
金を溶かす　455
金を撒き散らす　455
金を人にあげる　455
金杯　455
金杯を手にする　455
金杯をもらう　455
金製の釣り鐘　455
金の鍵　455
金のアクセサリー　455
金の靴　455
金の帯　455
【金（ゴールド）】(3)　557
【金（ゴールド）】(6)　662
金の砂地　662
金の看板を掛ける　662
金色に輝く人がやってくる　662
【金銭】(2)　532
金銭を拾う　532
金銭をもらう　532
思わぬ金をもうける　533
金銭を人に盗まれる　533
金銭を返済する　533

〈く〉

【腐る】(4)　581
体が腐る　581
家の土台が腐る　581
食べ物が腐る　581
【櫛】(3)　557
櫛を拾う　557
櫛を買う　557
美しく立派な櫛　557
歯が欠けてボロボロの櫛　557
みすぼらしい櫛　557
櫛を落とす　557
櫛がなくなる　557
他人が妻や恋人の櫛を手にしている　557
素晴らしい櫛を手に入れる・もらう・買う　557
櫛で髪をとかしている　557
艶やかで豊かな髪をとかしている　557
ボサボサの髪をとかしている　557
梳った髪が抜ける　557
【口】(1)　456
口を漱ぐ・浄める　456

口が二つある　456
自分の口の中に毛が生える　456
他者の口の中に毛が生える　456
口の中に蓮華が生える　456
口から花が生じる　456
【口】(2)　533
口が大きい　533
異常に大きすぎる口　533
口が開かず飲食できない　533
自分の口からよだれが流れる　533
他の人がよだれを垂らしている　533
【口】(4)　582
口が大きくなる　582
口から火を吐く　582
口から蛇が出る　582
口がきけなくなる　582
唇や歯、歯茎、口内などに毛が生える　585
額に唇や舌が生じる　616
【口】(5)　644
口が小さくなる　644
口中がただれて物が食べられない　644
口中に蓮華が生える　644
【靴】(1)　456
美しい靴・立派な靴を履く　456
靴を手に入れる　456
履き物が糞尿で汚れる　456
鉄など金属製の靴を履く　456
【靴】(3)　558
美しい靴・立派な靴を履く　558
美しい靴・立派な靴を手に入れる　558
新しい靴を買う　558
夫が新しい靴を買っている　558
靴をなくす　559
他人が自分の靴に足を入れる　559
靴を盗まれる　559
靴が破れる　559
【靴】(4)　582
靴をなくす　582
靴の底がない　582
靴の底が抜ける　582
靴を盗まれる　582
靴が破れる　583
男が女物の靴を履く　583
女が男物の靴を履く　583
靴が泥で汚れる　583
【首・喉】(1)　457
首が急に太くなる・肥る　457
首が長くなる　457
他者の首が切られる　457
胴体のない首を見る　457
首を手にする　457
自分の首が二つに割れる　457
【首・喉】(4)　583
首が急に細くなる　583
首が急に短くなる　583
喉が塞がる　583
首を切られる　583
切れた首を見る　583

血の気がない　583
【雲】(1)　457
青・赤・黄・白・黒の五色の雲　457
赤い雲　457
白い雲　457
黄色い雲　457
雲が四方に起こる　457
【雲】(4)　583
黒雲　583
灰色の雲　583
雲がにわかに星を隠す　584
雲が太陽を隠す　584
むら雲にさえぎられて月光がおぼろ　584
雲を通り抜けて上空に昇っていく　584
【熊】(3)　559
【暗い】(4)　584

〈け〉

【毛】(1)　458
全身が毛で覆われる　458
体毛などが長く伸びる　458
自分の口の中に毛が生える　456
他者の口の中に毛が生える　456
鼻の中に長い毛が生える　497
鼻の上に毛が生える　497
腹に毛が生える　498
額に長い毛を生ずる　500
耳に長い毛が生えている　512
【毛】(4)　584
毛の生えないところに毛が生える　584
体に苔（カビ）が生える　585
舌に毛が生える　585
唇や歯、歯茎、口内などに毛が生える　585
手のひらに毛が生える　585
手首に毛が生える　585
ペニスに毛が生える　585
乳房に毛が生える　585
肌に毛がない（なくなる）　585
【警察関係者】(4)　585
警官や刑事が家に入ってくる　585
警察官や刑事がだれかを逮捕する　585
【刑務所】(4)　586
刑務所に入る　586
刑務所から出る　586
【結婚】(6)　662
自分や配偶者が結婚する　662
兄弟姉妹のだれかが結婚する　662
既婚者が婚礼衣装を着ている　662
婚礼衣装を縫っている　662
【煙】(4)　586
寝室から煙が出ている　586
職場から煙が出ている　586
【玄関】(1)　458
玄関から出る　458
玄関から入ってくる　458
玄関先が明るい　458
玄関から光が差し込む　458

玄関の扉が頑丈な石でできている　458
神仙など尊貴な人がにこやかに立っている　458
玄関先でめでたい物を手にしている　459
【玄関】(4)　586
玄関から出る　586
玄関から入ってくる　587
玄関先が暗い　587
玄関先が汚れている　587
玄関先に水たまりや溝ができる　587
玄関の扉が目の前で閉まる・閉められる　587
玄関が勝手に開く　587
玄関をだれかがこじ開けようとしている　587
【玄関】(6)　662
玄関に死んだ人が立っている　662
だれかが別れの言葉を口にする　662
白い服の人が玄関に立つ　662
病人が玄関から出ていく　662

〈こ〉

【鯉】(1)　459
鯉が勢いよく泳いでいる　459
鯉が滝を登る　459
鯉を掴む　459
【鯉】(3)　559
鯉を食べる　559
鯉を掴む　559
【肥溜め・汲み取り式便所】(2)　534
肥溜めを汲む　534
肥溜めや汲み取り式便所に落ちる　534
肥溜めや汲み取り式便所の中にいる　534
【子ども(小児)】(3)　560
子どもが海やプールなどに入っていく　560
【子ども(小児)】(4)　587
子どもにまとわりつかれる　587
大勢の子どもが集まっている　587
醜い子を見る　587
子どもが泣く　587
子どもを抱きあげる　588
自分が子どもになる　588
【米】(2)　534
米が空から降ってくる　534
蔵に米が溢れる　534
積まれた米俵を見る　534
米俵の上に座っている　534
空の米蔵　535
中身が空の米俵　535
臭いのついた古米　535
生米を噛む　535
【殺される】(2)　535
自分が殺される　535
殺されかけて逃げる　535
半殺しで終わってしまう　535
未知のだれかが殺される　535
斬首、はりつけ、火あぶり　535
無惨な殺され方　535
殺されたときに血が出ていない　535
【殺す】(2)　535
自分が他者を殺す　535

殺した相手を喰う　535
殺した相手が生き返る　536
他人が他人を殺す　536
殺し合っている　536
【婚約】⑶　560
だれかと結婚の約束をする　560
既婚者が別の女性と婚約する　560

さ

〈さ〉

【財布】⑴　459
財布にたくさんのお金が入っている　459
財布が空になる　459
財布をなくす　459
財布を拾う　459
破れた財布・ボロボロの財布・汚れた財布　459
【魚】⑵　536
大きな魚　536
食用になる高級魚　536
魚を積んで港に入ってくる　536
船に魚が飛びこんでくる　536
魚が群れをなして泳いでいる　536
魚が川をさかのぼる　536
魚が海から川に向かう　536
体に魚が生じる　536
小さな魚　536
食用にならない雑魚　536
腐った魚　537
鱗のない魚　537
頭のない魚　537
魚が陸に跳び上がる　537
魚に変身する　537
【酒】⑴　460
酒を造る　460
酒をもらう　460
飲んだ酒がうまい　460
天から降ってきた酒（甘露《かんろ》）を飲む　460
神仙などから酒をもらう　460
【酒】⑷　588
すっぱくなった酒　588
苦い酒、まずい酒　588
大いに酒に酔う　588
盃の酒が火を発する　588
空酒を飲んでいる　588
一気飲みをする　588
酒粕　588
【雑草】⑷　588
家の中に雑草が生える　589
庭が雑草で覆われる　589
【砂漠】⑷　589
砂漠をさまよう　589
砂漠で途方に暮れる　589
砂漠で動物に遇う　589
オアシスを見る　589

【寒い】(5)　644
【鞘】(3)　560
鞘を手に入れる　560
鞘はあるが、中身が見つからない　560
鞘が割れる　560
【左右】(1)　460
手の左右　461
人物の左右　461
道の左右　461
霊的な問題に関する夢における左右　461
【皿】(3)　560
新たに皿を買う　560
皿が増える　560
皿にヒビが入る　560
皿が割れる　560
皿に不快な虫がつく　560
皿に黒いシミができて落ちない　560
【猿】(2)　537
白猿　537
猿から果物をもらう　537

〈し〉

【塩】(1)　461
塩を舐める　461
塩をもらう　461
塩辛い水を飲む　461
【鹿】(2)　537
鹿を見る　538
鹿をもらう　538
鹿肉を食べる　538
鹿が生まれる　538
鹿が走る　538
鹿が死ぬ　538
鹿を見失う　538
【自殺】(2)　538
【死産】(1)　462
【死者】(1)　462
死者と語らう　462
死者とともに飲食する　462
死者が笑う　462
死者が家に入ってくる　462
家の中に死者がいる　462
死者から物をもらう　462
死骸を抱く　463
赤ん坊の死骸を抱く　463
亡き父母が甦る　463
亡き配偶者・子女が甦る　463
自分自身が死ぬ　463
自分が死んで生き返る　463
【死者】(5)　644
死者に抱きつかれる　644
死者に衣服を剥がされる　644
父母兄弟が死ぬ　645
親族が生き返る　645
未知の死人が生き返る　645
死者が生きている者の食べ物をとって食べる　645
生きている者が死者への供物を食べる　645

【地震】(4)　589
地震で家が倒壊する　589
【沈む】(4)　590
沈んだ後に浮かび上がる　590
沈みっぱなしで目覚める　590
沈んでもがいている　590
【地蔵菩薩】(1)　463
地蔵が現れる　463
地蔵を祀る　463
地蔵から宝物を授かる　463
地蔵から教えを受ける　463
怖い顔の地蔵　463
地蔵に叱られる　463
地蔵が立ち去る　463
【舌】(1)　463
舌が長く伸びる　463
長い舌をもつ　463
舌に蓮が生える　464
舌が二枚ある　464
舌が三枚ある　464
耳の中に舌が生える　511
【舌】(4)　590
舌が短くなる　590
舌が爛れる　590
舌を切られる　590
舌上をよだれが流れる　590
舌で自分の目を舐める　590
他者に自分の舌を見せている　590
舌を抜かれる　590
舌に毛が生える　585
【死体】(2)　538
死体を見る　538
死体を撫でる　538
死体を背負う　538
死体を洗う　538
死体が激しく腐敗している　538
死体の臭気が著しい　538
【シーツ】(6)　663
無人のベッドを見る　663
布団に白いシーツがかけられている　663
淋しい気持ちでベッドメーキングしている　663
【縛る】(4)　590
何かを縛る　590
【写真】(6)　663
黒枠で縁取られた写真を見る　663
写真の人物が手を振っている・後ろ向きになっている・消える　663
写した人物がぼけている・異様な顔になっている　663
【十字路】(4)　591
十字路のうちの前方の道を進む　591
十字路のうちの後方の道を進む　591
十字路のうちの右の道を進む　591
十字路のうちの左の道を進む　591
【囚人】(4)　591
囚人になっている　591
【出産】(2)　539
子が産まれる　539

自分が子を産む　539
男性が子を産む　539
産んだ子を抱きかかえる　539
老いた父母が子を産む　539
死産　539
元気な赤ん坊　539
男の赤ん坊　539
病気の赤ん坊　539
女の赤ん坊　539
【娼婦】(1)　464
娼婦と関係する　464
【食器】(3)　561
ピカピカの立派な食器　561
真新しい食器　561
古くて汚い食器　561
欠けたりヒビが入った食器　561
【寝具】(3)　561
寝具を買う　561
夫婦の寝室のシーツにシミや汚れがある　561
ベッドや布団の上に蟻が集まる　562
寝具に血がついている　562
ベッドや布団が燃える　562
【寝具】(6)　664
病人の寝具がたたまれていて、本人がいない　664
病人のベッドや布団に真っ白なシーツがかけられている　664
【神社】(1)　464
鳥居　464
手水場　464
御神木　465
瑞垣　465
影向石　465
おみくじ　465
拝殿　465
宝蔵　465
神鏡　465
御神体　465
奥の院　465
神社で鶴を見る　477
【心臓・胸】(1)　466
刀で胸や心臓を開く　466
心臓や胸を開いて薬を入れる　466
心臓を梁の上に掛ける　466
胸を撫でさする　466
他者の心臓を抜き取る　466
心臓に雷が落ちる　466
胸に逆さ鱗が生える　466
【心臓・胸】(4)　592
心臓が痛む　592
他者が自分の胸を踏む　592
胸に肉がなく胸骨が剥き出しになっている　592
【親族】(6)　664
親族が黒っぽい衣服を着ている　664
親族が法事の席に集まっている　664
親族が沈んだ顔をしている　664
親族の集まりに僧侶がいる　664
亡くなっている親族が迎えに来る　664

親族が集まって愉快に談笑している　665
酒盛りをしている　665
【侵入者】(5)　645
自分の家や部屋に見知らぬ侵入者がいる　645
侵入者を追いはらう　645
【新聞】(4)　592
新聞を見る　592
【森林】(1)　466
森林で寝る・座っている　467
森林で神霊や妖精から物をもらう　467
陰鬱で不快感のある森林にいる　467

〈す〉

【巣】(3)　562
鳥や獣が巣を作っている　562
巣の中に卵がある　562
みすぼらしい巣　562
巣が落ちる・壊れる　562
巣の中に鳥がいる　562
巣作りをしている鳥　562
【酢】(4)　593
酢を飲む　593
酢を舐める　593
酢を造る　593
【水害】(4)　593
【水死体】(1)　467
陸に打ち上げられた水死体　467
波間を漂っている水死体　467
【水神】(2)　539
水神を見る　539
水神から宝や薬などを授かる　539
水神から教えを受ける　539
水神に何かを奪われる・怒られる・立ち去られる　540
【水道】(2)　540
水道から勢いよくきれいな水が出ている　540
水道の出が悪い　540
水が濁っている　540
水道が止まる　540
涸れる　540
水が出ない　540
【杉】(1)　467
真っすぐ伸びる杉　467
繁茂する杉　467
杉の若木　467
【捨てる】(3)　562
結婚指輪を捨てる　563
夫婦の思い出の品を捨てる　563
食器を捨てる　563
配偶者の衣服を捨てる　563
書類を捨てる　563
書物を捨てる　563
【砂・砂地】(4)　593
砂地を歩む　593
道に砂埃が立つ　593
砂で何かをつくっている　593

〈せ〉

【精液】⑴　469
精液が水晶のように透明で輝いている　469
精液中に血を見る　469
性交して精液を漏らす　469
【精液】⑷　594
精液を漏らす　594
精液が出ない　594
【性交】⑵　540
気持ちのよい性交をしている　540
人妻と交わる　541
妻が知人と交わる　541
母と交わる　541
成人男性と交わる　541
少年と交わる　541
【背中】⑴　468
大きく広い背中　468
ピンと伸びた姿勢のよい背中　468
曲がった背中や狭く小さな背中　468
重い石を背負う　468
背中にコブができる　468
背中に草が生える　468
虫が背中を這う　468
背中を刃物で刺される　468
【背中】⑷　594
背中が裂ける　468
背中全面に腫れ物や瘡ができて激しく痛む　594
背骨が折れる　594
背中に蝿がたかる
【聖人】⑴　469
聖人と出会う　469
聖人に声をかけられる　469
聖人と語り合う　469
聖人から何かを授かる　469
【晴天】⑴　469
悪天候から晴天になる　469
雲一つない異様に晴れ渡った空　469
【洗濯】⑴　470
洗濯をしている　470
きれいに洗濯された洗濯物を見る　470
洗濯物にシミが残っている　470
【仙人】⑴　470
仙人から桃をもらう　515

〈そ〉

【象】⑴　470
象が家に入ってくる　470
象の背に乗る　470
白い象を見る　470
象が田を耕す　470
だれかが象の牙を抜いている　470
【掃除】⑴　471
掃除をしている　471
家を掃除している　438
墓を掃除する　493
耳を掃除する　511
【掃除】⑹　665
寝たきりの病人の部屋を掃除している　665

家を掃除する 654
【葬式】(1) 471
自分の葬式 471
喪に服している 471
他者の葬式に参列している 471
他者の葬式を見る 471
湯灌《ゆかん》 471
【葬式】(4) 594
葬式に向かっている 594
葬式中に死者が蘇る 595
【僧尼】(1) 472
徳の高い高僧・老僧 472
僧尼に教えを乞う 472
僧尼からお札や鈷杵、法輪、経巻 472
などをもらう 472
【僧尼】(4) 595
家に僧侶や尼が来る 595
僧尼が玄関に立っている 595
僧尼が読経している 595
自分が僧尼になっている 595
【祖父母】(4) 595
亡くなった祖父母が夢に出る 596
祖父母がうれしそうな表情をしている 596
祖父母から何かよいものをもらう 596
祖父母がタンスなど箱状のものの中に
入っている 596

た

〈た〉

【鯛】(1) 472
尾頭付きの立派な鯛 472
鯛がとても小さい 472
鯛の鮮度が悪く悪臭を放っている 472
鯛の頭がない 472
【退院】(6) 665
【大黒柱】(1) 472
太く立派な大黒柱 473
銘木の大黒柱 473
【大黒天】(2) 541
大黒天が現れる 541
大黒天を祀る 541
大黒天から宝物を授かる 541
大黒天に教えを受ける 541
怖い顔の大黒天 541
大黒天に叱られる 541
大黒天が立ち去る 541
【大黒柱】(4) 596
大黒柱が折れる 596
大黒柱に虫が喰っている 596
大黒柱が曲がる 596
大黒柱にシミができている 596
【大地】(1) 473
どっしりとした安定した大地 473
一望千里の大地 473

湖水中に地（島）がある　473
自分が大地に埋められている　473
生き埋め状態でもがき苦しんでいる　473
【大地】(5)　646
大地が裂けて落ち込む　646
大地から黒気が立ちのぼる　646
大地の上に突っ伏す　646
大地から火が燃え出る　646
大地が消える　646
【台所】(5)　646
台所が暗い　646
台所が乱雑に散らかっている　646
台所の床板が腐っている　646
台所に不快な虫が這っている　646
台所の床板に大きなシミがある　646
家に台所が二つある　646
【太陽】(1)　473
太陽が昇る　474
太陽がわが身を照らす　474
太陽が家の中に射し込む　474
日の出を拝む　474
太陽を抱く　474
太陽を背負って進み行く　474
太陽が中天で輝く　474
太陽を呑む　474
太陽が沈んでまた昇る　474
雲間に太陽が見える　474
雲が開けて太陽が出る　474
夕焼け　474
【太陽】(3)　563
太陽が昇る　563
太陽がわが身を照らす　563
太陽が家の中に射し込む　563
日の出を拝む　563
太陽を呑む　563
太陽が腹中にある　563
【太陽】(4)　597
太陽が西から昇る　597
夕日が沈む　597
太陽が西に傾く　597
太陽が雲に隠れる　597
日食　597
【太陽】(6)　665
太陽が欠ける　666
太陽が落ちる　666
【鷹・鷲】(1)　475
【竹】(1)　475
竹林　475
竹を植える　475
筍　475
竹の葉が黄ばむ　475
竹が枯れる　475
【畳】(3)　563
新しい畳を入れる　563
畳が破れる　564
畳が擦り切れる　564
【叩かれる】(4)　598
先祖や親に叩かれる　598

【竜巻】(4)　598
竜巻に巻き込まれる　598
竜巻を回避する　598
【田畑】(1)　475
田畑の実りが豊か　476
田畑から収穫する　476
豊かに五穀が実っている　476
水田が水で満たされている　476
家の中に田畑がある　476
田畑の収穫物を刈り取る　476
田畑が荒廃する　476
凶作の田畑を眺める　476
象が田を耕す　476
山中に畑を作る・畑を耕す　517
【卵】(1)　476
卵を食べる　476
卵を買う　476

〈ち〉

【血】(2)　541
血が大量に流れる　541
全身が血まみれになっている　541
自分が自分を傷つけて血を流す　542
膿まじりの血で体が汚れる　542
血を飲む　542
他者の血をすする　542
鼻血が出る　542
乳に血が混じる　542
乳と一緒に血が流れる　542
尿に血がまじる　542
女性の陰門から血が流れる　542
吐血する　542
【血】(4)　598
自分の血を他者に吸われる　598
目から血が流れる　598
頭髪が血にまみれる　598
切り傷から血が流れない　599
血の気がない　599
耳から流血して肩を汚す　599
【乳・乳房】(2)　542
乳が出る　542
乳が張る　542
たくさんの乳房がついている　542
豊満な乳房の女性を見る　542
乳房に髪の毛が生える　542
乳房が取れる　542
乳房が落ちる　542
乳房がしぼむ　542
乳房が傷つけられる　542
乳と一緒に血が流れる　542
【乳・乳房】(3)　564
乳が出る　564
乳房が張る　564
たくさんの乳房がついている　564
犬が自分の乳を吸う　564
【窒息】(5)　647
【茶】(1)　476
茶を飲む　476

茶を贈られる・茶を贈る　476
高位の人から茶を贈られる　476
【茶碗】(2)　543
茶碗に山盛りの御飯が盛られている　543
茶碗にほんの少ししか御飯が入っていない　543
茶碗が割れる　543
茶碗をもらう・買う　543
【治癒】(6)　666
長年病気で寝ていた人が治る　666
【蝶】(6)　666
蝶が家から外に出ていく　666
蝶が飛んで仏壇に入る　666
蝶の模様の着物を着ている　666
蝶が群舞する　666
カラスアゲハ（黒い蝶）を見る　666
夜に飛ぶ蝶　666
蝶が家の中に入ってくる　666

〈つ〉

【月】(3)　564
月を呑む　564
月が自分の懐に入る　564
月光を浴びる　564
月光が家に射し込む　564
月に矢を射当てる　564
月食　564
月が二つ出て争う　564
むら雲にさえぎられて月光がおぼろになっている　565
月の影が水に映る　565
【月】(4)　599
月が欠ける　599
月が沈む　599
月に雲がかかる　599
月が暗い・暗くなる　599
月が井戸に落ちる　599
月が暗い穴に落ちる　599
盃の中に映る月を飲む　599
月の影が水に映る　599
【土】(2)　543
土を家に持ち帰る　543
人が土をもって家にやってくる　543
土が増える　543
盛り土をしている　543
手にした土がさらさらと崩れる　543
土を盗まれる　543
土が流される　543
【津波】(4)　600
津波に襲われる　600
【角】(4)　600
小さな角が生えている　601
巨大な角が生えている　601
角が折れる　601
鼻の上に角が生える　601
【椿】(1)　477
家の庭に椿が咲く　477
椿の下にいる　477

【翼】(6)　667
だれかの背中に翼が生えている　668
翼の折れた鳥を見る　668
【燕】(1)　477
燕が軒先に巣をかける　477
燕が軒先を出入りして飛びまわる　477
燕が林に巣をかける　477
【爪】(2)　544
長い爪・美しい爪・健康そうな爪　544
短い爪・折れた爪・不健康に見える爪　544
爪をはがす　544
マニキュアを塗る　544
ネイルサロンで爪の手入れをする　544
【鶴】(1)　477
鶴が懐中に入る　477
鶴が庭に来ている　477
神社で鶴を見る　477
自分の田畑で鶴を見る　477
鶴に乗って飛ぶ　477
【鶴】(6)　667
鶴が遠くに飛び去っていく　667

〈て〉

【手】(1)　478
大きな手　478
長い手　478
小さな手　478
手が一本多い　478
手を洗う　478
洗っても洗っても手の汚れが落ちない　478
手に花が生える　478
握手　478
手に腫れ物ができる　478
きれいな手　478
右手と左手が対比されている　479
手の左右　461
【手】(4)　601
大きな手　601
長い手　601
小さな手　601
手に傷がある　601
手が汚れる　601
手首を切り落とす　601
手首を切り落とされる　601
手がない　601
強く自分の手を組む　601
手のひらに毛が生える　585
手首に毛が生える　585
【手紙】(4)　602
メールがくる　602
【手の仕草】(6)　668
病人が手招きする・手を振る　668
高齢者が手招きする・手を振る　668
故人が手招きする　668
故人と手をつないでどこかに行く　668
【天】(1)　479
天の光を身に受ける　479
天が開ける　479

天が輝く　479

天が紅色に染まっている　479

天に昇る　479

天に昇って物を掴む　479

天上を歩む　479

天に昇って配偶者を得る　480

天の川を渡る　480

【天】(4)　602

天が割れる　602

天が開ける　602

天から地に落ちる　602

天から墜落していく　602

天が崩れる　603

天が黒く見える　603

天が赤く見える　603

天上に兵馬が群がっている　603

天から金銭が降る　603

【天使】(6)　668

天使とともに天に昇っていく　668

天使に手を引かれて行く　668

天使が迎えにくる　668

【電報】(4)　603

メールやラインでメッセージを受け取る　603

【電話】(4)　603

〈と〉

【ドア】(4)　604

ドアから出ていく　604

ドアから入ってくる　604

不気味なものや不潔なもの、家畜などがドアから入ってくる　604

大きなものを無理にドアから入れようとしている　604

【塔・台閣・高楼】(1)　480

塔の上から下界を見下ろす　480

高い塔に登る　480

立派な塔を見上げている　480

塔から落ちる　480

【蜥蜴】(2)　544

蜥蜴を見る　544

蜥蜴の尾を踏み切る　544

蜥蜴の尾を掴む　544

【特別な衣服】(1)　481

袞衣《こんい》（天子の御礼服）・羽衣・金縷玉衣《きんるぎょくい》・麻衣　481

【棘】(4)　604

棘が刺さっている　604

茨のトゲが刺さる　575

【時計】(6)　668

時計が止まっている　668

【土砂崩れ】(4)　605

【土地】(1)　481

宏大な平野　481

海や湖の中に島がある　481

低地で湿気があり苔が生えている土地　481

海から宏大な陸地を見る　481

【土地】(4)　605

狭い土地　605

耕作できないような荒れ地　605

土地が赤く灰のようになる　605
土地から黒気が立ちのぼる　605
大地が陥没する　605
【ドッペルゲンガー】(5)　647
自分とうりふたつの人物が現われる　647
【虎】(1)　482
堂々とした立派な虎　482
老いた虎　482
弱った虎　482
虎を見る　482
虎の子を捕まえる　482
虎に咬まれる　482
虎の肉を食う　482
虎の背に乗っている　482
背に乗って疾駆している　482
自分が虎に変身する　482
【虎】(4)　606
堂々とした立派な虎　606
老いた虎　606
弱った虎　606
虎の死骸を見る　606
虎に追われて逃げる　606
メスの虎に追われる　606
【鳥】(1)　483
鳥が気持ちよさそうに飛んでいる　483
美しい鳥を見る　483
鳥が何かを教えてくれる　483
鳥がくわえていたものをもらう　483
【鳥】(3)　565
鳥を捕まえる　565
捕まえた鳥を食べる　565
巣の中に鳥がいる　565
巣作りをしている鳥　565
鳥が女性の懐中に入る　565
【鳥】(6)　669
鳥が窓などから飛び去っていく　669
一羽だけでいる鳥　669
鳥が夕暮れの空を西に飛んでいく　669
自分が鳥になって天空に昇っていく　669
鳥の死骸を見る　669
翼の折れた鳥を見る　669
【泥】(5)　647
泥がつく　647
泥の中にいる　647
衣服に泥がかかる　647
泥を洗い流している　648
【泥棒】(1)　483
泥棒に入られる　483
泥棒が家に居座る　483
泥棒を追いかけて取り逃がす　483
泥棒を捕まえる　483
自分が泥棒になる　484
泥棒に衣服を盗まれる　484
【トンネル】(6)　669
暗いトンネルから明るい世界に出る　670
トンネルに入る　670
トンネルで迷って困っている　670

な

〈な〉

【内臓（臓腑）】(1)　484
心臓　484
肺　484
肝臓　484
胆のう　484
胃と腸　484
腎臓　484
盆に載せられた臓腑が五色に見える　484
自ら臓腑に水を灌ぎ入れる　484
体内に五臓がない　485
臓腑を洗う　485
臓腑を拾う　485
臓腑が腹から出て地に落ちている　485
【苗】(1)　485
苗を植える　485
苗がすくすくと育っている　485
苗が枯れる　485
苗が折れる　485
【泣く】(1)　485
笑う　485
大声をあげて号泣している　485
泣いているのに涙が出ない　485
涙に血が混じっている　485
【殴る・殴られる】(1)　486
自分が人を殴る　486
人に殴られる　486
人と罵り合う　486
【茄子】(1)　486
茄子を人からもらう　486
茄子を人に与える　486
茄子を食べる　487
あまり熟していない茄子を食べる　487
よく熟している茄子を食べる　487
【涙】(1)　487
涙を流す　487
【鍋釜】(2)　544
鍋釜に多くの食べ物がある　544
金製・銀製の鍋釜を見る　544
他人から鍋釜をもらう　544
鍋釜にほとんど食べ物がない　544
中の食べ物が傷んでいる　544
鍋釜が破れて使い物にならない　545
錆びている　545
鍋釜が見つからない　545
他人から鍋釜を借りる　545

〈に〉

【苦味】(5)　648
苦いものを口にする　648
甘いと思って口にしたものが苦い　648
苦いものを食べる　648
【肉】(1)　487
何かの肉を食べている　487
牛を殺してその肉を食べる　487

馬肉 487
鶏・鴨・雁・鳩・烏などの鳥肉を食べる 487
人肉を食べる 488
血なまぐさい肉や生肉を食べる 488
腐った肉 488
虎の肉を食う 482
ライオンの肉を食べる 520
【西】(5) 648
西方の土地 648
西にある家 648
西方の土地や家が荒れる 648
庭の西側の木が枯れる・折れる・弱る 648
【日月】(3) 565
日月が並んで現れる 565
日月が並んでいるが、途中で一方が消える 566
【入院】(4) 606
【入浴】(1) 488
浴槽 488
きれいな湯に入る 488
人が体を洗っているのを見る 488
入浴して気分が爽快になる 488
風呂で自分の体を洗う 488
【入浴】(5) 649
汚れた湯に入る 649
だれかの体を洗ってやっている 649
入浴後、風呂場から部屋に出てくる 649
【尿】(2) 545
放尿する 545
人に向かって放尿する 545
流れる尿を見る 545
尿を飲む 545
体が尿で汚れる 545
尿が出渋る 545
尿が少ししか出ない 545
尿が出ない 545
寝床で放尿する 545
【庭】(3) 566
美しい庭を見る 566
美しい庭にいる 566
庭に水をまく 566
庭を整備している 566
庭が荒れる 567
庭が獣や見知らぬ人物によって荒らされる 567
【鶏】(1) 489
雌鳥 489
雄鶏 489
鶏が朝一番に鳴く 489
鶏が樹上にいる 489
鶏が水浴びしている 489
雌鳥が卵を生む 489
雌鳥が卵を抱いている 489
【鶏】(4) 607
鶏が屋根の上に登る 607
鶏がやかましく鳴く 607
夜、鶏が騒ぐ 607
【妊娠】(5) 649
みなで妊娠を喜んでいる 650
妊娠を悲しんでいる 650

妊娠して困っている　650

〈ぬ〉

【脱ぐ】⑴　489
衣服を脱ぐ　489
自分の皮を脱ぐ　489
蛇の脱皮　489
海老の脱皮　489

〈ね〉

【ネクタイ】⑷　607
ネクタイがきつい　607
ネクタイを外す　607
【猫】⑴　490
猫が鼠をとる　490
猫を飼う　490
外から猫が入ってくる　490
すでに死んでいる飼い猫が出てきて
まとわりつく　490
【猫】⑷　608
猫が鳴き騒ぐ　608
猫にひっかかれる　608
猫に噛まれる　608
黒猫　608
【鼠】⑵　546
鼠に衣服を咬まれる　546
鼠に咬まれる　546
白鼠を見る　546
鼠が騒ぐ　546
鼠が家から逃げ去る　546
鼠が猫と化す　546
鼠が突然死ぬ　546
腹の中に鼠が入る　546
【眠る】⑷　609
自分が眠っている　609
夢の中で眠りから覚める　609
自分以外のだれかが眠っている　609

〈の〉

【野原】⑴　490
広々とした野原　490
野に出て菜を摘む　490
野焼き　491
野が燃えているのを見ている　491
野から気のようなものが立ちのぼっている　491

は

〈は〉

【歯】⑴　491
歯がない　491
歯が抜ける　491
白く美しい歯並び　491
長い歯　491
大きな歯　491
歯の数が増える　491

抜けた歯がまた生えてくる　491
虫歯が抜ける　492
口の中の歯がすべて抜ける　492
人の頭に噛みつく　492
偉人や王や貴族などから歯をもらう　492
歯を呑み込む　492
【歯】(4)　609
歯が欠ける　609
歯がぐらつく　609
歯が抜け落ちる　609
他者に歯を抜かれる　609
口や歯に蜂が集まる　610
【蝿】(5)　650
蝿が体にたかる　650
蝿が鼻先にたかって、払ってもつきまとう　650
【墓】(1)　493
墓を見る　493
墓に入る　493
墓から棺が出る　493
墓の上の樹木が花咲く　493
墓を掃除する　493
【墓】(4)　610
墓が荒れている　610
墓が崩れる　610
墓石にヒビが入っている　610
墓石が欠けている　610
墓の中に棺桶や骨壺がない　610
墓の中が空になっている　610
配偶者の墓を見る　610
【禿げる】(4)　610
髪が抜け落ちる　610
【橋】(1)　493
新しい橋を架ける　493
橋を修復する　493
高くて立派な大橋を見る　493
【橋】(4)　611
壊れそうな危険な橋の上で行き悩む　611
橋が折れる　611
橋が崩壊する　611
橋から落ちる　611
【橋】(6)　670
橋を渡る　670
橋の向こうでだれかが呼ぶ　670
橋の途中で故人と遇う　670
家の庭に橋が架かっている　670
橋の上で待ち受けている若者がいる　671
【柱】(1)　494
堂々とした立派な柱やみごとな大黒柱　494
折れたり曲がったりしている柱　494
傷ついた柱　494
【蓮】(1)　494
蓮の花を手に取る　494
蓮の花が体のどこかに咲く　494
池に咲く蓮　494
蓮根　494
舌に蓮が生える　464
【肌】(1)　495
若々しい肌　495

色艶がよい肌　495
美しい肌　495
皮膚がただれて膿が出ている　495
肌が鱗や甲羅で覆われている　495
紫色の肌の人　495
きれいな赤の肌色の人　495
【肌】(4)　611
黒い肌の人　612
異様に白い肌の人　612
透き通るように白い肌の人　612
濁った赤い肌の人　612
青い肌の人　612
茶褐色の肌の人　612
肌が焼かれる　612
皮膚がガチガチに硬直する　612
肌に毛がない（なくなる）　612
【裸】(4)　612
肉親・知人が裸でいる　612
自分が裸でいる　613
【花】(1)　495
口の中に蓮華が生える　456
口から花が生じる　456
手に花が生える　478
目に花が咲く　514
【花】(6)　671
この世のものとは思えないほど鮮明で美しく
輝く花を見る　671
見渡すかぎりの美しい花畑を見る　671
すでに亡くなっている人が花畑に
立っている　671
【鼻】(1)　496
立派で堂々とした大きな鼻　497
鼻の上に角が生える　497
鼻先が唇の下まで垂れている　497
鼻先が光を放っている　497
鼻血が大量に出る　497
鼻水が口中に入る　497
鼻の中に長い毛が生える　497
鼻の上に毛が生える　497
【鼻】(4)　613
自分の鼻が腐る　613
鼻がなくなる　613
鼻が落ちる　613
鼻柱が傷つく　613
鼻の骨が砕ける　613
鼻に蝿がたかる　614
鼻が天狗のように高くなる　614
鼻が肥大する　614
鼻が歪む　614
鼻を殴られる　614
鼻が二つ生じる　614
鼻に黒いシミができている　614
鼻が詰まって匂いがしない　614
【鼻】(5)　650
鼻を洗う　650
鼻の穴がない　650
鼻が傷つく　650
鼻が乾く　650

鼻が腐る　650
【花嫁・花婿】(6)　671
既婚者が花嫁や花婿の姿になっている　671
【腹】(1)　497
張りのある立派な太鼓腹　497
垂れ下がるほどの巨腹　497
腹を鼓のように打ち鳴らしている　498
腹の上に本を置いている　498
腹に刀剣が刺さる　498
腹を刀剣で刺される　498
腹に毛が生える　498
【腹】(4)　614
腹が痩せて小さくなる　614
腹が縮む　614
腹に穴が空く　615
腹が裂けて内臓が見える　615
内臓が飛び出す　615
【腹】(5)　651
腹に水が入る　651
腹に水が溜まる　651
腹の中に鼠が入る　651
男性の太鼓腹　651
女性の太鼓腹　651

〈ひ〉

【火】(1)　498
家から火が出る　499
隣家からのもらい火（延焼）　499
木から自然に火が出る　499
天が焼ける　499
物品が焼ける　499
だれかから火をもらう　499
手にした火で物を照らす　499
火をおこす　499
火を焚く　499
【火】(4)　615
人間が火に焼ける　615
わが身が焼ける　615
大地が燃える　615
家が燃える　615
建物が燃える　615
火が消える　615
盃の酒が火を発する　588
【東】(1)　499
東に向かう　499
東に家を建てる　499
東から来た人や動物と遇う　499
東の土地や家が荒れる・傷む　500
【ヒゲ】(3)　567
女性にヒゲが生える　567
【ヒゲ】(4)　616
よく調えられた立派なヒゲ　616
ヒゲが生える　616
無精ヒゲ　616
みすぼらしいヒゲ　616
ヒゲが切られる　616
ヒゲが引き抜かれる　616
ヒゲに白髪が混じる　616

【額】(1) 500
広い額　500
光り輝く額　500
五色に輝く額　500
額に点を打つ　500
額に点を打たれる　500
自分が自分の額を打つ　500
他者に額を打たれる　500
自分が他者の額を打つ　500
額に一眼を生ずる　500
額に長い毛を生ずる　500
【額】(4) 616
狭い額　616
くすんで色艶の悪い額　616
額に唇や舌が生じる　616
額だけを隠して頭部と顔面を露出している　616
額を傷つけられる　616
額を刺される　616
【皮膚病】(1) 501
【病院】(4) 617
入院する　617
退院する　617
【病気】(4) 617
くりかえし病気になる夢を見る　617
他者が病気になっている　617
【病人（実在の）】(1) 501
病人が薬を飲む　501
病人が顔を洗う　501
病人が嘔吐する　501
病人が治る　501
病人が死ぬ　501
【病人（実在の）】(6) 672
病人が歌う　672
病人が晴れ着を着る　672
病人が走る　672
病人が車や船に乗る　672
病人が泣く　672
病人が手を振る　672
病人の体が宙に浮いている　672
病人が土中に寝ている　672
【蛭】(4) 618
蛭に血を吸われる　618

〈ふ〉

【夫婦】(3) 567
夫婦が殴り合っている　567
夫婦が連れ立って市場に入る　567
夫婦が連れ立って買い物をする　567
夫婦が物品を分ける　567
夫婦がそろって宴会に出る　567
夫婦が待ち合わせて会う　567
配偶者の墓を見る　567
【梟】(6) 672
梟が鳴く　672
【富士山】(1) 502
姿の美しい山を見る　502
【豚】(1) 502
豚が人間に化す　502

豚が泥浴びをしている　502
豚が川を渡る　502
豚を射る　502
【豚】(4)　618
豚を殺す　618
豚が子を生む　618
豚が家に侵入する　618
【仏壇】(6)　672
仏壇が燃える　672
仏壇が倒れる　672
仏壇が壊れる　672
自ら仏壇を燃やす　673
仏壇が後ろ向きになっている　673
仏壇に蝶が飛びこむ　673
仏壇から光が発している　673
【葡萄】(1)　502
葡萄の実　502
葡萄を収穫する　503
豊かに盛られた葡萄を見る　503
葡萄を食べる　503
ひどく不味い葡萄　503
腐っている葡萄　503
【太る】(5)　651
【船】(1)　503
船に乗って海を渡る　503
船に乗って川を渡る　503
船に乗って空を飛ぶ　503
船の新造・修繕　503
進水式　503
漁船　504
船から網を入れて魚がかからない　504
船から釣り糸を垂らしている　504
龍・亀・孔雀・金鶏・鴛鴦・犬・猫・草花・稲麦などを船に乗せる　504
牛や羊を船に乗せる　504
船に家屋を載せる　504
他人と同船する　504
船が港に入ってくる　504
【船】(4)　618
船に乗る　618
船旅　618
船がオンボロで不安を感じている　619
船底に穴があいて浸水する　619
船が破損している　619
航海中に嵐に遭う　619
座礁する　619
転覆する　619
船から海に転落する　619
船が港から出ていく　619
病人と同船する　619
船の中で寝ている　619
一家全員が船に乗る　619
船の積み荷が空っぽ　619
【糞便】(2)　546
糞便を掃除する　546
体に糞便がつく　546
糞便を踏む　546
糞便の中に座る　546

糞便にまみれる　546
糞便を食べる　546
糞便肥料を家に運びこむ　546
糞便中に虫がいる　546
糞便を盗まれる　547
便が出ない　547
便秘で苦しむ　547
糞便が鍋釜や食器の中に入っている　547
寝床で排便する　547
糞便をもらう　547
履き物が糞尿で汚れる　547

〈へ〉

【ベール】(4)　620
自分がベールをかぶる　620
ベール状のもので顔を覆い隠す　620
ベールを脱ぐ　620
【臍】(1)　505
臍から物が生じる　505
臍から水が出る　505
臍から煙が出る　505
臍がない　505
【蛇】(2)　547
蛇が龍に化す　547
白い蛇を見る　547
蛇の脱皮を見る　547
蛇の抜け殻を拾う・手にする　547
蛇を捕まえる　547
蛇を踏む　547
蛇に追われる　547
蛇がからみつく　547
蛇に咬まれる　547
蛇の脱皮　547
耳から蛇が出る　547
【蛇】(4)　620
蛇を捕まえる　620
蛇を踏む　620
蛇に追われる　620
蛇がからみつく　620
蛇に咬まれる　620
口から蛇が出る　582
【便所】(6)　673
便所に落ちる　673

〈ほ〉

【鳳凰】(1)　505
自分自身が鳳凰に化身する　505
【宝石・宝玉】(1)　506
五色の玉石　506
ダイヤモンド　506
真珠　506
水晶　506
サファイア　506
ルビー　506
宝玉が曇っている　506
【北斗七星】(1)　506
明るく輝く北斗七星を見る　506
北斗七星の下に立つ　506

北極星と北斗七星が同時に見える　506
北斗七星が整然と北極星の周囲を
回っている　506
北斗七星が暗く見える　506
【星】⑴　507
美しく輝いている　507
星がきらきらと輝く　507
星の芒が美しく光る　507
星が天を動く　507
神仙から星を授かる　507
晴天に星が現れる　507
星を捕えて手にする　507
巨星が懐に入る　507
星が列をなして連なる　507
【星】⑷　621
星が落ちる　621
星が寝室に落ちる　621
流星を見る　621
流星が地に落ちる　621
星が空から消える　622
星を食べる　622
流星が口に飛びこむ　622

ま

〈ま〉

【曲がり角】⑴　508
曲がり角で声をかけられる　508
右に曲がる　508
左に曲がる　508
【枕】⑷　622
家族の枕が足りない　622
妻や恋人の枕がない　622
【松】⑴　508
松を植える　508
立派な松の木を見る　508
青々とした松の木を見る　508
枯れた松　508
松の木から落ちる　508
松の枝が折れる　508
松が室内に生える　508
【窓】⑴　508
窓が明るい　509
窓から陽が入る　509
窓が輝いている　509
窓から陽が入る　509
窓を開ける　509
【窓】⑷　622
窓が閉まっている　622
窓が曇っている　622
窓を閉める　622

窓から小鳥や蝶が出ていく　623
【豆】(4)　623
豆を食べる　623
豆を煮て惣菜をつくる　623
炒り豆　623
家の中で豆を見つける　623
豆の苗　623
節分の豆まき　623
【眉】(1)　509
眉が太くなる　509
眉が長く伸びる　509
眉が豊かになる　509
眉が長く伸びて耳の穴まで達している　509
目の下に眉が生える　509
眉を描いている　509
眉がたちまち白くなる　510
眉毛とまつげがつながっている　510
【眉】(4)　623
眉が細くなる　623
眉が薄くなる　623
眉に傷がつく　623
眉が切れ切れになっている　623
片方の眉が抜け落ちる・なくなる　624

〈み〉

【見知らぬ人物】(4)　624
見知らぬ男性　624
顔の定かでない男性が道に立っている　624
見知らぬ男性が背後からついてくる　624
見知らぬ男性に追われる　624
見知らぬ男性が暗く陰鬱な表情をしている　624
見知らぬ男性に圧迫感を感じている　624
見知らぬ女性　624
雰囲気が暗い見知らぬ女性　624
いやな笑みを浮かべている見知らぬ女性　625
いやらしい醜さを感じる見知らぬ女性　625
見知らぬ老婆　625
【水】(2)　548
きれいに澄んだ水を見る　548
水が満々とみなぎっている　548
他者が澄んだ水を汲んで自分にくれる　548
水が濁っている　548
水がほんの少量しかない　548
飲めない水を見る　548
澄んだ水を飲む　548
井戸や泉の水を飲む　548
海水や湖沼の水を飲む　548
水をこぼす　548
水が漏れる　548
水が出ない　549
【水】(5)　652
汚れた水　652
濁った水　652
汚れた水を飲んでいる　652
濁った水たまりがある　652
【道】(1)　510
真っすぐにのびた大道を進む　510
先に行くほど道が太くなっている　510

広々として見通しのよい道　510
先に行くほど高くなっている道　510
道に草木が繁茂している　510
道の左右　461
雪融けで道がぬかるむ　518
【道】(4)　625
途中で道が切れている　625
道が途中で陥没している　625
道が消えている　625
道が先細りになっている　625
道がぬかるんでいる　626
ぬかるみで自分の衣服が汚れる　626
曲がりくねった道を進む　625
道が障害物によって塞がれている　626
十字路のうちの前方の道を進む　591
十字路のうちの後方の道を進む　591
十字路のうちの右の道を進む　591
十字路のうちの左の道を進む　591
道に砂埃が立つ　593
登山道が途中でなくなっている　631
山道が陥没する　631
大雪が降って道が埋まり途方に暮れる　632
【港】(3)　568
船が港に入る　568
船が港から出ていく　568
【南】(1)　511
南の地方で苦しんでいる　511
南方の暑さにまいっている　511
【耳】(1)　511
大きくて立派な耳をもつ　511
耳を掃除する　511
大きな耳垢を取る　511
耳を洗う　511
耳垢が美しい砂に化す　511
耳が増える　511
耳に米や麦がたくさん入っている　512
耳から蛇が出る　512
耳に長い毛が生えている　512
耳の中に舌が生える　512
【耳】(4)　626
耳が痛む　626
耳を殴られる　626
耳が聞こえない　626
耳の穴がない　626
耳が切られる　626
耳が片方しかない　626
耳が増える　627
耳から流血して肩を汚す　627

〈む〉

【百足】(2)　549
百足を見る　549
百足を食べる　549
【麦】(1)　512
麦を蒔く　512
麦が豊かに実る　512
麦を刈り取る　512

麦飯を食べる　512
【息子・娘】⑷　627
息子や娘の表情が暗い　627
息子や娘が後ろを向いている　627
息子や娘が幼い子どもに戻っている　627
息子や娘がまとわりつく　627
息子や娘が死ぬ　627
【胸騒ぎ】⑷　628

〈め〉

【目】⑴　513
美しく澄んだ目　513
力のある目　513
輝きの強い目　513
目から光が出る　513
自分が一眼になっている　513
目が四つある　513
失明者を見る　513
失明者の目が開く　514
他者の眼球を抜き取って自分の目に入れる　514
眼球を交換する　514
目に花が咲く　514
額に一眼を生ずる　500
【目】⑶　568
顔に多くの目がついている　568
多くの目に囲まれる　568
まぶたが切れる　568
【目】⑷　628
ものがよく見えない　628
視界が暗い　628
目が爛れる　628
目が見えない　628
目が潰れる　628
まぶたが垂れ下がって開けようとしても開かない　628
目が手や足についている　628
目が体の他の部位についている　629
目から血が流れる　598
【目】⑸　652
目をつぶった状態で他者を見ている　652
瞼に毛がない　652
眼球が垂れ下がっている　652
【目】⑹　673
血の涙を流す　673
眼球から血が出ている　673
眼球が垂れ下がる　674
眼球が落ちる　674
目が見えない　674
片方の目が見えなくなる　674
【眼鏡】⑴　514
眼鏡を買う　514
眼鏡をかける　514
眼鏡をもらう　515
眼鏡を拾う　515
眼鏡を探している　515
【眼鏡】⑷　629
眼鏡をなくす　629
眼鏡が割れる　629
眼鏡が合わない　629

眼鏡が曇る　629
眼鏡が見つからない　629
サングラスをかける　629

〈も〉

【餅】(2)　549
餅をもらう　549
餅を食べる　549
餅を運ぶ　549
餅を焼いている　549
【籾】(2)　549
籾を見る　549
籾を手にしている　549
籾殻　549
【桃】(1)　515
桃を食べる　515
桃を手にする　515
桃をもらう　515
仙人から桃をもらう　515
桃をなくす　515
桃を奪われる　515
桃が腐っている　515
【もらう】(1)　515
神仏や仙人、高貴な人などに物をもらう　515
無用の物をもらう　516
糞便をもらう　516
【門】(1)　516
わが家の前に堂々とした立派な門が建っている　516
新たに門を造っている　516
【門】(4)　629
門が折れる・壊れる・倒れる　629
家の門がみすぼらしい　629
門前で佇んでいる　629
門内に入れない　629

や・ら・わ

〈や〉

【薬草】(5)　653
薬草を手に入れる　653
【痩せる】(4)　630
痩せている　630
【柳】(3)　568
柳の枝が強風で激しく揺れ動く　569
【屋根】(1)　516
屋根に上って四方を見渡している　516
屋根を葺き替える　517
【屋根】(4)　630
屋根が雨漏りする　630
屋根が崩れる　630
屋根から落ちる　630
【山】(1)　517
山に登る　517
気持ちよく順調に山に登る　517
山を登って見晴らしのよい場所に出る　517

山中で宝を得る　517
山中に畑を作る・畑を耕す　517
山林に入っていく　517
何かを抱いて山に登る　517
山を外側から眺める　517
【山】(4)　631
山に霧や雲がかかって進路が見えない　631
登山道が途中でなくなっている　631
山が崩れる　631
山道が陥没する　631
山から転落する　631
禿げ山　631
高山　631
高い山から降りる　631
山中の洞窟で暮らしている　631
山火事　632
馬を駆って山に登る　632
【愉快】(5)　653
愉快だと感じている　653
陽気にはしゃいでいる　653
【雪】(1)　518
雪が降る　518
雪がわが身に降りかかって難渋する　518
庭先に雪が積もる　518
雪が融ける　518
雪融けで道がぬかるむ　518
雪解けで衣服などが汚れる　518
紫色や赤い雪　518
【雪】(4)　632
大雪が降って道が埋まり途方に暮れる　632
吹雪や豪雪に遭う　632
身に降りかかった雪が溶けない　632
【指】(1)　518
親指　518
小指　518
薬指　518
人差し指　519
中指　519
美しく長い指　519
大きくて太い指　519
異常に長い指　519
指の数が六、七本に増えている　519
指から出血する　519
【指】(4)　632
指が折れる　633
指が切断される　633
指がなくなる　633
指が痛む　633
指にささむけができる　633
指が実物より短い・醜い・荒れている　633
【指輪（主に結婚指輪）】(3)　569
指輪をはめる　569
指輪を外す　569
指輪を見る　570
指輪をはめている　570
指輪を贈られる　570
指輪を買う　570

指輪が大きすぎたり小さすぎて、指にはめられない　570
指輪が抜けない　570
指輪をなくす　570
指輪が見つからない　570
指輪から宝石が外れる　570
【弓矢】(1)　519
弓矢を手にしている　519
矢や弓をもらう　519
神仏から弓矢を授かる　519
矢が雨のように降り注ぐ　519
人から矢を射かけられる　520
【弓矢】(3)　569
異性に矢を射る　569
異性から矢を射られる　569
弓矢をもらう　569
弓の弦が切れる　569
【弓矢】(4)　634
弓が折れる　634
矢が折れる　634
弓弦が切れる　634
弓に弦がない　634
弓を引いて弦が切れる　634
【酔う】(5)　653
自分が酒に酔う　653
他人が酔っ払っている　653
【呼ぶ・呼ばれる】(4)　634
だれかに呼ばれる　634
だれかを呼ぶ　634
神仏など高貴な存在に呼ばれる　634
亡くなった先祖があなたの名を呼ぶ　634
だれかがあなたの名を呼んでいる　634
あなたが大切な人の名を呼んでいる　634
【読む】(4)　634
書類や文書、巻物などを読む　634

〈ら〉

【ライオン】(1)　520
ライオンの背に乗る　520
ライオンの肉を食べる　520
ライオンと戦って勝つ　520
衰弱したライオン　520
勢いのないライオン　520
【蘭】(1)　520
蘭を見る　520
【龍】(1)　521
龍が現れる　521
龍に乗る　521
龍を射止める　521
龍に変身する　521
【料理】(1)　521
料理をしている　521
料理人　521
【旅行】(6)　674
旅行先　674
旅行の際の同伴者　674
【林檎】(3)　570
林檎の木を見る　570

林檎の木から実をとる　570
林檎を食べる　570
林檎が腐っている　570
青くてまずい林檎を食べる　570
【留守】(4)　635
自分が家を留守にする　635
家の中に留守番の人がいる　635
自分が留守番をしている　635
【霊柩車】(1)　522
【ロウソク】(1)　522
長いロウソクが勢いよく燃えている　522
新しいロウソクに火をつける　522
短いロウソクが継ぎ足されて長くなる　522
【ロウソク】(4)　635
短いロウソクが燃えている　635
ロウソクが消える　635

〈わ〉

【笑う】(4)　636
自分が声をあげて笑っている　636
知人・肉親が大声で笑っている　636
自分が馬鹿笑いしている　636
人がほほ笑みを浮かべている　636

不二龍彦（ふじ・たつひこ）

1952年北海道生まれ。中央大学卒。作家、宗教研究家。

主に神道・陰陽道・密教・修験道における呪術的方面、および東洋占術を含む民間信仰分野を専門とし、雑誌・書籍の執筆や企画、講師など幅広い分野で活動している。

『日本神人伝』『歴代天皇大全』『増補改訂　決定版正統四柱推命術詳解』『夢開運』『詳細夢解き事典』（いずれも学研）、『新・日本神人伝』（太玄社）、『呪いのかけ方　祓い方』（宝島社）など著書多数。

予《よ》知《ち》夢《む》大全《たいぜん》

発行日　2019年10月24日　初版発行

著　者　不二龍彦
発行者　酒井文人
発行所　株式会社説話社
〒169－8077　東京都新宿区西早稲田1－1－6
電話／03-3204-8288（販売）03-3204-5185（編集）
振替口座／00160-8-69378
URL http://www.setsuwasha.com/
デザイン　市川さとみ
編集担当　高木利幸
印刷・製本　日経印刷株式会社

ISBN 978-4-906828-57-9 C 2011